The Moon of Wisdom

The Moon of Wisdom

Chapter Six of Chandrakirti's
Entering the Middle Way

With Commentary from
the Eighth Karmapa, Mikyö Dorje's
Chariot of the Dakpo Kagyü Siddhas

Translated under the guidance of
Khenpo Tsültrim Gyamtso Rinpoche
by Ari Goldfield, Jules Levinson,
Jim Scott, and Birgit Scott

Snow Lion Publications
ithaca, new york • boulder, colorado

Snow Lion Publications
P. O. Box 6483
Ithaca, New York 14851 USA
(607) 273-8519
www.snowlionpub.com

Printed in Canada on acid-free recycled paper.
Designed and typeset by Gopa & Ted2, Inc.

ISBN-10 1-55939-231-2
ISBN-13 978-1-55939-231-0

Library of Congress Cataloging-in-Publication Data

Mi-bskyod-rdo-rje, Karma-pa VIII, 1507-1554.
[Dbu ma la 'jug pa'i rnam bśad dpal ldan dus gsum mkhyen pa'i źal luṅ Dwags brgyud grub pa'i śiṅ rta. English. Selections]
The moon of wisdom : chapter six of Chandrakirti's Entering the middle way / with commentary from the Eighth Karmapa, Mikyö Dorje's Chariot of the Dakpo Kagyü Siddhas ; translated by Ari Goldfield, Jules Levinson, Jim Scott, and Birgit Scott ; under the guidance of Khenpo Tsültrim Gyamtso Rinpoche
p. cm.
ISBN-13: 978-1-55939-231-0 (alk. paper)
ISBN-10: 1-55939-231-2 (alk. paper)
1. Candrakīrti. Madhyamakāvatāra. 2. Mādhyamika (Buddhism)—Early works to 1800. I. Goldfield, Ari, 1969–. II. Candrakīrti. Madhyamakāvatāra. Chapter 6. English. III. Title.
BQ2910.M365M513 2005
294.3'85—dc22

2005012102

Table of Contents

Introductory Verses
by Khenpo Tsültrim Gyamtso Rinpoche

༄། །ཨོཾ་བདེ་ལེགས་སུ་གྱུར་ཅིག།

OM DELEK SU GYUR CHIK
May everything transform into bliss and excellence.

འཁོར་ལོ་བར་པ་ཤེས་རབ་ཕར་ཕྱིན་གྱི། །དགོངས་དོན་ཇི་བཞིན་གསལ་བར་བྱེད་པ་ནི།
།དཔལ་མགོན་འཕགས་པ་ཀླུ་སྒྲུབ་ཀྱིས་མཛད་པའི། །དབུ་མ་རྩ་བ་ཤེས་རབ་རྨད་དུ་བྱུང་།
The meaning of the middle turning's *Prajnaparamita Sutras*
Is perfectly illuminated by the glorious protector Nagarjuna's
miraculous treatise, *The Fundamental Wisdom of the Middle Way.*

།དེ་ཡི་དགོངས་དོན་ལེགས་པར་འགྲེལ་བ་ནི། །དཔལ་ལྡན་ཟླ་བ་གྲགས་པས་མཛད་པ་
ཡི། །བསྟན་བཅོས་དབུ་མ་འཇུག་པ་ཁྱད་པར་འཕགས།
The Fundamental Wisdom's meaning is excellently explained
In the glorious Chandrakirti's extraordinary commentary, *Entering the Middle Way.*

།དེ་ཡི་ཚིག་དོན་ལེགས་པར་འགྲེལ་བ་ནི། །སྤྱན་རས་གཟིགས་དངོས་དཔལ་ལྡན་ཀརྨ་པ།
།བརྒྱད་པ་མི་བསྐྱོད་རྡོ་རྗེས་མཛད་པ་ཡི། །དྭགས་བརྒྱུད་གྲུབ་པའི་ཤིང་རྟ་ཞེས་གྲགས་པ།
།སྒྲུབ་བརྒྱུད་པ་ཡི་འགྲེལ་ཚུལ་ཁྱད་པར་འཕགས།

The meaning of the words in Chandrakirti's commentary
Are excellently explained by Chenrezik in person,
The glorious Eighth Karmapa, Mikyö Dorje,
In his *Chariot of the Dakpo Kagyü Siddhas,*
An extraordinary commentary from the perspective of the practice lineage.

།དེ་ཡི་སེམས་བསྐྱེད་དྲུག་པའི་འགྲེལ་པ་འདི། །མཐའ་བཞི་སྐྱེ་འགོག་སེམས་ཙམ་དགག་
པ་དང་། །གང་ཟག་བདག་མེད་སྟོང་ཉིད་བཅུ་དྲུག་རྣམས། །ཐེག་ཆེན་ཟབ་དོན་ཡོངས་
རྫོགས་འདུས་ཕྱིར་དང་། །གསང་ཆེན་རྡོ་རྗེ་ཐེག་པའི་ཉམས་ལེན་ལ། །མཚན་འཛིན་
འགོག་ལ་ཁྱད་པར་འཕགས་པ་དང་། །སྟོང་ཉིད་བཅུ་དྲུག་དགའ་བ་བཅུ་དྲུག་ལ། །སྦྱར་
བཤད་བྱེད་ལ་ཁྱད་པར་འཕགས་པའི་ཕྱིར།

The *Chariot of the Dakpo Kagyü Siddhas'* explanation of the sixth chapter:
The refutations of arising from the four extremes and of the Mind-Only School,
The explanations of personal selflessness and the sixteen emptinesses,
Perfectly encompass all the profound teachings of the Mahayana, and
Teach an extraordinary way to abandon clinging to the attributes of secret Vajrayana practice.
As well, it is extraordinary to explain the sixteen emptinesses in connection with the sixteen joys.

།ལོ་ཙཱ་བཞི་ཡིས་ཆ་ཤས་རེ་སྒྱུར་བ། །རང་སྟོབས་རྣམ་དཔྱོད་གསལ་པོ་མཐོང་ཕྱིར་དང་།
།ཟབ་དོན་རྣམ་དཔྱོད་བློ་ཡིས་སྒྱུར་ཚུལ་རྣམས། །མ་འདྲེས་སོ་སོར་གསལ་བ་ཤེས་པའི་
ཕྱིར།

Thus, each of four lotsawas translated one of the chapter's four sections.
So that each one's capacity for analysis
And analytical choices in translating teachings on profound reality
would be clearly evident,
They have worked separately and their translations are independent.

།དབྱིན་ཇི་སྐད་ལ་ལེགས་པར་སྒྱུར་བ་འདིས། །དད་བརྩོན་ཤེས་རབ་ལྡན་པའི་སློབ་
ཚོགས་ཀྱི། །རྣམ་དཔྱོད་བློ་གྲོས་རབ་ཏུ་འཕེལ་བ་དང་། །ཐེ་ཚོམ་མུན་པ་རང་ཤར་རང་
གྲོལ་ཤོག

For students with faith, diligence, and intelligence,
May this excellent translation into English
Cause their capacity for analysis to perfectly increase,
And bring doubts' darkness to be self-arisen and self-liberated.

།ལོ་ཙཱ་རྣམས་ཀྱང་ཤེས་རབ་མཐར་ཕྱིན་ཏེ། །གཞན་དོན་བརྩེ་བ་ཆེན་པོ་དང་འབྲེལ་བས།
།ཕ་མ་ཉེ་འབྲེལ་དགྲ་དང་བཅས་རྣམས་ལ། །ཕན་པ་རྒྱ་ཆེན་འགྲུབ་པའི་རྒྱུར་གྱུར་ཅིག།

May this work be a cause for its translators as well
To bring their wisdom to its perfection,
And use it together with altruistic great love
To bring to their fathers, mothers, relatives, friends and enemies
Benefit in a truly vast way.

ཞེས་མཁན་པོ་ཚུལ་ཁྲིམས་རྒྱ་མཚོ་རིན་པོ་ཆེས་གསུངས་སོ།

Spoken extemporaneously on October 20, 2004, San Antonio, Texas, U.S.A.

Translators' Preface

Over twenty-five hundred years ago, the Buddha described the inconceivable, perfectly pure true nature of reality in his teachings on Transcendent Wisdom (Sanskrit: *Prajnaparamita*). Some five centuries later, the noble protector Nagarjuna, in his seminal text *The Fundamental Wisdom of the Middle Way,*[1] summarized these vast teachings of the Buddha and used logical reasoning to prove the validity of the Buddha's words.

Entering the Middle Way is the glorious Chandrakirti's[2] explanation of the meaning of Nagarjuna's work. Its sixth chapter, which constitutes the majority of the text, has four main sections: an explanation of how in genuine reality phenomena do not truly arise; a refutation of the Mind-Only (Sanskrit: *Chittamatra*) School's assertion that mind truly exists; a refutation of the true existence of the personal self; and an explanation of the sixteen types of emptiness taught by the Buddha in the Transcendent Wisdom sutras.

In the course of his treatise, composed in succinct verse form, Chandrakirti clarifies the ultimate meaning of the Buddha's Transcendent Wisdom teachings. The Eighth Karmapa, Mikyö Dorje, one of the most erudite and prolific scholars of the Karma Kagyü lineage of Tibetan Buddhism, elaborates on the meaning of these verses in a commentary that he proclaims to contain the key to gaining the realization achieved by all the enlightened masters of the past, present, and future.

Our guru, the pre-eminent Kagyü master Khenpo Tsültrim Gyamtso Rinpoche, directed each of us to translate one of the four sections of the verses in *Entering the Middle Way's* sixth chapter, along with the key portions of Mikyö Dorje's commentary that explain the verses' meaning,[3] and to publish our translations in this book, to which he gave its title. When we were preparing our translations for publication, Rinpoche instructed us to use our own individual translation styles and choice of terms in each of our sections, so that readers could see how different translators analyze, choose words, and write in different ways. Rinpoche also instructed us to include the Tibetan text,[4] for the benefit of Western students learning Tibetan and Tibetan students learning English, and also so that readers could examine the translation against the original Tibetan text and give us their comments and corrections, so that we might be able to improve the translation in subsequent editions.

Khenpo Rinpoche, who spent the first part of his life studying, meditating, and teaching in the caves and monasteries of Tibet, India, and Bhutan, has been teaching extensively throughout the world since 1977.[5] Wherever Rinpoche goes, the consistent focus of his teachings is the Buddha's most profound descriptions of the true nature of reality, which Rinpoche explains are the essential key to transcending confusion and suffering, and to performing compassionate activity that is of meaningful benefit to others. Rinpoche notes that the education that modern people receive gives us an excellent advantage as we approach these profound teachings; from an early age we have trained in developing the analytical tools we need to study and understand them. Since these teachings are so important and modern students have the ability to put them into practice, Rinpoche says that it is the ideal time for works such as *Entering the Middle Way* to be translated, published, and studied.

Although the teachings on the true nature of reality may seem difficult to understand at first, Rinpoche explains that if students approach them in a series of graduated stages, it is much easier to progress in gaining understanding and experience. Therefore, Rinpoche's advice to the readers of *The Moon of Wisdom* is that it would be of great benefit to your understanding if you read his books *The Progressive Stages of Meditation on Emptiness*[6] and *The Sun of Wisdom*[7] before you begin to study this volume. Furthermore, following the tradition of studying the classic texts on profound topics, it is beneficial to consult more than just one commentary on the root text in order to clarify difficult points. Jamgön Mipham's commentary on *Entering the Middle Way* is one that Rinpoche has taught from widely, and he recommends that you consult its translation, published in *Introduction to the Middle Way*,[8] along with whatever other translations and transcripts of different teachers' explanations of the text you can find.

We are grateful beyond measure to Khenpo Rinpoche, whose teaching, inspiration, and blessing are what made this book possible. We also offer our deepest thanks for the teachings and assistance given to us by Nitartha Institute:[9] by its head teacher, Dzogchen Ponlop Rinpoche, and faculty members Acharya Lama Tenpa Gyaltsen and Acharya Sherab Gyaltsen Negi, who taught us this text, answered our translation questions, and gave us transcripts of their own teachings on the text; its translators, Elizabeth Callahan and Tyler Dewar, who made available to us their respective translations of Karmapa Mikyö Dorje and Karmapa Wangchuk Dorje's commentaries on *Entering the Middle Way*, which we consulted frequently in the preparation of our own; and its co-director Scott Wellenbach, who made it easy for us to obtain whatever of the Institute's teaching materials we needed. Thanks as well to Rose Taylor for her excellent editorial work on the Tibetan text in the section refuting the view of the Mind-Only School.

May whatever merit comes from publishing this book be a cause for all sentient beings to enter and perfect the path that brings wisdom and compassion together.

Ari Goldfield
Miami, Florida
October 2004

༄༅། །དབུ་མ་ལ་འཇུག་པའི་རྣམ་བཤད་དཔལ་ལྡན་དུས་གསུམ་མཁྱེན་པའི་ཞལ་ལུང་
དགོངས་བརྒྱུད་གྲུབ་པའི་ཤིང་རྟ་ཞེས་བྱ་བ་ལས་སེམས་བསྐྱེད་དྲུག་པ་ནི།

The Approach—the Sixth Bodhisattva Ground
from Chandrakirti's *Entering the Middle Way*
with Commentary from Karmapa VIII Mikyö Dorje's
The Teachings of Glorious Düsum Khyenpa—
The Chariot of the Dakpo Kagyü Siddhas

།དྲུག་པ་ལ། ཡུལ་ཅན་སའི་ངོ་བོ་མདོར་བསྟན། ཡུལ་སྟོང་ཉིད་རྒྱས་པར་བཤད། སའི་ཡོན་ཏན་བརྗོད་དེ་དོན་བསྡུ་བའོ། དང་པོ་ལ། ས་དངོས་དང་། ཡོན་ཏན་ཤེར་ཕྱིན་གྱི་ཆེ་བ་བརྗོད་པའོ།།

དང་པོ་ནི།

མངོན་དུ་ཕྱོགས་པར་མཉམ་བཞག་སེམས་གནས་ཏེ།།
རྫོགས་པའི་སངས་རྒྱས་ཆོས་ལ་མངོན་ཕྱོགས་ཤིང་།།
འདི་རྟེན་འབྱུང་བའི་དེ་ཉིད་མཐོང་བ་དེ།།
ཤེས་རབ་གནས་པས་འགོག་པ་ཐོབ་པར་འགྱུར།། [1]

ས་ལྔ་པ་བསམ་གཏན་གྱི་ཕར་ཕྱིན་ཡོངས་སུ་དག་པའི་རྒྱུ་ལས་ས་དྲུག་པ་མངོན་དུ་ཕྱོགས་པར་མཉམ་པར་བཞག་པ་ལ་སེམས་གནས་ཏེ་ཤེས་པ་དང་ཤེས་བྱའི་སྤྲོས་མཚན་ཞི་བའི་འགོག་པ་ཐོབ་པར་འགྱུར་ཏེ། རྐྱེན་འདི་པ་ཙམ་གྱི་རྟེན་ཅིང་འབྱུང་བ་ཟབ་མོའི་དེ་ཉིད་མཐོང་བའི་སེམས་དཔའ་དེ་ནི་ཤེས་རབ་ཀྱི་ཕ་རོལ་ཏུ་ཕྱིན་པ་ལ་གནས་པས་ཡོངས་སུ་དག་པའི་ཕྱིར། འདིའི་སྐར་འགོག་པ་ཐོབ་པ་ནི་མ་ཡིན་ཏེ། ས་ལྔར་སྦྱིན་སོགས་ལྔ་གཙོ་བོར་སྤྱོད་པས་ནི་ཆོས་ཐམས་ཅད་གཟུགས་བརྙན་དང་འདྲ་བར་ཁོང་དུ་ཆུད་ལ།

Part I: The Refutation of Arising from the Four Extremes—Section A

[113.17][1] 1. A brief explanation of the essence of the sixth ground, the subject that realizes emptiness[2]
2. An extensive explanation of emptiness, the object realized
3. A concluding summary by means of a description of the sixth ground's qualities

1. A brief explanation of the essence of the sixth ground, the subject that realizes emptiness

1.1. The actual ground itself
1.2. A description of the greatness of the quality of transcendent wisdom

1.1. The actual ground itself

The bodhisattvas, whose minds rest in the equipoise of the Approach,
Approach the qualities of perfect buddhahood.
They see the suchness of dependent arising
And from abiding in wisdom, they will attain cessation. (1)

[114] On the fifth ground, the bodhisattvas achieved transcendent concentration that was completely pure, and as a result, their minds now abide in the equipoise of the Approach, the sixth ground. Here they attain the cessation in which all the fabrications of characteristics of a knower and a knowable object have dissolved, because these bodhisattvas, who see the profound suchness of merely conditional dependent arising, abide in transcendent wisdom, and this makes them completely pure. They did not attain this cessation earlier because on the first five grounds they mainly engaged in the five transcendent practices of generosity and so forth, and thus while at that stage they had the understanding that all phenomena

འདི་ནི་གཟུགས་བརྙན་དང་མཚུངས་པར་ཡང་མི་རྟོག་པའི་ཕྱིར། ས་འདི་ལ་མངོན་དུ་ཕྱོགས་པ་ཞེས་བྱ་སྟེ་ལྔ་པར་ལམ་བདེན་ལ་དམིགས་ནས་སྟོབས་བཅུ་སོགས་རྫོགས་པའི་སངས་རྒྱས་ཀྱི་ཆོས་རྣམས་ལ་ཉེ་བར་གྱུར་པའི་ཕྱིར་རོ།།

གཉིས་པ་ནི།

ཇི་ལྟར་ལོང་བའི་ཚོགས་ཀུན་བདེ་བླག་ཏུ།།
མིག་ལྡན་སྐྱེས་བུ་གཅིག་གིས་འདྲེན་པ་ཡི།།
ཡུལ་དུ་འཁྲིད་པ་དེ་བཞིན་འདིར་ཡང་བློས།།
མིག་ཉམས་ཡོན་ཏན་བླངས་ཏེ་རྒྱལ་ཉིད་འགྲོ།། ༢

ཡོན་ཏན་གྱི་ཚོགས་ཤེར་ཕྱིན་ལ་རག་ལས་པས་ས་འདིར་ཡང་ཤེར་ཕྱིན་གྱི་བློས་མིག་ཉམས་པ་ལྟ་བུའི་སྦྱིན་སོགས་ཤེར་ཕྱིན་གྱིས་མ་ཟིན་པ་འདིར་ཟིན་པར་བྱས་ནས་ཡོན་ཏན་བླངས་ཏེ་རྒྱལ་བ་ཉིད་ཀྱི་གོ་འཕང་དུ་འགྲོ་སྟེ། ཡང་དག་པའི་ལམ་དང་དེ་ལས་བཟློག་པ་ཉིད་ཤེས་པའི་ཕྱིར། ཇི་ལྟར་ལོང་བའི་ཚོགས་ཀུན་བདེ་བླག་ཏུ། །མིག་ལྡན་སྐྱེས་བུ་གཅིག་གིས་འདྲེན་པ་ཡི། །ཡུལ་དུ་ཁྲིད་པ་དེ་བཞིན་ནོ།།

are like reflections, here they do not even have the concept of phenomena being equivalent to reflections.

This ground is called the Approach because, having focused on the truth of the path on the fifth ground, the bodhisattvas have now come closer to attaining the ten powers and all the other qualities of perfect buddhahood.

1.2. A description of the greatness of the quality of transcendent wisdom

Just as a person with eyesight
Can easily lead a whole group of blind people wherever they wish to go,
So here, the mind endowed with wisdom
Guides the blind qualities to the level of the victorious ones themselves. (2)

The accumulation of excellent qualities depends upon transcendent wisdom and, up until now, generosity and so forth have been qualities as if lacking in eyesight because wisdom has not yet embraced them. Here on this ground, however, the mind endowed with transcendent wisdom embraces these qualities of generosity and so forth, and guides them to the level of the victorious ones themselves. It can do this because it knows the correct paths from the incorrect ones, in a similar manner to how it is that a person with eyesight can easily lead a whole group of blind people wherever they wish to go.

གཉིས་པ་ལ། གང་ལ་བརྟེན་ནས་བཤད་པ་དང་། ཡུལ་གང་ལ་བཤད་པ་དང་། ཆོས་གང་བཤད་པའོ།།

དང་པོ་ནི།

ཇི་ལྟར་དེ་ཡིས་ཆེས་ཟབ་ཆོས་རྟོགས་པ།།
ལུང་དང་གཞན་ཡང་རིགས་པས་ཡིན་པས་ན།།
དེ་ལྟར་འཕགས་པ་ཀླུ་སྒྲུབ་གཞུང་ལུགས་ལས།།
ཇི་ལྟར་གནས་པའི་ལུགས་བཞིན་བརྗོད་པར་བྱ།། ༣

ཇི་ལྟར་ཤེར་ཕྱིན་ལ་སྦྱོར་བའི་སེམས་དཔའ་དེ་ཡིས་ཆེས་ཟབ་པའི་ཆོས་རྣམས་ཀྱི་ཆོས་ཉིད་རྟོགས་པ་དེ་ལྟར་དམ་པ་དག་གི་ལུགས་ལས་དེ་བཞིན་གཤེགས་པའི་ལུང་དང་། གཞན་ཡང་རིགས་པས་བསྟན་བྱ་ཡིན་པས་ན་ཚུལ་དེ་ལྟར་འཕགས་པ་ཀླུ་སྒྲུབ་ཀྱིས་མཁྱེན་ནས་གསལ་བར་མཛད་པའི་གཞུང་ལུགས་ལས་ཇི་ལྟར་གནས་པའི་ལུང་རིགས་མན་ངག་གི་ལུགས་བཞིན་བདག་གིས་བརྗོད་པར་བྱའོ།།

[116] 2. An extensive explanation of emptiness, the object realized

2.1. The basis for the explanation
2.2. The ones to whom the explanation is given
2.3. The Dharma that is explained

2.1. The basis for the explanation

The way the bodhisattvas realize what is most profound, essential reality,
Is explained with quotations and reasonings.
Therefore, just as the noble Nagarjuna did in his texts,
So will I explain things here. (3)

[117.5] The way that the bodhisattvas who practice transcendent wisdom realize what is most profound, phenomena's essential reality, in the tradition of the genuine ones is explained with quotations of the Tathagata's statements and with logical reasonings. The noble Nagarjuna knew this and illuminated it for us in his texts, and therefore, just as he presented such quotations, reasonings, and quintessential practice instructions in his own writings, so will I explain things here.

གཉིས་པ་ལ། ཉན་པ་པོའི་སྐྱོན་བརྟག་པ་དང་། དེ་ལ་མཉན་པར་གདམས་པའོ། །དང་པོ་ལ། རྟགས་གསུམ་གྱི་སྒོ་ནས་སྐལ་ལྡན་གྱི་སྐྱོན་བརྟག །དེ་ལ་སྟོང་ཉིད་བསྟན་པའི་ཕན་ཡོན་བཤད་པའོ།།

དང་པོ་ནི།

སོ་སོ་སྐྱེ་བོའི་དུས་ནའང་སྟོང་པ་ཉིད་ཐོས་ནས།།
ནང་དུ་རབ་ཏུ་དགའ་བ་ཡང་དང་ཡང་དུ་འབྱུང་།།
རབ་ཏུ་དགའ་བ་ལས་བྱུང་མཆི་མས་མིག་བརླན་ཞིང་།།
ལུས་ཀྱི་བ་སྤུ་ལྡང་བར་འགྱུར་བ་གང་ཡིན་པ།། ༤
དེ་ལ་རྫོགས་པའི་སངས་རྒྱས་བློ་ཡི་ས་བོན་ཡོད།།
དེ་ཉིད་ཉེ་བར་བསྟན་པའི་སྣོད་ནི་དེ་ཡིན་ཏེ།།
དེ་ལ་དམ་པའི་དོན་གྱི་བདེན་པ་བསྟན་པར་བྱ། ༥ ཀ།ཁག

སོ་སོ་སྐྱེ་བོའི་དུས་ནའང་གཞན་ལས་སྟོང་པ་ཉིད་ཀྱི་ཆོས་ཚུལ་ཐོས་ནས་ཀྱང་ནང་དུ་སྐྱེ་ཡིད་ལ་རབ་ཏུ་དགའ་བ་དང་དང་བའི་དད་པ་ཡང་དང་ཡང་དུ་འབྱུང་ཞིང་། རབ་ཏུ་དགའ་བ་ལས་བྱུང་མཆི་མས་མིག་བརླན་ཞིང་ལུས་ཀྱི་བ་སྤུ་ལྡང་བར་གྱུར་པ་གང་ཡིན་པ་དེ་ལ་རྫོགས་པའི་སངས་རྒྱས་ཀྱི་བློ་སྒྲིབ་བྲལ་གྱི་ཤེས་རབ་བྱང་ཆུབ་ཀྱི་ས་བོན་ཡོད་པ་ཡིན་ཏེ། དེས་ཀུན་མཁྱེན་གྱི་ཆེད་དུ་རྩོལ་ན་མྱུར་དུ་མངོན་པར་རྫོགས་པར་འཚང་རྒྱ་བའི་ཕྱིར། དེས་ན་དེ་ཉིད་ཉེ་བར་བསྟན་པའི་སྣོད་ནི་དེ་ཡིན་ཏེ། དེ་ལ་དམ་པའི་དོན་གྱི་བདེན་པ་བསྟན་པར་བྱ་སྟེ། བསྟན་པ་ལས་འབྲས་བུ་འཆད་འགྱུར་གྱི་ཡོན་ཏན་རྣམས་འབྱུང་བའི་ཕྱིར།

[119.2] 2.2. THE ONES TO WHOM THE EXPLANATION IS GIVEN
2.2.1. Examining the vessel of the listener
2.2.2. The advice that one should listen to these teachings

2.2.1. EXAMINING THE VESSEL OF THE LISTENER
2.2.1.1. Three outer signs that identify fortunate vessels
2.2.1.2. The benefits of explaining emptiness to such individuals

2.2.1.1. THREE OUTER SIGNS THAT IDENTIFY FORTUNATE VESSELS

Those who, even as ordinary beings, upon hearing of emptiness,
Again and again feel great happiness within,
Have their eyes fill with the tears of this utter joy,
And the hairs on their body stand on end—
These are individuals with the seed of the perfect Buddha's mind.
They are vessels for the teachings on the precise nature.
They should be taught the truth of genuine reality. (4-5c)

[121.6] There are those who, even as ordinary beings, upon hearing from someone else the Dharma teachings on emptiness, within their minds feel great happiness and vivid faith again and again; have their eyes fill with the tears of this utter joy; and have the hairs on their body stand on end. These are individuals with the seed of the perfect Buddha's mind—wisdom free from obscurations, enlightenment—because if they exert themselves on the path to omniscience, they will quickly awaken into manifest and perfect buddhahood. Therefore, such individuals are vessels for the teachings on the precise nature. They should be taught the truth of genuine reality because as a result they will gain the qualities that will now be described.

གཉིས་པ་ནི།

དེ་ལ་དེ་ཡི་རྗེས་སུ་འགྲོ་བའི་ཡོན་ཏན་འབྱུང་།། ༥ ང

རྟག་ཏུ་ཚུལ་ཁྲིམས་ཡང་དག་བླངས་ནས་གནས་པར་འགྱུར།།

སྦྱིན་པ་གཏོང་བར་འགྱུར་ཞིང་སྙིང་རྗེ་བསྟེན་པར་བྱེད།།

བཟོད་པ་སྒོམ་བྱེད་དེ་ཡི་དགེ་བ་བྱང་ཆུབ་ཏུ།།

འགྲོ་བ་དགྲོལ་བར་བྱ་ཕྱིར་ཡོངས་སུ་བསྔོ་བྱེད་ཅིང་།། ༦

རྫོགས་པའི་བྱང་ཆུབ་སེམས་དཔའ་རྣམས་ལ་གུས་པར་བྱེད།། ༧ ཀ

ཉན་པོ་དེ་ལ་དེ་བསྟན་པས་དོན་མིན་མི་བསྐྱེད་པར་མ་ཟད། བསྟན་དོན་དེའི་རྗེས་སུ་འགྲོ་བའི་ཡོན་ཏན་ཐམས་ཅད་འབྱུང་བར་འགྱུར་རོ། །དེས་ན་ཆོས་ཚུལ་འདི་ལ་གཏེར་རྙེད་པ་ལྟར་དེ་མི་ཉམས་པའི་ཆེད་ཀྱི་ཡོན་ཏན་འདི་རྣམས་བསྟེན་པར་བྱེད་དེ། རྟག་ཏུ་མི་དགེ་བ་མཐའ་དག་སྤོང་བའི་ཚུལ་ཁྲིམས་ཡང་དག་བླངས་ནས་གནས་པར་འགྱུར་ཏེ། ཚུལ་འཆལ་གྱིས་ངན་འགྲོར་སྐྱེས་ན་སྟོང་ཉིད་ཀྱི་ལྟ་བ་རྒྱུན་ཆད་པའི་ཕྱིར། ཡང་སྦྱིན་པ་གཏོང་བར་འགྱུར་ཞིང་སྟེ་ཚུལ་ཁྲིམས་ཀྱིས་བདེ་འགྲོར་གྱུར་ཀྱང་དབུལ་ན་ཟས་སོགས་འཚོ་ཆས་ལ་ཐུར་བྱེད་པས་སྟོང་ཉིད་ཀྱི་ལྟ་བ་རྒྱུན་ཆད་པའི་ཕྱིར། ཡང་སྙིང་རྗེ་ཚད་མེད་པ་བསྟེན་པར་བྱེད་དེ། སྟོང་ཉིད་ཀྱི་ལྟ་བ་སྙིང་རྗེས་ཟིན་པས་འཚང་རྒྱ་བར་བྱེད་ཀྱི། གཞན་གྱིས་མ་ཡིན་པའི་ཕྱིར། ཡང་བཟོད་པ་སྒོམ་པར་བྱེད་དེ། ཁྲོ་བས་ངན་འགྲོར་འགྲོ་ཞིང་ཁ་དོག་ངན་པར་འགྱུར་ལ། རྐྱེན་དེས་འཕགས་པ་མ་མཉེས་ན་གདམས་པ་མི་ཐོབ་པས་སྟོང་ཉིད་ཀྱི་ལྟ་བ་ཆད་པའི་ཕྱིར། །ཡང་སེམས་དཔའ་དེའི་དགེ་བ་ཐམས་ཅད་འགྲོ་བ་མ་ལུས་པ་བྱང་ཆུབ་ཏུ་བསྒྲལ་བའི་ཕྱིར་ཡོངས་སུ་སྔོ་བར་བྱེད་ཅིང་སྟེ། དེར་མ་བསྔོས་པའི་དགེ་བ་ནི་སངས་རྒྱས་ཀྱི་རྒྱུ་འབྲས་མ་ཆད་པར་འབྱུང་བ་ཅན་མ་ཡིན་པའི་ཕྱིར། ཡང་རྫོགས་པའི་བྱང་ཆུབ་སེམས་དཔའ་རྣམས་ལ་གུས་པར་བྱེད་དེ། སེམས་དཔའ་ལས་གཞན་པས་རྟེན་འབྱུང་སྟོན་

2.2.1.2. The benefits of explaining emptiness to such individuals

All the good qualities following from that will arise within them.
They always practice pure ethics,
Give generously, practice compassion, cultivate patience,
And the resulting virtue they completely dedicate to all wandering beings' liberation in enlightenment.
They respect the perfect bodhisattvas. (5d-7a)

Giving these teachings to such listeners is not meaningless. On the contrary, it causes all the good qualities that follow from the meaning of these teachings to arise within them. Therefore, they regard this system of Dharma as a newfound precious treasure, and rely on the following qualities in order that it should not diminish:

They always practice pure ethics that avoid all forms of nonvirtue. **[122]** The reason for this is that if as a result of corrupted ethics they take birth in the lower realms, the continuum of their view of emptiness will be cut.

They give generously, because even if through proper ethical conduct they take rebirth in the higher realms, if they are poverty stricken, they will have to put so much effort into obtaining food and other means of livelihood that the continuum of their view of emptiness will be cut.

They practice immeasurable compassion, because when the view of emptiness is embraced by compassion, this produces the enlightenment of the buddhas, and nothing else can do so.

They cultivate patience, because anger brings rebirth in the lower realms and an ugly color to one's face, and if their anger displeases the noble ones, they will not receive the noble ones' teachings and the continuum of their view of emptiness will be cut.

[122.13] Furthermore, these bodhisattvas completely dedicate all of this virtue so that all wandering beings without exception may be liberated in enlightenment. They do this because virtue that is not so dedicated will not produce the uninterrupted development of the causes and results that culminate in enlightenment.

They also respect the perfect bodhisattvas because no one other than the bodhisattvas can explain dependent arising.

མི་ནུས་པའི་ཕྱིར།

གཉིས་པ་ནི།

ཟབ་ཅིང་རྒྱ་ཆེའི་ཚུལ་ལ་མཁས་པའི་སྐྱེ་བོས་ནི།།
རིམ་གྱིས་རབ་ཏུ་དགའ་བའི་ས་ནི་འཐོབ་འགྱུར་བས།།
དེ་ནི་དོན་དུ་གཉེར་བས་ལམ་འདི་མཉན་པར་གྱིས། ༧ ཁགང

ཡུན་རིང་བར་མེད་དུ་དགེ་ཚོགས་བསགས་ནས་སྟོང་ཉིད་ཟབ་ཅིང་སྦྱིན་སོགས་རྒྱ་ཆེ་བའི་ཚུལ་ལ་མཁས་པའི་སྐྱེ་བོས་ནི་ཚོགས་སྦྱོར་བགྲོད་ནས་རིམ་གྱིས་རབ་ཏུ་དགའ་བའི་ས་ནི་ཐོབ་པར་འགྱུར་བས། རབ་དགའི་ས་དེ་ནི་དོན་དུ་གཉེར་བས་འཆད་འགྱུར་གྱི་ལམ་འདི་མཉན་པར་གྱིས་ཤིག་གོ།

གསུམ་པ་ལ་བདག་མེད་གཉིས་ཀྱི་སྒོ་ནས་བཤད་པ་དང་། སྟོང་ཉིད་བཅུ་དྲུག་གི་སྒོ་ནས་བཤད་པའོ། །དང་པོ་ལ། བདག་མེད་གཉིས་སོ་སོར་བཤད་པ་དང་། དོན་བསྡུ་བའོ། །དང་པོ་ལ། ཆོས་ཀྱི་བདག་མེད་དང་། གང་ཟག་གི་བདག་མེད་པའོ། །དང་པོ་ལ། ལུང་དང་རིགས་པ་གཉིས་ལས།

2.2.2. The advice that one should listen to these teachings

The individual who is skilled in the modes that are profound and vast
Will progress in stages to the ground of Excellent Joy.
Those who wish to do the same, therefore, should listen to the teachings about this path. (7b-d)

Having gathered the accumulation of virtue uninterruptedly for a long period of time, the individual who is skilled in the profound mode of emptiness and the vast modes of generosity and so forth will traverse the paths of accumulation and junction and progress in stages to the ground of Excellent Joy.[3] Those who wish to do the same, therefore, should listen to the teachings about this path that will now be presented.

2.3. The Dharma that is explained

2.3.1. An explanation by means of the two types of selflessness
2.3.2. An explanation by means of the sixteen emptinesses

2.3.1. An explanation by means of the two types of selflessness

2.3.1.1. An explanation of each of the two types of selflessness individually
2.3.1.2. A concluding summary

2.3.1.1. An explanation of each of the two types of selflessness individually

2.3.1.1.1. Phenomena's lack of self-entity
2.3.1.1.2. The selflessness of the individual

2.3.1.1.1. Phenomena's lack of self-entity

2.3.1.1.1.1. A citation of the Buddha's speech
2.3.1.1.1.2. Logical reasonings

དང་པོ་ནི། ཆོས་རྣམས་ཀྱི་ཡང་དག་པ་ཉིད་ཇི་ལྟ་བ་བསྟན་པ་འདི་ལ་རེ་ཞིག་ལུང་ནི། འཕགས་པ་ས་བཅུ་པ་ལས།

> ཀྱེ་རྒྱལ་བའི་སྲས་དག་བྱང་ཆུབ་སེམས་དཔའི་ས་ལྔ་པ་ལ་ལམ་ཡོངས་སུ་རྫོགས་པའི་བྱང་ཆུབ་སེམས་དཔའ་དེ་བྱང་ཆུབ་སེམས་དཔའི་ས་དྲུག་པ་ལ་འཇུག་སྟེ། དེ་ཆོས་མཉམ་པ་ཉིད་བཅུས་འཇུག་གོ། །བཅུ་གང་ཞེ་ན། འདི་ལྟ་སྟེ། ཆོས་ཐམས་ཅད་མཚན་མ་མེད་པར་མཉམ་པ་ཉིད་དང་། ཆོས་ཐམས་ཅད་མཚན་ཉིད་མེད་པར་མཉམ་པ་ཉིད་དང་། དེ་བཞིན་དུ་སྐྱེ་བ་མེད་པ་དང་། མ་སྐྱེས་པ་དང་། དབེན་པ་དང་། གདོད་མ་ནས་རྣམ་པར་དག་པ་དང་། སྤྲོས་པ་མེད་པ་དང་། བླང་བ་མེད་པ་དང་དོར་བ་མེད་པ་མཉམ་པ་ཉིད་དང་། ཆོས་ཐམས་ཅད་སྒྱུ་མ་དང་རྨི་ལམ་དང་མིག་ཡོར་དང་བྲག་ཆ་དང་ཆུ་ཟླ་དང་གཟུགས་བརྙན་དང་སྤྲུལ་པ་ལྟ་བུར་མཉམ་པ་ཉིད་དང་། ཆོས་ཐམས་ཅད་དངོས་པོ་དང་དངོས་པོ་མེད་པ་གཉིས་སུ་མེད་པར་མཉམ་པ་ཉིད་དེ། དེ་ཆོས་ཐམས་ཅད་ཀྱི་རང་བཞིན་དེ་ལྟར་རབ་ཏུ་རྟོགས་པ་ན་རྣོ་ཞིང་རྗེས་སུ་མཐུན་པའི་བཟོད་པས་བྱང་ཆུབ་སེམས་དཔའི་ས་དྲུག་པ་མངོན་དུ་གྱུར་པ་རྗེས་སུ་ཐོབ་སྟེ།

ཞེས་གསུངས་པ་ལྟ་བུའོ།།

2.3.1.1.1.1. A CITATION OF THE BUDDHA'S SPEECH

A passage from the Buddha's speech in which he describes phenomena's authentic reality, just as it is, can be found in this portion of *The Noble Sutra of the Ten Grounds*:

> O sons and daughters of the victorious ones, the bodhisattvas who have completely perfected the path of the fifth ground enter the sixth ground. They enter it by means of the ten ways in which phenomena are equal. If you ask, "What are these ten?," they are as follows: All phenomena equally (1) have no attributes;[4] (2) all phenomena equally have no defining characteristics;[5] (3) similarly, all phenomena are equal in that none will arise and none are arising; (4) none have arisen; (5) all are free;[6] (6) originally and perfectly pure; (7) beyond conceptual fabrication;[7] (8) equally neither to be adopted nor rejected; (9) all phenomena are equally like illusions, dreams, visual distortions, echoes, water-moons,[8] reflections, and emanations; (10) and finally, all phenomena are the equality of the nonduality of things and the absence of things.
>
> When all phenomena's true nature is perfectly realized to be like that, the sixth bodhisattva ground, the Manifest,[9] is attained by means of this acuity and concordant patience.

So it is taught.

གཉིས་པ་ལ། མཐའ་བཞིའི་སྐྱེ་བ་རྒྱས་པར་དགག་པ་དང་། ཀུན་རྫོབ་པའི་སྐྱེ་བ་རྟེན་འབྲེལ་དུ་བསྟན་པ་དང་། རིགས་པས་རྣམ་པར་དཔྱད་པའི་དགོས་པ་བཤད་པའོ། །དང་པོ་ལ། མཐའ་བཞིའི་སྐྱེ་བ་དགག་པ་དངོས་དང་། བཀག་པ་ལ་འགལ་བ་སྤང་བའོ། །དང་པོ་ལ། སྐྱེ་མེད་ཀྱི་དམ་བཅའ་རྗེས་སུ་བརྗོད་པ་དང་། མཐའ་བཞིའི་སྐྱེ་བ་དགག་པའི་རིགས་པ་རྒྱས་པར་བཤད་པ་དང་། དེ་ཉིད་ཀྱི་ཕྱིར་ཆོས་རྣམས་རང་བཞིན་མེད་པར་བསྟན་པའོ།།

[124.4] 2.3.1.1.1.2. Logical reasonings

2.3.1.1.1.2.1. An extensive refutation of arising from the four possible extremes
2.3.1.1.1.2.2. A teaching on how it is that the arising in relative reality is dependent arising
2.3.1.1.1.2.3. An explanation of why it is necessary to analyze thoroughly with logical reasoning

2.3.1.1.1.2.1. An extensive refutation of arising from the four possible extremes

2.3.1.1.1.2.1.1. The actual refutation of arising from the four possible extremes
2.3.1.1.1.2.1.2. The rebuttal of opposing arguments

2.3.1.1.1.2.1.1. The actual refutation of arising from the four possible extremes

2.3.1.1.1.2.1.1.1. The assertions that there is no arising
2.3.1.1.1.2.1.1.2. An extensive explanation of the reasonings that refute arising from the four possible extremes
2.3.1.1.1.2.1.1.3. The conclusion to draw from this refutation: phenomena have no inherent nature

དང་པོ་ནི།

དེ་ཉིད་དེ་ལས་འབྱུང་མིན་གཞན་དག་ལས་ལྟ་ག་ལ་ཞིག།

གཉི་ག་ལས་ཀྱང་མ་ཡིན་རྒྱུ་མེད་པར་ནི་ག་ལ་ཡོད།། ༨ ཀཁ

མཉམ་ཉིད་བཅུའི་ལུང་གི་དང་པོ་བརྒྱད་དོན་དམ་དུ་མཉམ་པ་ཉིད་དང་། དགུ་པ་སྒྱུ་མ་སོགས་དཔེ་བདུན་གྱིས་བསྟན་པ་ནི་ཀུན་རྫོབ་ཏུ་མཉམ་པ་ཉིད་དང་། ཐ་མ་ནི་བདེན་པ་གཉིས་ཅར་མཉམ་པ་ཉིད་དུ་འཆད་པ་ལས་སྐྱེ་མེད་དུ་མཉམ་པ་ཉིད་རིགས་པའི་ལམ་ནས་བསྟན་པས། མཉམ་ཉིད་གཞན་རྣམས་བསྟན་པར་སླ་བའོ། དེ་ལྟར་དམ་བཅའ་བཞི་པོ་དང་པོར་བརྗོད་ནས་དེ་རིགས་པས་སྒྲུབ་པ་ནི་བདག་ལས་སྐྱེ་བ་མིན་ཏེ། དེ་ཉིད་དེ་ལས་འབྱུང་མིན་ཕྱིར། །ཞེས་དང་། གཞན་ལས་མིན་ཏེ། རང་ལས་མི་འབྱུང་ན་གཞན་དག་ལས་ལྟ་ག་ལ་ཞིག་པའི་ཕྱིར་དང་། གཉིས་ཀ་ལས་མིན་ཏེ། རེ་རེ་ནས་མ་ཡིན་ན་གཉིས་ཀ་ལས་ཀྱང་མ་ཡིན་པའི་ཕྱིར་དང་། རྒྱུ་མེད་མིན་ཏེ། རྒྱུ་མེད་པར་ནི་ག་ལ་ཡོད་སྲིད་པའི་ཕྱིར་ཞེས་སོ།།

2.3.1.1.1.2.1.1.1. The assertions that there is no arising

> *It does not originate from itself; how could it originate from something else?*
> *Nor does it arise from self and other together; how could it arise without a cause? (8ab)*

In the above quotation in which the Buddha teaches of the ten types of equality, the first eight describe the equality of all phenomena from the perspective of actual and genuine truth; the ninth, by means of the seven examples of illusions and so forth, describes equality from the perspective of relative truth; and the tenth describes equality from the perspective of both the two truths. It is the case that from among these ten, when first, the equality of no arising is explained using the path of reasoning, the other nine are easy to describe.

[125.19] Thus, four assertions of no arising are first enunciated and then proven to be valid with logical reasoning. These assertions are as follows: (1) There is no arising from self, because as it is said, "it does not originate from itself." (2) There is no arising from other, because if something does not originate from itself, "how could it originate from something else?" (3) There is no arising from both, because if something does not arise from self and other individually, "it does not arise from self and other together" either. (4) There is no causeless arising, because as it is said, "how could it" be possible for it to "arise without a cause?"

གཉིས་པ་ལ། མཐའ་བཞིའི་སྐྱེ་བ་དགག་པ་ལས་ཐལ་རང་གཉིས་སུ་གྱེས་ཚུལ་དང་། མཐའ་དེ་དག་དགག་པའི་རིགས་པ་རྒྱས་པར་བཤད་པའོ། གཉིས་པ་ལ་རང་དང་། གཞན་དང་། གཉིས་ཀ་དང་། རྒྱུ་མེད་ལས་སྐྱེ་བ་དགག་པ་རྒྱས་པར་བཤད་པ་བཞི་ལས། དང་པོ་ལ་བདེན་པ་གཉིས་ཆར་དུ་དགག་པ་དང་། སུན་འབྱིན་གྱི་ལམ་གཞན་བསྟན་པའོ། །དང་པོ་ལ་དོན་དམ་པར་རང་ལས་སྐྱེ་བ་དགག་པ་དང་། ཐ་སྙད་དུ་རང་ལས་སྐྱེ་བ་དགག་པ་དང་། བཀག་པའི་བསྡུ་བའོ། །དང་པོ་ལ་རང་ལས་སྐྱེ་བ་དོན་མེད་པ་དང་། རིགས་པ་དང་འགལ་བའོ།།

[134.15] 2.3.1.1.1.2.1.1.2. An extensive explanation of the reasonings that refute arising from the four possible extremes

2.3.1.1.1.2.1.1.2.1. How the division into the Autonomy and Consequence schools comes about from the refutation of arising from the four extremes[10]

2.3.1.1.1.2.1.1.2.2. An extensive explanation of the reasonings that refute arising from those extremes

[218.last] 2.3.1.1.1.2.1.1.2.2. An extensive explanation of the reasonings that refute arising from those extremes

2.3.1.1.1.2.1.1.2.2.1. The refutation of arising from self

2.3.1.1.1.2.1.1.2.2.2. The refutation of arising from other

2.3.1.1.1.2.1.1.2.2.3. The refutation of arising from both

2.3.1.1.1.2.1.1.2.2.4. The refutation of causeless arising

2.3.1.1.1.2.1.1.2.2.1. The refutation of arising from self

2.3.1.1.1.2.1.1.2.2.1.1. Refuting arising in both of the two truths

2.3.1.1.1.2.1.1.2.2.1.2. Another way of revealing the faults in the argument that things arise from themselves

[219] 2.3.1.1.1.2.1.1.2.2.1.1. Refuting arising in both of the two truths

2.3.1.1.1.2.1.1.2.2.1.1.1. Refuting arising from self in genuine reality

2.3.1.1.1.2.1.1.2.2.1.1.2. Refuting arising from self in conventional reality

2.3.1.1.1.2.1.1.2.2.1.1.3. A summary of the refutations

2.3.1.1.1.2.1.1.2.2.1.1.1. Refuting arising from self in genuine reality

2.3.1.1.1.2.1.1.2.2.1.1.1.1. Arising from self is meaningless

2.3.1.1.1.2.1.1.2.2.1.1.1.2. Arising from self is illogical

དང་པོ་ནི།

དེ་ནི་དེ་ལས་འབྱུང་ན་ཡོན་ཏན་འགའ་ཡང་ཡོད་མ་ཡིན།། ༡ ག
གྲངས་ཅན་པ་དག་རྒྱུ་འབྲས་ངོ་བོ་གཅིག་ཏུ་ཡོད་དེ། རྒྱུ་དུས་ན་འབྲས་བུ་མངོན་པར་མི་གསལ་བའི་བདག་ཉིད་དུ་ཡོད་ལ། འབྲས་བུའི་དུས་ན་མངོན་པར་གསལ་བའོ་ཞེས་ཟེར། འདི་མི་འཐད་པར་བསྟན་པ་ནི། ཡོད་པའི་མྱུ་གུ་དེ་ནི་ཆོས་ཅན། ས་བོན་རང་གི་བདག་ཉིད་དུ་ཡོད་པའི་མྱུ་གུ་དེ་ལས་འབྱུང་བ་སྟེ་སྐྱེ་བ་མ་ཡིན་པར་ཐལ། དེ་ལྟར་མིན་པར་དེ་ལས་དེ་འབྱུང་ན་ཡོན་ཏན་ནམ་དགོས་པ་ལྷག་པ་འགའ་ཡང་སྟེ་གཅིག་ཀྱང་ཡོད་པ་མ་ཡིན་པའི་ཕྱིར་ཏེ། ཡོད་པ་ནི་སྔར་ནས་ཐོབ་ཟིན་པའི་ཕྱིར། མངོན་གསལ་གྱི་བུམ་པ་བཞིན་ནོ།།

གཉིས་པ་ལ་དམ་བཅའ་བ་དང་། འཐད་པ་འགོད་པའོ།།

དང་པོ་ནི།

སྐྱེས་པར་གྱུར་པ་སླར་ཡང་སྐྱེ་བར་རིགས་པའང་མ་ཡིན་ཉིད། ༡ ང
ཡང་འདི་ལྟར་བརྗོད་དེ། ས་བོན་དུ་གྲུབ་ཟིན་ལས་ས་བོན་དུ་གྲུབ་ཟིན་སྐྱེ་བར་ཐལ། ས་བོན་ལ་ཡོད་པའི་མྱུ་གུ་ལས་སླར་མྱུ་གུ་སྐྱེ་བའི་ཕྱིར། རྟགས་ཁས་བླངས། ཁྱབ་པ་མེད་ན་ས་བོན་ལ་ཡོད་པའི་མྱུ་གུ་ལས་སླར་མྱུ་གུ་སྐྱེ་ན། ས་མྱུག་རྫས་གཅིག་ཡིན་པ་བྱུད། འདོད་ན། སྐྱེས་པར་གྱུར་པའི་ས་བོན་སླར་ཡང་འདེབས་ནས་སྐྱེ་བར་རིགས་པའང་མ་ཡིན་པ་ཉིད་དེ། དེའི་འཐད་པ་ནི།

2.3.1.1.1.2.1.1.2.2.1.1.1.1. Arising from self is meaningless

If it arose from itself, arising would be meaningless. (8c)

The Samkhyas[11] claim that cause and result exist as one essence. At the time of the cause, the result exists in a latent state, and later, during the result's own phase, it becomes manifest, they say.

This view is untenable because a sprout does not arise from a sprout that exists in the entity of the seed, for if it did, "arising" would be meaningless and purposeless. There would not be a single reason why the sprout should have to arise at that point, because it would already exist. It is for example as with a vase that is clearly and manifestly present, and therefore has no need to arise.

2.3.1.1.1.2.1.1.2.2.1.1.1.2. Arising from self is illogical
2.3.1.1.1.2.1.1.2.2.1.1.1.2.1. The assertion
2.3.1.1.1.2.1.1.2.2.1.1.1.2.2. The logical proof

2.3.1.1.1.2.1.1.2.2.1.1.1.2.1. The assertion

For something that has already arisen to arise again would be illogical. (8d)

It can also be expressed in the following way: It would absurdly follow that an already existent seed would arise from an already existent seed, because a sprout would arise again from a sprout that existed in the seed. The Samkhyas might accept the reason but not the pervasion,[12] but if so, then if the sprout arises again from a sprout that exists in the seed, that would exclude the possibility that the seed and the sprout are the same substance. If one accepts that, then still, it is illogical that a previously arisen seed should be planted and arise again. The logical proof of this statement will now be explained.

གཉིས་པ་ལ། གྲགས་པ་དང་འགལ་ཅིང་ཐུག་མེད་དུ་འགྱུར་བ་དང་། མཚན་ཉིད་ཐ་དད་མི་དད་བརྟགས་ན་མི་འཐད་པ་དང་། བློ་ལ་སྣང་མི་སྣང་མཚུངས་པར་འགྱུར་བའོ།།

2.3.1.1.1.2.1.1.2.2.1.1.1.2.2. The logical proof

2.3.1.1.1.2.1.1.2.2.1.1.1.2.2.1. Arising from self is contrary to what is renowned in the world and would be endless

2.3.1.1.1.2.1.1.2.2.1.1.1.2.2.2. Analysis of whether the characteristics of a cause and of its result are different or not shows arising from self to be logically untenable

2.3.1.1.1.2.1.1.2.2.1.1.1.2.2.3. If there were arising from self, at any given time a cause and its result should equally be visible or not visible

དང་པོ་ནི།

སྐྱེས་ཟིན་སླར་ཡང་སྐྱེ་བར་ཡོངས་སུ་རྟོག་པར་འགྱུར་ན་ནི།།
མྱུ་གུ་ལ་སོགས་རྣམས་ཀྱི་སྐྱེ་བ་འདིར་རྙེད་མི་འགྱུར་ཞིང་།།
ས་བོན་སྲིད་མཐར་ཐུག་པར་རབ་ཏུ་སྐྱེ་བ་ཉིད་དུ་འགྱུར།།
ཇི་ལྟར་དེ་ཉིད་ཀྱིས་དེ་རྣམ་པར་འཇིག་པར་བྱེད་པར་འགྱུར།། ༩

སྐྱེས་ཟིན་ས་བོན་སླར་ཡང་སྐྱེ་བར་ཡོངས་སུ་རྟོག་པར་འགྱུར་བ་དེ་ལྟར་སྲིད་ན་ནི་ཆོས་ཅན། མྱུ་གུ་དང་སྡོང་བུ་དང་སྦུབས་འཆའ་བ་ལ་སོགས་འབྲས་བུ་ཕྱི་མ་རྣམས་ཀྱི་སྐྱེ་བའི་གོ་སྐབས་འདིར་གཏན་རྙེད་པར་མི་འགྱུར་བར་ཐལ། ས་བོན་ལས་ས་བོན་སོགས་སྐྱེ་བ་གནས་སྐབས་སྔ་མ་སྔ་མ་འགགས་པར་ཕྱི་མ་ཕྱི་མ་མི་སྐྱེ་ལ། གློ་བུར་དུ་ས་བོན་རང་རང་སྐྱེ་བ་བཀག་ནས་མྱུ་གུ་སྐྱེའོ་ཞེ་ནའང་མི་རིགས་པའི་ཕྱིར་ཏེ། དེ་ལྟར་ན་རང་སྐྱེ་ལ་གེགས་མེད་པས་ནམ་ཡང་ས་བོན་ཉིད་ལས་ས་བོན་མི་སྐྱེ་བར་མི་འགྱུར་བའི་ཕྱིར། གཞན་ཡང་ས་བོན་སྲིད་པ་སྟེ་འཁོར་བ་སྟོང་པའི་མཐར་ཐུག་པའི་བར་རབ་ཏུ་སྐྱེ་བ་ཉིད་དུ་འགྱུར་ཏེ། རང་ལས་སྐྱེ་ན་རང་སྐྱེ་བའི་རྐྱེན་ནམ་ཡང་མ་ཚང་བ་མེད་ཅིང་གེགས་མེད་པས་ས་བོན་འགགས་མི་སྲིད་པའི་ཕྱིར། དེ་མ་ཁྱབ་སྟེ། མྱུ་གུའི་ལྷན་ཅིག་བྱེད་རྐྱེན་ཆུ་དང་དུས་སོགས་ཀྱིས་རྒྱུ་ས་བོན་འགྱུར་བར་བྱེད་ཅིང་འབྲས་བུ་མྱུ་གུ་སྐྱེད་པར་བྱེད་ལ། འབྲས་བུ་མྱུ་གུ་ཡང་རང་བསྐྱེད་པར་བྱེད་པོ་དང་ལྷན་ཅིག་མི་གནས་པས་རྒྱུ་དེས་ས་བོན་དེ་འཇིག་པར་བྱེད་ཅིང་འབྲས་བུ་མྱུ་གུ་འབྱུང་བས་ས་བོན་སྲིད་མཐར་ཐུག་པའི་ཉེས་པ་མེད་དོ། །དེ་ལྟར་ནའང་ས་མྱུག་རྫས་གཞན་མིན་པས་བདག་སྐྱེ་གྲུབ་བོ་ཞེ་ན། ཇི་ལྟར་ས་བོན་གྱི་བདག་ཉིད་དུ་གྱུར་པའི་མྱུ་གུ་དེ་ཉིད་ཀྱིས་རང་གི་བདག་ཉིད་ཀྱི་ས་བོན་དེ་རྣམ་པར་འཇིག་པར་བྱེད་པར་འགྱུར་ཏེ་མི་འགྱུར་བར་ཐལ། ས་མྱུག་རྫས་གཞན་མ་ཡིན་པའི་ཕྱིར། ས་བོན་རང་གི་བདག་ཉིད་བཞིན་ནོ།།

2.3.1.1.1.2.1.1.2.2.1.1.1.2.2.1. Arising from self is contrary to what is renowned in the world and would be endless

If it were, as you think, that something already arisen should arise again,
Then the sprout and what follows it would never have a chance to arise,
And the seed would continue to arise again and again until the end of existence.
How could something destroy its very self when it comes into existence? (9)

[220] If it were possible, as you Samkhyas think, that a seed that has already arisen should arise again, then in that situation it would follow that the sprout, stem, plant, and so forth—all the results that follow the seed—would never have a chance to arise themselves, because from the seed, the *seed* itself would arise, over and over, and with the earlier instances of arising never ending, the later instances could not occur. "The seed will just stop arising all of a sudden, and then the sprout will arise," you may claim, but that would be illogical, because with no obstacles to its arising from itself, the seed would never stop arising from itself.

Furthermore, the seed would continue to arise again and again until the end of existence, in other words, until samsara is empty, because if something arises from itself, the conditions necessary for it to arise are always complete, and thus, without any obstacle to prevent it from arising, it would be impossible for the seed to stop arising.

You might say: "There is no pervasion,[13] because the cooperative conditions for the arising of the sprout, like water, time, and so forth, transform the actual cause, the seed, and produce the result, the sprout. Furthermore, the sprout does not exist at the same time as that which produces it, and therefore, the sprout destroys the seed and comes into being.[14] Therefore, the supposed illogicality of the seed arising until the end of existence in fact does not exist, and at the same time, since the seed and sprout are not different substances, arising from self is established."

How could it be, though, that the sprout—of the same entity of the seed—could destroy that seed whose very essence is none other than its own? It could not do so, because the seed and the sprout are not different substances. It is just as the seed is with its own nature.

གཉིས་པ་ནི།

བྱེད་རྒྱུ་ས་བོན་གྱི་ལས་ཐ་དད་མྱུ་གུའི་དབྱིབས་དང་ནི།།
ཁ་དོག་རོ་ནུས་སྨིན་པའི་ཐ་དད་ཁྱད་ལ་མེད་པར་འགྱུར།།
གལ་ཏེ་སྔར་གྱི་བདག་གི་དངོས་པོ་བསལ་ནས་དེ་ལས་གཞན།།
ངོ་བོར་འགྱུར་ན་དེ་ཚེ་དེ་ཡི་དེ་ཉིད་ཇི་ལྟར་འགྱུར།། ༡༠

ས་མྱུག་རང་བཞིན་གཅིག་ན་མྱུ་གུ་སྐྱེད་པར་བྱེད་པའི་རྒྱུ་ས་བོན་གྱི་དབྱིབས་སོགས་ཆོས་ལྔ་ལས་ཐ་དད་པར་མྱུ་གུའི་དབྱིབས་དང་ནི་ཁ་དོག་རོ་ནུས་སྨིན་པའི་ཐ་དད་པ་གྲངས་ཅན་ཁྱད་ལ་མེད་པར་འགྱུར་བར་ཐལ། ས་མྱུག་བདག་གཅིག་གི་རྫས་ཡིན་པའི་ཕྱིར། ས་མྱུག་གི་དབྱིབས་སོགས་ཐ་དད་མིན་པར་འདོད་ན། ས་བོན་གྱི་དབྱིབས་སོགས་མ་མཐོང་བ་ལྟར་མྱུག་དབྱིབས་སོགས་ཀྱང་མཐོང་མི་རུང་བར་འགྱུར་བས་དེ་ལྟའང་མ་ཡིན་པའི་ཕྱིར། ས་བོན་གྱི་དབྱིབས་སོགས་ལས་མྱུ་གུའི་དབྱིབས་སོགས་གཞན་དུ་རིགས་ཏེ། སྐྲོག་སྐྱུའི་ས་བོན་ལས་ཆུ་ཤིང་གི་མྱུ་གུ་གཞན་བཞིན་ནོ། །ཡང་གྲངས་ཅན་ན་རེ། མ་ཁྱབ་སྟེ། ས་བོན་གྱི་དབྱིབས་སོགས་བཏང་ནས་མྱུག་སོགས་ཀྱི་དབྱིབས་སོགས་ཐོབ་པའི་ཕྱིར་ཞེ་ན། ས་མྱུག་དེའི་རྫས་གཅིག་པ་སྟེ་ཐ་མི་དད་པ་དེ་ཉིད་དུ་ཇི་ལྟར་འགྱུར་བར་ཐལ། གལ་ཏེ་སྔར་ས་བོན་གྱི་དབྱིབས་སོགས་ཀྱི་བདག་གི་དངོས་པོ་བསལ་ནས་དེ་ལས་གཞན་མྱུ་གུའི་དབྱིབས་སོགས་ཀྱི་ངོ་བོར་འགྱུར་ན་དེ་ཚེ་ས་བོན་གྱི་ངོ་བོར་འགལ་བའི་ཕྱིར། བྱེ་བྲག་པས་ས་མྱུག་གི་དབྱིབས་སོགས་ཀྱི་ཡོན་ཏན་ཐ་དད་པ་ཙམ་གྱིས་རྫས་གཅིག་པ་མི་འདོར་བས་ཁྱབ་པ་མེད་དོ་ཞེ་ན། ས་མྱུག་གི་དབྱིབས་སོགས་ལས་གཞན་པའི་རྫས་མི་རིགས་ཏེ། ཡོན་ཏན་དབྱིབས་སོགས་མ་བཟུང་བར་དེའི་རྫས་འཛིན་པ་རིགས་པ་མ་ཡིན་པའི་ཕྱིར།

2.3.1.1.1.2.1.1.2.2.1.1.1.2.2.2. Analysis of whether the characteristics of a cause and of its result are different or not shows arising from self to be logically untenable

According to your tradition, the sprout could never have
Shape, color, taste, potency, or ripening different from those of its cause, the seed.
If what was there earlier disappears and changes into something else,
How could the earlier one become the later one? You say they are both the same thing! (10)

[221] If the seed and the sprout were one in nature, then in your Samkhya tradition the sprout could never have a shape, color, taste, potency, or ripening that was different from any of these five qualities of the seed that produced the sprout. The reason for this is that the seed and the sprout are, according to you, one substance with one identity. If you agree with the statement that the seed's and sprout's shape and so forth are not different, then just as we do not see the seed's shape and so forth, so we should also not see the sprout's shape and so forth. Since it is not like that, however, it is logical that the sprout's shape and so forth are different from the seed's shape and so forth, just as a banana tree's sprout is different from a garlic seed.

The Samkhyas may counter with the following argument: "There is no pervasion, because the sprout gains its shape and other qualities after the seed's shape and other qualities are abandoned." If the seed and sprout are the same substance, meaning that they are not different things, however, how could the earlier one *become* the later one? For if the seed's shape and so forth, which existed earlier, disappeared and changed into something else, namely the sprout's shape and so forth, at that time what existed would be the *opposite* of the entity of the seed.

The Vaisheshikas[15] might assert, "Just because the seed's and sprout's shapes and other qualities are different does not mean that they cannot be the same substance, and therefore there is no pervasion." However, it is illogical to posit the existence of such a substance that would be different from the seed's and sprout's shapes and other qualities, because it would be illogical for that substance to be perceivable while its qualities of shape and so forth were not.

གསུམ་པ་ནི།

གལ་ཏེ་ཁྱོད་ཀྱི་ས་བོན་མྱུ་གུ་འདི་གཞན་མ་ཡིན་ན།།
ས་བོན་བཞིན་དུ་མྱུ་གུ་ཞེས་བྱ་དེ་གཟུང་མེད་པའམ།།
ཡང་ན་དེ་དག་གཅིག་པས་ཇི་ལྟར་མྱུ་གུ་འདི་བཞིན་དུ།།
དེ་ཡང་གཟུང་དུ་ཡོད་འགྱུར་དེ་ཕྱིར་འདི་ནི་ཁས་མི་བླང་།། ༡༡

གལ་ཏེ་ཁྱོད་ཀྱི་ས་བོན་ལས་མྱུ་གུ་བདག་སྐྱེ་འདོད་པའི་སྐབས་འདིར་གཞན་མ་ཡིན་ན་ཆོས་ཅན། མྱུ་གུའི་གནས་སྐབས་ན་ས་བོན་བཞིན་དུ་མྱུ་གུ་ཞེས་བྱ་བ་དེའི་ངོ་བོའང་བཟུང་དུ་མེད་པའམ། ཡང་ན་ས་མྱུག་དེ་དག་གཅིག་པས་ཇི་ལྟར་མྱུ་གུ་བཟུང་དུ་ཡོད་པ་འདི་བཞིན་དུ་ས་བོན་གྱི་ངོ་བོ་དེ་ཡང་བཟུང་དུ་ཡོད་པར་འགྱུར་བར་ཐལ། གཅིག་ལ་བཟུང་མ་བཟུང་གི་ཆ་གཉིས་འགལ་བ་དེའི་ཕྱིར། ཉེས་པ་འདི་མི་འདོད་པ་དག་གིས་ས་མྱུག་གཅིག་པ་འདི་ནི་ཁས་མི་བླང་ངོ་།།

གཉིས་པ་ནི།

གང་ཕྱིར་རྒྱུ་ཞིག་ན་ཡང་དེ་ཡི་འབྲས་བུ་མཐོང་བའི་ཕྱིར།།
དེ་དག་གཅིག་པ་ཡིན་ཞེས་འཇིག་རྟེན་གྱིས་ཀྱང་ཁས་མི་ལེན།། ༡༢ ཀཁ

དེས་ན་ཐར་པའི་དེ་ཉིད་འཚོལ་བར་འདོད་པ་གྲངས་ཅན་གྱི་ལུགས་ལ་བདག་སྐྱེ་བཀག་ནས་དེ་མི་འདོད་པའི་འཇིག་རྟེན་གྱི་ངོར་ཡང་བདག་སྐྱེ་མི་འཐད་པར་ནི་རྒྱུ་འབྲས་དེ་དག་གཅིག་པ་ཡིན་ཅེས་འཇིག་རྟེན་གྱིས་ཀྱང་ཁས་མི་ལེན་ཏེ། གང་གི་ཕྱིར་ན་རྒྱུ་ཞིག་ན་ཡང་དེའི་འབྲས་བུ་མཐོང་བའི་ཕྱིར། དེ་ལས་གཞན་དུ་ན་རྒྱུ་བཞིན་དུ་འབྲས་བུ་ཡང་མི་མཐོང་བར་ཐལ། དེ་དག་གཅིག་པ་ཉིད་ཀྱི་ཕྱིར།

2.3.1.1.1.2.1.1.2.2.1.1.1.2.2.3. If there were arising from self, at any given time a cause and its result should equally be visible or not visible

And if your seed is not different from the sprout we have here,
Then just as we do not see the seed, so we should not see the sprout!
Alternatively, since the two are the same, just as we see the sprout, so we should see the seed.
Therefore, we do not assert arising from self. (11)

At this time that you assert arising from self in the context of the sprout arising from the seed, if these two are not different from each other, then at the time of the sprout, just as we do not see the seed, so we should not see the sprout! **[222]** Alternatively, since the two are the same, just as we see the sprout, so we should see the seed.

For one thing to have both perceptible and imperceptible aspects would be contradictory, and therefore those who do not assert such a flawed hypothesis do not claim that seed and sprout are one thing.

2.3.1.1.1.2.1.1.2.2.1.1.2. Refuting arising from self in conventional reality

Since we all see the result even though the cause has ceased,
Even the world does not claim cause and result to be one. (12ab)

Having refuted the claim of arising from self as made by the Samkhyas, a tradition desiring to search for the precise nature of liberation, we can also see that arising from self is not logically tenable from the perspective of the ordinary people in the world who have no such desire for liberation. **[223]** The reason for this is that since everyone in the world sees the result even though its cause has ceased, no one claims that a cause and its result are one and the same. If it were otherwise, then just as the cause is imperceptible so the result should be as well, because they would be one and the same thing.

གསུམ་པ་ནི།

དེ་ཕྱིར་དངོས་པོ་བདག་ལས་འབྱུང་ཞེས་རབ་ཏུ་བརྟགས་པ་འདི།།
དེ་ཉིད་དང་ནི་འཇིག་རྟེན་དུ་ཡང་རིགས་པ་མ་ཡིན་ནོ།། ༡༢

གང་གྲངས་ཅན་གྱིས་དངོས་པོ་རྣམས་བདག་ལས་འབྱུང་ཞེས་རབ་ཏུ་བརྟགས་པ་འདི་ནི་དོན་དམ་བདེན་པའི་དེ་ཉིད་དང་ནི་འཇིག་རྟེན་ཀུན་རྫོབ་བདེན་པའི་དབང་དུ་བྱས་ཀྱང་རིགས་པ་མ་ཡིན་ནོ།།

གཉིས་པ་ནི།

བདག་ལས་སྐྱེ་བར་འདོད་ན་བསྐྱེད་པར་བྱ་དང་སྐྱེད་བྱེད་དང་།།
ལས་དང་བྱེད་པ་པོ་ཡང་གཅིག་ཉིད་འགྱུར་ན་དེ་དག་ནི།།
གཅིག་ཉིད་མ་ཡིན་པས་ན་བདག་ལས་སྐྱེ་བར་ཁས་བླང་བར།།
བྱ་མིན་རྒྱ་ཆེར་བཤད་པའི་ཉེས་པར་ཐལ་བར་འགྱུར་ཕྱིར་རོ།། ༡༣

འབྲས་བུ་དེ་དག་ནི་བདག་ལས་སྐྱེ་བར་འདོད་ན་མི་རིགས་ཏེ། བསྐྱེད་པར་བྱ་བ་དང་སྐྱེད་པར་བྱེད་པ་དང་ལས་དང་བྱེད་པ་པོ་ཡང་གཅིག་ཉིད་དུ་འགྱུར་བ་ཁོ་ནའི་ཕྱིར། མི་རིགས་པ་མ་ཡིན་པར་རིགས་པ་དེ་ལྟར་ན་ཕ་བུ་དང་མེ་དང་བུད་ཤིང་སོགས་གཅིག་པ་ཉིད་དུ་ཐལ་བ་ལས། དེ་ལྟར་མ་ཡིན་པས་ན་བདེན་གཉིས་ཀྱི་དོན་འཁྲུལ་མེད་ལ་འཇུག་ན་དངོས་པོ་རྣམས་བདག་ལས་སྐྱེ་བར་ཁས་བླང་བར་བྱ་བ་མ་ཡིན་ཏེ། རྒྱ་ཆེར་བཤད་པའི་ཉེས་པར་ཐལ་བར་འགྱུར་བའི་ཕྱིར་རོ།།

2.3.1.1.1.2.1.1.2.2.1.1.3. A SUMMARY OF THE REFUTATIONS

Therefore, the utter fabrication that things arise from themselves
Is illogical in terms of both the precise nature and the way things appear in the world. (12cd)

The Samkhyas believe that things arise from themselves, but this utter fabrication is illogical from the perspective of genuine reality's precise nature and from the perspective of the relative reality of the world.

2.3.1.1.1.2.1.1.2.2.1.2. ANOTHER WAY OF REVEALING THE FAULTS IN THE ARGUMENT THAT THINGS ARISE FROM THEMSELVES

To assert arising from self is to claim
That producer and produced are one, and that actor and object of action are one.
Since these things are not the same as each other, and because of all the other faults that have been extensively explained,
We do not assert arising from self. (13)

It is illogical to assert that results arise from themselves, because if that were the case then producer and produced, and actor and object of action would most definitely be one and the same thing. If that would be logical, then father and son, fire and firewood, and so forth, would be one and the same thing. Since that is not the case, and because of all the other faults that have been extensively explained, if one wants to enter the actuality of the two truths in an unconfused way, one should not assert arising from self.

གཉིས་པ་ལ་དགག་པ་དངོས་དང་། ཞར་ལས་རྣམ་རིག་པའི་ལུགས་དགག་པའོ། །དང་པོ་ལ། ཕྱོགས་སྔ་མ་བརྗོད་པ་དང་། དེ་དགག་པའོ། གཉིས་པ་ལ། གཞན་ལས་སྐྱེ་བ་བདེན་པ་གཉིས་ཀར་དགག་པ་དང་། བཀག་པས་གྲུབ་པའི་དོན་དང་། བཀག་པ་ལ་རྩོད་པ་སྤང་བའོ། །དང་པོ་ལ། གཞན་ལས་སྐྱེ་བ་དེ་ཁོ་ནར་དགག་པ་དང་། ཐ་སྙད་དུ་དགག་པའོ། །དང་པོ་ལ། རྒྱུ་འབྲས་དོན་གཞན་ཡིན་ན་ཧ་ཅང་ཐལ་བ་བརྗོད། སྔ་ཕྱི་དུས་མཉམ་ལ་རྒྱུ་འབྲས་དོན་གཞན་མི་སྲིད་པར་བསྟན། མཐའ་བཞིར་བརྟགས་ཏེ་འབྲས་བུ་རྒྱུ་ལ་བལྟོས་པའི་དུས་མི་སྲིད་པའོ། །དང་པོ་ལ། ཧ་ཅང་ཐལ་བ་དངོས་དང་། ཉེས་སྤོང་གི་ལན་དགག་པའོ།།

2.3.1.1.1.2.1.1.2.2.2. The refutation of arising from other
2.3.1.1.1.2.1.1.2.2.2.1. The main refutation
2.3.1.1.1.2.1.1.2.2.2.2. An ancillary refutation of the mind-only tradition

2.3.1.1.1.2.1.1.2.2.2.1. The main refutation
2.3.1.1.1.2.1.1.2.2.2.1.1. A presentation of the opponents' view[16]
2.3.1.1.1.2.1.1.2.2.2.1.2. The refutation of the opponents' view

[226.7] 2.3.1.1.1.2.1.1.2.2.2.1.2. The refutation of the opponents' view
2.3.1.1.1.2.1.1.2.2.2.1.2.1. The refutation of arising from other in both of the two truths
2.3.1.1.1.2.1.1.2.2.2.1.2.2. The point established by these refutations
2.3.1.1.1.2.1.1.2.2.2.1.2.3. The rebuttal of opposing arguments

2.3.1.1.1.2.1.1.2.2.2.1.2.1. The refutation of arising from other in both of the two truths
2.3.1.1.1.2.1.1.2.2.2.1.2.1.1. The refutation of arising from other in the precise nature of reality
2.3.1.1.1.2.1.1.2.2.2.1.2.1.2. The refutation of arising from other in conventional reality

2.3.1.1.1.2.1.1.2.2.2.1.2.1.1. The refutation of arising from other in the precise nature of reality
2.3.1.1.1.2.1.1.2.2.2.1.2.1.1.1. The absurd consequences of cause and result being different objects
2.3.1.1.1.2.1.1.2.2.2.1.2.1.1.2. Why cause and result occurring either sequentially or simultaneously cannot possibly be different objects
2.3.1.1.1.2.1.1.2.2.2.1.2.1.1.3. Investigating the four possibilities, it is impossible to find a time when a result would depend upon a cause

2.3.1.1.1.2.1.1.2.2.2.1.2.1.1.1. The absurd consequences of cause and result being different objects
2.3.1.1.1.2.1.1.2.2.2.1.2.1.1.1.1. The absurd consequences themselves
2.3.1.1.1.2.1.1.2.2.2.1.2.1.1.1.2. A rebuttal of opposing arguments

དང་པོ་ནི།

གཞན་ལ་བརྟེན་ནས་གལ་ཏེ་གཞན་ཞིག་འབྱུང་བར་འགྱུར་ན་ནི།།
འོ་ན་མེ་ལྕེ་ལས་ཀྱང་མུན་པ་འཐུག་པོ་འབྱུང་འགྱུར་ཞིང་།།
ཐམས་ཅད་ལས་ཀྱང་ཐམས་ཅད་སྐྱེ་བར་འགྱུར་ཏེ་གང་གི་ཕྱིར།།
སྐྱེད་པར་བྱེད་པ་མ་ཡིན་མ་ལུས་ལ་ཡང་གཞན་ཉིད་མཚུངས།། ༡༤

འདིར་གཞན་ལས་སྐྱེ་བ་འཐད་པ་མ་ཡིན་ཏེ། བཅོམ་ལྡན་འདས་ཀྱིས་ཆོས་མངོན་པ་ལ་སོགས་པར་རྐྱེན་བཞི་ལས་སྐྱེས་ཞེས་གསུངས་པ་ནི་དགོས་པའི་དབང་གིས་དྲང་དོན་ཐ་སྙད་ཙམ་དུ་གསུངས་པ་ཡིན་གྱི། བདེན་པ་གཉིས་ཀར་རང་གི་མཚན་ཉིད་ཀྱིས་གྲུབ་པའི་ཆོས་སྲིད་པ་མིན་ན་དེ་ལྟ་བུའི་རྒྱུ་རྐྱེན་དངོས་པོ་བ་འགའ་ཡང་གར་སྲིད་པའི་ཕྱིར། བཅོམ་ལྡན་འདས་ཀྱིས་ངེས་པར་གཞན་ལས་སྐྱེ་བར་གསུངས་པ་ཡང་མ་ཡིན་ཏེ། རྟེན་ཅིང་འབྲེལ་འབྱུང་ཙམ་ཡིན་པའི་ཕྱིར། སྨྲ་བ་གཞན་དག་རང་མཚན་དུ་གྲུབ་པའི་རྐྱེན་བཞི་འདོད་ནས་དེ་གཞན་སྐྱེར་སྨྲ་བ་ནི་བཅོམ་ལྡན་འདས་ཀྱི་དགོངས་པ་མིན་ཏེ་ལུང་རིགས་དང་འགལ་བའི་ཕྱིར། རྒྱུ་གཞན་ལ་བརྟེན་ནས་གལ་ཏེ་འབྲས་བུ་གཞན་ཞིག་འབྱུང་བར་འགྱུར་ན་ནི། འོ་ན་མེ་ལྕེ་ལས་ཀྱང་མུན་པ་འཐུག་པོ་འབྱུང་འགྱུར་ཞིང་། ཞེས་དེར་ཐལ། གཞན་ཉིད་ཡིན་པའི་ཕྱིར། འདོད་ནུས་པའང་མིན་ཏེ། དེ་ལྟར་མཐོང་བས་བསལ་བའི་ཕྱིར་རོ། །རྒྱུ་དང་རྒྱུ་མིན་ཐམས་ཅད་ལས་ཀྱང་དེ་མཐུན་གྱི་འབྲས་བུ་དང་འབྲས་བུ་མིན་པ་ཐམས་ཅད་སྐྱེ་བར་འགྱུར་ཏེ། གང་གི་ཕྱིར་སཱ་ལུའི་མྱུ་གུའི་སྐྱེད་པར་བྱེད་པ་མིན་པ་མེ་དང་སོལ་བ་སོགས་མ་ལུས་པ་ལའང་སཱ་ལུའི་མྱུ་གུ་ལས་གཞན་ཉིད་དུ་མཚུངས་པའི་ཕྱིར། སཱ་ལུའི་མྱུ་གུ་ལས་སཱ་ལུའི་ས་བོན་གཞན་ཡིན་པ་བཞིན་ནོ། །འདོད་དོ་ཞེ་ན། མངོན་སུམ་གྱིས་བསལ་བས་ག་ལ་འགྲུབ།

2.3.1.1.1.2.1.1.2.2.2.1.2.1.1.1.1. The absurd consequences themselves

If a thing arose from something different from itself,
Then pitch darkness would arise from a fire's flames.
Everything would arise from everything, and why is that?
Because all causes and non-causes would be equally different from the result. (14)

Here, from the perspective of the Middle Way, arising from other is logically untenable. The reason for this is that when, in the Abhidharma and other teachings, the Transcendent Conqueror stated that things arise from the four conditions,[17] he did so out of necessity, as an expression of the merely conventional and provisional meaning. Since no characteristics can ever possibly establish any phenomenon as truly existent in either genuine or conventional reality, how could any of the entities of these causes and conditions possibly exist? The Transcendent Conqueror did not teach "arising from other" as an expression of the definitive meaning, because he taught that the appearance of arising is merely *dependent arising.* The other Buddhist schools that claim that the four conditions' existence is established by their own specific characteristics, and on the basis of that go on to assert arising from other, do not express the Transcendent Conqueror's intention, because such assertions are contradicted both by the Buddha's own statements and by logical reasoning.

[227] If a thing arose from something different from itself, the consequence would be that pitch darkness would arise from a fire's flames, because these two are different things. Furthermore, one cannot assert that this occurs, because our direct experience dispels both the original assertion and its consequences.

[227.9] Everything—all results that are concordant with specific causes, as well as things that are not—would arise from everything—all causes of those specific results, as well as things that are not. Why is that? The reason is that, for example, things that are not the producers of a rice sprout, like fire, coal, and so on, would be equally different from a rice sprout, and these all would be just as different from the rice sprout as a rice seed would be. If someone should say, "I accept this!," how could they? It is refuted by our own direct experience, so how could it be possible?

གཉིས་པ་ལ། ཉེས་སྤྱོང་གི་ལན་དང་། དེ་དགག་པའོ།

དང་པོ་ནི།

རབ་ཏུ་བྱ་བར་ནུས་པ་དེ་ཕྱིར་འབྲས་བུར་ངེས་བརྗོད་ཅིང་།།
གང་ཞིག་དེ་སྐྱེད་ནུས་པ་དེ་ནི་གཞན་ནའང་རྒྱུ་ཡིན་ལ།།
རྒྱུད་གཅིག་གཏོགས་དང་སྐྱེད་པར་བྱེད་ལས་སྐྱེ་བ་དེ་ཡི་ཕྱིར།།
སཱ་ལུའི་མྱུ་གུ་ནས་ལ་སོགས་ལས་དེ་ལྟ་མིན་ཞེ་ན།། ༡༥

རྒྱུ་འབྲས་གཞན་ཡིན་ཀྱང་ཐམས་ཅད་ལས་ཐམས་ཅད་མི་འབྱུང་སྟེ། རྒྱུ་འབྲས་ངེས་པ་མཐོང་བའི་ཕྱིར། རྒྱུ་གང་གིས་རབ་ཏུ་འབྲས་བུ་བསྐྱེད་པར་བྱ་བར་ནུས་པ་དེའི་ཕྱིར་དེས་དེ་བསྐྱེད་པ་ནི་དེའི་འབྲས་བུར་ངེས་པར་བརྗོད་ཅིང་། འབྲས་བུ་གང་ཞིག་དེ་བསྐྱེད་པར་ནུས་པ་དེ་ནི་འབྲས་བུ་ལས་གཞན་ཡིན་ན་ཡང་རྒྱུ་ཡིན་ལ། དེས་ན་གཞན་ཁྱད་པར་ཅན་ཁོ་ནས་རྒྱུ་དང་འབྲས་བུར་འགྱུར་གྱི། གཞན་དུ་གྱུར་པ་སྤྱི་ཙམ་རྒྱུར་བཟུང་ནས་གཞན་པའི་སྤྱི་ལྡོག་གིས་འབྲས་བུ་ཐམས་ཅད་བསྐྱེད་པར་ནི་མ་སླུས་ཤིང་། དེ་ཡང་སཱ་ལུའི་མྱུག་ལྟར་རྒྱུད་གཅིག་གཏོགས་དང་འབྲས་བུ་སྐད་ཅིག་སྐྱེད་པར་བྱེད་པ་སྐད་ཅིག་བར་མ་ཆོད་པའི་རྒྱུ་ལས་སྐྱེ་བ་དེའི་ཕྱིར་སཱ་ལུའི་མྱུ་གུ་སོགས་ནས་ཀྱི་ས་བོན་སོགས་ལས་འབྱུང་བ་དེ་ལྟར་མ་ཡིན་ནོ་ཞེ་ན།།

2.3.1.1.1.2.1.1.2.2.2.1.2.1.1.1.2. A REBUTTAL OF OPPOSING ARGUMENTS

2.3.1.1.1.2.1.1.2.2.2.1.2.1.1.1.2.1. An attempt to answer the Middle Way's refutation of arising from other

2.3.1.1.1.2.1.1.2.2.2.1.2.1.1.1.2.2. The Middle Way's rebuttal of that answer

2.3.1.1.1.2.1.1.2.2.2.1.2.1.1.1.2.1. AN ATTEMPT TO ANSWER THE MIDDLE WAY'S REFUTATION OF ARISING FROM OTHER

> *"The cause has the ability to produce the result, so its result is certain.*
> *And that which has the ability to produce the result is the cause, even though it is different from the result.*
> *The result is in the same continuum as its cause and arises from its producer, which immediately precedes it.*
> *Therefore, rice sprouts do not arise from barley seeds," you say. (15)*

You, the opponent of the Middle Way, say: "A cause and its result are different from each other, but that does not mean that everything arises from everything else, because we can see that the relationships between causes and their own specific results are definite. Whatever cause it is, it has the ability to produce its own specific result, and therefore it does indeed produce that result—it is therefore certain as to what its result will be. And, that thing that has the ability to produce that result is indeed the *cause*, even though it is different from the result.

"Therefore, only *specific* different things can be in a cause-result relationship with each other; we do not claim that in general anything can be a cause that can in general produce everything that is in any way different from itself. **[228]** In the case of the rice sprout, for example, the cause and the result are in the same continuum and the instant of the result arises from the instant of the cause that immediately precedes it, without anything coming in between. Therefore, rice sprouts do not arise from barley seeds, and the same logic can be applied in other cases as well."

གཉིས་པ་ནི།

ཇི་ལྟར་ནས་དང་གོ་སར་དང་ནི་ཀིང་ཤུ་ཀ་ལ་སོགས།།
སཱ་ལུའི་མྱུ་གུའི་སྐྱེད་པར་བྱེད་པར་འདོད་མིན་ནུས་ལྡན་མིན།།
རྒྱུད་གཅིག་ཁོངས་སུ་གཏོགས་མིན་འདྲ་བ་མ་ཡིན་ཉིད་དེ་བཞིན།།
སཱ་ལུའི་ས་བོན་ཡང་ནི་དེ་ཡི་མིན་ཏེ་གཞན་ཉིད་ཕྱིར།། ༡༨

སཱ་ལུའི་ས་བོན་ཡང་ནི་སཱ་ལུའི་མྱུ་གུ་དེའི་སྐྱེད་བྱེད་མ་ཡིན་པ་དང་། ནུས་ལྡན་མ་ཡིན་པ་དང་། རྒྱུད་གཅིག་ཏུ་གཏོགས་པ་མ་ཡིན་པ་དང་། རིགས་འདྲ་མིན་པར་འགྱུར་ཏེ། སཱ་ལུའི་མྱུ་གུ་ལས་གཞན་ཉིད་ཡིན་པའི་ཕྱིར། ཇི་ལྟར་ནས་དང་པདྨའི་གོ་སར་དང་ནི་མེ་ཏོག་ཀིང་ཤུ་ཀ་ལ་སོགས་པ་རྣམས་སཱ་ལུའི་མྱུ་གུ་སྐྱེད་པར་བྱེད་པར་འདོད་པ་མིན་ཏེ། སཱ་ལུའི་མྱུ་གུ་བསྐྱེད་པའི་ནུས་ལྡན་མིན་པ་དང་། རྒྱུད་གཅིག་ཁོངས་སུ་གཏོགས་པ་མིན་པ་དང་། རིགས་འདྲ་བ་མ་ཡིན་པ་ཉིད་ཀྱི་ཕྱིར་ཏེ། གཞན་ཡིན་པའི་ཕྱིར་ཚུལ་དེ་ཇི་ལྟ་བ་དེ་བཞིན་ནོ།།

གཉིས་པ་ལ་སྔ་ཕྱི་ལ་གཞན་མི་སྲིད་པས་གཞན་སྐྱེ་མི་འཐད་པ་དང་། དུས་མཉམ་ལ་སྐྱེ་བ་མི་སྲིད་པས་གཞན་སྐྱེ་མི་འཐད་པའོ། །དང་པོ་ལ་དངོས་དང་། ཉེས་སྤོང་གི་དཔེ་དགག་པའོ།།

2.3.1.1.1.2.1.1.2.2.2.1.2.1.1.1.2.2. The Middle Way's rebuttal of that answer

However, just as a barley seed, a flower stamen, and an evergreen tree
Are not posited to be the causes of a rice sprout, do not have the potential to produce one,
Are not in the same continuum as a rice sprout, and are not in the same family,
So too does the rice seed lack these four qualities, because it would be just as different from a rice sprout as they are. (16)

[229.1] In your system, a rice seed would also not be the cause of a rice sprout, would not have the potential to produce a rice sprout, would not be in the same continuum as a rice sprout, and would not be in the same family as the rice sprout, because it and the rice sprout would be *different* things! It would be just like the way that a barley seed, flower stamen, evergreen tree, and so forth are not posited as the producers of the rice sprout because, since they are *different* from the rice sprout, they do not have the potential to produce it, are not in the same continuum as it, and are not in the same family. The way that the rice seed is different from the rice sprout and the way that these other things are different from the rice sprout would be precisely the same.

[232.2] 2.3.1.1.1.2.1.1.2.2.2.1.2.1.1.2. Why cause and result occurring either sequentially or simultaneously cannot possibly be different objects

2.3.1.1.1.2.1.1.2.2.2.1.2.1.1.2.1. Entities existing sequentially cannot be different from each other, so arising from other in that situation is untenable
2.3.1.1.1.2.1.1.2.2.2.1.2.1.1.2.2. Entities existing simultaneously cannot arise from each other, so arising from other in that situation is untenable

2.3.1.1.1.2.1.1.2.2.2.1.2.1.1.2.1. Entities existing sequentially cannot be different from each other, so arising from other in that situation is untenable

2.3.1.1.1.2.1.1.2.2.2.1.2.1.1.2.1.1. The actual explanation of this point
2.3.1.1.1.2.1.1.2.2.2.1.2.1.1.2.1.2. The rebuttal of an attempt to get around this explanation with an example

དང་པོ་ནི།

མྱུ་གུ་ས་བོན་དང་ནི་དུས་མཉམ་ཡོད་པ་མ་ཡིན་ཏེ།།
གཞན་ཉིད་མེད་པར་ས་བོན་གཞན་པ་ཉིད་དུ་ག་ལ་འགྱུར།།
དེས་ན་མྱུ་གུ་ས་བོན་ལས་སྐྱེ་འགྲུབ་པར་འགྱུར་མིན་པས།།
གཞན་ལས་སྐྱེ་བ་ཡིན་ཞེས་བྱ་བའི་ཕྱོགས་འདི་གཏང་བར་གྱིས།། ༡༧

མྱུ་གུ་ས་བོན་དང་ནི་གཅིག་ཅར་དུས་མཉམ་ཡོད་པ་མ་ཡིན་ཏེ། ས་བོན་མ་འགྱུར་བར་མྱུ་གུ་མེད་པའི་ཕྱིར། ས་བོན་དེ་ཚེ་གཞན་མྱུ་གུ་ཉིད་མེད་པར་ས་བོན་མྱུ་གུ་ལས་གཞན་པ་ཉིད་དུ་ག་ལ་འགྱུར་ཏེ། གཞན་དང་གཞན་དུ་གྱུར་པ་དེར་མེད་པའི་ཕྱིར། དེས་ན་མྱུ་གུ་ས་བོན་དོན་གཞན་ལས་སྐྱེ་བ་འགྲུབ་པར་འགྱུར་བ་མིན་པས་དེའི་ཕྱིར་དངོས་པོ་གཞན་ལས་སྐྱེ་བ་ཡིན་ཅེས་བྱ་བའི་ཕྱོགས་ནི་བཏང་བར་གྱིས་ཤིག་གོ།

གཉིས་པ་ལ་ཉེས་སྤོང་གི་དཔེ་དང་། དེ་དགག་པའོ།

དང་པོ་ནི།

ཇི་ལྟར་སྲང་གི་མདའ་གཉིས་མཐོ་བ་དང་ནི་དམའ་བ་དག།
དུས་མཉམ་མ་ཡིན་པར་ནི་མིན་པར་མཐོང་བ་དེ་བཞིན་དུ།།
བསྐྱེད་པར་བྱ་དང་སྐྱེད་བྱེད་དག་གི་སྐྱེ་འགག་འགྱུར་ཞེ་ན།། ༡༨ ཀ་ཁག

ས་མྱུག་དུས་མཉམ་དུ་མེད་དོ་ཞེས་པ་དེ་མི་རིགས་ཏེ། བསྐྱེད་པར་བྱ་བ་འབྲས་བུ་དང་སྐྱེད་པར་བྱེད་པ་རྒྱུ་དག་གི་སྐྱེ་བ་དང་འགག་པ་དུས་མཉམ་པར་འགྱུར་ཏེ། གང་གི་ཚེ་ས་བོན་འགགས་ཚེ་མྱུ་གུ་སྐྱེ་བའི་ཕྱིར། ས་མྱུག་དུས་མཉམ་གཞན་དུ་གྲུབ་སྟེ། ཇི་ལྟར་སྲང་གི་མདའི་མགོ་མཇུག་གཉིས་མཐོ་བ་དང་ནི་དམའ་བ་དག་གཅིག་ཅར་དུས་མཉམ་པ་མ་ཡིན་པ་ནི་མ་ཡིན་པར་མཐོང་བའི་ཕྱིར་དེ་བཞིན་དུ་འདིར་ཡང་ཤེས་པར་བྱའོ་ཞེ་ན།

2.3.1.1.1.2.1.1.2.2.2.1.2.1.1.2.1.1. The actual explanation of this point

The sprout and the seed do not exist at the same time,
So how can the seed be different from the sprout if there is nothing there to be different from?
Therefore, there is no arising of a sprout from a seed,
So please abandon this thesis that things arise from other things that are different from themselves. (17)

[232.14] The seed and the sprout do not exist simultaneously, because until the seed has transformed, the sprout does not exist. During that time before the seed's transformation, how could the seed be different from the sprout if the sprout itself does not exist for the seed to be different from? There are not two things existent to be different from each other. Therefore, the sprout does not arise from a seed that is an object different from itself, so please abandon the thesis that things arise from other things that are different from themselves.

[233.13] 2.3.1.1.1.2.1.1.2.2.2.1.2.1.1.2.1.2. The rebuttal of an attempt to get around this explanation with an example

2.3.1.1.1.2.1.1.2.2.2.1.2.1.1.2.1.2.1. The example that is offered
2.3.1.1.1.2.1.1.2.2.2.1.2.1.1.2.1.2.2. The rebuttal of that example

2.3.1.1.1.2.1.1.2.2.2.1.2.1.1.2.1.2.1. The example that is offered

"But just as we can see that
The two arms of a scale move up and down simultaneously,
So it is with the arising of the product and the cessation of the producer—they are simultaneous," you say. (18a-c)

You say, "It is illogical to claim that the seed and sprout do not exist simultaneously, because the produced result's arising and the producing cause's cessation are in fact simultaneous. This is the case because at whatever time the seed ceases, at that same time the sprout arises. The seed and sprout exist simultaneously as different entities because they are just like the higher and lower arms of a scale moving up and down at the same time."

གཉིས་པ་ལ་དཔེ་དོན་མི་མཚུངས་པའི་རྒྱུ་མཚན་དང་། དེའི་ལན་དགག་པའོ། །དང་པོ་ལ་བསྟན་པ་དང་། བཤད་པའོ།།

དང་པོ་ནི།

གལ་ཏེ་གཅིག་ཚེ་ཡིན་ན་འདིར་དུས་གཅིག་མེད་དེ་ཡོད་མིན། ༡༨ ང

གལ་ཏེ་སྔང་གི་དཔེས་རྒྱུ་འབྲས་སྐྱེ་འཇིག་དུས་མཉམ་པར་རྟོགས་པ་མི་རིགས་ཏེ། དེ་གཉིས་མི་མཚུངས་པའི་ཕྱིར་ཏེ། དཔེ་སྲང་མདའི་མགོ་དམན་དུས་གཅིག་ཅར་གྱི་ཚེ་བྱེད་པ་ཡིན་ན་ཡང་འདིར་དོན་རྒྱུ་འབྲས་ཀྱི་སྐྱེ་འགག་དུས་གཅིག་པ་མེད་པའི་ཕྱིར་དཔེ་དེས་དོན་དེ་ཡོད་ཅེས་ལན་འདེབས་བྱེད་པ་ནི་བཟང་པོ་མ་ཡིན་ནོ།།

[234] 2.3.1.1.1.2.1.1.2.2.2.1.2.1.1.2.1.2.2. THE REBUTTAL OF THAT EXAMPLE

2.3.1.1.1.2.1.1.2.2.2.1.2.1.1.2.1.2.2.1. The reason why the situation in the example is different from the actual situation being examined
2.3.1.1.1.2.1.1.2.2.2.1.2.1.1.2.1.2.2.2. The rebuttal of an attempt to answer the reason just given

2.3.1.1.1.2.1.1.2.2.2.1.2.1.1.2.1.2.2.1. THE REASON WHY THE SITUATION IN THE EXAMPLE IS DIFFERENT FROM THE ACTUAL SITUATION BEING EXAMINED

2.3.1.1.1.2.1.1.2.2.2.1.2.1.1.2.1.2.2.1.1. A brief description of this reason
2.3.1.1.1.2.1.1.2.2.2.1.2.1.1.2.1.2.2.1.2. A more extensive explanation of the reason

2.3.1.1.1.2.1.1.2.2.2.1.2.1.1.2.1.2.2.1.1. A BRIEF DESCRIPTION OF THIS REASON

If cause and result both existed at the same time, this example would be correct, but since they do not exist at the same time, the example does not fit. (18d)

It is not logically possible for the example of the scale to bring about an understanding that a result's arising and a cause's cessation occur simultaneously. The reason for this is that the situation of the scale and the situation of cause and result are not the same, for whereas the higher and lower arms of a scale both exist at the same time, the respective arising and cessation of a result and its cause do not. Therefore, the answer in which you make use of this example is not a very good one.

གཉིས་པ་ནི།

གལ་ཏེ་སྐྱེ་བཞིན་པ་དེ་སྐྱེ་ལ་ཕྱོགས་པས་ཡོད་མིན་ཞིང་།།

འགག་བཞིན་པ་ནི་ཡོད་ཀྱང་འཇིག་ལ་ཕྱོགས་པར་འདོད་གྱུར་པ།།

དེ་ཚེ་འདི་ནི་ཇི་ལྟ་བུར་ན་སྲང་དང་མཚུངས་པ་ཡིན།། ༡༩ ཀ།ཁག

དོན་རྒྱུ་འབྲས་ཀྱི་སྐྱེ་འགག་དུས་གཅིག་པ་ཡོད་པ་མིན་ཅིང་ཞེས་དུས་མཉམ་ཡོད་པ་མིན་ཏེ། གལ་ཏེ་མྱུ་གུ་སྐྱེ་བཞིན་པ་དེ་ནི་སྐྱེ་བ་ལ་མངོན་དུ་ཕྱོགས་པ་མ་འོངས་པ་ཡིན་པས། ཡོད་པ་མ་ཡིན་པའི་ཕྱིར་དང་། ས་བོན་འགག་བཞིན་པ་ནི་ད་ལྟར་བ་ཡིན་པས་ཡོད་ཀྱང་འཇིག་པ་ལ་མངོན་དུ་ཕྱོགས་པར་འདོད་པར་གྱུར་པ་དེའི་ཕྱིར་ཏེ། འབྲས་བུར་མ་གྱུར་པ་ནི་མ་སྐྱེས་པ་ཡིན་པས་དེ་ད་ལྟར་མེད་ལ། རྒྱུ་ཡོད་པ་ཉིད་ད་ལྟར་བ་འགག་བཞིན་པ་དེ་ནི་སྐྱེ་བ་ལ་ཕྱོགས་པ་ཡོད་པ་མིན་པའི་ཕྱིར། དེ་ལྟར་ན་དེའི་ཚེ་རྒྱུ་འབྲས་ཀྱི་སྐྱེ་འགག་གཅིག་ཅར་འདི་ནི་ཇི་ལྟ་བུར་ན་སྲང་མདའི་མཐོ་དམན་དང་མཚུངས་པ་ཡིན་ཏེ། མི་མཚུངས་པར་ཐལ། སྲང་རྡོ་འཐེན་པའི་རྒྱུ་འདས་པ་ལས་འབྲས་བུ་སྲང་མདའ་མཐོ་དམན་གཉིས་གཅིག་ཅར་འབྱུང་བ་ད་ལྟ་བའི་དུས་གཅིག་ཀྱང་། རྒྱུ་འབྲས་ཀྱི་སྐྱེ་འགག་གི་བྱ་བ་ད་ལྟར་དུས་མཉམ་དུ་སྲིད་པ་མིན་པའི་ཕྱིར།

2.3.1.1.1.2.1.1.2.2.2.1.2.1.1.2.1.2.2.1.2. A more extensive explanation of the reason

When we assert that what is being born is only approaching birth and so does not yet exist,
And that what is ceasing still exists and is only approaching disappearance,
How could these be like the arms of a scale? Only one of them exists at a time. (19a-c)

In the actual situation being examined, the cause's cessation and the result's arising are not simultaneous. The reason for this is that the sprout being born is only approaching birth, meaning that its birth is still in the future and so it does *not* exist now, whereas the seed's cessation is happening in the present and so it *does* exist now—it is still only approaching its disappearance. Therefore, when we assert the situation to be as such, there has been no transformation into the result, meaning that the result has not arisen and so it does not exist now. On the other hand, the cause does exist now—it is in the process of ceasing, rather than being something that is only approaching birth. Thus, how could the cause's cessation and the result's arising be like the higher and lower arms of a scale? The two situations are not equivalent, because the *present* simultaneous movement of the two arms of the scale is in fact the result of the *past* cause of removing the measuring weight from one of the scale's sides, whereas the activity of the cause's cessation and the result's arising cannot possibly occur at the same time.

གཉིས་པ་ནི།

སྐྱེ་བ་འདི་ནི་བྱེད་པོ་མེད་པར་རིགས་པའི་ངོ་བོའང་མིན།། ༡༩ ང

ས་མྱུག་གི་ཆོས་དག་དུས་མི་མཉམ་ཡང་སྐྱེ་འགག་གི་བྱ་བ་དུས་མཉམ་མོ་ཞེ་ན། མི་རུང་སྟེ། བྱ་བ་ཆོས་ལས་ཐ་དད་པར་མ་གྲུབ་པའི་ཕྱིར། གཞན་ཡང་མྱུ་གུ་སྐྱེ་བའི་བྱ་བ་འདི་ནི་བྱེད་པོ་མྱུ་གུ་མེད་པར་ས་བོན་འགགས་པའི་ཚེ་ཆོས་ཅན། ཡོད་པར་རིགས་པའི་ངོ་བོའང་མ་ཡིན་ཏེ། སྐྱེ་བའི་བྱ་བ་བྱེད་པ་པོ་མྱུ་གུ་ནི་མ་འོངས་པ་ཡིན་པས་མེད་ལ། དེ་མེད་ན་རྟེན་བྱེད་པོ་མེད་པར་བརྟེན་པ་བྱ་བ་ཡང་མེད་པའི་ཕྱིར། སྐྱེ་འགག་གི་བྱ་བ་དུས་མཉམ་པར་མི་འགྲུབ་བོ།།

[235] 2.3.1.1.1.2.1.1.2.2.2.1.2.1.1.2.1.2.2.2. The rebuttal of an attempt to answer the reason just given

> *Furthermore, "birth" in the absence of the one being born makes no sense at all. (19d)*

You might say, "The phenomena of the seed and sprout do not exist simultaneously, but the activities of their respective cessation and arising do." That would be illogical, however, because phenomena's activities do not exist apart from the phenomena themselves. We could also put it this way: The sprout's activity of arising—occurring at the same time as the seed is ceasing, and therefore at the same time that the sprout that is the actor in this activity of arising does not exist—is an activity that makes no sense at all, because the sprout that is supposedly doing the arising is not present! The actor performing the activity is the support for the activity being performed, and if the actor does not exist, the activity does not exist either. Therefore, the activities of arising and cessation do not occur simultaneously.

གཉིས་པ་ནི།

གལ་ཏེ་མིག་གི་བློ་ལ་རང་གི་སྐྱེད་བྱེད་དུས་གཅིག་པ།།
མིག་ལ་སོགས་དང་ལྷན་ཅིག་འབྱུང་བ་འདུ་ཤེས་ལ་སོགས་ལས།།
གཞན་ཉིད་ཡོད་ན་ཡོད་ལ་འབྱུང་བས་དགོས་པ་ཅི་ཞིག་ཡོད།།
ཅི་སྟེ་དེ་མེད་ཅེ་ན་འདི་ལ་ཉེས་པ་བཤད་ཟིན་ཏོ།། ၂၀

བྱེ་སྨྲ་སོགས་རྒྱུ་འབྲས་དུས་མཉམ་འདོད་པ་དག་གི་བསམ་པ་ལ། ས་མྱུག་གཅིག་ཅར་མེད་ན་གཞན་ཉིད་མི་འགྲུབ་པས་སྐྱེ་བར་མི་རིགས་ལ། གང་དུ་གཅིག་ཅར་ཡོད་པ་དེར་གཞན་ཉིད་ཡོད་པས་སྐྱེ་བ་ཡོད་པར་འགྱུར་ཏེ། དཔེར་ན་མིག་གི་རྣམ་ཤེས་དང་། དེ་དང་ལྷན་ཅིག་འབྱུང་ཞིང་མཚུངས་ལྡན་གྱི་ཚོར་སོགས་སེམས་བྱུང་ཐམས་ཅད་ཕན་ཚུན་དུས་མཉམ་གྱི་རྒྱུ་འབྲས་ཡིན་པ་ལྟ་བུའོ། །མིག་དང་གཟུགས་དང་ཚོར་སོགས་ལྷན་ཅིག་འབྱུང་བ་རྣམས་དུས་མཉམ་ཁོ་ནར་མིག་གི་རྣམ་ཤེས་བསྐྱེད་པ་བཞིན་དུ་མིག་སོགས་དང་སེམས་སོགས་ཀྱང་དུས་མཉམ་ཁོ་ནར་ཚོར་སོགས་རྣམས་ཀྱི་རྐྱེན་དུ་འགྱུར་རོ་ཞེ་ན། གལ་ཏེ་འབྲས་བུ་མིག་གི་བློ་ལ་རང་གི་སྐྱེད་བྱེད་རང་དང་དུས་གཅིག་པའི་མིག་དང་གཟུགས་ལ་སོགས་དང་། རང་དང་ལྷན་ཅིག་འབྱུང་བའི་འདུ་ཤེས་ལ་སོགས་སེམས་སེམས་འབྱུང་རྣམས་མིག་གི་རྣམ་པར་ཤེས་པ་ལས་གཞན་ཉིད་དུ་ཡོད་ན་མིག་གི་ཤེས་པ་དེ་ཡོད་དགོས་ཏེ། མེད་ན་དེ་ལས་གཞན་དུ་འཇོག་ཏུ་མེད་པའི་ཕྱིར། འདོད་ན་འབྲས་བུར་གྲུབ་པའི་ཡོད་པ་ལ་ཡང་འབྱུང་བས་དགོས་པ་ཅི་ཞིག་ཡོད་དེ་མེད་པར་ཐལ། སྐྱེས་ཟིན་པའི་ཡོད་པར་གྱུར་ན་མིག་དང་འདུ་ཤེས་སོགས་སྐྱེད་བྱེད་དུ་དོན་མེད་པའི་ཕྱིར།

[235.19] 2.3.1.1.1.2.1.1.2.2.2.1.2.1.1.2.2. ENTITIES EXISTING SIMULTANEOUSLY CANNOT ARISE FROM EACH OTHER, SO ARISING FROM OTHER IN THAT SITUATION IS UNTENABLE

If the eye-consciousness exists at the same time as what produces it—
The eye and the other conditions, as well as the co-appearing discrimination that occurs—
Then what need is there for this already existent eye-consciousness to arise again?
If you say that it does not so exist, the faults in that view have already been explained. (20)

[236.10] The Particularist School[18] and others assert that cause and result exist simultaneously. According to them, if seed and sprout did not exist at the same time, there would not be different entities existing, and therefore for something to arise from something different than itself would be logically impossible. If they did exist simultaneously, however, then since there would be two different things, arising from other could in fact occur, as is the case with the eye-consciousness and all its co-appearing and concomitant mental formations, such as feeling and so forth—these are mutual and simultaneously existent causes and results. Thus, the Particularists' argument runs as follows: "The eye, form, feeling, and the other co-appearing factors produce the eye-consciousness that occurs simultaneously with them, and at the same time, this simultaneously occurring eye-consciousness is a condition for their existence as well."

If, however, the eye-consciousness existed at the same time and as a different entity from those that produce it—the eye, form, and so forth, as well as discrimination and the rest of the primary minds and mental formations—and the eye-consciousness would have to so exist, because if it did not, it could not be posited as being *different* from its causes, then the question is, why would this already existent result of the eye-consciousness need to arise again? The answer is that it would not, because it would be an existent entity that would have finished arising, and thus the eye, discrimination, and so forth that existed simultaneously with it would not in any way fulfill the function of being its producing causes.

ཅི་སྟེ་སྐྱེ་བ་མེད་པར་མི་འདོད་པས་མིག་གི་རྣམ་ཤེས་དེ་མེད་དོ་ཞེ་ན། དེ་སྐད་སྨྲ་བ་འདི་ལ་ཡོད་པ་མ་ཡིན་པའི་བློ་ལས་མིག་ལ་སོགས་པ་རྣམས་གཞན་མ་ཡིན་ནོ་ཞེས་ཉེས་པ་བཤད་ཟིན་ཏོ། །དེས་ན་རྣམ་པ་ཐམས་ཅད་དུ་གཞན་ལས་སྐྱེ་ཞེས་པའི་བརྗོད་བྱའི་དོན་གྱིས་སྟོང་པའི་སྒྲ་ཙམ་འབའ་ཞིག་ལུས་པར་ཟད་དེ། དུས་མཉམ་པ་ལྟ་བུ་ལ་གཞན་ཉིད་དུ་ཆུག་ཀྱང་སྐྱེ་བ་མི་སྲིད། དེ་མི་སྲིད་པས་གཉིས་ཀ་མི་སྲིད་ཅིང་། སྔ་ཕྱི་ལྟ་བུ་གཉིས་ལ་སྐྱེ་བ་སྲིད་དུ་ཆུག་ཀྱང་གཞན་མི་སྲིད། དེ་མི་སྲིད་པས་གཉིས་ཀ་མི་སྲིད་པའི་ཕྱིར།

གསུམ་པ་ནི།

སྐྱེད་པར་བྱེད་པ་བསྐྱེད་བྱ་གཞན་སྐྱེད་པ་དེ་རྒྱུ་ཡིན་ན།།
ཡོད་པའམ་འོན་ཏེ་མེད་དང་གཉི་ག་གཉིས་བྲལ་ཞིག་སྐྱེད་གྲང་།།
ཡོད་ན་སྐྱེད་བྱེད་ཅི་དགོས་མེད་ལའང་དེས་ནི་ཅི་ཞིག་བྱ།།
གཉིས་ཉིད་ལ་དེས་ཅི་བྱ་གཉིས་དང་བྲལ་ལའང་དེས་ཅི་བྱ།། ༢༡

རྒྱུ་འབྲས་གཉིས་ལས་འབྲས་བུ་རྒྱུ་ལ་བལྟོས་པའི་དུས་ཡོད་པ་མི་ཡིན་ནོ་ཞེས་པ་ནི། སྐྱེད་པར་བྱེད་པ་གང་གིས་བསྐྱེད་བྱ་རང་ལས་དོན་གཞན་སྐྱེད་པར་བྱེད་པ་དེ་རྒྱུ་ཡིན་པར་གྲང་ན་བསྐྱེད་བྱ་ཡོད་པའམ། འོན་ཏེ་མེད་པ་དང་གཉིས་ཀའམ་གཉིས་ཀ་དང་བྲལ་བ་ཞིག་བསྐྱེད་གྲང་། །དེ་ལྟར་ན་ཡོད་པ་སྐྱེ་མི་རིགས་ཏེ། ཡོད་ན་སྐྱེད་བྱེད་ཅི་དགོས་ཏེ་སྐྱེས་ཟིན་སླར་ཡང་སྐྱེ་བར་མི་རིགས་པའི་ཕྱིར། མེད་པ་སྐྱེ་བར་མི་རིགས་ཏེ། བསྐྱེད་བྱ་མེད་

Not wanting to assert that there is no arising, some might say, "All right then, the eye-consciousness does not exist in that way." This would mean, however, that the nonexistent eye-consciousness could not be different from the eye and so forth, and the faults in this view of arising from other have already been explained.

Thus, in all its possible permutations, the view of "arising from other" is just an expression of empty sounds devoid of any real meaning, and nothing more than that. For if cause and result occurred simultaneously, they could be *other*, but *arising* would be impossible, and therefore both of these together would be impossible; and on the other hand, if cause and result occurred sequentially, there could be *arising*, but *other* would be impossible, and therefore both of these together would be impossible in this case as well.

2.3.1.1.1.2.1.1.2.2.2.1.2.1.1.3. Investigating the four possibilities, it is impossible to find a time when a result would depend upon a cause

If a producing cause produces a product different from itself,
Then does that result exist, not exist, both, or neither?
If it exists, why does it need something to produce it? If it does not exist, what does the producing cause do?
If both, what would the producing cause do? If neither, what would the producing cause do? (21)

It is taught, "From among the two, cause and result, there is no time when the result depends upon the cause." This statement shall now be explained.

The question to ask is: If any given producing cause produces a product different from itself, then does that produced result exist, not exist, both exist and not exist, or neither exist nor not exist? To consider these possibilities in turn:

[237.17] (1) It would be illogical for something existent to arise, because if the result already exists, what function would the producing cause perform? That which already exists does not need to arise again.

ནའང་སྐྱེད་བྱེད་དེས་ནི་ཅི་ཞིག་བྱ་སྟེ་བོང་བུའི་རྭ་ལྟར་བྱེད་པའི་ནུས་ཡུལ་མིན་པའི་ཕྱིར། །བསྐྱེད་བྱ་ཡོད་མེད་གཉིས་ཉིད་ལ་འཐད་པ་ཡོད་པ་མ་ཡིན་ཏེ། དེ་ལྟར་ན་རྐྱེན་དེས་ཅི་ཞིག་བྱ་སྟེ་ཕྱོགས་གཉིས་ཀའི་ཉེས་པ་འཇུག་པའི་ཕྱིར། ཡོད་དང་མེད་པའི་ངོ་བོ་གཉིས་ནི་གཅིག་ལ་གཅིག་མི་སྲིད་པས་ཡོད་མེད་གཉིས་ཀའི་རང་བཞིན་ཅན་གྱི་དངོས་པོ་ནི་མི་སྲིད་པས་རྐྱེན་གྱི་ནུས་ཡུལ་མིན་པའི་ཕྱིར། བསྐྱེད་བྱ་གཉིས་བྲལ་གྱི་དངོས་པོ་སྐྱེ་མི་རིགས་ཏེ། གཉིས་བྲལ་དེ་ལའང་རྐྱེན་དེས་ཅི་ཞིག་བྱ་སྟེ་ཡོད་མེད་གཉིས་ཀ་སྤྲངས་པའི་འབྲས་བུ་ཡོད་པ་མ་ཡིན་པའི་ཕྱིར། དགག་བྱ་ཡོད་མེད་གཉིས་མི་སྲིད་ན་དེ་བཀག་པའི་གཉིས་ཀ་མ་ཡིན་པ་མི་སྲིད་པའི་ཕྱིར། །གཞུང་དེ་དག་གིས་ནི་གཞན་སྐྱེ་ཁོ་ན་ལ་མཐའ་བཞི་ལས་སྐྱེ་བའི་འབྲས་བུ་མི་རུང་བར་མ་ཟད་རང་དང་གཉིས་ཀ་དང་རྒྱུ་མེད་དང་གཙོ་བོ་དང་དབང་ཕྱུག་སོགས་ལས་སྐྱེ་བར་སྨྲ་བ་ལ་ཡང་འབྲས་བུའི་མཐའ་བཞི་པོ་གང་ཡང་མི་རུང་ལ། རྟེན་འབྲེལ་གྱི་སྐྱེ་བ་ལ་ཡང་སྤྲོས་མཐའ་བཞི་དང་བྲལ་བར་བསྟན་ཏོ།།

(2) It would be illogical for something nonexistent to arise, because again, what would the producing cause do? As is the case with the producing cause of a donkey's horns, if something is the producer of a nonexistent result, it does not have the ability to produce anything at all.

[238.12] (3) It would be untenable for the produced result to be both existent and nonexistent, because if it were so, what would the producing cause's function be? All the faults inherent in the first two views above accrue to this one. Furthermore, existence and nonexistence are two entirely different states—one cannot possibly exist within the other, and therefore it is impossible for there to be an entity that both exists and does not exist at the same time. Therefore, such an entity cannot be an object produced by causal conditions.

[239.2] (4) It would be illogical for a product that was neither existent nor nonexistent to arise, for what would the causal conditions' function be in that situation? A result that is neither existent nor nonexistent does not exist. Furthermore, when both refuted possibilities of existence and nonexistence are impossible, that which refutes them, the possibility of neither existence nor nonexistence, is also impossible.

[239.10] This verse demonstrates that not only the arising of a result from something different than itself is illogical in each of the four possible scenarios, but also that the arising of a result in any of these four instances from self, from both self and other, without cause, from the "principal," Ishvara, or anything else, would also be logically unfeasible. Thus, *dependent arising* is explained to be free of the fabrications of these four possibilities.

གཉིས་པ་ལ་ཕྱོགས་སྔ་མ་དང་། དེ་དགག་པའོ།།

དང་པོ་ནི།

གང་གིས་རང་ལྟ་ལ་གནས་འཇིག་རྟེན་ཚད་མར་འདོད་པས་ན།།
འདིར་ནི་རིག་པ་སྨྲས་པ་ཉིད་ཀྱིས་ལྟ་གོ་ཅི་ཞིག་བྱ།།
གཞན་ལས་གཞན་འབྱུང་བ་ཡང་འཇིག་རྟེན་པ་ཡིས་རྟོགས་འགྱུར་ཏེ།།
དེས་ན་གཞན་ལས་སྐྱེ་ཡོད་འདིར་ནི་རིགས་པ་ཅི་ཞིག་དགོས།། ༢༢

ཁོ་བོས་གཞན་སྐྱེ་སྒྲུབ་པའི་རིགས་པ་གང་སྨྲས་དེ་དག་བུད་ཤིང་སྣུམ་གྱིས་བྲན་པ་ལྟར་ཁྱོད་ཀྱི་བློའི་མེས་མ་ལུས་པར་བསྲེགས་པས། ཁྱོད་ཀྱི་ཤེས་རབ་ཀྱི་མེ་སྦྱོར་བ་ལྷུར་བྱེད་པའི་རིགས་པའི་བུད་ཤིང་བསྐྱལ་བ་དགོས་པ་མེད་པས་ཚོག་གོ། །དེས་ན་རིགས་པས་མ་གྲུབ་ཀྱང་རང་གི་འདོད་དོན་གྲུབ་པ་ཡོད་དེ། འཇིག་རྟེན་དུ་གྲུབ་པའི་དོན་དེ་རིགས་པས་གནོད་པར་བྱར་མེད་པའི་ཕྱིར་ཏེ། འཇིག་རྟེན་གྱི་མཐོང་བ་ནི་ཤིན་ཏུ་སྟོབས་དང་ལྡན་པའི་ཕྱིར། ཞེས་པ་ནི་འཇིག་རྟེན་པ་གང་གི་རིགས་མི་རིགས་ཀྱི་རྗེས་སུ་མ་ཞུགས་པར་རང་གི་མཐོང་བ་སྟེ་ལྟ་བ་ལ་གནས་ནས་ཡུལ་ལ་འཇུག་ལྡོག་བྱེད་ཅིང་། དེ་ལྟར་བྱས་པས་དོན་ཐོབ་པ་ཉིད་ཀྱིས་འཇིག་རྟེན་གྱི་མངོན་སུམ་ཚད་མར་འདོད་པས་ན། གཞན་སྐྱེ་བར་འཐད་པ་བརྗོད་པ་འདིར་ནི་དེ་སྒྲུབ་བྱེད་ཀྱི་རིགས་པ་སྨྲས་པ་ཉིད་ཀྱིས་ལྟ་ཀོ་ཅི་ཞིག་བྱ་སྟེ་བྱ་མི་དགོས་ཏེ། རྒྱུ་གཞན་ལས་འབྲས་བུ་གཞན་འབྱུང་བའང་འཇིག་རྟེན་པའི་མངོན་སུམ་གྱིས་རྟོགས་པར་འགྱུར་བའི་ཕྱིར། དེས་ན་རིགས་པས་བསྒྲུབ་མི་དགོས་པར་གཞན་ལས་སྐྱེ་བ་ཡོད་པར་གྲུབ་པས་འདིར་ནི་རིགས་པས་འབད་ནས་ཅི་ཞིག་སྒྲུབ་དགོས་ཏེ་མི་དགོས་པར་ཐལ། རིགས་པ་ནི་དངོས་པོ་མངོན་སུམ་མིན་པ་ལ་བརྗོད་པར་འོས་ཀྱི། མངོན་སུམ་ལ་མི་འོས་པའི་ཕྱིར་ཞེ་ན།

2.3.1.1.1.2.1.1.2.2.2.1.2.1.2. The refutation of arising from other in conventional reality
2.3.1.1.1.2.1.1.2.2.2.1.2.1.2.1. The opponents' position
2.3.1.1.1.2.1.1.2.2.2.1.2.1.2.2. Refuting the opponents' position

2.3.1.1.1.2.1.1.2.2.2.1.2.1.2.1. The opponents' position

You say, "Since we assert that ordinary beings' own experience is valid cognition,
What need is there for logical reasonings?
Since even ordinary beings know that a thing arises from something different than itself,
What need for reasonings *to prove arising from other?" (22)*

You say, "Whatever logical reasonings we have put forward to prove arising from other have burned away without a trace in the flames of your intelligence, like firewood doused in oil. Enough, then—we do not need to supply you with any more kindling of logical reasonings to make the flames of your wisdom blaze any higher than they do at present.

"Thus we cannot prove our position with logic. There is another way for us to accomplish our aim, however, because whatever reality is accepted in the world cannot be controverted by logic—whatever is directly seen by the world is too powerful for logic to deny. **[240]** Worldly beings do not pay attention to what might be logical or illogical, they simply follow their own experience. On the basis of that they decide whether to engage with or reject a particular object, and having done so they are able to achieve their goal. This is what causes us to assert that ordinary beings' own experiences are direct valid cognition, and therefore, in our explanation of why arising from other is tenable, why do we need to formulate logical reasonings to prove our point? We do not need to do so, because ordinary beings know from their own direct perceptions that results arise from causes that are different from themselves, and in this way the existence of arising from other is established without needing to rely on logical reasoning. In this situation, therefore, it is not necessary for us to exert ourselves in the formulation of reasonings. If something were not directly visible then it would be appropriate to explain it with logical inferences, but when something is directly visible, as is the case here, then it is inappropriate to use logic to make inferences about it."

གཉིས་པ་ལ་གཞན་སྐྱེ་གྲུབ་ཀྱང་དེ་ཁོ་ན་ཉིད་སྤྱོད་པའི་སྐབས་སུ་མི་གནོད་པ་དང་། གཞན་ལས་སྐྱེ་བ་འཇིག་རྟེན་པ་ལ་ཡང་མ་གྲུབ་པའོ། །དང་པོ་ལ། ཞར་བྱུང་བདེན་པ་གཉིས་ཀྱི་རྣམ་གཞག །དཀྱུས་མ་འཇིག་རྟེན་གྱིས་མི་གནོད་པར་བསྟན་པའོ། །དང་པོ་ལ་བདེན་གཉིས་ཀྱི་དབྱེ་བ་སྤྱིར་བསྟན། སོ་སོའི་ངོ་བོ་རྒྱས་པར་བཤད་པའོ། །དང་པོ་ལ་དངོས་དང་། ཞར་ལ་མཐོང་བ་བརྫུན་པའི་དབྱེ་བ་བསྟན་པའོ།།

2.3.1.1.1.2.1.1.2.2.2.1.2.1.2.2. Refuting the opponents' position

2.3.1.1.1.2.1.1.2.2.2.1.2.1.2.2.1. Even if arising from other were established, it would not invalidate the the precise nature of reality

2.3.1.1.1.2.1.1.2.2.2.1.2.1.2.2.2. Arising from other does not even exist for worldly beings

2.3.1.1.1.2.1.1.2.2.2.1.2.1.2.2.1. Even if arising from other were established, it would not invalidate the precise nature of reality

2.3.1.1.1.2.1.1.2.2.2.1.2.1.2.2.1.1. An ancillary presentation of the two truths

2.3.1.1.1.2.1.1.2.2.2.1.2.1.2.2.1.2. Why the ordinary world cannot controvert the precise nature of reality

2.3.1.1.1.2.1.1.2.2.2.1.2.1.2.2.1.1. An ancillary presentation of the two truths

2.3.1.1.1.2.1.1.2.2.2.1.2.1.2.2.1.1.1. A general explanation of how the two truths are classified

2.3.1.1.1.2.1.1.2.2.2.1.2.1.2.2.1.1.2. An extensive explanation of each one

2.3.1.1.1.2.1.1.2.2.2.1.2.1.2.2.1.1.1. A general explanation of how the two truths are classified

2.3.1.1.1.2.1.1.2.2.2.1.2.1.2.2.1.1.1.1. The actual explanation

2.3.1.1.1.2.1.1.2.2.2.1.2.1.2.2.1.1.1.2. As an ancillary topic, the classifications of different types of false seeing

དང་པོ་ནི།

དངོས་ཀུན་ཡང་དག་བརྫུན་པ་མཐོང་བ་ཡིས།།
དངོས་རྙེད་ངོ་བོ་གཉིས་ནི་འཛིན་པར་འགྱུར།།
ཡང་དག་མཐོང་ཡུལ་གང་དེ་དེ་ཉིད་དེ།།
མཐོང་བ་བརྫུན་པ་ཀུན་རྫོབ་བདེན་པར་གསུངས།། ༢༣

རྟེན་འབྱུང་ཟབ་མོ་སྟོན་པའི་བསྟན་བཅོས་ཀྱི་དོན་མ་རྟོགས་པར། དངོས་འཛིན་གྱི་བག་ཆགས་སྨིན་པས་དངོས་པོར་ཞེན་ཅིང་དངོས་པོའི་ངོ་བོ་ཉིད་རང་བཞིན་གྱིས་སྟོང་པར་མ་ཐོས་པས་འཇིག་རྟེན་ན་གཞན་སྐྱེ་ཡོད་ལ། གཞན་སྐྱེ་མེད་ན་འཇིག་རྟེན་གྱི་མངོན་སུམ་གྱིས་གནོད་དོ་ཞེས་མ་རིག་པའི་གཉིད་ཀྱི་དབང་གིས་བརྗོལ་ཐབས་སྨྲ་བ་ལ། འཇིག་རྟེན་འདི་ལ་འཁྲུལ་མ་འཁྲུལ་གྱི་དབང་གིས་གནས་སྐབས་བདེན་རྫུན་གྱི་ཐ་སྙད་ཇི་ལྟར་གྲགས་དང་། དེ་ཁོ་ནར་བདེན་རྫུན་གྱི་གྲགས་པའི་རྣམ་གཞག་བརྗོད་པ་དང་བྲལ་ཚུལ་མ་བཤད་ན་འཇིག་རྟེན་གྱི་བླ་བརྗོལ་དུ་སྨྲ་བའི་ཞེན་དོན་བསལ་མི་ནུས་པས། འཇིག་རྟེན་གྱི་མངོན་སུམ་གྱིས་གཞན་སྐྱེ་ལ་གནོད་པ་ཡིན་མིན་སོགས་ཀྱི་ཁྱད་པར་བསྟན་པའི་ཆེད་དུ་ཆོས་ཐམས་ཅད་ལ་བདེན་པ་གཉིས་ཀྱི་རྣམ་པར་བཞག་པ་འདི་ལྟ་བུའི་དབང་གིས་འདི་ལྟར་གནོད་ཡུལ་ཡིན་མིན་དུ་འཇོག་གོ་ཞེས་སྟོན་པ་ནི་བཅོམ་ལྡན་འདས་ཀྱིས་མྱུག་སོགས་ཕྱི་ནང་གི་དངོས་པོ་ཀུན་ལ་བདེན་པ་གཉིས་སུ་རྣམ་པར་བཞག་པ་ལས། དོན་དམ་པ་ནི་འཕགས་པ་ཡང་དག་པ་གཟིགས་པའི་ཡེ་ཤེས་དེ་ངོར་ཡུལ་ཡང་དག་པར་འཇོག་གོ་ཞེས་བརྗོད་པར་ཟད་ཀྱི། རང་གི་བདག་ཉིད་དུ་གྲུབ་པ་ཞིག་བློས་རྙེད་བྱུར་ཡོད་པ་མ་ཡིན་ནོ། །ཀུན་རྫོབ་ནི་སོ་སྐྱེ་མ་རིག་པའི་ལིང་ཏོག་གིས་བློ་མིག་མ་ལུས་ཁེབས་པ་རྣམས་ཀྱི་བློ་ངོར་ཡུལ་བརྫུན་པ་མཐོང་བ་ཡིས་བློར་འཇོག་གོ། །བློ་དེས་མཐོང་བའི་འཛིན་སྟངས་དང་མཐུན་པར་ཡུལ་དེ་ལྟར་གྲུབ་པ་ནི་མ་ཡིན་ནོ།

2.3.1.1.1.2.1.1.2.2.2.1.2.1.2.2.1.1.1.1. The actual explanation

There are two ways of seeing every thing: the authentic way and the false way.
Therefore, every thing found holds two natures within.
The Buddha taught that authentic seeing sees reality's precise nature
And false seeing sees relative truth. (23)

There are those people who do not understand the meaning of the treatise that describes the profound topic of dependent arising.[19] With the habitual tendencies of clinging to things as being truly existent ripening in their minds, they fixate on things. Not having heard that things' very essence is empty by nature, while they sleep in this ignorance they mutter incomprehensibly that arising from other exists in the world and that the idea that it does not is contravened by the world's direct valid cognition.

If the fixation of those who mutter incomprehensibly in this way is to be dispelled, two things must be explained to them: the way in which the terms *false* and *true* are respectively used to describe the occasions in this world of either being under the influence of confusion or not, and the way that the precise nature of reality cannot be expressed as being either true or false. **[241]** In order to teach, among other things, the distinction between when worldly direct valid cognition controverts arising from other and when it does not, the Transcendent Conqueror explained how the two truths relate to all phenomena. When he explained things from the perspective of the two truths, he could illuminate for his disciples the distinction between when something is a controvertible object and when it is not.

Thus, the Transcendent Conqueror presented the two truths with respect to all inner and outer things, like sprouts and everything else. *Genuine truth* is described as being simply the authentic object of the noble ones' original wisdom that sees what is authentic and true; there is no identity actually established there for conceptual mind to find. *Relative truth* is the false object seen from the perspective of the conceptual mind whose eye of wisdom is completely covered by the cataract of ignorance, as is the case with ordinary beings. It is therefore posited as being this conceptual mind. The object perceived does not exist in the way that this mind perceives it to be.

།དེས་ན་དངོས་པོ་སྙེད་དོ་ཅོག་ཐམས་ཅད་དོན་དམ་པ་དང་ཀུན་རྫོབ་པའི་ངོ་བོ་གཉིས་ནི་འཛིན་པར་འགྱུར་རོ། །དེ་གཉིས་ལས་འཕགས་པ་ཡང་དག་པ་མཐོང་བའི་ཡུལ་གང་ཡིན་པ་དེ་ནི་དེ་ཁོ་ན་ཉིད་དེ་དོན་དམ་བདེན་པའོ། །མཐོང་བ་བརྫུན་པའི་ཡུལ་གང་ཡིན་པ་དེ་ནི་ཀུན་རྫོབ་བདེན་པར་སྟོན་པས་གསུངས་སོ།

གཉིས་པ་ལ་མཐོང་བ་བརྫུན་པའི་དབྱེ་བ་དངོས་དང་། དེ་ཉིད་ལ་འཇིག་རྟེན་པས་མི་གནོད་པར་བསྟན་པའོ། །དང་པོ་ལ་ཡུལ་ཅན་དང་། ཡུལ་གྱི་སྒོ་ནས་དབྱེ་བའོ།།

དང་པོ་ནི།

མཐོང་བ་བརྫུན་པའང་རྣམ་པ་གཉིས་འདོད་དེ།།
དབང་པོ་གསལ་དང་དབང་པོ་སྐྱོན་ལྡན་ནོ།།
སྐྱོན་ལྡན་དབང་ཅན་རྣམས་ཀྱི་ཤེས་པ་ནི།།
དབང་པོ་ལེགས་གྱུར་ཤེས་ལྟོས་ལོག་པར་འདོད།། ༢༩

དེ་ལྟར་བདེན་གཉིས་ཀྱི་ངོ་བོ་རྣམ་པར་བཞག་ནས་མཐོང་བ་བརྫུན་པ་ལའང་ཡང་དག་དང་བརྫུན་པ་གཉིས་ཡོད་པས། དེའི་ཡུལ་ཡུལ་ཅན་བསྟན་པའི་ཆེད་དུ་མཐོང་བ་བརྫུན་པའང་རྣམ་པ་གཉིས་འདོད་དེ། དབང་པོ་དྲུག་པོ་རབ་རིབ་དང་མིག་སེར་སོགས་ཕྱི་ནང་གི་འཁྲུལ་རྒྱུས་ཉམས་པར་མ་གྱུར་པ་གསལ་པོ་ལས་སྐྱེས་པའི་ཤེས་པ་འཇིག་རྟེན་ན་ཡུལ་ཡང་དག་པར་འཛིན་པར་གྲགས་པ་རྣམས་དང་། དབང་པོ་དྲུག་འཁྲུལ་རྒྱུས་བསླད་པའི་སྐྱོན་ལྡན་གཉིས་སོ། །གང་ཟག་གང་ཞིག་སྐྱོན་ལྡན་དབང་ཅན་རྣམས་ཀྱི་ཤེས་པ་ནི་དབང་པོ་དྲུག་པོ་མ་བསླད་པའི་ལེགས་པར་གནས་པའི་ཤེས་པ་ལ་བལྟོས་ནས་ལོག་པའི་ཤེས་པར་འདོད་དོ།།

Thus, the Teacher explained that every thing found holds two natures within: a genuine nature and a relative one. From among these two, the object of the noble ones' authentic vision is the precise nature of reality, genuine truth, and the object of false seeing is relative truth.

[271.5] 2.3.1.1.1.2.1.1.2.2.2.1.2.1.2.2.1.1.1.2. AS AN ANCILLARY TOPIC, THE CLASSIFICATIONS OF DIFFERENT TYPES OF FALSE SEEING

2.3.1.1.1.2.1.1.2.2.2.1.2.1.2.2.1.1.1.2.1. The actual classifications of the different types of false seeing

2.3.1.1.1.2.1.1.2.2.2.1.2.1.2.2.1.1.1.2.2. Why the world cannot controvert reality's precise nature

2.3.1.1.1.2.1.1.2.2.2.1.2.1.2.2.1.1.1.2.1. THE ACTUAL CLASSIFICATIONS OF THE DIFFERENT TYPES OF FALSE SEEING

2.3.1.1.1.2.1.1.2.2.2.1.2.1.2.2.1.1.1.2.1.1. The perceiving subjects

2.3.1.1.1.2.1.1.2.2.2.1.2.1.2.2.1.1.1.2.1.2. The perceived objects

2.3.1.1.1.2.1.1.2.2.2.1.2.1.2.2.1.1.1.2.1.1. THE PERCEIVING SUBJECTS

Within false seeing, there are also two types:
Perception with clear faculties and perception with flawed faculties.
In dependence upon there being consciousness with properly functioning faculties,
Consciousness when the faculty is flawed is called mistaken. (24)

Thus is the presentation of the essence of the two truths. Within false seeing as well there are classifications of authentic and false, and in order to describe the perceived objects and perceiving subjects in each one of these classifications, the Buddha asserted that false seeing has two aspects. First, when no inner or outer causes of confusion (such as cataracts or jaundice) are causing any impairment, the six faculties are clear, and a consciousness arising from such a faculty is renowned in the world as a *correct perceiver*. Second, when some cause of confusion is corrupting the six faculties, they are said to be *flawed*. In dependence upon there being a consciousness occurring with uncorrupted, properly functioning faculties, the consciousnesses of an individual whose faculties are flawed are called *mistaken consciousnesses*.

གཉིས་པ་ལ། ཡུལ་ལ་བདེན་བརྫུན་གཉིས་སུ་སྤྱིར་དབྱེ་བ་དང་། ཡུལ་བརྫུན་པའི་དབྱེ་བ་བྱེ་བྲག་ཏུ་བཤད་པའོ།།

དང་པོ་ནི།

གནོད་པ་མེད་པའི་དབང་པོ་དྲུག་རྣམས་ཀྱིས།།
གཟུང་བ་གང་ཞིག་འཇིག་རྟེན་གྱིས་རྟོགས་ཏེ།།
འཇིག་རྟེན་ཉིད་ལས་བདེན་ཡིན་ལྷག་མ་ནི།།
འཇིག་རྟེན་ཉིད་ལས་ལོག་པར་རྣམ་པར་བཞག། ༢༥

འཇིག་རྟེན་པའི་མཐོང་བ་ལ་ཕྱིན་ཅི་ལོག་མ་ལོག་གཉིས་ཡོད་པ་ལྟར་ཡུལ་ལའང་ཡོད་དོ་ཞེས། ཕྱི་ནང་གི་བསླད་པས་གནོད་པ་མེད་པའི་དབང་པོ་དྲུག་རྣམས་ཀྱིས་བཟུང་བར་བྱ་བ་གང་ཞིག་འཇིག་རྟེན་གྱིས་རྟོགས་པ་སྟེ། དེ་ནི་འཇིག་རྟེན་ཉིད་ལ་བདེན་པ་ཡིན་ཏེ། འཇིག་རྟེན་གྱི་ངོར་དེར་སྣང་ལ་བདེན་པར་ཞེན་ཅིང་ཐ་སྙད་དུ་མི་བསླུ་བའི་ཕྱིར། འཕགས་པ་ལ་ནི་དེ་བདེན་པ་མིན་ཏེ། མཉམ་གཞག་ཏུ་འགའ་ཡང་མ་གཟིགས་ཤིང་རྗེས་ཐོབ་ཏུ་དེ་ལྟར་སྣང་བ་ནི་འཁྲུལ་པར་བརྗོད་པའི་ཕྱིར། ལྷག་མ་དབང་པོ་གནོད་བཅས་ཀྱི་ཡུལ་དུ་སྣང་བ་ནི་འཇིག་རྟེན་ཉིད་ཀྱི་བདེན་བརྫུན་ལ་བལྟོས་ནས་ལོག་པར་རྣམ་པར་བཞག་སྟེ། འཇིག་རྟེན་པ་དག་དེ་ལྟའི་ཡུལ་ལ་ལ་ལ་སྣང་བ་ཡོད་ཀྱང་བདེན་ཞེན་མེད་ལ། ལ་ལ་བདེན་ཞེན་ཡོད་ཀྱང་སྣང་བ་མེད་པས་ཐུན་མོང་གི་བླང་དོར་གྱི་ཡུལ་དུ་ཐ་སྙད་མི་བྱེད་པའི་ཕྱིར།

2.3.1.1.1.2.1.1.2.2.2.1.2.1.2.2.1.1.1.2.1.2. The perceived objects
2.3.1.1.1.2.1.1.2.2.2.1.2.1.2.2.1.1.1.2.1.2.1. The general division into true and false objects
2.3.1.1.1.2.1.1.2.2.2.1.2.1.2.2.1.1.1.2.1.2.2. A more specific explanation of the classification of false objects **[272]**

2.3.1.1.1.2.1.1.2.2.2.1.2.1.2.2.1.1.1.2.1.2.1. The general division into true and false objects

The objects perceived by the six consciousnesses whose faculties are free from fault
Are the things that worldly beings know,
And it is they alone who say these things are real.
Everything else is mistaken, they say. (25)

"Just as there are correct and mistaken modes of worldly *perception*, so it is that there are correct and mistaken *objects* of perception as well." This statement shall now be explained.

The objects perceived by the six faculties when neither inner nor outer corruption is causing them any damage are the things that worldly people know. It is they alone who say these things are real, because from the world's perspective these things appear, are believed to be truly existent, and conventionally are undeceiving. These things are not real for noble beings, because they are not seen at all during the noble ones' meditative equipoise, and because during the noble ones' post-meditative stage of subsequent attainment things that appear in this way are called *confused appearances*.

Everything else, meaning the objects that appear to impaired faculties, in reliance upon the world's own understanding of what is true and what is false, the world labels as *mistaken*. This is because some worldly beings perceive the appearances of these objects but do not cling to them as being real, whereas others cling to true existence but do not perceive these appearances—thus, they are not labeled as common objects to be accepted or rejected.

གཉིས་པ་ནི།

མི་ཤེས་གཉིད་ཀྱིས་རབ་བསྐྱོད་མུ་སྟེགས་ཅན།།
རྣམས་ཀྱིས་བདག་ཉིད་ཇི་བཞིན་བརྟགས་པ་དང་།།
སྒྱུ་མ་སྨིག་རྒྱུ་སོགས་ལ་བརྟགས་པ་གང་།།
དེ་དག་འཇིག་རྟེན་ལས་ཀྱང་ཡོད་མིན་ཉིད།། ༢༨

མི་ཤེས་པའི་གཉིད་ཀྱིས་རབ་ཏུ་བསྐྱོད་པའི་ཕྱི་ནང་གི་མུ་སྟེགས་ཅན་རྣམས་ཀྱིས་རང་རང་གི་གཞུང་ལས་བདག་དང་གཙོ་བོ་དང་རྡུལ་ཕྲན་དང་ཀུན་གཞི་སོགས་དངོས་པོའི་ངོ་བོར་བདག་ཉིད་ཇི་ལྟ་བ་བཞིན་དུ་གནས་པར་བརྟགས་པ་དང་། དབང་པོ་བསླད་པའི་སྒྱུ་མ་སྨིག་རྒྱུ་ལ་སོགས་ལ་རྟ་གླང་ལ་སོགས་པར་བརྟགས་པ་གང་དེ་ནི་འཇིག་རྟེན་ལས་ཀྱང་ཡོད་པ་མ་ཡིན་པ་ཉིད་ན་དོན་དམ་པར་ལྟ་སྨོས་ཀྱང་ཅི་དགོས་ཏེ། འཇིག་རྟེན་པ་དག་དེ་དག་གི་བློ་ནས་ཐ་སྙད་བྱེད་པ་མེད་པའི་ཕྱིར།

[275.2] 2.3.1.1.1.2.1.1.2.2.2.1.2.1.2.2.1.1.1.2.1.2.2. A MORE SPECIFIC EXPLANATION OF THE CLASSIFICATION OF FALSE OBJECTS

Likewise, the "self" that is imagined to exist
By the tirthikas whose minds are overcome by the sleep of ignorance,
As well as anything that mirages, illusions, and so forth could be imagined to be,
Even worldly beings know to be nonexistent. (26)

Overcome by the sleep of ignorance, non-Buddhist and Buddhist tirthikas[20] imagine in their texts that the self, the principal, subtle particles, the alaya, and so forth actually exist. These, along with the horses, elephants, and so forth that illusions, mirages, and other manifestations appearing to corrupted faculties are imagined to be, are known even by worldly beings to be nonexistent. There is no need to examine the status these fabrications have in genuine reality, because even for worldly beings they do not serve as the bases to which the label "existent" is applied.

གཉིས་པ་ནི།

མིག་ནི་རབ་རིབ་ཅན་གྱིས་དམིགས་པ་ཡིས།།
རབ་རིབ་མེད་ཤེས་ལ་གནོད་མིན་ཇི་ལྟར།།
དེ་བཞིན་དྲི་མེད་ཡེ་ཤེས་སྤངས་པའི་བློས།།
དྲི་མེད་བློ་ལ་གནོད་པ་ཡོད་མ་ཡིན།། ༡༧

འདིར་གཞན་སྐྱེ་དགག་པ་ལ་འཇིག་རྟེན་གྱི་མངོན་སུམ་གྱིས་གནོད་པ་མེད་དེ། ཀུན་རྫོབ་བདེན་པའི་དབྱེ་བ་ནི་འཇིག་རྟེན་པའི་རྗེས་སུ་འབྲངས་ནས་བདེན་བརྫུན་རྗེས་བརྗོད་བྱས་པ་ཡིན་གྱི། གཞན་སྐྱེ་འགོག་པ་ནི་འཇིག་རྟེན་པའི་མཐོང་བ་ཁོ་ནར་གནས་ནས་དེའི་རྗེས་སུ་འབྲངས་ནས་བཀག་པ་མ་ཡིན་གྱི། འཕགས་པའི་གཟིགས་པའི་དབང་དུ་བྱས་ནས་བཀག་པའི་ཕྱིར་ཞེས་སྟོན་པ་ནི། མིག་ནི་རབ་རིབ་ཅན་གྱི་དམིགས་པ་ཡི་སྐྲ་ཤད་ལ་སོགས་པ་དེས་ནི་རབ་རིབ་མེད་པའི་ཤེས་པ་ལ་འཁྲུལ་པ་བསྐྱེད་པའི་གནོད་པ་མ་ཡིན་པ་ཇི་ལྟ་བ་དེ་བཞིན་དུ་དྲི་མེད་ཡེ་ཤེས་སྤངས་པའི་བྱིས་པའི་བློས་འཁྲུལ་ནས་གཞན་སྐྱེ་མཐོང་ཡང་འཕགས་པ་དྲི་མེད་བློ་ལ་འཁྲུལ་པར་བསྐྱེད་པའི་གནོད་པ་ཡོད་པ་མ་ཡིན་ཏེ། སོ་སྐྱེའི་མཐོང་བ་དེ་ནི་འཕགས་པས་མ་གཟིགས་པས་ཡ་མ་བརླ་བཞད་གད་ཀྱི་གནས་ཀྱི་ཕྱིར་རོ།།

[276.8] 2.3.1.1.1.2.1.1.2.2.2.1.2.1.2.2.1.1.1.2.2. Why the world cannot controvert reality's precise nature

Just as the vision of one stricken by an eye disease
Cannot controvert what the consciousness of one with healthy vision perceives,
So those whose minds have rejected stainless wisdom
Cannot invalidate what those with stainless minds realize. (27)

"Worldly beings' direct perceptions do not controvert the refutation of arising from other rendered here, because although we follow the world's classifications of true and false with regard to relative reality, the refutation of arising from other is not confined to and does not rely on worldly perception alone; rather, it is a refutation made from the perspective of the vision of the noble ones." The meaning of this statement will now be explained.

The falling hairs and so forth seen by one whose eyes are stricken by an eye disease cannot controvert or create confusion for the consciousness of one with healthy vision. Similarly, those immature beings whose corrupted and confused minds reject stainless wisdom and perceive instead the activity of arising from other cannot invalidate the stainless minds of the noble ones. The reason for this is that what ordinary beings see, the noble ones in their wisdom do not, and therefore the former is nothing more than an incredible joke.

གཉིས་པ་ལ། ཀུན་རྫོབ་དང་དོན་དམ་པའི་རང་བཞིན་བཤད་པ་ལས།

དང་པོ་ནི།

གཏི་མུག་རང་བཞིན་སྒྲིབ་ཕྱིར་ཀུན་རྫོབ་སྟེ།།
དེས་གང་བཅོས་མ་བདེན་པར་སྣང་དེ་ནི།།
ཀུན་རྫོབ་བདེན་ཞེས་ཐུབ་པ་དེས་གསུངས་ཏེ།།
བཅོས་མར་གྱུར་པའི་དངོས་ནི་ཀུན་རྫོབ་ཏུའོ།། ༢༨

དངོས་པོ་རྣམས་བདེན་པ་གཉིས་ཀྱི་ངོ་བོར་བཇོད་ནས་འཇིག་རྟེན་ཀུན་རྫོབ་ཀྱི་བདེན་པ་བསྟན་པ་ནི། གཏི་མུག་ནི་སེམས་ཅན་རྣམས་གནས་ལུགས་ལ་རྨོངས་པར་བྱེད་པའམ། གནས་ལུགས་ལས་གཞན་དུ་སྒྲོ་བཏགས་ནས་གནས་ལུགས་ཀྱི་རང་བཞིན་མཐོང་བ་ལ་སྒྲིབ་པར་བྱེད་པའི་ཕྱིར། ཆོས་དེ་ལྟ་བུ་ལ་ནི་ཀུན་རྫོབ་ཅེས་བྱར་འཇོག་སྟེ་རྒྱུ་མཚན་བཤད་ཟིན་ཏོ། །གཏི་མུག་གི་རང་བཞིན་ཀུན་རྫོབ་དེས་དངོས་པོ་གང་རང་བཞིན་མེད་བཞིན་ཡོད་པར་ཞེན་ནས་དོན་ལ་མ་ཞུགས་ཀྱང་བཅོས་མར་བཏགས་པའི་རྟེན་འབྲེལ་གྱི་དབང་གིས་བདེན་པར་སྣང་བ་དེ་ནི་ཀུན་རྫོབ་ཀྱི་བདེན་པ་ཞེས་ཐུབ་པ་དེས་གསུངས་སོ། །ཀུན་རྫོབ་ཀྱི་བདེན་པ་དེ་ཡང་ཉན་ཐོས་དང་རང་སངས་རྒྱས་དང་བྱང་ཆུབ་སེམས་དཔའ་ཉོན་མོངས་པ་ཅན་གྱི་མ་རིག་པ་སྤངས་པ་འདུ་བྱེད་གཟུགས་བརྙན་ལ་སོགས་པའི་ཡོད་པ་ཉིད་དང་འདྲ་བར་གཟིགས་པ་རྣམས་ལ་ནི་བཅོས་མར་གྱུར་པའི་དངོས་པོ་ལྟ་བུར་གྱུར་པ་ནི་རང་བཞིན་ཡིན་གྱི། བདེན་པ་མ་ཡིན་ཏེ་བདེན་པར་རློམ་པ་མེད་པའི་ཕྱིར། བྱིས་པ་རྣམས་ལ་ནི་སླུ་བར་བྱེད་པ་ཡིན་ལ། འཕགས་པ་རྣམས་ལ་ནི་སྒྱུ་མ་ལྟར་རྟེན་འབྱུང་ཉིད་ཀྱི་ཀུན་རྫོབ་ཙམ་དུ་འགྱུར་རོ།།

2.3.1.1.1.2.1.1.2.2.2.1.2.1.2.2.1.1.2. An extensive explanation of each of the two truths
2.3.1.1.1.2.1.1.2.2.2.1.2.1.2.2.1.1.2.1. The nature of relative truth
2.3.1.1.1.2.1.1.2.2.2.1.2.1.2.2.1.1.2.2. The nature of genuine truth
[277]

2.3.1.1.1.2.1.1.2.2.2.1.2.1.2.2.1.1.2.1. The nature of relative truth

Bewilderment obscures the true nature, so it is relative.
Whatever it contrives appears to be true.
This the Mighty One called the relative truth.
The noble ones know these contrived things to be merely relative. (28)

Having stated that all things are of the nature of the two truths, worldly relative truth will now be described.

Bewilderment is that which causes sentient beings to be ignorant about the abiding nature of reality. Alternatively, it is that which imagines the abiding nature of reality to be something other than what it actually is and in this way obscures the view of its true nature. Such a phenomenon is called *relative* for the reasons that have been explained.

This *relative* obscurer, whose nature is bewilderment, believes that things that have no inherent nature are in fact truly existent. It therefore does not engage in genuine reality. Instead, it imagines that these fabricated entities truly exist, and the dependently arisen power of doing this causes these entities to take on the appearance of *truth*. That, the Mighty One explained, is *relative truth*.

[277.last] Moreover, shravakas, pratyekabuddhas, and bodhisattvas have abandoned afflicted ignorance and see composite phenomena as being similar in the quality of their existence to reflections and so forth. For them, therefore, the relative is of a nature that resembles fabricated things rather than being something true, because they do not wrongly assume it to be true. Relative truth deceives immature beings, but the noble ones know it to be illusory, merely relative, and of the essence of dependent arising.

གཉིས་པ་ནི།

རབ་རིབ་མཐུ་ཡིས་སྐྲ་ཤད་ལ་སོགས་པའི།།
ངོ་བོ་ལོག་པ་གང་ཞིག་རྣམ་བརྟགས་པ།།
དེ་ཉིད་བདག་ཉིད་གང་དུ་མིག་དག་པས།།
མཐོང་དེ་དེ་ཉིད་དེ་བཞིན་འདིར་ཤེས་ཀྱིས།། ༢༨

བདེན་པ་དང་པོ་བརྗོད་ནས་གཉིས་པ་བསྟན་པར་བཞེད་པ་ལ། དེ་ནི་ཡིད་དང་སྦྲའི་དངོས་ཡུལ་མིན་པའི་ཕྱིར། སྐྱེ་བོ་རྣམས་ལ་མཐུན་པར་སྒྲོང་བའི་དཔེས་བསྟན་པ་ནི། རབ་རིབ་ཅན་གྱིས་རབ་རིབ་མཐུ་ཡིས་བཟའ་བཏུང་སྐྲ་ཤད་ལ་སོགས་པའི་ངོ་བོ་ལོག་པ་གང་ཞིག་ཡོད་པར་རྣམ་པར་བརྟགས་ནས། དེ་སེལ་བར་འདོད་ནས་སྣོད་དེ་འགྲེ་ལྡོག་བྱེད་པར་ཆེར་ངལ་བ་ན། མིག་དག་པས་དེའི་གན་དུ་ཕྱིན་ནས་སྣོད་དེར་ཁྲུད་གཞི་སྐྲ་ཤད་ཉིད་མ་དམིགས་ན་དེའི་ཁྲུད་ཆོས་དངོས་པོ་དངོས་མེད་སྐྲ་ཤད་ཡིན་མིན་དེའི་མདོག་མཐོན་ཀ་ལྟར་སྔོ་མི་སྔོར་མི་རྟོག་གོ། །དེས་ན་མིག་མ་དག་པ་ལ་མིག་དག་པས་སྣོད་འདིར་སྐྲ་ཤད་ཡོད་པ་མ་ཡིན་ནོ་ཞེས་སྨྲས་པས་སྨྲ་བོ་ལ་སྐྲུར་འདེབས་ཀྱི་ཉེས་པ་ཡོད་པ་མ་ཡིན་ནོ། །སྐྲ་ཤད་སོགས་ཀྱི་དེ་ཉིད་ནི་སྣོད་གང་དུ་བདག་ཉིད་མིག་དག་པ་གང་གིས་མཐོང་བ་དེ་དེའི་དེ་ཉིད་ཡིན་གྱི། མ་དག་པས་མཐོང་བ་ནི་དེའི་དེ་ཉིད་མིན་པ་དེ་བཞིན་བདེན་གཉིས་ལ་དཔྱོད་པའི་སྐབས་འདིར་ཡང་མ་རིག་པས་དེ་ཉིད་མ་མཐོང་བས་ཕུང་སོགས་དམིགས་པ་ནི་ཀུན་རྫོབ་བོ། །མ་རིག་པའི་རབ་རིབ་དང་བྲལ་བའི་རྫོགས་པའི་སངས་རྒྱས་ཀྱིས་སྐྲ་ཤད་ལྟ་བུའི་ཕུང་སོགས་གཟིགས་པ་མེད་པར་དེའི་རང་བཞིན་མཐོང་བ་ནི་དོན་དམ་བདེན་པར་ཤེས་པར་གྱིས་ཤིག །དེའི་ཕྱིར་སངས་རྒྱས་ཀྱི་སར་མ་རིག་པ་གཉིས་ཀྱིས་བསླད་པ་གཏན་ལོག་པས་ཀུན་རྫོབ་ཀྱི་སྣང་བ་མི་འཆར་བ་ནི་ཐལ་འགྱུར་བའི་ལུགས་ཐུན་མོང་མ་ཡིན་པའོ།།

[284.11] 2.3.1.1.1.2.1.1.2.2.2.1.2.1.2.2.1.1.2.2. The nature of genuine truth

False entities that are imagined to exist,
Such as the falling hairs that appear to one stricken with eye disease,
How their nature is seen by one with flawless eyesight—
This is how you should understand reality's precise nature to be. (29)

Having thus described the first truth, now in the teaching on the second, since it cannot actually be conceived of or expressed, Chandrakirti uses an example that is in accord with ordinary individuals' experience to explain it.

For a person whose eyes are stricken by disease, the power of that ailment makes him imagine that falling hairs and other false entities exist in his eating bowl. Wishing to be rid of this difficulty he turns the bowl upside down, but in vain. Along comes a person with flawless eyesight who, not seeing the falling hairs in the first place, has no concepts of any qualities the falling hairs might have, like whether they are things or an absence of things, whether they are falling hairs or not, or whether their color is blue like a gemstone or not. Then, when the person with flawless eyesight tells the person with faulty vision that there are no falling hairs in the bowl, she does not commit the fault of denying the existence of something actually there. The quality of the falling hairs in the bowl as seen by the one with flawless eyesight is their actual nature precisely; what the person with faulty vision sees is not the hairs' actual nature at all.

Similarly, in the context of this analysis of the two truths, the following distinction can be made: When ignorance does not see the precise nature of reality, the aggregates and other phenomena that it does perceive are the *relative*. **[285]** As the person with flawless eyesight does not see the falling hairs, so the perfect Buddha, free of the disease of ignorance, does not see the aggregates and so forth, but instead sees their true nature. This is how you should understand *genuine reality* to be. Thus, the Consequence School's extraordinary explanation is that since on the buddhas' ground the corruption of the two types of ignorance[21] has been completely reversed, at that level relative appearances do not manifest.

གཉིས་པ་ལ། འཇིག་རྟེན་ཚད་མ་མིན་པའི་རྒྱུ་མཚན། དེས་ན་དེ་ཉིད་ལ་འཇིག་རྟེན་གྱིས་མི་གནོད། ཞར་ལ་འཇིག་རྟེན་གྱིས་གནོད་པའི་ཡུལ་བསྟན་པའོ།།

དང་པོ་ནི།

གལ་ཏེ་འཇིག་རྟེན་ཚད་མ་ཡིན་ན་ནི།།
འཇིག་རྟེན་དེ་ཉིད་མཐོང་བས་འཕགས་གཞན་གྱིས།།
ཅི་དགོས་འཕགས་པའི་ལམ་གྱིས་ཅི་ཞིག་བྱ།།
གླེན་པོ་ཚད་མར་རིགས་པའང་མ་ཡིན་ནོ།། ༣༠

གལ་ཏེ་དེ་ཉིད་དཔྱོད་པའི་སྐབས་འདིར་འཇིག་རྟེན་གྱི་མཐོང་བ་ཚད་མ་ཡིན་ན་ནི་ཆོས་ཅན། དེ་ཉིད་སྟོན་པའི་འཕགས་པ་གཞན་གྱིས་མཁྱེན་པ་ཅི་ཞིག་དགོས་ཏེ་མི་དགོས་པར་ཐལ། འཇིག་རྟེན་པས་དངོས་པོའི་དེ་ཉིད་ཚད་མས་གྲུབ་པར་མཐོང་བས་མ་རིག་པ་སྤོང་བར་བྱེད་པའི་ཕྱིར། ཡང་འཇིག་རྟེན་གྱི་ཚད་མས་དེ་ཉིད་མཐོང་ཡང་དད་དུང་ཐབས་ཀྱི་ཆར་གྱུར་པའི་ཐོས་པ་དང་ཚུལ་ཁྲིམས་ལ་སོགས་པའི་འཕགས་ལམ་ལ་བརྟེན་པས་ཅི་སྙམ་ན། དེ་ལྟར་ན་འཕགས་པའི་ལམ་ཐོས་སོགས་ཀྱིས་ཅི་ཞིག་བྱ་སྟེ། དེར་བསྒྲིམས་པས་འབྲས་བུ་དོན་ཡོད་པ་མ་ཡིན་པར་ཐལ། འཇིག་རྟེན་གྱི་མིག་སོགས་ཚད་མས་དེ་ཉིད་རྟོགས་པ་གང་ཞིག །དེ་ལྟར་རྟོགས་ན་གྲོལ་བ་ལ་དེ་ཉིད་ཀྱིས་ཆོག་པས་འཕགས་ལམ་གཞན་ཀུན་མི་དགོས་པའི་ཕྱིར།

[286.last] 2.3.1.1.1.2.1.1.2.2.2.1.2.1.2.2.1.2. Why the ordinary world cannot controvert the precise nature of reality

2.3.1.1.1.2.1.1.2.2.2.1.2.1.2.2.1.2.1. Worldly cognition is not valid cognition

2.3.1.1.1.2.1.1.2.2.2.1.2.1.2.2.1.2.2. Therefore, the world cannot controvert the precise nature of reality **[287]**

2.3.1.1.1.2.1.1.2.2.2.1.2.1.2.2.1.2.3. An ancillary explanation of exactly what objects the world can controvert

2.3.1.1.1.2.1.1.2.2.2.1.2.1.2.2.1.2.1. Worldly cognition is not valid cognition

If worldly cognition were valid,
Since worldly beings would see the precise nature of reality, what need for the noble ones?
What would the noble path accomplish?
For the foolish to have valid cognition would be illogical. (30)

At this stage of examining the precise nature of reality, if worldly beings' perceptions were in fact valid cognition, then what need would there be for the knowledge of some other "noble beings" who teach the precise nature of reality? In fact there would be no need for the noble beings, because worldly beings would see the precise nature of things as it was established by their own valid cognition, and in this way they would abandon ignorance on their own.

[289.7] You might wonder, "Even though worldly beings see the precise nature of reality, wouldn't they still need to listen to the teachings on skillful means and to rely on the noble path of ethics and so forth?"

What, however, would listening to, analyzing, or practicing the teachings of this path accomplish? All that discipline would not lead to any worthwhile result, because worldly beings' eyes and so forth would already be validly realizing the precise nature of reality, and since realizing that is enough to achieve liberation, all other "noble paths" would be unnecessary.

ཡང་འཇིག་རྟེན་པའི་ཚད་མས་དེ་ཉིད་མཐོང་ཡང་མ་རིག་མ་སྤྱངས་པས་འཕགས་པར་མ་གྱུར་ཏོ་ཞེས་དོགས་ན། འོ་ན་མ་རིག་པས་བླུན་པོར་གྱུར་པའི་བློ་ཚད་མ་རིགས་པའང་མ་ཡིན་ནོ་སྟེ། ཡུལ་གང་ལ་ཡུལ་ཅན་གང་མ་རྟོགས་པ་དེ་ཚད་མ་མ་ཡིན་པའི་ཕྱིར། ནོར་བུ་མཁན་པོ་མིན་པས་ནོར་བུ་མི་ཤེས་པ་བཞིན་ནོ།།

གཉིས་པ་ནི།

རྣམ་ཀུན་འཇིག་རྟེན་ཚད་མིན་དེ་ཡི་ཕྱིར།།
དེ་ཉིད་སྐབས་སུ་འཇིག་རྟེན་གནོད་པ་མེད།། ༣༡ ཀཁ

དེ་ཁོ་ན་ཉིད་རྣམ་པར་དཔྱོད་པའི་སྐབས་སུ་འཇིག་རྟེན་གྱིས་གནོད་པ་མེད་དེ། དེའི་རྒྱུ་མཚན་དེ་ཉིད་དཔྱོད་སྐབས་སུ་རྣམ་ཀུན་འཇིག་རྟེན་ཚད་མ་མ་ཡིན་པ་དེའི་ཕྱིར། འཁྲུལ་ཤེས་ཀྱི་མཐོང་བས་མ་འཁྲུལ་བའི་མཐོང་བ་ལ་གནོད་པ་མེད་པ་བཞིན་ནོ།།

Still, you might have the following doubt: "Worldly beings' valid cognition may see the precise nature of reality, but if they have not abandoned ignorance, they will not transform into noble beings." If that is the case, however, then for their minds, having been made foolish by ignorance, to cognize validly would be illogical. This is the case because whenever a given perceiving subject does not know or realize a given object of perception, it does not cognize that object validly, just as someone who is not an expert jeweler does not understand jewels.

[297.20] 2.3.1.1.1.2.1.1.2.2.2.1.2.1.2.2.1.2.2. THEREFORE, THE WORLD CANNOT CONTROVERT THE PRECISE NATURE OF REALITY

Since worldly beings' perceptions are never valid cognition,
They can do no harm at the time reality's precise nature is explained.
(31ab)

[298] At the stage of analyzing the precise nature of reality, worldly perception can do no harm, because at the stage of analyzing the precise nature, worldly beings' perceptions are invalid in every way. It is just as with an instance of vision as experienced by a confused consciousness—such confused vision cannot controvert vision that is not confused.

གསུམ་པ་ནི།

འཇིག་རྟེན་དོན་ནི་འཇིག་རྟེན་གྲགས་ཉིད་ཀྱིས།།
གལ་ཏེ་སེལ་ན་འཇིག་རྟེན་གྱིས་གནོད་འགྱུར།། ༣༡ གང

འོ་ན་འཇིག་རྟེན་གྱིས་གནོད་པ་གང་དུ་འཇུག་ཅེ་ན། འཇིག་རྟེན་གྲགས་པ་ཉིད་ཀྱིས་འཇིག་རྟེན་ལ་གྲགས་པའི་དོན་ནི་གལ་ཏེ་སེལ་བར་བྱེད་ན་རྒྱུ་དེའི་ཕྱིར་འཇིག་རྟེན་གྱིས་གནོད་པར་འགྱུར་ཏེ། དཔེར་ན་ཁ་ཅིག་གིས་ངའི་རྫས་ཕྲོགས་སོ་ཞེས་སྨྲས་པ་དང་། གཅིག་ཤོས་ཀྱིས་རྫས་ཅི་ཞིག་ཡིན། དེས་སྨྲས་པ། བུམ་པའོ་ཞེས་སྨྲས་པ་ལ། དེས། བུམ་པ་ནི་རྫས་མ་ཡིན་ཏེ། གཞལ་བྱ་ཡིན་པའི་ཕྱིར། རྨི་ལམ་གྱི་བུམ་པ་བཞིན་ཞེས་སུན་འབྱིན་པ་ལྟ་བུ་ལ་འཇིག་རྟེན་གྱིས་གནོད་དེ། འཇིག་རྟེན་ན་སད་པའི་གནས་སྐབས་ཀྱི་བུམ་པ་བདེན་པར་འདོད་ཅིང་། རྨི་ལམ་གྱི་བུམ་པ་བདེན་པར་མི་འདོད་པས་དཔེ་དོན་མི་མཚུངས་པའི་ཕྱིར་དང་། རིགས་པའི་དཔྱད་པ་ཞིབ་མོ་ཁས་མི་ལེན་པའི་ཕྱིར། གང་གི་ཚེ་འཕགས་པའི་གཟིགས་པ་ལ་གནས་ཏེ་སྐྱེ་བོ་མཁས་པ་ཚད་མར་བྱེད་པ་དེའི་ཚེ་འཇིག་རྟེན་གྱིས་གནོད་པ་མ་ཡིན་ནོ། །མཁས་པས་ཕྱོགས་འདི་ལྟར་གཞན་ལའང་རིགས་འགྲེ་སྟེ། དཔེར་ན་གང་རང་གི་བདག་ཉིད་མི་མཐོང་བ་དེས་གཞན་ཡང་མི་མཐོང་སྟེ། བུམ་པ་བཞིན་མིག་གིས་ཀྱང་རང་ཉིད་མི་མཐོང་བའོ་ཞེས་སྨྲས་པ་ལ། མིག་གིས་གཞན་མཐོང་བ་འཇིག་རྟེན་ལ་གྲགས་སོ་ཞེས་སོགས་གྲགས་པ་ཚད་མར་བྱེད་པ་ཐམས་ཅད་ལ་གྲགས་པས་འཕགས་པའི་གཟིགས་པ་ལ་མི་གནོད་དོ།།

2.3.1.1.1.2.1.1.2.2.2.1.2.1.2.2.1.2.3. An ancillary explanation of exactly what objects the world can controvert

If worldly objects are denied, then since they are renowned in the world,
Worldly beings can controvert such denials. (31cd)

You might ask, "Well then, exactly when would the world be able to controvert something?" The answer is that if worldly objects themselves are denied, then since these objects are renowned in the world, worldly beings can controvert such denials. For example, someone might say, "A substance of mine was stolen!" Someone else may ask, "What substance?," to which the first person would reply, "A vase!" If the second person attempts to fault this statement by saying, "A vase is not a substance because it is an object of comprehension, like a vase in a dream," then worldly beings can controvert that. This is the case because first of all, worldly beings assert that vases in the waking state truly exist, whereas they do not assert that vases in dreams truly exist, and therefore the example of the dream that the second person offered is not equivalent to the actual situation that the first person experienced; and second of all, because worldly beings do not believe in subtle logical analysis. When one relies on the vision of the noble ones, however, and takes the cognition of the wise to be valid cognition, at that time worldly beings cannot controvert anything.

Knowledgeable individuals will apply this thesis to other situations as well. For example, someone might say, "Whatever cannot see itself cannot see something other than itself; for example, a vase. The eye cannot see itself, either."[22] Someone else may reply by saying, "It is commonly known in the world that the eye sees things other than itself," or something similar to that, but all such cases of taking worldly renown to be valid cognition cannot controvert the enlightened vision of the noble ones.

གཉིས་པ་ནི།

གང་ཕྱིར་འཇིག་རྟེན་ས་བོན་ཙམ་བཏབ་ནས།།
བདག་གིས་བུ་འདི་སྐྱེད་ཅེས་སྨྲ་བྱེད་ཅིང་།།
ཤིང་ཡང་བཙུགས་སོ་སྙམ་དུ་རྟོགས་དེས་ན།།
གཞན་ལས་སྐྱེ་བ་འཇིག་རྟེན་ལས་ཀྱང་མེད།། ༣༢

འཇིག་རྟེན་གྱི་མཐོང་བ་དང་བསྟུན་ནས་རྗེས་བརྗོད་བྱས་ཀྱང་གཞན་སྐྱེ་འགོག་པ་ལ་འཇིག་རྟེན་གྱིས་མི་གནོད་པ་ནི། དངོས་པོ་རྣམས་གཞན་ལས་སྐྱེ་བ་དེ་ཁོ་ནར་ལྟ་ཞོག །འཇིག་རྟེན་ལས་ཀྱང་གཞན་ལས་སྐྱེ་བ་མེད་དེ། གང་ཕྱིར་འཇིག་རྟེན་པ་དག་མའི་མངལ་དུ་ས་བོན་ཙམ་བཏབ་ནས་ཕྱིས་ཕོ་དབང་དང་ལྡན་པ་ཞིག་བཙས་པ་ན་བདག་གི་བུ་འདི་བསྐྱེད་ཅེས་སྨྲ་བར་བྱེད་ཅིང་། ཨ་མྲའི་ས་བོན་ཙམ་བཙུགས་ནས་ཕྱིས་ཤིང་སྡོང་ཆེར་སྐྱེས་པ་ན་འདི་ཡང་བདག་གིས་བཙུགས་སོ་སྙམ་དུ་རྟོགས་པར་བྱེད་ཀྱི། ས་བོན་དང་འབྲས་བུ་རྫས་གཞན་དུ་ལྟ་བར་མི་བྱེད་པ་དེས་ནའི་ཕྱིར། དེ་ལས་གཞན་རང་གི་བུ་ལུས་ལས་བཏོན་ནས་མངལ་དུ་འཇུག་འབྱིན་དང་། ཤིང་ཡང་ས་བོན་འདེབས་ཚེ་ཡལ་འདབ་རྒྱས་པ་ཅན་བཙུགས་པ་ནི་མ་ཡིན་པས་འཇིག་རྟེན་ན་རྒྱུ་འབྲས་གཅིག་པར་ཡང་མི་འགྱུར་ལ། རྒྱུ་མཚན་སྔ་མ་ལྟར་བདག་གི་བུ་དང་བདག་གིས་ཤིང་བསྐྱེད་པར་བྱས་སོ་ཞེས་བརྗོད་ཀྱི། དེ་ལྟར་མིན་པར་གཞན་གྱིས་གཞན་བསྐྱེད་ན་བདག་གི་བུ་སོགས་ཉེ་བར་སྟོན་པའི་སྐབས་མེད་དོ།།

2.3.1.1.1.2.1.1.2.2.2.1.2.1.2.2.2. Arising from other does not even exist for worldly beings

Just from planting a seed
Worldly beings claim, "I produced that boy!"
Or, "I planted that tree!"
Therefore, even worldly beings do not assert arising from other. (32)

[299] Followers of the Middle Way express things in harmony with worldly convention and modes of perception, but even so, the world does not controvert the refutation of arising from other. Leave aside the possibility that things arise from other in the precise nature of reality; there is not even any arising from other in terms of what beings in the world believe. The reason for this is that just from planting a seed in the mother's womb, later when a male child is born, worldly people say, "I produced that boy!" And, just from planting a mango seed, later when a mango tree grows, they think, "I planted that tree!" They do not, however, view the seed and the result to be entities made of different substances.

Furthermore, the father does not extract his child from his own body and place it in the mother's womb, nor when planting a seed does a person put an entire tree complete with branches and leaves into the ground. Therefore, worldly beings do not believe that cause and result are the same thing, either.

Since they do not assert arising from other, worldly people say things like, "I produced that boy" and "I planted that tree." If it were otherwise, however, and they did assert production from other, they would never say things like, "That's my boy" and so forth.

གཉིས་པ་ལ། རྟེན་འབྲེལ་རྟག་ཆད་མེད་པར་གྲུབ་པའི་ཡོན་ཏན་བསྟན། ངོ་བོར་གྲུབ་ན་སྟོང་ཉིད་སྐྱུར་འདེབས་སུ་འགྱུར་བའི་སྐྱོན་བསྟན་པའོ།།

དང་པོ་ནི།

གང་ཕྱིར་མྱུ་གུ་ས་བོན་ལས་གཞན་མིན།།
དེ་ཕྱིར་མྱུག་ཚེ་ས་བོན་ཞིག་པ་མེད།།
གང་ཕྱིར་གཅིག་ཉིད་ཡོད་མིན་དེ་ཕྱིར་ཡང་།།
མྱུག་ཚེ་ས་བོན་ཡོད་ཅེས་བརྗོད་མི་བྱ།། ༢༣

འདིར་ས་མྱུག་གཞན་པར་གྱུར་ན་ཆོས་ཅན། མྱུ་གུ་སྐྱེས་པའི་ཚེ་ན་ས་བོན་རྒྱུན་ཆད་པར་འགྱུར་ཏེ། གཞན་ཡིན་པའི་ཕྱིར། བ་མེན་ཡོད་པས་བ་ལང་ཤི་ཡང་བ་ལང་རྒྱུན་མ་ཆད་* པར་མི་འགྱུར་བ་དང་། སོ་སྐྱེ་ཡོད་པས་འཕགས་པ་མྱ་ངན་ལས་མ་འདས་པ་མ་ཡིན་པ་བཞིན་ནོ། །དེས་ན་མྱུ་གུ་སྐྱེས་པའི་ཚེ་ས་བོན་ཞིག་ཅིང་རྒྱུན་ཆད་པ་མེད་དེ། གང་ཕྱིར་མྱུ་གུ་ས་བོན་ལས་གཞན་མིན་པ་དེའི་ཕྱིར་ཚུལ་དེས་ཆད་པ་སྤངས་པ་ཡིན་ནོ། །མྱུག་ཚེ་ས་བོན་ཡོད་ཅེས་བརྗོད་པར་མི་བྱ་སྟེ། གང་གི་ཕྱིར་ས་མྱུག་གཅིག་ཉིད་དུ་ཡོད་པ་མ་ཡིན་པ་དེའི་ཕྱིར་རོ། །ཚུལ་དེས་རྟག་པ་རྣམ་པར་སྤངས་པ་ཡིན་ནོ།།

* With Khenpo Rinpoche's approval, this phrase, which appears in the manuscript of the text as བ་ལང་ཤི་ཡང་བ་མེན་རྒྱུན་མ་ཆད་"" has been corrected to read the way it appears herein.

2.3.1.1.1.2.1.1.2.2.2.1.2.2. The point established by the refutations of arising from other

2.3.1.1.1.2.1.1.2.2.2.1.2.2.1. The positive qualities of dependent arising being free of permanence and extinction

2.3.1.1.1.2.1.1.2.2.2.1.2.2.2. If dependent arising existed in essence, the fault would be that emptiness would be a destroyer of things

2.3.1.1.1.2.1.1.2.2.2.1.2.2.1. The positive qualities of dependent arising being free of permanence and extinction

Because the sprout is not different from the seed,
The seed does not cease when the sprout comes into existence.
Because they are not the same thing,
We do not say that the seed exists at the time of the sprout, either. (33)

If seed and sprout were different from each other, when the sprout arose the seed's continuum would be cut, because the two would be different entities. For example, the existence of a wild ox does not prevent a cow's continuum from being cut when the cow dies, nor does the existence of an ordinary individual prevent a noble being from passing into nirvana. Therefore, when the sprout arises, the seed does not cease and its continuum is not cut, because the sprout is not different from the seed. In this way, this mode of explanation abandons the extreme of extinction.

[300] Nor is it expressed that the seed exists at the time of the sprout, because seed and sprout are not the same thing. In this way, this mode of explanation perfectly abandons the extreme of permanence.

གཉིས་པ་ནི།

གལ་ཏེ་རང་གི་མཚན་ཉིད་བརྟེན་འགྱུར་ན།།
དེ་ལ་སྐུར་པས་དངོས་པོ་འཇིག་པའི་ཕྱིར།།
སྟོང་ཉིད་དངོས་པོ་འཇིག་པའི་རྒྱུར་འགྱུར་ན།།
དེ་ནི་རིགས་མིན་དེ་ཕྱིར་དངོས་ཡོད་མིན།། ༣༩

དེས་ན་དངོས་པོ་འགའ་ཡང་རང་གི་མཚན་ཉིད་ཀྱིས་སྐྱེ་བ་མེད་དོ་ཞེས་བྱ་བ་འདི་ནི་ངེས་པར་གདོན་མི་ཟ་བར་ཁས་བླང་བར་བྱ་དགོས་ཏེ། དེ་ལྟར་མ་ཡིན་པར་གལ་ཏེ་གཟུགས་ནས་རྣམ་མཁྱེན་གྱི་བར་གྱི་ཆོས་ཐམས་ཅད་བློས་བཏགས་པ་ཙམ་མ་ཡིན་པ་རང་གི་མཚན་ཉིད་དེ་རང་གི་ངོ་བོའི་རྒྱུ་དང་རྐྱེན་ལ་བརྟེན་ནས་འབྱུང་བའམ་སྐྱེ་བར་འགྱུར་ན་སྟོང་ཉིད་དེས་དངོས་པོའི་རང་བཞིན་ཡོད་པ་མེད་པར་སླུས་པས་དངོས་པོ་འཇིག་པའི་རྒྱུར་འགྱུར་བར་ཐལ། རྣལ་འབྱོར་པ་རྣམས་ཀྱིས་སྟོང་ཉིད་མཐོང་བ་ན། དངོས་པོ་རྣམས་རང་གི་མཚན་ཉིད་ཀྱིས་སྐྱེ་བ་དེ་ལ་སྐུར་པ་བཏབ་པས་དངོས་པོ་འཇིག་པར་བྱེད་པའི་ཕྱིར། ཐོ་བས་བུམ་པ་འཇིག་པ་བཞིན་ནོ། །འདོད་པ་དེ་ལྟར་ན། དེ་ནི་རིགས་པ་མ་ཡིན་ཏེ། དངོས་པོ་རྣམས་རང་གི་ངོ་བོ་མཚན་ཉིད་ཀྱི་སྐྱེ་བ་ཡོད་པ་མ་ཡིན་པ་དེའི་ཕྱིར་རོ།།

[301.9] 2.3.1.1.1.2.1.1.2.2.2.1.2.2.2. If dependent arising existed in essence, the fault would be that emptiness would be a destroyer of things[23]

If there arose phenomena whose specific characteristics actually existed,
The noble ones' wisdom would deny them and would therefore be a destroyer of things.
Emptiness would therefore be the cause of things' destruction.
Since that is illogical, things do not exist. (34)

Thus, it is definitely necessary to assert without doubt that things do not arise by virtue of their own specific characteristics. If it were not like that—if all phenomena from form through omniscience were not mere conceptual imputations, but rather, if in dependence upon causes and conditions, their specific characteristics arose in essence—then since *emptiness* would imply that things have no inherent nature when in fact they would have one after all, emptiness would therefore be a destroyer of things. This would follow because when yogis and yoginis see emptiness, that insight denies that things arise by virtue of their own specific characteristics. Thus in this hypothetical situation, emptiness would destroy things, just as a hammer destroys a vase.

If someone were to say, "I accept that this is true," that would be illogical, because the arising of things in essence, by virtue of their own specific characteristics, does not exist.

གསུམ་པ་ལ། ཀུན་རྫོབ་དང་འགལ་བ་སྤང་བ་དང་། མཐོང་བ་དང་འགལ་བ་དང་། ལས་འབྲས་དང་འགལ་བ་སྤང་བའོ། །དང་པོ་ལ། ཀུན་རྫོབ་དཔྱད་ནས་བཞག་བྱ་མིན་པ། དཔྱད་ན་བདེན་པ་གཉིས་ཅར་སྤྲོས་པ་དང་བྲལ་བའི་ཚུལ་ལོ།།

དང་པོ་ནི།

གང་ཕྱིར་དངོས་པོ་འདི་དག་རྣམ་དཔྱད་ན།།
དེ་ཉིད་བདག་ཅན་དངོས་ལས་ཚུ་རོལ་ཏུ།།
གནས་སྐེད་མ་ཡིན་དེ་ཕྱིར་འཇིག་རྟེན་གྱི།།
ཐ་སྙད་བདེན་ལ་རྣམ་པར་དཔྱད་མི་བྱ།། ༣༥

དེས་ནི་གང་ཕྱིར་ཀུན་རྫོབ་པའི་དངོས་པོ་འདི་དག་རྣམ་པར་དཔྱད་ན་དེ་ཁོ་ན་ཉིད་དོན་དམ་པའི་བདག་ཉིད་ཅན་གྱི་དངོས་ཆོས་སྐྱེ་འགག་དང་བྲལ་བ་ལས། ཚུ་རོལ་གཞན་དུ་ཀུན་རྫོབ་པའི་སྐྱེ་འགག་ཏུ་གྲུབ་པའི་གནས་སྐེད་པ་མ་ཡིན་པ་དེའི་ཕྱིར། དེ་ཁོ་ན་ཉིད་ལ་སེམས་པ་ན་ཀུན་རྫོབ་པའི་ཆོས་ལ་དཔྱོད་ཀྱི། འཇིག་རྟེན་པས་ཀུན་རྫོབ་ལ་མ་དཔྱད་པར་འཛོག་པ་ན་ནི་འཇིག་རྟེན་གྱི་ཐ་སྙད་བདེན་པ་ལ་རྣམ་པར་དཔྱད་པ་མི་བྱའོ། །དེས་ན་མ་དཔྱད་པ་ན་འཇིག་རྟེན་པས་མཐོང་བ་འདི་ཡོད་ན་འདི་འབྱུང་ཞེས་པ་ཙམ་ཞིག་གཞན་གྱི་རྗེས་བརྗོད་དུ་བྱ་བ་འཐད་དེ། དེའི་བླང་དོར་ལ་བརྟེན་ནས་དེ་ཉིད་ལ་འཇུག་དགོས་པའི་ཕྱིར།

[306.10] 2.3.1.1.1.2.1.1.2.2.2.1.2.3. THE REBUTTAL OF ARGUMENTS OPPOSING THE REFUTATION OF ARISING FROM OTHER

2.3.1.1.1.2.1.1.2.2.2.1.2.3.1. Rebutting the argument that the refutation is in contradiction with relative truth

2.3.1.1.1.2.1.1.2.2.2.1.2.3.2. Rebutting the argument that the refutation is in contradiction with what we see

2.3.1.1.1.2.1.1.2.2.2.1.2.3.3. Rebutting the argument that the refutation is in contradiction with karmic cause and result

2.3.1.1.1.2.1.1.2.2.2.1.2.3.1. REBUTTING THE ARGUMENT THAT THE REFUTATION IS IN CONTRADICTION WITH RELATIVE TRUTH

2.3.1.1.1.2.1.1.2.2.2.1.2.3.1.1. The relative is not something posited by analysis

2.3.1.1.1.2.1.1.2.2.2.1.2.3.1.2. When analyzed, both truths are found to be beyond conceptual fabrications

2.3.1.1.1.2.1.1.2.2.2.1.2.3.1.1. THE RELATIVE IS NOT SOMETHING POSITED BY ANALYSIS

If you analyze these things,
Other than the identity of reality's precise nature,
You will not find any state at all.
Therefore, do not analyze the world's conventional truth. (35)

[308.20] Thus, if you analyze these relative things, other than the identity of the precise nature of reality, genuine truth, free from arising and cessation, you will not find any state in which relative arising and ceasing are established as existent. Therefore, analyze relative phenomena if you have the precise nature of reality in mind, but since worldly beings posit the relative without analyzing it, then you should not analyze the world's conventional truth, either.

Thus, when worldly beings without analyzing say, "When this thing I see here exists, then this other one will arise," it is appropriate to follow after them in merely this type of description, because one must depend upon the activity of accepting and rejecting within that conventional realm in order to enter the precise nature of reality.

གཉིས་པ་ནི།

དེ་ཉིད་སྐབས་སུ་རིགས་པ་གང་ཞིག་གིས།།
བདག་དང་གཞན་ལས་སྐྱེ་བ་རིགས་མིན་པའི།།
རིགས་དེས་ཐ་སྙད་དུ་ཡང་རིགས་མིན་པས།།
ཁྱོད་ཀྱི་སྐྱེ་བ་གང་གིས་ཡིན་པར་འགྱུར།། ༣༦

དངོས་པོ་ལ་ཞེན་ལྷ་ཅན་དག་དངོས་པོར་གྲུབ་པ་ཐམས་ཅད་བདེན་པ་གཉིས་ཀར་ཡོད་པ་རྣམ་པར་དཔྱད་པ་ལ་འཇིག་རྟེན་ཚད་ཀྱི་དོགས་པས་བྲེད་དེ་འཁོར་འདས་དང་ཀུན་ནས་ཉོན་མོངས་དང་། རྣམ་བྱང་གི་རྒྱུར་གྱུར་པའི་རྫས་ཀྱི་ངོ་བོར་གྲུབ་པའི་ཆོས་ཤིག་ཡོད་དོ་ཞེས་སྨྲ་ན། དེ་ལྟར་ཡོད་དོ་ཞེས་ཚིག་ཏུ་སྨྲས་ཀྱང་གནས་ཚོད་ལ་འགྲུབ་པ་མ་ཡིན་པས། དོན་དམ་དེ་ཁོ་ན་ཉིད་དཔྱོད་པའི་སྐབས་སུ་ཇི་སྐད་བཤད་པའི་རིགས་པ་གང་ཞིག་གིས་དངོས་པོ་རྣམས་བདག་དང་གཞན་ལས་སྐྱེ་བ་རིགས་པ་མ་ཡིན་པར་གྲུབ་པའི་རིགས་པ་དེས་ཐ་སྙད་དུ་ཡང་བདག་གཞན་ལས་སྐྱེ་བ་སོགས་རིགས་པ་མ་ཡིན་པས་ཁྱོད་ཀྱི་བདེན་པ་གཉིས་ཀར་སྐྱེ་བ་གང་གི་ཡིན་པར་འགྱུར་ཏེ་སྐྱེ་བར་མི་འགྲུབ་བོ།།

[310.19] 2.3.1.1.1.2.1.1.2.2.2.1.2.3.1.2. When analyzed, both truths are found to be beyond conceptual fabrications

When analyzing for ultimacy, reasonings prove
That arising from self or other is illogical.
Since these same reasonings demonstrate arising to be illogical in conventional reality as well,
As for your "arising," what is it that proves its existence? (36)

[311] Those whose views fixate on things as being real are afraid of analyzing the existence of all phenomena in both of the two truths. They are frightened of the thought of the world being nothingness, and so they say, "There do exist phenomena, substantially and in essence, that are the causes of samsara and nirvana, of affliction and purity."

They might say, "Things exist like that," but apart from being mere words, there is no such existence in the true nature of reality. Therefore, when analyzing for ultimacy, the precise nature of genuine reality, the reasonings that have been explained prove that arising from self or other is illogical. These same reasonings prove that arising from self or other is illogical in conventional reality as well, and so as for your "arising," what is it that logically proves its existence in either of the two truths? In fact, arising cannot be logically established at all.

གཉིས་པ་ལ། སྤྲོས་པ་དང་བྲལ་ཡང་རྒྱུ་འབྲས་སུ་སྣང་བ་མི་འགལ་བའི་རྩུལ། དེས་རྟག་ཆད་དང་བྲལ་བར་བསྟན་པའོ།།

དང་པོ་ནི།

དངོས་པོ་སྟོང་པ་གཟུགས་བརྙན་ལ་སོགས་པ།།
ཚོགས་ལ་ལྟོས་རྣམས་མ་གྲགས་པ་ཡང་མིན།།
ཇི་ལྟར་དེར་ནི་གཟུགས་བརྙན་སོགས་སྟོང་ལས།།
ཤེས་པ་དེ་ཡི་རྣམ་པ་སྐྱེ་འགྱུར་ལྟར།། ༣༧
དེ་བཞིན་དངོས་པོ་ཐམས་ཅད་སྟོང་ན་ཡང་།།
སྟོང་ཉིད་དག་ལས་རབ་ཏུ་སྐྱེ་བར་འགྱུར།། ༣༨ ཀ།ཁ

བདེན་པ་གཉིས་ཀར་རང་གི་ངོ་བོས་སྐྱེ་བ་མེད་ན་སྐྱེ་སོགས་ཀྱི་ངོ་བོ་འཇིག་རྟེན་དུ་ཇི་ལྟར་དམིགས་ཤེ་ན། སྐྱེ་སོགས་འཇིག་རྟེན་དུ་དམིགས་པས་འཇིག་རྟེན་དུ་བདེན་པ་གཉིས་ཀར་སྐྱེ་སོགས་གྲུབ་བདེན་དུ་ཡོད་པ་ཆེས་འགལ་བར་སྨྲས་པའོ། །ཞེས་སྟོན་པ་ནི་དངོས་པོ་རང་བཞིན་གྱིས་སྟོང་པ་གཟུགས་བརྙན་དང་སྒྱུ་མ་ལ་སོགས་པ་ནི་མེ་ལོང་དང་བྱད་བཞིན་དང་ཤིང་བུ་རྡེའུ་དང་སྔགས་སོགས་རྒྱུ་རྐྱེན་གྱི་ཚོགས་པ་ལ་བལྟོས་ནས་འབྱུང་ཞིང་། དམིགས་པ་རྣམས་འཇིག་རྟེན་ན་མ་གྲགས་པའང་མ་ཡིན་ལ། འབྲས་བུ་རང་བདེན་པ་མིན་པ་འབྲས་བུ་ལྟར་སྣང་བ་ལ་རྒྱུ་རྐྱེན་ལ་བལྟོས་ནས་འཇོག་ཀྱང་རྒྱུ་རྐྱེན་རང་བདེན་པར་གྲུར་པ་ནི་མ་ཡིན་ཏེ། ཇི་ལྟར་མེ་ལོང་ལ་སོགས་པ་དེར་ནི་དམིགས་རྐྱེན་གཟུགས་བརྙན་ལ་སོགས་པའི་རྒྱུ་རང་བཞིན་གྱིས་སྟོང་པ་ལས་ཡུལ་ཅན་དེའི་འབྲས་བུ་ཤེས་པ་གཟུགས་བརྙན་དེའི་རྣམ་པར་སྐྱེ་འགྱུར་དེ་ལྟ་བུའི་ཕྱིར། དཔེ་དེ་བཞིན་རྒྱུ་འབྲས་གཉིས་ཀ་རང་བཞིན་པ་མིན་ཏེ། སྤྲུལ་པ་ལས་སྤྲུལ་པ་འབྱུང་བ་ལྟ་བུའི་ཕྱིར། དེ་བཞིན་དུ་སྒྱུ་མ་

[314.11] 2.3.1.1.1.2.1.1.2.2.2.1.2.3.2. Rebutting the argument that the refutation is in contradiction with what we see

2.3.1.1.1.2.1.1.2.2.2.1.2.3.2.1. It is not contradictory for things to appear as causes and results even though their nature is beyond conceptual fabrications

2.3.1.1.1.2.1.1.2.2.2.1.2.3.2.2. Therefore, causes and results are free from the extremes of permanence and extinction

2.3.1.1.1.2.1.1.2.2.2.1.2.3.2.1. It is not contradictory for things to appear as causes and results even though their nature is beyond conceptual fabrications

Empty things, like reflections and so forth,
Are known to arise due to the coming together of causes and conditions.
Just as it is that from a reflection or some other empty phenomenon
A consciousness beholding the image of that arises,
So it is that even though all things are empty,
From their empty causes and conditions they vividly arise. (37-38b)

Someone might ask, "If things in their essence do not arise in either of the two truths, then why do we see arising happening in the world?" The reply to this question is, "It is totally contradictory to claim that the perception of arising and so forth happening in the world proves that arising and so forth actually exist in either of the two truths."

The explanation of this reply is as follows: Things that are empty of any inherent nature, such as reflections, illusions, and so forth, are commonly known to arise and be perceived due to the coming together of causes and conditions, like a mirror and a face, or a pebble or piece of wood and a mantra, and so forth. **[315]** The result that is itself not real, the *mere semblance of a result,* is posited in dependence upon causes and conditions; however, the causes and conditions themselves are not real, either. It is just as is the case that in a mirror or somewhere else the focal condition of a reflection or some other phenomenon that is empty of inherent nature is a cause from which a result arises, namely a subject perceiving that focal condition, a consciousness beholding the image of that reflection. Just as is the case in this example, cause and result do not inherently exist, because their relationship is like that of emanations manifesting from emanations.

ལ་སོགས་པ་བརྫུན་པའི་དཔེ་ཐམས་ཅད་ལ་སྦྱར་ཏེ་ཤེས་པར་བྱའོ། །དེ་བཞིན་གཟུགས་སོགས་དངོས་པོ་ཐམས་ཅད་རྒྱུ་འབྲས་ཐ་དད་དུ་མི་གནས་པའི་ཚུལ་གྱི་རང་བཞིན་གྱིས་སྟོང་ན་ཡང་རང་གི་རྒྱུ་རྐྱེན་གྱིས་སྟོང་པ་ཉིད་དག་ལས་རང་བཞིན་གྱིས་སྟོང་པ་ཉིད་ཀྱི་འབྲས་བུ་འཇིག་རྟེན་གྱི་ངོར་ཐ་སྙད་ཙམ་དུ་རབ་ཏུ་སྐྱེ་བར་འགྱུར་རོ་ཞེས་བྱ་བ་ཞིག་གྲགས་སོ།།

གཉིས་པ་ནི།

བདེན་པ་གཉིས་སུའང་རང་བཞིན་མེད་པའི་ཕྱིར།།
དེ་དག་རྟག་པ་མ་ཡིན་ཆད་པའང་མིན།། ༣༨ གང

རྟེན་འབྱུང་གི་ཆོས་དེ་དག་རྟག་པ་མ་ཡིན་ཆད་པའང་མ་ཡིན་ཏེ། བདེན་པ་གཉིས་སུའང་རང་གི་ངོ་བོ་ཉིད་ཀྱི་རང་བཞིན་མེད་པའི་ཕྱིར་གཟུགས་བརྙན་ལྟར་རོ།།

[315.11] One should similarly apply this analogy to illusions and all other examples of false entities.

So it is that forms and all other things are empty of inherent nature, in the sense that causes and results do not exist as different entities, but nevertheless, from causes that are empty of inherent nature there come results that are empty of inherent nature, vividly arising and renowned in what is merely the conventional reality of worldly beings' perspective.

[316.15] 2.3.1.1.1.2.1.1.2.2.2.1.2.3.2.2. Therefore, causes and results are free from the extremes of permanence and extinction

Since things have no inherent nature in either of the two truths,
They do not fall into the extremes of permanence and extinction. (38cd)

Dependently arisen phenomena do not fall into the extremes of permanence and extinction, because in their very essence they have no inherent nature in either of the two truths, just like reflections.

གསུམ་པ་ལ། དངོས་དང་། ཞར་ལ་ལས་འབྲས་ཀྱི་རྟེན་གསུངས་པ་དྲང་དོན་དུ་བསྟན་པའོ། །དང་པོ་ལ། རང་བཞིན་མེད་ཀྱང་ལས་འབྲས་ཀྱི་འབྲེལ་པ་འཐད་པ་དང་། །དོན་དེ་ཉིད་དཔེའི་སྒོ་ནས་སྒྲུབ་པ་དང་། དེ་ལ་ཐུག་མེད་དུ་ཧ་ཅང་ཐལ་བ་སྤང་བའོ།།

དང་པོ་ནི།

གང་ཕྱིར་རང་བཞིན་གྱིས་དེ་མི་འགག་པ།།
དེ་ཕྱིར་ཀུན་གཞི་མེད་ཀྱང་འདི་ནུས་ཕྱིར།།
ལ་ལར་ལས་འགགས་ཡུན་རིང་ལོན་ལས་ཀྱང་།།
འབྲས་བུ་ཡང་དག་འབྱུང་བར་རིག་པར་གྱིས།། ༣༨

དེས་ན་ལས་འབྲས་དང་ལས་འབྲས་ཀྱི་རྟེན་དངོས་པོ་དོན་བྱེད་པའི་རང་བཞིན་དང་ངོ་བོ་ཅན་དུ་གྲུབ་པར་སྨྲ་བ་དེ་དག་ཐམས་ཅད་ནི་སེང་གེ་ཟླ་བའི་གྲོང་ཁྱེར་ཞིག་གི་དོགས་ནས་ཡིད་འབྱུང་བས་ངལ་བའི་ཚོགས་ཆེན་པོས་དེའི་རྒྱ་འཛིན་བྱེད་པར་ནློམ་པར་ཟད་དེ། ལས་འབྲས་སོགས་རང་བཞིན་གྱིས་སྟོང་པ་ཉིད་སྐྱེ་འགགས་དང་བྲལ་བ་ལ་རྟག་ཆད་དུ་སྒྲོ་བཏགས་ནས་རང་ངོས་མ་གྲུབ་པ་ལ་གྲུབ་པར་འབད་ནས་རྩོད་པའི་ཕྱིར་དོན་མེད་པ་ཁོ་ནའོ་ཞེས། ལས་ཀྱི་དངོས་པོའི་ངོ་བོ་ནི་རང་བཞིན་གྱིས་དེ་མི་འགག་པ་ཡིན་ཏེ། གང་གི་ཕྱིར་ཞེ་ན། ལས་རང་བཞིན་གྱིས་མ་སྐྱེས་པའི་ཕྱིར།

[321.last] 2.3.1.1.1.2.1.1.2.2.2.1.2.3.3. Rebutting the argument that the refutation is in contradiction with karmic cause and result

2.3.1.1.1.2.1.1.2.2.2.1.2.3.3.1. The actual rebuttal
2.3.1.1.1.2.1.1.2.2.2.1.2.3.3.2. An ancillary explanation that the teachings about a support for cause and result are provisional in meaning

2.3.1.1.1.2.1.1.2.2.2.1.2.3.3.1. The actual rebuttal

2.3.1.1.1.2.1.1.2.2.2.1.2.3.3.1.1. Even though they have no inherent nature, karmic cause and result are still tenable **[322]**
2.3.1.1.1.2.1.1.2.2.2.1.2.3.3.1.2. Proving this with an example
2.3.1.1.1.2.1.1.2.2.2.1.2.3.3.1.3. Disproving the argument that claims never-ending results to be the absurd consequence of the refutation

2.3.1.1.1.2.1.1.2.2.2.1.2.3.3.1.1. Even though they have no inherent nature, karmic cause and result are still tenable

Since cessation does not truly occur,
Even though there is no alaya, karmic results can arise from karmic actions.
Sometimes, a long period of time elapses after the action has ceased,
But no matter—know that its result will most certainly arise. (39)

[328.9] It is taught: "Thus, all those who claim that karmic causes, results, and a support for those karmic causes and results essentially exist and inherently perform functions are like a lion who, frightened that the city on the moon will fall down from the sky, exhausts himself in tremendous efforts to raise a support to hold the moon up in its place—they are simply making a mistake. Karmic causes and results are empty of any nature of their own and are free from arising and ceasing, yet these people superimpose onto them the concepts of permanence and extinction and put all kinds of effort into establishing them as existent from their own side when in reality they are not. All their activity in that regard is pointless and their arguments are meaningless."

This teaching will now be explained. The entity of a karmic action does not inherently cease, and why not? The reason is that it did not inherently

དེས་ན་སྐྱེ་འགག་མེད་པའི་མ་ཞིག་པ་དེ་འདུས་མ་བྱས་པ་ལས་ཐ་སྙད་རྫུན་ངོ་དང་བསླུ་ངོར་ལས་འབྲས་ཀྱི་འབྲས་བུ་འདུས་བྱས་འབྱུང་མི་རུང་བའམ། མི་སྲིད་པ་མ་ཡིན་པ་དེའི་ཕྱིར་ཀུན་གཞི་སོགས་ལས་འབྲས་ཀྱི་རྟེན་དངོས་པོ་རང་བདེན་པ་མེད་ཀྱང་འདས་པའི་ལས་ལས་མ་འོངས་པའི་འབྲས་བུ་འདི་འབྱུང་བར་ནུས་པའི་ཕྱིར་ཡུལ་དུས་ལ་ལར་ལས་འགགས་ནས་យུན་རིང་ལོན་པ་ལས་ཀྱང་རྣམ་སྨིན་གྱི་འབྲས་བུ་ཡང་དག་འབྱུང་བར་འགལ་བ་མེད་པར་རིག་པར་གྱིས་ཤིག

གཉིས་པ་ནི།

སྨི་ལམ་དམིགས་པའི་ཡུལ་དག་མཐོང་ནས་ནི།།
སད་ཀྱང་བླུན་ལ་ཆགས་པ་སྐྱེ་འགྱུར་བ།།
དེ་བཞིན་འགགས་ཤིང་རང་བཞིན་ཡོད་མིན་པའི།།
ལས་ལས་ཀྱང་ནི་འབྲས་བུ་ཡོད་པ་ཡིན།། ༤༠

དོན་དམ་པར་ལས་རང་བཞིན་མེད་པ་དང་། ཀུན་རྫོབ་ཏུ་ལས་འགགས་པ་གང་ཡང་རུང་བ་ལས་ཀྱང་འབྲས་བུ་འབྱུང་མི་རིགས་ན་གཉིས་ཀ་ལས་ལྟ་ཅི་སྨོས་ཞེ་ན། ཇི་སྐད་བསྟད་པའི་དོན་ཉིད་དཔེའི་སྒོ་ནས་བཤད་པ་ནི། འགགས་ནས་ཡུན་རིང་དུ་ལོན་ཅིང་རང་བཞིན་ཡོད་པ་མ་ཡིན་པའི་ལས་ལས་ཀྱང་ནི་རྣམ་སྨིན་གྱི་འབྲས་བུ་འབྱུང་བ་ཡོད་པ་ཡིན་ཏེ། དཔེར་ན་སྨི་ལམ་དུ་དམིགས་པའི་ཡུལ་འདོད་དོན་དག་དང་། བུད་མེད་བཟང་མོ་དང་ལྷན་ཅིག་འདོད་པ་སྤྱོད་པ་མཐོང་ནས་ནི་སླར་སད་པ་ན། སྨི་ལམ་གྱི་བུད་མེད་རང་བཞིན་གྱིས་མ་གྲུབ་ཅིང་འགགས་སུ་ཟིན་ཀྱང་བླུན་པོ་འགའ་ཞིག་དེ་ལ་འདོད་པའི་ཆགས་པ་སྐྱེ་བའི་རྒྱུར་འགྱུར་བ་དེ་བཞིན་དུ་འདིར་ཡང་མཚུངས་སོ། །འདིའི་དཔེ་དོན་རྒྱས་པར་སྲིད་པ་འཕོ་བའི་མདོ་ལས་འབྱུང་བ་བཞིན་རང་འགྲེལ་ན་བཀོད་ཡོད་དོ།།

arise in the first place. Therefore, from the perspective of conventional reality, which is false and deceiving, it is neither impossible nor untenable for a composite karmic result to arise from an unarisen, unceasing, undecaying noncomposite. Therefore, even though no alaya or any other entity that might be a support for karmic causes and results truly exists, karmic results can still arise in the future from karmic actions committed in the past. Sometimes, a long period of time elapses after the action has ceased, but no matter—know that its fully ripened result will most certainly arise, and there is absolutely nothing contradictory about its doing so.

[351.10] 2.3.1.1.1.2.1.1.2.2.2.1.2.3.3.1.2. Proving this with an example

Having seen objects in a dream,
Desire for them arises in fools even after they awake.
In the same way, even though karmic actions have ceased and have no inherent nature,
Results are still fully able to arise from them. (40)

Someone may say, "If in genuine reality it is illogical for karmic results to arise from actions that have no inherent nature, and in relative reality it is illogical for results to arise from actions that have ceased, then how much more illogical would it be for a result to arise from an action that both lacks inherent nature and has ceased." As a reply, the point expressed in the last verse will now be explained by means of an example.

Fully ripened results still arise from karmic actions even though those actions have ceased a long time ago and have no inherent nature, because for example, when a fool dreams of desirable objects and of having intercourse with a beautiful woman, when he wakes up that dream woman can still be a cause for desire arising within him even though she does not truly exist and even though she ceased when the dream ended. The situation here with karmic cause and result is equivalent to this example. In Chandrakirti's own commentary on the text, he quotes the Buddha's extensive explanation of this example and its meaning from the *Transference of Existence Sutra*. **[352]**

གསུམ་པ་ལ། ཐུག་མེད་དུ་ཧ་ཅང་ཐལ་བ་སྤང་བ་དང་། སྟོང་ཡང་ལས་འབྲས་སོ་སོར་ངེས་ཤིང་བསམ་གྱིས་མི་ཁྱབ་པའོ།།

དང་པོ་ནི།

ཇི་ལྟར་ཡུལ་ནི་ཡོད་ཉིད་མིན་མཚུངས་ཀྱང་།།
རབ་རིབ་ཅན་གྱིས་སྐྲ་ཤད་རྣམ་པར་ནི།།
མཐོང་གི་དངོས་གཞན་རྣམ་པར་མ་ཡིན་ལྟར།།
དེ་བཞིན་སྨིན་ལས་སླར་སྨིན་མིན་ཤེས་གྱིས།། ༩

ལས་རང་བཞིན་གྱིས་མ་སྐྱེས་པ་ལ་ཟད་འགག་མེད་པའི་ཕྱིར། རྣམ་སྨིན་འབྱུང་བར་འདོད་ན་ཇི་ལྟར་རྣམ་སྨིན་མ་བསྐྱེད་པའི་ལས་ལྟར་རྣམ་སྨིན་ཕྱུང་ཟིན་པས་ཀྱང་འབྲས་བུའི་འབྱིན་པར་འགྱུར་ཏེ། མ་འགགས་པའི་ཕྱིར་ཞེ་ན། ཇི་ལྟར་ཡུལ་སྐྲ་ཤད་དང་རི་བོང་གི་རྭ་སོགས་ནི་ཡོད་པ་ཉིད་མ་ཡིན་པར་མཚུངས་ཀྱང་། རབ་རིབ་ཀྱིས་བསླད་པའི་མིག་ཅན་གྱིས་ནམ་མཁར་སྐྲ་ཤད་སོགས་ཀྱི་རྣམ་པར་ནི་མཐོང་གི བོང་བུའི་རྭ་དང་མོ་གཤམ་གྱི་བུ་སོགས་དངོས་པོ་གཞན་གྱི་རྣམ་པར་མཐོང་བ་མ་ཡིན་པ་ལྟར་རྣམ་སྨིན་ཕྱུང་ཟིན་པ་དང་མ་ཟིན་པའི་ལས་དག་ཀྱང་མ་འགགས་ཤིང་རང་བཞིན་མེད་པར་མཚུངས་ཀྱང་། སྔར་འབྲས་བུ་ཕྱུང་ཟིན་པའི་ལས་ཀྱིས་རྣམ་པར་སྨིན་ཟིན་པའི་ལས་ལས་སླར་ཡང་འབྲས་བུ་སྨིན་པ་མིན་པར་ཤེས་པར་གྱིས་ཤིག་སྟེ་དཔེ་སྔ་མ་དེ་བཞིན་ནོ།།

2.3.1.1.1.2.1.1.2.2.2.1.2.3.3.1.3. Disproving the argument that claims never-ending results to be the absurd consequence of the refutation

2.3.1.1.1.2.1.1.2.2.2.1.2.3.3.1.3.1. The actual rebuttal of the argument

2.3.1.1.1.2.1.1.2.2.2.1.2.3.3.1.3.2. Although empty, karmic causes and results are nevertheless individually certain and inconceivable

2.3.1.1.1.2.1.1.2.2.2.1.2.3.3.1.3.1. The actual rebuttal of the argument

Although the objects are equally nonexistent,
Those with an eye disease see the images of falling hairs
But not the images of other things.
Similarly, know that an already ripened action does not ripen again. (41)

Someone may claim, "Karmic actions that do not inherently arise do not cease, and therefore, if one asserts that these actions can fully ripen into a result, then actions that have already produced a fully ripened result should be just as able to give rise to a result as actions that have not yet produced a result, because those actions do not cease."

Although the objects themselves—falling hairs, rabbits' horns, and so forth—are equally nonexistent, those whose eyes are afflicted by disease see the images of falling hairs in the sky, but not the images of other things, like donkeys' horns, the children of childless women, and so forth. In the same way, although karmic actions that have given rise to ripened results and those that have not are equally unceasing and lacking in inherent nature, know that ripened results do not arise again from actions that have already produced ripened results.

གཉིས་པ་ནི།

དེ་ཕྱིར་རྣམ་སྨིན་མི་དགེ་ནག་པོའི་ལས།།
རྣམ་སྨིན་དགེ་ཉིད་དགེ་ལས་ཡིན་མཐོང་ཞིང་།།
དགེ་མི་དགེ་མེད་བློ་ཅན་ཐར་འགྱུར་ཏེ།།
ལས་འབྲས་རྣམས་ལ་སེམས་པའང་དགག་པ་མཛད།། ༤༢

དཔེ་འདིས་ལས་རྣམས་རྣམ་སྨིན་མ་ངེས་པ་མ་ཡིན་པ་འབའ་ཞིག་ཏུ་མ་ཟད་ཀྱི། སོ་སོར་མ་* ངེས་པའང་མ་ཡིན་ཏེ། སྒྲ་ཤད་སོགས་རང་བཞིན་མེད་ཀྱང་ངེས་པ་མཐོང་བ་དེ་ཉིད་ཀྱི་ཕྱིར། དགེ་མི་དགེའི་ལས་རང་བཞིན་མེད་པ་ཡིན་ཀྱང་རྣམ་སྨིན་ཡིད་དུ་མི་འོང་བ་མི་དགེ་བའི་རྒྱུ་ནི་ནག་པོའི་ལས་མི་དགེ་བ་ཉིད་ལས་ཡིན་གྱི། དགེ་བ་ལས་མ་ཡིན་ལ། རྣམ་སྨིན་ཡིད་དུ་འོང་ཞིང་དགེ་བ་ཉིད་ནི་དགེ་བའི་ལས་ཡིན་པར་མཐོང་གི། མི་དགེ་བ་ལས་མ་ཡིན་ཅིང་། མཁས་པ་གང་ཞིག །དགེ་མི་དགེའི་ལས་གཉིས་ཀ་རང་བཞིན་མེད་པར་རྟོགས་པའི་བློ་ཅན་ནི་ཐར་བར་འགྱུར་ཏེ། དེ་ལྟར་རང་བཞིན་མེད་པའི་ལས་ཀྱིས་འབྲས་བུ་འབྱིན་པ་དང་། རྣམ་སྨིན་སོ་སོར་ངེས་པའི་ཚུལ་ཤིན་ཏུ་རྟོགས་དཀའ་བའི་ཕྱིར། བཅོམ་ལྡན་འདས་ཀྱིས་སོ་སོ་སྐྱེ་བོ་ཤིན་ཏུ་ལས་འབྲས་ལ་ངེས་པར་དཔྱོད་པ་རྣམས་ལ་ལས་འབྲས་སྐུར་པ་བཏབ་པ་ལས་ཀུན་རྫོབ་འཇིག་པར་འགྱུར་དུ་འོང་ངོ་སྙམ་སྙེ་སྒྲག་པ་ཅན་དེ་དོར། ལས་རྣམས་ཀྱི་འབྲས་བུ་རྣམ་པར་སྨིན་པ་ནི་བསམ་གྱིས་མི་ཁྱབ་པོ་ཞེས་ལས་འབྲས་ཀྱི་འབྲེལ་པ་རྣམས་ལ་བྱིས་པ་རྣམས་ཀྱིས་སེམས་པའང་དགག་པར་མཛད་དེ། རྒྱུ་འདི་ལས་འབྲས་བུ་འདི་སྐྱེའོ་ཞེས་ལས་འབྲས་ཀྱི་འབྲེལ་པ་ཚུ་རོལ་མཐོང་བས་མི་རྟོགས་པའི་ཕྱིར་ཏེ། ལས་འབྲས་རང་བཞིན་གྱིས་མ་གྲུབ་ཀྱང་བསླུ་མེད་དུ་སོ་སོར་བདེན་པར་སྣང་བ་ནི་ཐོས་བསམ་སྒོམ་པའི་ཤེས་རབ་ཀྱི་རིགས་པའི་མཐུ་ལས་ཡིན་གྱི། རང་

* The Tibetan manuscript reads སོ་སོར་ངེས་པ་ but Khenpo Rinpoche instructs that this should be corrected to read སོ་སོར་མ་ངེས་པ་, as it appears here.

[353.4] 2.3.1.1.1.2.1.1.2.2.2.1.2.3.3.1.3.2. Although empty, karmic causes and results are nevertheless individually certain and inconceivable

Therefore, we see that the causes of negative results are nonvirtuous actions
And only positive results ripen from virtuous actions.
Those who realize that there is neither virtue nor nonvirtue gain liberation;
The Buddha stopped the analysis of cause and result. (42)

The above example not only demonstrates that the full ripening of karmic actions into results is definite; it also shows that their specificity is definite, because even though the falling hairs have no inherent nature, they definitely appear to one suffering from that specific eye disease. Therefore, even though virtuous and nonvirtuous actions have no inherent nature, we see that the cause of a negative and unpleasant ripened result is precisely a nonvirtuous, negative action, whereas only positive and pleasing results ripen from positive, virtuous actions. We do not see, however, positive results arising from nonvirtuous actions. Furthermore, when wise individuals have the acuity to realize that neither virtuous nor nonvirtuous karmic actions have any inherent nature, they gain liberation.

This way in which karmic actions lacking inherent nature give rise to results and how it is that the specificity of those fully ripened results is certain is very difficult to realize. The Transcendent Conqueror therefore told those ordinary individuals who, if they tried to definitively analyze karmic cause and result, would deny its existence and then become frightened that the relative world would disintegrate, not to engage in such analysis. "How it is that results ripen from karmic actions is inconceivable," the Buddha taught, and thereby stopped immature beings from analyzing the connections between actions and their results. He did this because ordinary beings do not have the capacity to understand the precise connections between causes and results implicit in statements like, "From this action, that result will arise." For how it is that karmic actions and results do not inherently exist but nevertheless appear in a way that is specific, undeceiving, and seemingly truly existent is something that can only be known through the power of the precise knowledge arising from listening, reflecting, and meditating. If instead, one just sits down and starts to think about

དཀར་བསམས་ན་འགལ་བ་ཉིད་དུ་རྟོག་པ་ལས་བློའི་ཡུལ་ཇི་ལྟ་བར་ངེས་པ་སྟེ་གཟུང་བྱར་བསམ་གྱིས་མི་ཁྱབ་པའི་ཕྱིར་རོ།།

གཉིས་པ་ལ། ཀུན་གཞི་སོགས་གསུངས་པ་དྲང་དོན་དུ་བསྟན་པ་དང་། དེ་བཞིན་གཤེགས་པས་ཡོད་པར་གསུངས་པ་ཐམས་ཅད་དྲང་དོན་དུ་བསྟན་པ་གཉིས།

དང་པོ་ནི།

ཀུན་གཞི་ཡོད་ཅིང་གང་ཟག་ཉིད་ཡོད་ལ།།
ཕུང་པོ་འདི་དག་འབའ་ཞིག་ཉིད་ཡོད་ཅེས།།
བསྟན་པ་འདི་ནི་དེ་ལྟར་ཆེས་ཟབ་དོན།།
རིག་པར་མི་འགྱུར་གང་ཡིན་དེ་ལའོ།། ༤༣

ཅི་ལས་འབྲས་རང་བཞིན་མེད་པ་ལ་ལས་འབྲས་རྣམ་པར་འཇོག་ན། ལང་གཤེགས་སོགས་ལས། ཀུན་གཞིའི་རྣམ་པར་ཤེས་པ་ཆོས་མཐའ་ཡས་པའི་ནུས་པའི་ཁྱད་པར་གྱི་བསྒོ་གཞི་ས་བོན་ཐམས་ཅད་པ་རྒྱ་མཚོ་ལས་རླབས་ལྟར་དངོས་པོ་ཐམས་ཅད་སྐྱེ་བའི་རྒྱུར་གསུངས་པ་དེ་ཅི་རྣམ་པ་ཐམས་ཅད་དུ་མེད་པ་ཞིག་གམ་ཞེ་ན། གང་ཟག་ཁ་ཅིག་ཞེན་པའི་བློ་ངོ་དེར་བལྟོས་ནས་དེར་མོས་པར་བྱེད་པ་ཙམ་ཞིག་ཡོད་པ་ལ་བསམས་ནས་དེ་ངོར་རྣམ་པ་ཐམས་ཅད་དུ་མེད་པ་ནི་མ་ཡིན་ཏེ། སྒྲ་ཇི་བཞིན་པ་མིན་པས་དགོངས་པ་དེ་སྐད་དུ་བསྟན་པས་གདུལ་བྱ་ལ་དེ་ཡོད་པ་ཉིད་དུ་བསྟན་པའི་ཕྱིར།

it all on one's own, one will believe there to be some contradiction inherent within it. One simply cannot conceptually grasp the definitive nature of karmic cause and result as it actually is—it is inconceivable. **[354]**

2.3.1.1.1.2.1.1.2.2.2.1.2.3.3.2. An ancillary explanation that the teachings about a support for cause and result are provisional in meaning

2.3.1.1.1.2.1.1.2.2.2.1.2.3.3.2.1. The teachings on the alaya and so forth are provisional in meaning
2.3.1.1.1.2.1.1.2.2.2.1.2.3.3.2.2. All the teachings in which the Tathagata taught that something exists are teachings of the provisional meaning

2.3.1.1.1.2.1.1.2.2.2.1.2.3.3.2.1. The teachings on the alaya and so forth are provisional in meaning

When the Buddha taught, "The alaya exists,"
"The individual exists," and "These aggregates alone exist,"
It was for those who could not immediately understand
The most profound nature of reality. (43)

Someone may ask, "If it is the case that even though karmic cause and result have no inherent nature, the Buddha still gave complete explanations about them, then what about the alaya? In *The Travel to Lanka Sutra* and others, the Buddha taught that the alaya-consciousness is the base in which is imprinted the specific potentials of all the limitless phenomena there are. He taught that it holds the seeds of everything; that all things arise from it as their cause, like waves arising from the ocean. Is the alaya something completely nonexistent?"

Due to the fixation present in the minds of certain individuals, they became interested in the alaya, and thus one can consider that it does exist merely in that way. Thus from those individuals' perspective the alaya cannot be said to be completely nonexistent, because the teachings about it, which are not to be taken literally and therefore have a hidden intention, the Buddha gave to those who needed to be tamed in that particular way—he taught them that the alaya exists.

དགོངས་པ་དེ་སྐད་དུ་གསུངས་ན་དེའི་དགོངས་གཞི་ནི་གང་ཞེ་ན། སྟོང་ཉིད་ཁོ་ན་ལ་དགོངས་ཏེ་ཀུན་གཞི་ཞེས་པའི་དངོས་པོ་བ་ཞིག་ཡོད་པ་སྐད་དུ་བསྟན་ཏེ། དངོས་པོ་ཐམས་ཅད་ཀྱི་རང་བཞིན་ལ་རྗེས་སུ་ཞུགས་པའི་ཕྱིར། དེས་ན་མདོ་སྡེ་གང་དུ་ཀུན་གཞིའི་རྣམ་ཤེས་ལས་འབྲས་ཀྱི་རྟེན་དུ་ཡོད་ཅིང་གདུལ་བྱའི་ངོར་གང་ཟག་ཉིད་ཀྱང་ཡོད་པ་གསུངས་པ། ཇི་སྐད་དུ། དགེ་སློང་དག་ཕུང་པོ་ལྔ་ནི་ཁུར་རོ། །ཁུར་ཁུར་བ་ནི་གང་ཟག་གོ་ཞེས་གསུངས་པ་དང་། ཁ་ཅིག་ལ་ནི་བདག་དང་བྲལ་བའི་ཕུང་པོ་འདི་དག་འབའ་ཞིག་ཉིད་ཡོད་ཅེས་བསྟན་པ་འདི་ནི་དགོས་པ་དངོས་པོར་ལྟ་བ་ཅན་དག་ལ་དེ་ལྟར་ཆེས་ཟབ་པའི་དོན་སྟོང་པ་ཉིད་རིག་པར་མི་འགྱུར་བ་གང་ཡིན་པ་དེ་དག་ལ་བསྟན་པ་རིམ་འཇུག་གི་ཆེད་དུ་ཀུན་གཞི་སོགས་སྒྲས་ཟིན་ལྟར་ཡོད་པར་བསྟན་པ་ཡིན་ཏེ། ཕྱིས་གསུང་རབ་ཀྱི་དོན་ཕྱིན་ཅི་ལོག་དང་བྲལ་བར་རྟོགས་པ་ན་ཀུན་གཞི་སོགས་ལ་ཞེན་པའང་སྤོང་བར་འགྱུར་བའི་ཕྱིར། དེ་ལྟར་བསྟན་པ་ལས་ཡོན་ཏན་འབྱུང་གི་སྐྱོན་ནི་མ་ཡིན་ཏེ། སངས་རྒྱས་ཀྱི་བསྟན་པ་བསྐལ་པའི་དུས་དང་གང་ཟག་གི་རྒྱུད་ལ་དཔགས་ནས་སྟོན་དགོས་པའི་ཕྱིར་རོ།།

If the Buddha had a hidden intention when he described the alaya in that way, then what was the basis of his intention? The Buddha was referring to emptiness alone when he described the existence of a thing called *alaya*, because emptiness is the all-pervading true nature of everything.[24]

Thus, whenever in the sutras the Buddha taught that the alaya-consciousness is the support of karmic actions and results; whenever he taught the particular disciples to be tamed that the individual also exists, as he did when he stated:

> Bhikshus, the five aggregates are the burden,
> And the individual is the one who carries this burden;

and whenever he taught to some others that the aggregates absent the self are alone what exist, the reason he did so was that those who have the view that things truly exist could not immediately understand emptiness, the most profound nature of reality. **[355]** In order to help these disciples engage in the teachings gradually, the Buddha taught them that the alaya and so forth exist, because later, when they could understand the meaning of the Buddha's perfect speech in an unmistaken way, they could give up their attachment to the alaya and so forth as well. This manner of giving teachings is only the source of qualities and is not flawed in any way, because whenever one of the Buddha's teachings is explained, the time in the aeon that the teaching was given and the state of the mindstreams of the disciples who received it must be determined and taken into account.

གཉིས་པ་ནི།

འཇིག་ཚོགས་ལྟ་དང་བྲལ་ཡང་སངས་རྒྱས་ཀྱིས།།
ཇི་ལྟར་ང་དང་ང་ཡི་བསྟན་པ་ལྟར།།
དེ་བཞིན་དངོས་རྣམས་རང་བཞིན་མེད་མོད་ཀྱི།།
ཡོད་ཅེས་དྲང་དོན་ཉིད་དུ་བསྟན་པ་ཡིན།། ༩༩

བསྟན་པ་མཆོག་ལ་གདུལ་བྱ་དཀྲི་ཆེད་དུ་ཀུན་གཞི་བསྟན་པར་མ་ཟད། །འཇིག་ཚོགས་ཀྱི་ལྟ་བ་ཐམས་ཅད་སྤྲངས་ཀྱང་ང་དང་ང་ཡི་སོགས་ཀྱི་ཐ་སྙད་ཀྱིས་འཇིག་རྟེན་གྱི་དོན་ཁོང་དུ་ཆུད་པའི་ཆེད་དུ་སངས་རྒྱས་ཀྱིས་ང་དེའི་ཚེ་དེའི་དུས་ན་ཞེས་སོགས་ཇི་ལྟར་ང་དང་ང་ཡི་བསྟན་པ་ལྟར་དེ་བཞིན་དུ་དངོས་པོ་རྣམས་རང་བཞིན་གྲུབ་པ་མེད་མོད་ཀྱི། དོན་ཟབ་མོ་ཁོང་དུ་ཆུད་ཆེད་དུ་གཟུགས་ནས་རྣམ་མཁྱེན་གྱི་བར་གྱི་དངོས་པོ་རྣམས་ཡོད་ཅེས་དྲང་དོན་ཉིད་དུ་བསྟན་པ་ཡིན་ནོ། །འདི་ནི་བདེན་པ་བཞི་དང་གཉིས་དང་ངོ་བོ་ཉིད་གསུམ་སོགས་བསྟན་པ་མཐའ་དག་ལ་འདོན་པ་བསྒྱུར་རོ།།

[355.11] 2.3.1.1.1.2.1.1.2.2.2.1.2.3.3.2.2. All the teachings in which the Tathagata taught that something exists are teachings of the provisional meaning

Although free of the view of the transitory collection,
The Buddha taught using the words "I" and "mine."
Similarly, although things lack inherent nature,
The Buddha taught, "They exist," as a teaching of the provisional meaning. (44)

It was not only the alaya that the Buddha described in order to lead those to be tamed to the supreme teachings. Even though he himself had abandoned all views of the transitory collection, the Buddha used the conventional terms "I," "mine," and so forth in order to help the world understand the true nature of reality. So he said things like, "At that time, I..." and so forth.

In the same way that the Buddha taught using the words "I" and "mine," he also taught that all things from form through omniscience exist, even though they really have no inherent nature at all. He taught provisionally in this way in order to help the world understand the profound nature of reality. This understanding should be applied to his explanations of the four truths, the two truths, the three natures, and so forth—to all the teachings that the Buddha gave.

Part II: The Refutation of the Proponents of Perception

Translator's Preface

Chandrakīrti begins his refutation of the Proponents of Perception by describing their position in the initial three verses (45-47) of this section of his *Entrance to the Middle Way*. The third of those verses sets the course for the refutation that follows:

> Therefore, an other powered entity
> Serves as the cause for things that exist as designations:
> It arises in the absence of external, apprehended objects,
> Exists, and exists as a nature that is not an object for all elaborations.

In verses 48 through 83, Chandrakīrti disassembles the assertion of an other powered entity that serves as the cause for things such as visible forms. As this other powered entity has three qualities—cognition that neither requires nor involves external objects, substantial existence, and freedom from the elaborations—Chandrakīrti addresses each of these in turn.

He asks his opponents to provide an example for cognition in the absence of an object external to consciousness. They offer three: dreams, the strands of hair that are seen by those whose eyes are diseased, and the skeletons imagined by a yogin or yoginī immersed in meditation upon ugliness. Chandrakīrti replies to those suggestions in verses 48 to 53, 54 to 68, and 69 to 70, respectively. In verse 71, he considers a fourth example, the pus seen by hungry ghosts where human beings see water. In this series of verses, Chandrakīrti refutes the possibility of cognition in the absence of external objects.

The substantial existence of the other powered entity serving as the base for other phenomena is analyzed and rejected in verses 72 to 76. This discussion revolves primarily around the status of a knower of itself that would lend credibility to such an assertion. It leads Chandrakīrti to consider also the aspects of previous experience that memory can and cannot validate.

In verse 77, Chandrakīrti examines the last of the three qualities attributed to the other powered base for the appearance of phenomena: its unborn and unknown character. In verses 78 to 80, he studies the assertion of a causal relationship tying this other powered entity to the conventional phenomena that conceal suchness. He finds this assertion to be defensible neither from the perspective of the world's customs nor from the perspective of the two truths.

Having concluded his refutation of the tenets set forth by the Proponents of Perception, in verses 84 to 97 Chandrakīrti offers alternatives to their explanations of the passages in scripture upon which they rely, a misunderstanding of which has driven them to invent a system of tenets that he finds to be deeply flawed. Here Chandrakīrti explores the meaning of the phrase *mind only* and introduces the difference between a definitive meaning and a meaning that requires interpretation. The discussion of the Proponents of Perception ends here; afterwards, Chandrakīrti turns to other aspects of production from the four extremes.

Superscripted, lowercase letters of the alphabet refer the reader to footnotes where upon first occurrence I have given the Tibetan and, where known, Sanskrit equivalents for technical terms. The numbering of these notes begins again with the first letter of the alphabet on each new page. Superscripted Arabic numerals refer to endnotes that will be found following my translation of Karmapa Mikyö Dorje's commentary. These notes are numbered consecutively. A glossary of English, Tibetan, and Sanskrit equivalents will be found immediately following the endnotes. In the transliteration of Sanskrit terms, I have departed from standard practice by replacing ś, ṣ, and c with sh, ṣh, and ch, respectively.

From the sixth chapter of Chandrakīrti's

Entrance to the Middle Way,

the verses refuting the Proponents of Perception

།གཟུང་བ་མེད་པར་འཛིན་པ་མ་མཐོང་ཞིང་།
།སྲིད་གསུམ་རྣམ་ཤེས་ཙམ་དུ་རབ་རྟོགས་པས།
།ཤེས་རབ་ལ་གནས་བྱང་ཆུབ་སེམས་དཔའ་དེས།
།རྣམ་ཤེས་ཙམ་དུ་དེ་ཉིད་རྟོགས་པར་འགྱུར། ༩༥

།ཇི་ལྟར་རླུང་གིས་བསྐྱུལ་བས་རྒྱ་མཚོ་ནི།
།ཆེ་ལས་ཆུ་རླབས་འབྱུང་བ་དེ་བཞིན་དུ།
།ཀུན་གྱི་ས་བོན་ཀུན་གཞི་ཞེས་བྱ་ལས།
།རང་གི་ནུས་པས་རྣམ་ཤེས་ཙམ་ཞིག་འབྱུང་། ༩༦

།དེ་ཕྱིར་གཞན་གྱི་དབང་གི་ངོ་བོ་གང་།
།དངོས་པོ་བཏགས་པར་ཡོད་པའི་རྒྱུར་འགྱུར་ཞིང་།
།ཕྱི་རོལ་གཟུང་བ་མེད་པར་འབྱུང་འགྱུར་ལ།
།ཡོད་དང་སྤྲོས་ཀུན་ཡུལ་མིན་རང་བཞིན་ཡོད། ༩༧

།ཕྱི་རོལ་མེད་སེམས་དཔེ་ནི་གང་དུ་ཡོད།
།རྨི་ལམ་ཇི་བཞིན་ཞེ་ན་དེ་བསམ་བྱ།
།གང་ཚེ་ང་ལ་རྨི་ལམ་ན་ཡང་སེམས།
།ཡོད་མིན་དེ་ཚེ་ཁྱོད་ཀྱི་དཔེ་ཡོད་མིན། ༩༨

In the absence of an apprehended object, an apprehender is not seen, and
Due to realizing superbly that the three existences are only consciousness,
The bodhisattva abiding in incisive knowledge
Will realize suchness to be only consciousness. (45)

From the great ocean stirred by wind,
Waves arise; like that,
From the seeds of all, called the "base of all,"
Due to its energy, only consciousness arises. (46)

Therefore, an other powered entity
Serves as the cause for things that exist as designations:
It arises in the absence of external, apprehended objects,
Exists, and exists as a nature that is not an object for all elaborations. (47)

Where is the example for a mind without an external [object]?
When they reply, "Just like dreams," that is to be considered.
For us, mind also does not exist in dreams;
Thus, your example does not exist. (48)

།གལ་ཏེ་སད་ཚེ་རྨི་ལམ་དྲན་ལས་ཡིད།
།ཡོད་ན་ཕྱི་རོལ་ཡུལ་ཡང་དེ་བཞིན་འགྱུར།
།ཇི་ལྟར་ཁྱོད་ཀྱི་ངས་མཐོང་སྙམ་དྲན་པ།
།དེ་འདྲ་ཕྱི་རོལ་ལ་ཡང་ཡོད་པ་ཡིན། ༤༩

།གལ་ཏེ་གཉིད་ནང་མིག་བློ་མི་སྲིད་པས།
།ཡོད་མིན་ཡིད་ཀྱི་ཤེས་པ་ཁོ་ན་ཡོད།
།དེ་ཡི་རྣམ་པ་ཕྱི་རོལ་ཉིད་དུ་ཞེན།
།རྨི་ལམ་ཇི་ལྟ་དེ་བཞིན་འདིར་འདོད་ན། ༥༠

།ཇི་ལྟར་ཁྱོད་ཀྱི་ཕྱི་ཡུལ་རྨི་ལམ་དུ།
།མ་སྐྱེས་དེ་བཞིན་ཡིད་ཀྱང་སྐྱེས་མ་ཡིན།
།མིག་དང་མིག་གི་ཡུལ་དང་དེས་སྐྱེད་སེམས།
།གསུམ་པོ་ཐམས་ཅད་ཀྱང་ནི་བརྫུན་པ་ཡིན། ༥༡

།རྣ་སོགས་ལྷག་མ་གསུམ་པོའང་སྐྱེ་བ་མེད།
།རྨི་ལམ་ཇི་ལྟ་དེ་བཞིན་སད་འདིར་ཡང་།
།དངོས་རྣམས་བརྫུན་ཡིན་སེམས་དེ་ཡོད་མ་ཡིན།
།སྤྱོད་ཡུལ་མེད་ཅིང་དབང་པོ་རྣམས་ཀྱང་མེད། ༥༢

If remembering the dream when awake entails that mind
Existed, the external object [existed] as well.
You remember the experience, "I see";
Like that, the external [is remembered] also. (49)

When they say, "In sleep, the eye's awareness is not possible; therefore,
[External objects] do not exist. Only mental cognition exists.
Its aspect is regarded as just external.
Just like dreams, similarly here, [we] assert..." (50)

Just as your external objects were not produced in dreams,
Like that, mind also was not produced.
The eye, the eye's object, and the mind they generate,
All three are false. (51)

The three of the remainder—the ear and so forth—also are not produced.
Just as in dreams, so also here, when awake:
Things are false, that mind does not exist,
The object of [its] operation does not exist, and the sense powers also do not exist. (52)

།འདི་ན་ཇི་ལྟར་སྣང་བཞིན་ཇི་སྲིད་དུ།
།མི་སྣང་དེ་སྲིད་དེ་ལ་གསུམ་པོ་ཡོད།
།སྣང་པར་གྱུར་ན་གསུམ་ཆར་ཡོད་མིན་ལྟར།
།གཏི་མུག་གཉིད་སྣང་ལས་དེ་དེ་བཞིན་ནོ། ༥༣

།དབང་པོ་རབ་རིབ་བཅས་པ་བློ་གང་གིས།
།རབ་རིབ་མཐུ་ལས་སྐྲ་རྣམས་གང་མཐོང་བ།
།དེ་བློ་ལ་ལྟོས་གཉིས་ཆར་བདེན་པ་སྟེ།
།དོན་གསལ་མཐོང་ལ་གཉིས་ཀ་འང་བརྫུན་པ་ཡིན། ༥༤

།གལ་ཏེ་ཤེས་བྱ་མེད་པར་བློ་ཡོད་ན།
།སྐྲ་དེའི་ཡུལ་དང་མིག་ནི་རྗེས་འབྲེལ་པའི།
།རབ་རིབ་མེད་ལའང་སྐྲ་ཤད་བློར་འགྱུར་ན།
།དེ་ལྟ་མ་ཡིན་དེ་ཕྱིར་དེ་ཡོད་མིན། ༥༥

།གང་ཕྱིར་མཐོང་བ་དག་ལ་བློ་ནུས་ནི།
།སྨིན་མེད་དེ་ཕྱིར་དེ་ལ་བློ་མི་འབྱུང་།
།ཤེས་བྱ་ཡོད་དངོས་བྲལ་བས་མིན་ཞེ་ན།
།ནུས་དེ་མེད་པས་འདི་ནི་འགྲུབ་མ་ཡིན། ༥༦

Just like here while awake,
So long as one does not awaken, the three exist for that [dreamer].
When one awakens, all three do not exist. Similarly,
Due to an awakening from the sleep of bewilderment, these resemble those. (53)

The mind of a sense power affected by disease
Sees hair due to the power of the disease.
Contingent upon that mind, both are true.
For one who sees objects clearly, both are false. (54)

Were a mind to exist while the object of cognition does not,
Where the hair and the eyes come into relationship,
For those lacking the disease also there would be a mind [appearing as] strands of hair.
Because it is not like that, there is no [production]. (55)

They may say, "Because in those who see, the energy for a mind
Has not ripened, in them a mind does not arise;
It is not due to separation from what is to be cognized, an existent thing."
That energy does not exist; therefore, this is not established. (56)

།སྐྱེས་ལ་ནུས་པ་སྲིད་པ་ཡོད་མ་ཡིན།
།མ་སྐྱེས་ངོ་བོ་ལ་ཡང་ནུས་ཡོད་མིན།
།ཁྱད་པར་མེད་པར་ཁྱད་པར་ཅན་ཡོད་མིན།
།མོ་གཤམ་བུ་ལའང་དེ་ནི་ཡོད་པར་ཐལ། ༥༧

།གལ་ཏེ་འབྱུང་བར་འགྱུར་བས་བསྟན་འདོད་ན།
།ནུས་པ་མེད་པར་འདི་ཡི་འབྱུང་འགྱུར་མེད།
།ཕན་ཚུན་དོན་ལ་བརྟེན་པའི་འགྲུབ་པ་ནི།
།གྲུབ་མིན་ཉིད་ཅེས་དམ་པ་རྣམས་ཀྱིས་གསུངས། ༥༨

།གལ་ཏེ་འགགས་པའི་ནུས་སྨིན་ལས་འགྱུར་ན།
།གཞན་གྱི་ནུས་པ་ལས་གཞན་འབྱུང་བར་འགྱུར།
།རྒྱུན་ཅན་རྣམས་དེར་ཕན་ཚུན་ཐ་དད་ཡོད།
།དེ་ཕྱིར་ཐམས་ཅད་ཀུན་ལས་འབྱུང་བར་འགྱུར། ༥༩

།གལ་ཏེ་དེར་ནི་རྒྱུན་ཅན་ཐ་དད་ཀྱི།
།དེ་དག་ལ་རྒྱུན་ཐ་དད་མེད་དེའི་ཕྱིར།
།ཉེས་མེད་ཅེ་ན་འདི་ནི་བསྒྲུབ་བྱ་ཞིག
།ཐ་མི་དད་རྒྱུན་སྐབས་མི་རིགས་ཕྱིར་རོ། ༦༠

Energy is not possible in the produced.
A nonproduced entity does not have energy either.
In the absence of the qualification, nothing is qualified.
It would follow that even the child of a childless woman would have
that. (57)

They may assert an explanation because of what will come;
As the energy does not exist, nothing will come of it.
"Establishment that depends upon reciprocal objects
Is just not established," the excellent have said. (58)

Were [consciousness] to evolve from the ripened energy of what has
ceased,
Other would arise from energy that is other.
Those having continuity are mutually different;
Therefore, all would arise from every[thing]. (59)

They may say, "There, those having continuity are different but
They do not have different continuity. Because of that,
There is no flaw." This is what is to be established,
Because the occasion of continuity without difference is not
reasonable. (60)

།བྱམས་པ་ཉེར་སྦས་ལ་བརྟེན་ཆོས་རྣམས་ནི།
།གཞན་ཉིད་ཕྱིར་ན་རྒྱུད་གཅིག་གཏོགས་མིན་ཏེ།
།གང་དག་རང་མཚན་ཉིད་ཀྱིས་སོ་སོ་བ།
།དེ་དག་རྒྱུད་གཅིག་གཏོགས་པ་རིགས་མ་ཡིན། ༦༡

།མིག་བློ་སྐྱེ་བ་རང་ནུས་གང་ཞིག་ལས།
།དེ་མ་ཐག་ཏུ་ཀུན་ནས་སྐྱེ་འགྱུར་ཞིང་།
།རང་གི་རྣམ་ཤེས་རྟེན་གྱི་ནུས་དེ་ལ།
།དབང་པོ་གཟུགས་ཅན་མིག་ཅེས་བྱ་བར་རྟོགས། ༦༢

།འདི་ན་དབང་པོ་ལས་བྱུང་རྣམ་པར་རིག
།ཕྱི་གཟུང་མེད་པར་རང་གི་ས་བོན་ལས།
།སྔོ་སོགས་སྣང་ཉིད་འབྱུང་བར་མ་རྟོགས་ནས།
།སྐྱེ་བོས་ཕྱི་རོལ་བཟུང་བར་སེམས་ཁས་ལེན། ༦༣

།རྨི་ལམ་ན་ནི་གཟུགས་དོན་གཞན་མེད་པར།
།རང་ནུས་སྨིན་ལས་དེ་ཡི་རྣམ་ཅན་སེམས།
།འབྱུང་བ་ཇི་ལྟ་དེ་བཞིན་སད་ལའང་འདིར།
།ཕྱི་རོལ་མེད་པར་ཡིད་ནི་ཡོད་ཅེ་ན། ༦༤

The phenomena that depend upon Maitreya and Upagupta
Are just other; therefore, they are not included in one continuum.
To include those individualized by their specific characteristics
In one continuum is not reasonable. (61)

From a certain corresponding energy that will produce the eye's mind
Immediately [it] is thoroughly produced, and
That energy that is the support for the corresponding consciousness
Is considered to be "the physical sense power, the eye." (62)

Here, as for perception that arises from sense powers,
Without an external object of apprehension, from their seeds
Appearances arise, blue and so on. Not realizing this,
People conceive and affirm external objects of apprehension. (63)

They may say, "In dreams, without other objects, [such as] forms,
Through the ripening of its energy, a mind having their aspect arises.
Just like that, also when we are awake here,
Without the external, there is mental [consciousness]." (64)

།ཇི་ལྟར་མིག་མེད་པར་ནི་རྨི་ལམ་དུ།
།སྔོ་སོགས་སྣང་བའི་ཡིད་སེམས་འབྱུང་དེ་ལྟར།
།མིག་དབང་མེད་པར་རང་གི་ས་བོན་ནི།
།སྨིན་ལས་ཡོང་བ་ལ་འདིར་ཅིས་མི་སྐྱེ། ༤༥

།གལ་ཏེ་ཁྱོད་ལྟར་རྨི་ལམ་དྲུག་པ་ཡི།
།ནུས་པ་སྨིན་ཡོད་སད་པར་མེད་གྱུར་ན།
།དྲུག་པའི་ནུས་སྨིན་ཇི་ལྟར་འདིར་མེད་པ།
།དེ་ལྟར་རྨི་ཚེ་མེད་ཅེས་ཅིས་མི་རིགས། ༤༦

།ཇི་ལྟར་མིག་མེད་འདི་ཡི་རྒྱུ་མིན་ལྟར།
།རྨི་ལམ་དུ་ཡང་གཉིད་ནི་རྒྱུ་མ་ཡིན།
།དེ་ཕྱིར་རྨི་ལམ་དུ་ཡང་དེ་དངོས་མིག
།བརྫུན་པའི་ཡུལ་ཅན་རྟོགས་པའི་རྒྱུར་ཁས་བླང་། ༤༧

།འདི་ཡིས་ལན་ནི་གང་དང་གང་བཏབ་པ།
།དེ་དང་དེ་ནི་དམ་བཅའ་མཚུངས་མཐོང་བས།
།རྩོད་འདི་སེལ་བྱེད་སངས་རྒྱས་རྣམས་ཀྱིས་ནི།
།འགར་ཡང་དངོས་པོ་ཡོད་ཅེས་མ་བསྟན་ཏོ། ༤༨

In dreams, a mental mind for which blue and so on appear
Arises without an eye. Like that,
Why is it not produced here for the blind
Through the ripening of its seed, in the absence of an eye sense power? (65)

According to you, the energy for the sixth has ripened
In dreams but not upon waking. If so,
Then, "Just as the ripened energy for the sixth does not exist here,
Similarly, it does not exist at the time of dreams." Why is that
unreasonable? (66)

The absence of eyes is not the cause for this; like that,
Sleep is not the cause in dreams.
Because of that, in dreams also, eye things
[And] false possessors of objects are affirmed as the causes of
realization. (67)

Seeing each and every reply they have given
As equivalent to their thesis
Closes this dispute. The buddhas
Have never taught, "Things exist." (68)

།རྣལ་འབྱོར་པ་ཡིས་བླ་མའི་མན་ངག་ལས།
།ཀེང་རུས་ཀྱིས་གང་ས་གཞི་མཐོང་བ་གང་།
།དེར་ཡང་གསུམ་ཆར་སྐྱེ་བ་མེད་པར་མཐོང་།
།ལོག་པ་ཡིད་ལ་བྱེད་པ་བསྟན་ཕྱིར་རོ། ༦༩

།ཁྱོད་ཀྱི་དབང་བློའི་ཡུལ་རྣམས་ཇི་ལྟ་བ།
།དེ་ལྟར་མི་སླུག་ཡིད་ཀྱི་ཡང་འགྱུར་ན།
།དེ་བཞིན་ཡུལ་དེར་བློ་གཏད་ཅིག་ཤེས་ཀྱིས།
།རྟོགས་འགྱུར་དེ་ནི་བརྫུན་པར་ཡང་མི་འགྱུར། ༧༠

།རབ་རིབ་དང་ལྡན་དབང་པོ་ཅན་མཚུངས་ལ།
།ཆུ་འབབ་ཀླུང་ལ་ཡི་དྭགས་རྣག་བློ་ཡང་།
།མདོར་ན་ཇི་ལྟར་ཤེས་བྱ་མེད་དེ་བཞིན།
།བློ་ཡང་མེད་ཅེས་དོན་འདི་ཤེས་པར་གྱིས། ༧༡

།གལ་ཏེ་གཟུང་མེད་འཛིན་པ་ཉིད་བྲལ་ཞིང་།
།གཉིས་ཀྱིས་སྟོང་པའི་གཞན་དབང་དངོས་ཡོད་ན།
།འདི་ཡི་ཡོད་པ་གང་གིས་ཤེས་པར་འགྱུར།
།མ་བཟུང་བར་ཡང་ཡོད་ཅེས་བྱར་མི་རུང་། ༧༢

With a guru's quintessential instructions, a yogin
Sees the ground filled by skeletons. What then?
There also, all three are seen to be unproduced
Because, it is taught, something wrong has been taken to mind. (69)

Like your objects for the awarenesses of sense powers,
If even [those objects] of the minds of ugliness were [true],
Then another's awareness directed at that place
Would realize them; that also would not be false. (70)

Analogous to those who have sense powers affected by a disease of the eye,
Where fluid flows, a hungry ghost is aware of pus.
In brief, understand this meaning: "Just as the object of cognition does not exist,
Like that, awareness also does not exist." (71)

Were there an other powered thing lacking an apprehended,
Free from apprehension, and empty of duality,
What would cognize its existence?
"Although not apprehended, it exists," may not be claimed. (72)

།དེ་ཉིད་ཀྱིས་དེ་མྱོང་བར་གྲུབ་མ་ཡིན།
།གལ་ཏེ་ཕྱི་དུས་དྲན་པ་ལས་འགྲུབ་ན།
།མ་གྲུབ་བསྒྲུབ་པར་བྱ་ཕྱིར་བརྗོད་པ་ཡི།
།མ་གྲུབ་འདི་ནི་སྒྲུབ་པར་བྱེད་པ་མིན། ༧༣

།རང་རིག་པ་ནི་གྲུབ་ལ་རག་མོད་ཀྱི།
།དེ་ལྟའང་དྲན་པའི་དྲན་པ་རིགས་མིན་ཏེ།
།གཞན་ཕྱིར་མ་ཤེས་རྒྱུད་ལ་སྐྱེས་པ་བཞིན།
།གཏན་ཚིགས་འདིས་ནི་ཁྱད་པར་དག་ཀྱང་འཇོམས། ༧༤

།གང་ཕྱིར་གང་གིས་ཡུལ་མྱོང་གྱུར་དེ་ལས།
།དྲན་པ་འདི་གཞན་ང་ལ་ཡོད་མིན་པ།
།དེ་ཕྱིར་ང་ཡིས་མཐོང་སྙམ་དྲན་འགྱུར་ཏེ།
།འདི་ཡང་འཇིག་རྟེན་ཐ་སྙད་ཚུལ་ལུགས་ཡིན། ༧༥

།དེ་ཕྱིར་རང་རིག་ཡོད་པ་མ་ཡིན་ན།
།ཁྱོད་ཀྱི་གཞན་དབང་གང་གིས་འཛིན་པར་འགྱུར།
།བྱེད་པོ་ལས་དང་བྱ་བ་གཅིག་མིན་པས།
།དེ་ཉིད་ཀྱིས་དེ་འཛིན་པར་རིགས་མ་ཡིན། ༧༦

That it experiences itself is not established.
Is it to be established at a later time through memory?
This nonestablished, which is stated in order to establish the
nonestablished,
Does not establish [it]. (73)

Let us suppose that a knower of itself is indeed established;
Even so, for memory to remember would not be reasonable
Because [of being] other, resembling what arose in a continuum that
is not cognized.
This reason destroys the qualifications. (74)

That this remembering is other
Than what experienced the object is not for me.
Therefore, one remembers, thinking, "I saw."
This, moreover, is the way of the world's conventions. (75)

Therefore, when a knower of itself does not exist,
What apprehends your other powered nature?
The agent, object, and action are not one; therefore,
It is not reasonable for that very [consciousness] to apprehend itself. (76)

།གལ་ཏེ་སྐྱེ་བ་མེད་ཙིང་མ་ཤེས་པའི།
།བདག་ཅན་གཞན་དབང་ངོ་བོའི་དངོས་ཡོད་ན།
།གང་གིས་ན་འདི་ཡོད་པར་མི་རིགས་པ།
།གཞན་ལ་མོ་གཤམ་བུས་གནོད་ཅི་ཞིག་བསྐྱལ། ༧༧

།གང་ཚེ་གཞན་དབང་ཅུང་ཟད་ཡོད་མིན་ན།
།ཀུན་རྫོབ་པ་ཡི་རྒྱུར་ནི་གང་ཞིག་འགྱུར།
།གཞན་གྱི་ལྟར་ན་རྫས་ལ་ཆགས་པ་ཡིས།
།འཇིག་རྟེན་གྲགས་པའི་རྣམ་བཞག་ཀུན་ཀྱང་བཤིག ༧༨

།སློབ་དཔོན་ཀླུ་སྒྲུབ་ཞབས་ཀྱི་ལམ་ལས་ནི།
།ཕྱི་རོལ་གྱུར་ལ་ཞི་བའི་ཐབས་མེད་དོ།
།དེ་དག་ཀུན་རྫོབ་དེ་ཉིད་བདེན་ལས་ཉམས།
།དེ་ལས་ཉམས་པས་ཐར་པ་འགྲུབ་ཡོད་མིན། ༧༩

།ཐ་སྙད་བདེན་པ་ཐབས་སུ་གྱུར་པ་དང་།
།དོན་དམ་བདེན་པ་ཐབས་བྱུང་གྱུར་པ་སྟེ།
།དེ་གཉིས་རྣམ་དབྱེ་གང་གིས་མི་ཤེས་པ།
།དེ་ནི་རྣམ་རྟོག་ལོག་པས་ལམ་ངན་ཞུགས། ༨༠

If an unborn other powered having an unknown nature
Exists as a thing that is an entity,
Then why? For it to exist is not reasonable.
What harm has the child of a childless woman inflicted upon others? (77)

When the other powered does not exist even slightly,
What would be the cause for concealers?
If one accords with the others, due to attachment to substantial entities,
All the transactions customary in the world are lost. (78)

Those outside the paths of the honorable master Nāgārjuna
Have no method for peace.
They wither before truths for concealers and the truth of suchness.
Having withered, they do not accomplish liberation. (79)

Conventional truths serve as method and
Ultimate truth arises from method.
Those who do not understand the division into those two
Enter bad paths due to wrong thinking. (80)

།ཇི་ལྟར་ཁྱོད་ཀྱིས་གཞན་དབང་དངོས་འདོད་ལྟར།
།ཀུན་རྫོབ་ཀྱང་ནི་བདག་གིས་ཁས་མ་བླངས།
།འབྲས་ཕྱིར་འདི་དག་མེད་ཀྱང་ཡོད་དོ་ཞེས།
།འཇིག་རྟེན་ངོར་བྱས་བདག་ནི་སྨྲ་བར་བྱེད། ༨༡

།ཇི་ལྟར་ཕུང་པོ་སྤངས་ནས་ཞིར་ཞུགས་པ།
།དགྲ་བཅོམ་རྣམས་ལ་ཡོད་པ་མིན་དེ་ལྟར།
།འཇིག་རྟེན་ལ་ཡང་མེད་ན་དེ་བཞིན་འདི།
།འཇིག་རྟེན་ལས་ཀྱང་ཡོད་ཅེས་བདག་མི་སྨྲ། ༨༢

།གལ་ཏེ་ཁྱོད་ལ་འཇིག་རྟེན་མི་གནོད་ན།
།འཇིག་རྟེན་ཉིད་ལྟོས་འདི་ནི་དགག་པར་གྱིས།
།ཁྱོད་དང་འཇིག་རྟེན་འདིར་ནི་རྩོད་ཀྱིས་དང་།
།ཕྱི་ནས་སྟོབས་ལྡན་བདག་གིས་བསྟེན་པར་བྱ། ༨༣

།མངོན་གྱུར་མངོན་ཕྱོགས་བྱང་ཆུབ་སེམས་དཔའ་ཡིས།
།སྲིད་གསུམ་རྣམ་ཤེས་ཙམ་དུ་གང་རྟོགས་པ།
།རྟག་བདག་བྱེད་པོ་བཀག་པ་རྟོགས་ཕྱིར་དེས།
།བྱེད་པ་པོ་ནི་སེམས་ཙམ་ཡིན་པར་རྟོགས། ༨༤

While you assert an other powered thing,
We have not affirmed even concealers.
For the result, although they do not exist, we say they exist;
We expound for the perspective of the world. (81)

Having abandoned the aggregates, they enter into peace;
For foe destroyers, they do not exist. Like that,
When they do not exist even for the world,
We do not say, "Similarly, these exist," [contingent] upon the world. (82)

If the world does not harm you,
Then, contingent upon the world itself, negate these.
You and the world, debate here!
Afterward, I shall rely upon the powerful. (83)

Bodhisattvas on the Manifest, who are approaching,
Realize the three existences to be consciousness only.
In order to realize the negation of a permanent creative self, they
Realize the creator to be mind only. (84)

དེ་ཕྱིར་བློ་ལྡན་བློ་ནི་འཕེལ་བྱའི་ཕྱིར།
།ལང་ཀར་གཤེགས་མདོ་དེ་ལས་ཀུན་མཁྱེན་གྱིས།
།མུ་སྟེགས་སྤྱོ་མཐོན་རི་འཛོམས་ངག་རང་བཞིན་།
།རྡོ་རྗེ་འདི་ནི་དགོངས་པ་བཅད་ཕྱིར་གསུངས། ༨༥

།ཇི་བཞིན་རང་གི་བསྟན་བཅོས་དེ་དེ་ལས།
།མུ་སྟེགས་རྣམས་ཀྱིས་གང་ཟག་སོགས་དེ་དག
།སླུས་པ་དེ་དག་བྱེད་པོར་མ་གཟིགས་ནས།
།རྒྱལ་བས་སེམས་ཙམ་འཇིག་རྟེན་བྱེད་པོར་གསུངས། ༨༦

།དེ་ཉིད་རྒྱས་ལ་སངས་རྒྱས་བསྟད་ཇི་བཞིན།
།དེ་བཞིན་སེམས་ཙམ་གཙོར་གྱུར་འཇིག་རྟེན་ལ།
།མདོ་ལས་སེམས་ཙམ་ཞེས་གསུངས་གཟུགས་ནི་འདིར།
།འགོག་པ་དེ་ལྟར་མདོ་ཡི་དོན་མ་ཡིན། ༨༧

།གལ་ཏེ་འདི་དག་སེམས་ཙམ་ཞེས་མཁྱེན་ནས།
།དེ་ལས་གཟུགས་ཉིད་དགག་པར་མཛད་ན་ནི།
།སླར་ཡང་དེ་ལས་བདག་ཉིད་ཆེན་པོས་སེམས།
།གཏི་མུག་ལས་ལས་སྐྱེས་པར་ཅི་ཕྱིར་གསུངས། ༨༨

Therefore, to enable the awareness of the intelligent to increase,
In the *Sūtra of the Descent into Laṅka* the All Knowing One
Uttered this speech, vajra in nature, that destroys the lofty mountains
of the forders
In order that the intention may be discerned. (85)

In their own treatises,
The forders propound the person and so on.
Not seeing those as the creator,
The victorious one spoke of mind only as the creator of the world. (86)

Buddha is explained as expansion into suchness;
Like that, for the world where mind only is principal,
In the sūtra *mind only* was said; that form is negated here
Is not the sūtra's meaning. (87)

If, knowing, "These are mind only,"
He refuted form itself in that [sūtra],
Why did the great being again in that [sūtra] say
That mind is produced from bewilderment and actions? (88)

།སེམས་ཉིད་ཀྱིས་ནི་སེམས་ཅན་འཇིག་རྟེན་དང་།
།སྣོད་ཀྱི་འཇིག་རྟེན་ཤིན་ཏུ་སྣ་ཚོགས་འགོད།
།འགྲོ་བ་མ་ལུས་ལས་ལས་སྐྱེས་པར་གསུངས།
།སེམས་སྤངས་ནས་ནི་ལས་ཀྱང་ཡོད་མ་ཡིན། ༨༩

།གལ་ཏེ་གཟུགས་ཡོད་མོད་ཀྱི་དེ་ལ་ནི།
།སེམས་བཞིན་བྱེད་པ་པོ་ཉིད་ཡོད་མ་ཡིན།
།དེས་ན་སེམས་ལས་གཞན་པའི་བྱེད་པ་པོ།
།བཟློག་གི་གཟུགས་ནི་བཀག་པ་མ་ཡིན་ནོ། ༩༠

།འཇིག་རྟེན་པ་ཡི་དེ་ཉིད་ལ་གནས་ལ།
།ཕུང་པོ་འཇིག་རྟེན་གྲགས་ཏེ་ལྔ་ཆར་ཡོད།
།དེ་ཉིད་ཡེ་ཤེས་འཆར་བར་འདོད་པ་ན།
།རྣལ་འབྱོར་པ་ལ་དེ་ལྔ་འབྱུང་མི་འགྱུར། ༩༡

།གཟུགས་མེད་ན་ནི་སེམས་ཡོད་མ་འཛིན་ཅིག
།སེམས་ཡོད་ཉིད་ནའང་གཟུགས་མེད་མ་འཛིན་ཞིག
།དེ་དག་ཤེས་རབ་ཚུལ་མདོར་སངས་རྒྱས་ཀྱིས།
།མཚུངས་པར་སྤངས་ཤིང་མངོན་པའི་ཆོས་ལས་གསུངས། ༩༢

Mind itself sets out the extremely various
Worlds of sentient beings and worlds serving as vessels.
It is said that all migrators without omission are produced from actions;
Mind having been abandoned, actions are no more. (89)

Suppose that form does exist; even so,
The creator itself is not there, as it is with mind.
Thus, a creator other than mind
Has been refuted, but form has not been negated. (90)

For those who abide in worldly suchness,
The aggregates customary in the world, all five, exist.
When the wisdom of suchness is asserted to dawn,
For a yogin, the five will not arise. (91)

Where form does not exist, do not conceive that mind exists.
When mind exists, do not conceive that form does not exist.
In the sūtras on the way of incisive knowledge, the Buddha
Abandoned them equivalently, and in the *Manifest Knowledge*
he taught them. (92)

།བདེན་གཉིས་རིམ་པ་འདི་དག་བཤིག་ནས་ཀྱང་།
།ཁྱོད་ཀྱི་རྫས་ནི་བཀག་པས་འགྲུབ་མི་འགྱུར།
།དེ་ཕྱིར་དེ་ལྟའི་རིམ་པས་དངོས་གནོད་ནས།
།དེ་ཉིད་མ་སྐྱེས་འཇིག་རྟེན་སྐྱེས་རིག་བྱ། ༨༣

།མདོ་སྡེ་གང་ལས་ཕྱི་རོལ་སྣང་ཡོད་མིན།
།སེམས་ནི་སྣ་ཚོགས་སྣང་ངོ་ཞེས་གསུངས་པ།
།གཟུགས་ལ་ཤིན་ཏུ་ཆགས་གང་དེ་དག་ལ།
།གཟུགས་བཟློག་པ་སྟེ་དེ་ཡང་དྲང་དོན་ཉིད། ༨༤

།འདི་ནི་སྟོན་པས་དྲང་དོན་ཉིད་གསུངས་ཤིང་།
།འདི་ནི་དྲང་དོན་ཉིད་དུ་རིགས་པས་འཐད།
།རྣམ་པ་དེ་ལྟའི་མདོ་སྡེ་གཞན་ཡང་ནི།
།དྲང་དོན་ཉིད་དུ་ལུང་འདིས་གསལ་བར་བྱེད། ༨༥

།ཤེས་བྱ་མེད་ན་ཤེས་པ་བསལ་བ་ནི།
།བདེ་བླག་རྙེད་ཅེས་སངས་རྒྱས་རྣམས་ཀྱིས་གསུངས་།
།ཤེས་བྱ་མེད་ན་ཤེས་པ་བཀག་འགྲུབ་པས།
།དང་པོར་ཤེས་བྱ་དགག་པ་མཛད་པ་ཡིན། ༨༦

These stages of the two truths having been demolished,
Your substantial entity will have been negated, due to which it will not be established.
Because of that, by such stages one must know that, from the beginning, things
Are not produced in suchness and are produced for the world. (93)

In some sūtras it was said,
"External appearances do not exist; mind appears as the varieties."
Form is refuted for those exceptionally passionate about form;
They too are just meanings that require interpretation. (94)

This, the Teacher said, is just a meaning that requires interpretation;
That it is feasible just as a meaning that requires interpretation is due to reasoning.
Also other sūtras similar in aspect
This scripture clarifies as just meanings that require interpretation. (95)

"When objects of cognition do not exist, the elimination of cognition
Will easily be found," the buddhas have taught.
When objects of cognition do not exist, the negation of cognition will be established; therefore,
First, he refuted objects of cognition. (96)

།དེ་ལྟར་ལུང་གི་ལོ་རྒྱུས་ཤེས་བྱས་ཏེ།
།མདོ་གང་དེ་ཉིད་མ་ཡིན་བཤད་དོན་ཅན།
།དྲང་དོན་གསུངས་པའང་རྟོགས་ནས་དྲང་བྱ་ཞིང་།
།སྟོང་ཉིད་དོན་ཅན་ངེས་དོན་ཤེས་པར་གྱིས། ༩༧

In that way, one comes to know the structure of the scriptures.
Whichever sūtras have a meaning that explains what is not suchness
Have stated a meaning that requires interpretation; realizing that, one will be led further.
Those having the meaning of emptiness should be known to be of definitive meaning. (97)

།གཉིས་པ་ལ་ཕྱོགས་སྔ་མ་དང་། དེ་དགག་པ་གཉིས། དང་པོ་ལ། གསུང་རབ་ཀྱི་དོན་རྣམ་པར་བཞག་པ་དང་། དེས་རང་ལུགས་ཀྱི་རྣམ་གཞག་བསྟན་པའོ། །དང་པོ་ལ། རྒྱལ་སྲས་ཀྱིས་སྲིད་གསུམ་རྣམ་ཤེས་ཙམ་དུ་རྟོགས་པའི་རྒྱུ་མཚན། ཕྱི་དོན་མེད་ཀྱང་ཤེས་པའི་རྒྱུ་བསྟན་པའོ།

The ancillary refutation of the system of the Proponents of Perception[a] (409:5)[1]

This has two parts:

1 Showing the earlier position
2 The refutation of that

1 Showing the earlier position (409:5)

This has two parts:

1 The presentation of the meaning of the scriptures
2 Showing their presentation of their own system

1.1 The presentation of the meaning of the scriptures (409:5)

This has two parts:

1 The reason why heirs to the victorious one realize the three existences[b] to be consciousness[c] only
2 Showing the cause for cognition despite the absence of external objects[d]

a *rnam par rig pa, vijñapti*
b *srid pa gsum*
c *rnam shes, vijñāna*
d *phyi don*

།དང་པོ་ནི།

།གཟུང་བ་མེད་པར་འཛིན་པ་མ་མཐོང་ཞིང་།
།སྲིད་གསུམ་རྣམ་ཤེས་ཙམ་དུ་རབ་རྟོགས་པས།
།ཤེས་རབ་ལ་གནས་བྱང་ཆུབ་སེམས་དཔའ་དེས།
།རྣམ་ཤེས་ཙམ་དུ་དེ་ཉིད་རྟོགས་པར་འགྱུར། ༩༥

།རྣམ་རིག་ཏུ་སྨྲ་བ་དག་གིས་དབུ་མའི་ལུགས་ཇི་སྐད་བསྟན་པ་མི་བཟོད་པས་རང་གི་རྟོག་བཟོའི་ལུགས་འཛོག་པར་བྱེད་པ་དེ་འདིར་བསལ་བའི་ཆེད་དུ་བརྗོད་ན། ཤེས་རབ་ཀྱི་ཕ་རོལ་ཏུ་ཕྱིན་པ་སྒོམ་པ་ལ་གནས་པའི་བྱང་ཆུབ་སེམས་དཔའ་ས་དྲུག་པ་བ་དེས་ཆོས་རྣམས་ཀྱི་དོན་དམ་པའི་དེ་ཁོ་ན་ཉིད་རྣམ་ཤེས་ཙམ་དུ་རྟོགས་པར་འགྱུར་ཏེ། སེམས་ལ་བཟུང་བ་མེད་པར་རྟོགས་པས་དེར་བལྟོས་ཀྱི་འཛིན་པ་ཡང་མ་མཐོང་ཞིང་། སྲིད་གསུམ་འདི་དག་ཕྱི་རོལ་དོན་གྱིས་དབེན་པར་ཤེས་པ་ཙམ་མོ། །ཞེས་ཡུན་དུ་གོམས་པ་ལས་གཟུང་འཛིན་དང་བྲལ་བའི་རྣམ་པར་ཤེས་པ་བརྗོད་མེད་ཙམ་དུ་སོ་སོ་རང་རིག་གི་ཚུལ་གྱིས་རབ་ཏུ་རྟོགས་པའི་ཕྱིར།

1.1.1 The reason why heirs to the victorious one realize the three existences to be consciousness only (409:6)

> **In the absence of an apprehended object,[a] an apprehender[b] is not seen, and**
> **Due to realizing superbly that the three existences are only consciousness,**
> **The bodhisattva abiding in incisive knowledge[c]**
> **Will realize suchness to be only consciousness.** (45)

Those who propound [all phenomena] to be perception cannot endure the system of the Middle Way just as it is taught; therefore, they posit a system made by their own thought.[d] In order to dispel [that system], we express it here. A **bodhisattva** on the sixth ground[e] who **abides in** meditation[f] upon transcendent **incisive knowledge will realize** the ultimate[g] **suchness** of phenomena to be **only consciousness.** This is because, due to realizing that an **apprehended object is not present** in mind,[h] they also do **not see an apprehender** that is contingent upon that [apprehended object], and through familiarizing for a long time [with the view that], "These **three existences**, devoid of external objects, are only cognition," in the manner of something knowing itself individually they **superbly realize** [the three existences] to be **only** inexpressible **consciousness** that is free from apprehended and apprehender.[2]

a *gzung ba, grāhya*
b *'dzin pa, grāha*
c *shes rab, prajñā*
d *rnam par rtog pa, vikalpa/kalpanā/vitarka*
e *sa, bhūmi*
f *sgom pa, bhāvanā*
g *don dam pa, paramārtha*
h *sems, chitta*

།གཉིས་པ་ནི།

།ཇི་ལྟར་རླུང་གིས་བསྐྱལ་བས་རྒྱ་མཚོ་ནི།
།ཆེ་ལས་ཆུ་རླབས་འབྱུང་བ་དེ་བཞིན་དུ།
།ཀུན་གྱི་ས་བོན་ཀུན་གཞི་ཞེས་བྱ་ལས།
།རང་གི་ནུས་པས་རྣམ་ཤེས་ཙམ་ཞིག་འབྱུང་། ༩༨

།ཅི་དོན་མེད་པར་རྣམ་ཤེས་ཙམ་དུ་ཟད་ན་གཟུགས་སོགས་དོན་སྣང་གི་རྣམ་ཤེས་ཇི་ལྟར་
སྐྱེ་ཞེ་ན། ཇི་ལྟར་རླུང་གིས་བསྐྱལ་བས་རྒྱ་མཚོ་ནི་ཆེན་པོ་ལས་ཆུ་རླབས་ཆེ་ཆུང་རྣམས་
རྒྱུན་ཇི་ལྟ་བར་འབྱུང་བ་དེ་བཞིན་དུ་ཀུན་ནས་ཉོན་མོངས་པའི་ཆོས་ཀུན་གྱི་ས་བོན་
ཐམས་ཅད་པ་ཀུན་གཞི་རྣམ་ཤེས་ཞེས་བྱ་བ་ཐོག་མེད་ནས་ཞུགས་པ་སྐད་ཅིག་གིས་
བརྒྱུད་པ་གཟུང་འཛིན་དུ་ཞེན་པའི་བག་ཆགས་ཡོངས་སུ་སྨིན་པ་ལས་བདག་ཉིད་ཀྱི་
དངོས་པོ་ཡོད་པ་ཐོབ་པ་འགག་བཞིན་པས། ཀུན་གཞི་ལ་བག་ཆགས་ཀྱི་ཁྱད་པར་རང་
གི་རྣམ་པ་དང་རྗེས་སུ་འབྲེལ་བའི་རྣམ་ཤེས་སྐྱེ་བའི་རྒྱུར་གྱུར་པ་རང་གི་ནུས་པ་ལ་ཡོངས་
སུ་སྨིན་པའི་རྐྱེན་གྱིས་མ་དག་པ་གཞན་དབང་གི་རྣམ་ཤེས་ཙམ་ཞིག་འབྱུང་བ་ཉིད་ལ་
བྱིས་པས་གཟུང་འཛིན་དུ་རྟོག་གི། ཤེས་པ་ལས་ཐ་དད་པའི་གཟུང་བ་ནི་ཅུང་ཟད་ཀྱང་
ཡོད་པ་མ་ཡིན་ནོ།

1.1.2 Showing the cause for cognition despite the absence of external objects (410:2)

> **From the great ocean stirred by wind,**
> **Waves arise; like that,**
> **From the seeds of all, called the "base of all,"[a]**
> **Due to its energy,[b,3] only consciousness arises. (46)**

Someone may ask, "If, in the absence of any external objects,[c] [the three existences] are exhausted as only consciousness, how are consciousnesses to which objects such as forms[d] appear produced?" **From the great ocean stirred by wind**, great and small **waves arise** according to conditions.[e] **Like that, from** that which has all **the seeds of all** thoroughly afflicted phenomena[f]—**called** "the consciousness that is **the base of all**,"[g] abiding from time without beginning [yet only] a continuum of moments, [where] the predispositions[h] for adhering to apprehended and apprehender ripen thoroughly—its own things[i] achieve existence[j] and also cease. Therefore, particular predispositions in the base of all serve as the causes for the production of consciousness that accords in aspect[k] with [the predisposition]. Due to the condition of thoroughly ripening into **its energy, only consciousness**, an impurity that is in the power of others,[l] **arises**; children conceive [it] to be apprehended and apprehender, but an apprehended object that is different from cognition does not exist even slightly.[4]

a *kun gzhi, ālaya*
b *nus pa, shakya/shakti*
c *don, artha*
d *gzugs, rūpa*
e *rkyen, pratyaya*
f *kun nas nyon mongs kyi chos*
g *kun gzhi rnam shes, ālayavijñāna*
h *bag chags, vāsanā*
i *dngos po, bhāva/vastu*
j *yod pa, bhāva*
k *rnam pa, ākāra*
l *gzhan dbang, paratantra*

།གཉིས་པ་ནི།

།དེ་ཕྱིར་གཞན་གྱི་དབང་གི་ངོ་བོ་གང་།
།དངོས་པོ་བཏགས་པར་ཡོད་པའི་རྒྱུར་འགྱུར་ཞིང་།
།ཕྱི་རོལ་གཟུང་བ་མེད་པར་འབྱུང་འགྱུར་ལ།
།ཡོད་དང་སྤྲོས་ཀུན་ཡུལ་མིན་རང་བཞིན་ཡོད། ༩༧

།ཀུན་གཞི་ཡོད་པའི་སྒྲུབ་བྱེད་ནི་གསུང་རབ་ཀྱིས་འདི་ལྟར་རྣམ་པར་བཞག་གོ་ཞེས་གྲགས་པ་དེའི་ཕྱིར་བརྗོད་ན། གཞན་གྱི་དབང་གི་ངོ་བོ་གང་ཞིག་བདག་གཉིས་ཀྱི་དངོས་པོ་སྒྲོ་བཏགས་པར་ཡོད་པའི་རྒྱུར་འགྱུར་ཞིང་། དེར་ཁས་བླངས་དགོས་ཏེ། རྟོག་པའི་དྲ་བ་ཀུན་གྱི་གཞིར་འདོད་པའི་ཕྱིར་ཏེ། གཞན་དུ་འཁྲུལ་གཞི་མེད་པས་འགའ་ཡང་བདག་གཉིས་སུ་འཁྲུལ་བར་མི་རུང་བའི་ཕྱིར། དཔེར་ན་སྦྲུལ་དུ་འཁྲུལ་པ་ཐག་པའི་རྒྱུ་དང་། བུམ་པ་ལ་སོགས་པར་འཁྲུལ་པའི་རྒྱུ་ས་སོགས་ལ་མ་བལྟོས་པར་མཁའ་སོགས་སུ་མི་འབྱུང་བ་བཞིན་ནོ། །དེས་ན་གཞན་དབང་འདི་ནི་གསུམ་དུ་བཞག་སྟེ། ཕྱི་རོལ་བཟུང་བ་མེད་པར་རང་ཉིད་བག་ཆགས་ཀྱི་དབང་གིས་གཉིས་སྣང་ཅན་དུ་འབྱུང་བར་འགྱུར་ལ། བདག་གཉིས་སུ་སྒྲོ་བཏགས་པའི་གཞིར་རྫས་སུ་ཡོད་པ་དང་། སྤྲོས་པ་སྒྲ་རྟོག་ཀུན་གྱི་ཡུལ་མ་ཡིན་པའི་རང་བཞིན་དུ་ཡོད་པའི་ཕྱིར།

1.2 Showing their presentation of their own system (411:1)

Therefore, an other powered entity
Serves as the cause for things that exist as designations:
It arises in the absence of external, apprehended objects,
Exists, and exists as a nature that is not an object[a] **for all elaborations.**[b] (47)

They claim that "the proof for the existence of the base of all is presented like this by the scriptures." **Therefore**, to explain this, **an other powered entity serves as the cause for the** fantasized **existence of things** that are the two selves[c] and must be affirmed as that because of being asserted as the base for the entire web of thought. This is because, otherwise, since there would be no base for mistakes, it would be unsuitable to mistake anything at all for the two selves. For example, a rope can be mistaken for a snake, and earth and so forth can be mistaken for a vase and so forth, but without the contingent cause, space and so forth would not be mistaken [for a vase]....[5]

Therefore, the other powered[d] is posited as threefold because (1) **in the absence of an external, apprehended object**, due to the power of predispositions it **arises** having dualistic appearance;[e] (2) as the base for the fantasy of the two selves, it **exists** substantially;[f] **and** (3) it **exists as a nature that is not an object for all elaborations**—terms and thoughts.[6]

a *yul, viṣhaya*
b *spros pa, prapañcha*
c *bdag, ātman*
d *gzhan dbang, paratantra*
e *gnyis snang, dvayapratibhāsa*
f *rdzas yod, dravyasat*

།གཉིས་པ་ལ་དགག་པ་དངོས་དང་། བཀག་པ་ལ་འགལ་བ་སྤང་བའོ། །དང་པོ་ལ། ཕྱི་དོན་མེད་པའི་ཤེས་པ་དགག །སྤྲོས་པ་ཀུན་གྱི་ཡུལ་མིན་པར་ཡོད་པ་དགག །ཀུན་རྫོབ་པའི་རྒྱུར་ཡོད་པ་དགག་པ་དང་བཞིའོ། །དང་པོ་ལ། རྨི་ལམ་གྱི་མཐུན་དཔེ་དགག །རབ་རིབ་ཀྱི་མཐུན་དཔེ་དགག །ཀེང་རུས་ཀྱི་མཐུན་དཔེ་དགག །འཁྲུལ་པའི་དཔེ་གཞན་ཡང་དགག །དོན་བསྡུ་བ་དང་ལྔའོ། །དང་པོ་ལ། རྨི་ལམ་དུ་སེམས་མི་འགྲུབ། དྲན་པས་འགྲུབ་ན་ཡུལ་ཡང་འགྲུབ། དེའི་ཉེས་སྤོང་གི་ལན་དགག་པ་གསུམ་མོ།

2 The refutation of that (412:5)

This has two parts:

1 The actual refutation
2 Abandoning contradictions with regard to having made the refutation

2.1 The actual refutation (412:6)

This has four parts:

1 Refutation of cognition in the absence of external objects
2 Refutation of a nondual other powered that is substantially established
3 Refutation of not being an object for all elaborations
4 Refutation of the existence [of the other powered] as the cause for concealers

2.1.1 Refutation of cognition in the absence of external objects (413:1)

This has five parts:

1 Refutation of dreams as a concordant example
2 Refutation of a disease of the eye as a concordant example
3 Refutation of skeletons as a concordant example
4 Refutation of other examples for mistakes
5 Summary of the topic

2.1.1.1 Refutation of dreams as a concordant example (413:1)

This has three parts:

1 The mind is not established in dreams
2 Were it established by memory, the object would be established also
3 Refutation of the reply that abandons those flaws

།དང་པོ་ནི།

།ཕྱི་རོལ་མེད་སེམས་དཔེ་ནི་གང་དུ་ཡོད།
།རྨི་ལམ་ཇི་བཞིན་ཞེ་ན་དེ་བསམ་བྱ།
།གང་ཚེ་ང་ལ་རྨི་ལམ་ན་ཡང་སེམས།
།ཡོད་མིན་དེ་ཚེ་ཁྱོད་ཀྱི་དཔེ་ཡོད་མིན། ༩༢

།ཡུལ་མེད་པའི་ཤེས་པ་མི་སྲིད་དེ། རྣམ་པར་ཤེས་པ་ནི་ཡུལ་རིག་པས་རབ་ཏུ་ཕྱེ་བའི་ཕྱིར་ཕྱི་རོལ་གྱི་ཡུལ་མེད་ཀྱང་སེམས་ཡོད་པའི་དཔེ་ནི་གང་དུ་ཡོད་ཅེས་དྲིས་པ་ལ་རྨི་ལམ་ཇི་ལྟ་བ་བཞིན་ཏེ། །ཁང་མིག་ཆུང་ངུར་གཉིད་ལོག་པ་ན་དེར་གླང་པོ་ཆེའི་ཁྲུ་འཁྲིགས་པ་རྨིས་པའི་ཚེ་ཡུལ་ཇི་ལྟ་བ་མེད་དེ། དེར་དེ་ཤོང་བ་མེད་ཀྱང་དེར་འཛིན་པའི་རྨི་ལམ་གྱི་ཤེས་པ་ཡོད་པ་བཞིན་ནོ་ཞེ་ན། རྨི་ལམ་ན་ཡུལ་མེད་པའི་ཤེས་པ་ཡོད་མེད་དེ་བསམ་བྱའམ་བརྟག་བྱ་ཡིན་ཏེ། གང་ཚེ་དབུ་མ་པ་ང་ལ་སད་པའི་སྐབས་སུ་མ་ཟད་རྨི་ལམ་ན་ཡང་སེམས་ནི་ཡུལ་ལྟར་ཡོད་མིན་དེའི་ཚེ་རྣམ་རིག་པ་ཁྱོད་ཀྱིས་ཡུལ་མེད་པར་ཤེས་པ་ཡོད་པའི་དཔེ་ཡོད་པ་མ་ཡིན་པའི་ཕྱིར།

2.1.1.1.1. The mind is not established in dreams (413:2)

Where is the example for a mind without an external [object]?
When they reply, "Just like dreams," that is to be considered.
For us, mind also does not exist in dreams;
Thus, your example does not exist. (48)

Cognition without an object is not possible. We ask, "Consciousness is thoroughly distinguished by knowing[a] objects; therefore, **where is the example for a mind that exists even without** an **external** object?" **They reply, "Just like dreams.** When we fall asleep in a small room and dream of a herd of elephants gathering there, the objects do not exist in just that way. They do not fit there, but the dreaming cognition that apprehends [them] there does exist." In a dream, is there cognition without an object, or not? **That is to be considered** or investigated because **for us**, Proponents of the Middle Way,[b] not only in the waking state but **also in dreams, mind**, like the object, **does not exist**. Thus, Proponents of Perception, **your example** of cognition that exists without an object **does not exist.**[7]

a *rig pa, vidyā*
b *dbu ma pa, mādhyamika*

།གཉིས་པ་ནི།

།གལ་ཏེ་སད་ཚེ་རྨི་ལམ་དྲན་ལས་ཡིད།
།ཡོད་ན་ཕྱི་རོལ་ཡུལ་ཡང་དེ་བཞིན་འགྱུར།
།ཇི་ལྟར་ཁྱོད་ཀྱི་ངས་མཐོང་སྙམ་དྲན་པ།
།དེ་འདྲ་ཕྱི་རོལ་ལ་ཡང་ཡོད་པ་ཡིན། ༥༨

།ཡང་རྨི་ལམ་དུ་འཁྲུལ་ཤེས་ཡོད་དེ། མེད་ན་སད་ཚེ་རྨི་ལམ་དུ་མྱོང་བ་དྲན་པར་མི་འགྱུར་བའི་ཕྱིར་ཞེ་ན། མ་ཁྱབ་པ་ནི་གལ་ཏེ་སད་ཚེ་རྨི་ལམ་གྱི་ཤེས་པ་འཁྲུལ་པ་མྱོང་བའི་དྲན་པ་ལས་ཡིད་ཡོད་པར་གྲུབ་ན་ཕྱི་རོལ་ཡུལ་ཡང་དེ་བཞིན་ཡོད་པར་འགྱུར་ཏེ། ཇི་ལྟར་ཁྱོད་ཀྱིས་སད་པའི་སྐབས་ན་ངས་མཐོང་ངོ་སྙམ་དུ་རྨི་ལམ་གྱི་ཤེས་པ་དྲན་པ་ལས་ཤེས་པ་ཡོད་པ་དེ་འདྲར་གླང་ཆེན་སོགས་ཕྱི་རོལ་གྱི་ཡུལ་མྱོང་བ་ལ་ཡང་དྲན་པ་ཡིན་པའི་ཕྱིར། དེ་ཡང་མ་ཁྱབ་ན་ཤེས་པའང་ཡོད་པར་མི་འགྲུབ་པོ།

2.1.1.1.2 Were it established by memory, the object would be established also (413:5)

> **If remembering the dream when awake entails that mind**
> **Existed, the external object [existed] as well.**
> **You remember the experience, "I see";**
> **Like that, the external [is remembered] also. (49)**

They may also say, "Mistaken cognition[a] exists in the dream because, if it were not, experience in the dream would not be remembered when awake." [We reply], "There is no pervasion."[b] If **remembering** the experience of mistaken cognition in **the dream when awake entails that mind**[c] is established as **having existed, the external object** existed as well. This is because, when awake, **you remember** the dreaming cognition's **experience, "I see,"** entailing that cognition existed, and **like that**, the experience of **external** objects, the elephants and so forth, is remembered **also.** If there is no pervasion, then cognition is not established as having existed either.[8]

a *khrul shes, bhrāntijñāna*
b *khyab pa, vyāpti*
c *yid, manas*

།གསུམ་པ་ལ་ཉེས་སྤྲོང་གི་ལན་དང་། དེ་དགག་པ་གཉིས།

།དང་པོ་ནི།

།གལ་ཏེ་གཉིད་ནང་མིག་བློ་མི་སྲིད་པས།
།ཡོད་མིན་ཡིད་ཀྱི་ཤེས་པ་ཁོ་ན་ཡོད།
།དེ་ཡི་རྣམ་པ་ཕྱི་རོལ་ཉིད་དུ་ཞེན།
།རྨི་ལམ་ཇི་ལྟ་དེ་བཞིན་འདིར་འདོད་ན། ༥༠

།གལ་ཏེ་གཉིད་ཀྱི་ནང་ན་གཟུགས་སོགས་ཕྱི་རོལ་གྱི་ཡུལ་ཡོད་པ་མ་ཡིན་ཏེ། དེར་གཉིད་ཀྱིས་མིག་བློ་སོགས་ཉམས་པར་བྱས་པས་དབང་ཤེས་རྣམས་མི་སྲིད་པར་བྱེད་པ་དེ་ཉིད་ཀྱི་ཕྱིར། འོན་ཀྱང་གཉིད་ཀྱིས་བསླད་པའི་ཡིད་ཀྱི་ཤེས་པ་ཡུལ་དུ་སྣང་བ་ཁོ་ན་ཡོད་དེ། ཤེས་པ་དེ་ཡི་རྣམ་པ་ལ་རྨི་ལམ་གྱི་ཤེས་པས་ཕྱི་རོལ་ཉིད་དུ་ཞེན་པར་བྱེད་པའི་ཕྱིར་རྨི་ལམ་དུ་ཡུལ་མེད་པར་ཤེས་པ་ཡོད་པ་ཇི་ལྟ་བ་དེ་བཞིན་དུ་འདིར་འདོད་དོ་ཞེ་ན།

2.1.1.1.3 Refutation of the reply that abandons those flaws (415:3)

This has two parts:

1 The reply that abandons those flaws
2 Refutation of that

2.1.1.1.3.1 The reply that abandons those flaws (415:3)

When they say, "In sleep, the eye's awareness[a] **is not possible; therefore,**
[External objects] do not exist. Only mental cognition exists.
Its aspect is regarded as just external.
Just like dreams, similarly here, [we] assert..." (50)

When they say, "There, **in sleep,** external objects such as forms **do not exist** because, due to sleep, **the eye's awareness** and so forth have withered, and therefore the sense cognitions **are** rendered **impossible.** Even so, **only mental cognition,** polluted by sleep and appearing as objects, **exists.** Because the dreaming cognition **regards the aspect of that** cognition **as just external,** in **dreams,** while objects do not exist, cognition exists. **Just like** that, **similarly here, [we] assert..."**[9]

a *blo, buddhi*

།གཉིས་པ་ལ། རྨི་ལམ་དུ་ཁམས་བཅོ་བརྒྱད་པོ་ཐམས་ཅད་བརྫུན་པར་བསྟན། ཚུལ་དེ་སད་པའི་གནས་སྐབས་ལ་ཡང་མཚུངས། དེས་ན་དོན་ཤེས་ཡོད་མེད་དཔེ་དོན་མཚུངས་པར་བསྟན་པ་གསུམ་མོ།

།དང་པོ་ནི།

།ཇི་ལྟར་ཁྱོད་ཀྱི་ཕྱི་ཡུལ་རྨི་ལམ་དུ།
།མ་སྐྱེས་དེ་བཞིན་ཡིད་ཀྱང་སྐྱེས་མ་ཡིན།
།མིག་དང་མིག་གི་ཡུལ་དང་དེས་སྐྱེད་སེམས།
།གསུམ་པོ་ཐམས་ཅད་ཀྱང་ནི་བརྫུན་པ་ཡིན། ༥༡
།རྣ་སོགས་ལྷག་མ་གསུམ་པོའང་སྐྱེ་བ་མེད། ༥༢ ཀ

།ཇི་ལྟར་རྣམ་རིག་པ་ཁྱོད་ཀྱི་ལུགས་ལ་རྨི་ལམ་དུ་ཕྱི་གཟུགས་སོགས་ཡུལ་མ་སྐྱེས་པ་དེ་བཞིན་ཡིད་ཤེས་ཀྱང་སྐྱེས་པ་མ་ཡིན་ཏེ། དེ་དག་སྐྱེས་མ་སྐྱེས་རྒྱུ་མཚན་མཚུངས་པའི་ཕྱིར་ཏེ། རྨི་ལམ་གྱི་འཁྲུལ་ངོར་ནི་གཉིས་ཀ་ཡོད་ལ། སད་ན་གཉིས་ཀ་མེད་པའི་ཕྱིར། འོན་ཀྱང་སད་ཚེ་གཟུགས་མཐོང་བ་ན། མིག་དང་གཟུགས་དང་རྣམ་ཤེས་གསུམ་དམིགས་པ་བཞིན་རྨི་ལམ་དུའང་ཡུལ་ཡོངས་སུ་གཅོད་པ་ན་མིག་དང་མིག་གི་ཡུལ་དང་དེས་བསྐྱེད་པའི་སེམས་གསུམ་པོ་ཐམས་ཅད་ཀྱང་ནི་འདུས་པར་འཁྲུལ་སྣང་དེའི་ངོར་ཡོད་པ་ལྟར་སྣང་ཡང་། དཔྱད་ན་དེར་མིག་དང་གཟུགས་མེད་པ་བཞིན་སེམས་ཀྱང་མེད་པས་གསུམ་ག་བརྫུན་པ་ཡིན་ནོ། །དེ་ལྟར་རྨི་ལམ་དུ་རྣ་བ་དང་སོགས་པས་སྒྲ་དང་རྣ་བའི་རྣམ་ཤེས་ནས། ཡིད་དང་ཆོས་དང་ཡིད་ཀྱི་རྣམ་ཤེས་ཀྱི་བར་ཡུལ་དབང་རྣམ་ཤེས་གསུམ་པོ་ལྷག་མ་རྣམས་ཀྱང་སྐྱེ་བ་མེད་དེ། སྣང་ཙམ་དུ་ནི་ཐམས་ཅད་མཚུངས་ལ། དཔྱད་ན་ནི་ཐམས་ཅད་ཀྱང་སྟོང་པའི་ཕྱིར།

2.1.1.1.3.2 Refutation of that (415:5)

This has three parts:

1 Showing that, in dreams, all eighteen elements are false
2 That mode is similar also in the waking state
3 Showing that, therefore, the existence or nonexistence of the object and the cognition is similar in the example and the exemplified

2.1.1.1.3.2.1 Showing that, in dreams, all eighteen elements[a] are false (415:6)

> **Just as your external objects were not produced in dreams,**
> **Like that, mind also was not produced.**
> **The eye, the eye's object, and the mind they generate,**
> **All three are false. (51)**
> **The three of the remainder—the ear and so forth—also are not produced. (52a)**

Just as in **your** system, Proponents of Perception, **objects** such as **external** forms were not produced in dreams, like that, mental cognition **also was not produced** because the reasons for having been produced or not having been produced are similar. This is because, for the mistaken perspective of dreams, both exist and, when we awaken, neither exists. However, once awake, when forms are seen, the three—eye, form, and consciousness—are observed. Similarly, in dreams also, when objects are determined, **all three—the eye, the eye's object, and the mind they generate**—gather and, for the perspective of that mistaken appearance, appear to exist. Even so, when analyzed, just as the eye and the form do not exist there, mind too does not exist, Therefore, all three **are false.** Like that, in dreams, all **three**—object, sense power,[b] and consciousness—of **the remainder—the ear** and, [as indicated] by "**and so forth**," sound and ear consciousness up to mind, phenomena, and mental consciousness—**also are not produced** because, as mere appearance, all are similar and, when analyzed, all are empty.[c,10]

a *khams, dhātu*
b *dbang po, indriya*
c *stong pa, shūnya*

།གཉིས་པ་ནི།

།རྨི་ལམ་ཇི་ལྟ་དེ་བཞིན་སད་འདིར་ཡང་།
།དངོས་རྣམས་བརྟེན་ཡིན་སེམས་དེ་ཡོད་མ་ཡིན།
།སྤྱོད་ཡུལ་མེད་ཅིང་དབང་པོ་རྣམས་ཀྱང་མེད། ༥༢ །ཁགང

།རྨི་ལམ་ན་གསུམ་ག་མ་གྲུབ་པ་ཉིད་ཀྱིས་སད་པ་ནའང་གསུམ་ག་གྲུབ་པ་བཟློག་པར་བྱ་བ་ནི། རྨི་ལམ་ན་ཡུལ་དབང་ཤེས་པ་གསུམ་ག་བརྟེན་པ་ཇི་ལྟར་དེ་བཞིན་སད་པའི་སྐབས་འདིར་ཡང་གཟུགས་ནས་རྣམ་མཁྱེན་གྱི་བར་གྱི་དངོས་པོ་རྣམས་བརྟེན་པ་ཡིན་ཅིང་། དངོས་པོ་དེ་དག་དམིགས་བྱེད་སེམས་དེ་ཡོད་པ་མིན་ལ། དེའི་དམིགས་བྱའི་སྤྱོད་ཡུལ་མེད་ཅིང་། རྟེན་དབང་པོ་རྣམས་ཀྱང་བདེན་པ་གཉིས་ཀར་སྣང་ཞེན་ལྟར་གྲུབ་པ་མེད་དེ།

།གསུམ་པ་ནི།

།འདི་ན་ཇི་ལྟར་སད་བཞིན་ཇི་སྲིད་དུ།
།མི་སད་དེ་སྲིད་དེ་ལ་གསུམ་པོ་ཡོད།
།སད་པར་གྱུར་ན་གསུམ་ཆར་ཡོད་མིན་ལྟར།
།གཏི་མུག་གཉིད་སད་ལས་དེ་དེ་བཞིན་ནོ། ༥༣

།འཇིག་རྟེན་འདི་ན་ཇི་ལྟར་སད་པའི་གནས་སྐབས་ན་མ་རིག་པའི་གཉིད་ཆེན་གྱིས་ཡུལ་དབང་རྣམ་ཤེས་གསུམ་ཡོད་པ་དེ་བཞིན་ཇི་སྲིད་དུ་འཁྲུལ་གྱི་སེམས་བྱུང་གཉིད་ཀྱུང་ལས་མ་སད་པ་དེ་སྲིད་དུ་རྨི་པོའི་སྐྱེས་བུ་དེ་ལ་ཡུལ་དབང་རྣམ་ཤེས་གསུམ་པོ་ཡོད་དེ། གསུམ་དུ་སྣང་བ་ཡོད་ཅིང་། སྣང་བ་ལྟར་ཞེན་པ་ཡང་ཡོད་པའི་ཕྱིར། །དེས་ན་གཞུང་འདིས་ཀྱང་རྨི་ལམ་དུ་ཁམས་བཅོ་བརྒྱད་པོ་ཐ་སྙད་དུའང་ཡོད་མཉམ་དུ་སྟོན་པ་མིན་གྱི། སད་མ་སད་ཀྱི་ཁམས་བཅོ་བརྒྱད་པོ་དོན་གནས་ལ་བདེན་རྫུན་ཁྱད་མེད་དུ་བརྟེན་མཉམ་ཁོ་ནར་བསྟན་པ་ཡིན་ནོ། །གཉིད་ཀྱུང་སད་པར་གྱུར་ན་རྨི་ལམ་གྱི་གསུམ་པོ་ཡོད་པ་

2.1.1.1.3.2.2 That mode is similar also in the waking state (419:4)

Just as in dreams, so also here, when awake:
Things are false, that mind does not exist,
The object of [its] operation does not exist, and the sense powers also do not exist. (52b-d)

That very nonestablishment of all three in dreams refutes the establishment of all three also when awake. **Just as in dreams** all three—object, sense power, and cognition—are false, **so here also** in the **waking** time, **things** from forms up to knowledge of [all] aspects **are false; that mind** observing those things **does not exist; the object of** [its] **operation**, which is to say, what it observes, **does not exist, and** also the supports, **the sense powers, are not** established anywhere among the two truths[a] in the way they appear and are conceived to be.[11]

2.1.1.1.3.2.3 Showing that, therefore, the existence or nonexistence of the object and the cognition is similar in the example and the exemplified (420:1)

Just like here while awake,
So long as one does not awaken, the three exist for that [dreamer].
When one awakens, all three do not exist. Similarly,
Due to an awakening from the sleep of bewilderment,[b] these resemble those. (53)

Here in this world during the **waking** time, due to the great sleep of ignorance,[c] the three—object, sense power, and consciousness—exist. **Just like** [that], **so long as we do not awaken** from the small sleep, a superficial mental factor,[d] for **that** dreamer **the three**—object, sense power, and consciousness—exist because they appear as three and one holds tightly to them in accordance with the appearance.[12]

a *bden pa, satya*
b *gti mug, moha*
c *ma rig pa, avidyā*
d *sems byung, chaitta*

མིན་པ་ལྟར་གཏི་མུག་མ་རིག་པའི་གཉིད་ཆེན་སད་པ་ལས་ཆོས་དབྱིངས་མངོན་དུ་གྱུར་ན་འཁྲུལ་གྱི་འཁྲུལ་རྒྱུས་མ་བསླད་པའི་གསུམ་པོ་དེ་རྨི་ལམ་གྱི་གསུམ་པོ་དེ་བཞིན་དུ་ཡོད་པ་མིན་ནོ། །དེས་ན་ཡུལ་མེད་རྣམ་ཤེས་ཀྱང་མི་རིགས་སོ།

Therefore, this text does not teach that the eighteen elements in dreams equally exist, [not] even conventionally. Rather, it teaches that the eighteen elements of waking and not waking do not differ with regard to the abiding of objects—[some] true, [the others] false—for they are equally and only false. **When one awakens** from the small sleep, **the three** of dreams **do not exist. Similarly,** when the element of qualities[a] becomes manifest d**ue to an awakening from the** great **sleep of** ignorant **bewilderment, these** three not polluted by superficial causes of error[b] **resemble those** three of dreams in not existing. Therefore, it is not reasonable [to assert] consciousness lacking an object.[13]

a *chos kyi dbyings, dharmadhātu*
b *'phral gyi 'khrul rgyu*

།གཉིས་པ་ལ། དགག་པ་དངོས་དང་། དེའི་ཉེས་སྤོང་གི་ལན་དགག་པ་གཉིས། དང་པོ་ལ། ཡུལ་ཤེས་བདེན་རྫུན་མཚུངས་པ་དང་། དེ་ལྟར་མིན་ན་གཞན་གྱིས་ཀྱང་མཐོང་བར་ཐལ་བ་གཉིས།

།དང་པོ་ནི།

།དབང་པོ་རབ་རིབ་བཅས་པ་བློ་གང་གིས།
།རབ་རིབ་མཐུ་ལས་སྐྲ་རྣམས་གང་མཐོང་བ།
།དེ་བློ་ལ་ལྟོས་གཉིས་ཆར་བདེན་པ་སྟེ།
།དོན་གསལ་མཐོང་ལ་གཉིས་ཀའང་བརྫུན་པ་ཡིན། ༥༩

།ཡང་ཕྱི་རོལ་མེད་ཀྱང་རྣམ་ཤེས་ཡོད་དེ། རབ་རིབ་ཅན་གྱིས་ཡོད་པ་མིན་པའི་སྐྲ་ཤད་སོགས་དམིགས་པའི་ཕྱིར་ཞེ་ན། མི་འཐད་དེ། རྨི་ལམ་ཁོ་ན་དང་འདྲ་བའི་ཕྱིར་ཏེ། མིག་གི་དབང་པོ་རབ་རིབ་བཅས་པའི་བློ་གང་གིས་རབ་རིབ་ཀྱིས་བསླད་པའི་མཐུ་ལས་སྐྲ་ཤད་སོགས་རྣམས་གང་མཐོང་བ་དེ་བློ་འཁྲུལ་པ་དེ་ལ་བལྟོས་ནས་སྐྲ་ཤད་ཀྱི་རྣམ་པའང་སྣང་བས། ཡུལ་ཡུལ་ཅན་གཉིས་ཅར་བདེན་པ་སྟེ་རབ་རིབ་དང་བྲལ་བའི་དོན་གསལ་མཐོང་ལ་གཉིས་ཀའང་བརྫུན་པ་ཡིན་པའི་ཕྱིར་ཏེ། ཡུལ་མེད་པའི་ཡུལ་ཅན་གྱི་ཤེས་པ་མི་འགྲུབ་པའི་ཕྱིར།

2.1.1.2 Refutation of a disease of the eye as a concordant example (423:1)

This has two parts:

1 The actual refutation

2 Refutation of the reply that abandons those flaws

2.1.1.2.1 The actual refutation (423:1)

This has two parts:

1 Objects and consciousnesses are either similarly true or similarly false

2 Were that not so, it would follow that others would see [strands of hair] also

2.1.1.2.1.1 Objects and consciousnesses are either similarly true or similarly false (423:2)

The mind of a sense power affected by disease[a]
Sees hair[b] **due to the power of the disease.**
Contingent upon that mind, both are true.
For one who sees objects clearly, both are false. (54)

They may say, "Consciousness exists despite the nonexistence of external [objects] because someone with diseased eyes observes strands of hair[c] that do not exist and so forth." This is not feasible[d] because it resembles dreams and dreams alone. Why? **The mind of an** eye **sense power affected by disease sees** strands of **hair** and so forth **due to the power of** pollution by **the disease. Contingent upon that** mistaken **mind**, the aspect of strands of hair does appear. Therefore, **both** the object and the possessor of the object[e] **are true. For one who**, free from disease, **sees objects clearly, both are false.** This is because, in the absence of an object, a cognition possessing an object is not established.[14]

a *rab rib*
b *skra*
c *skra shad*
d *'thad pa*
e *yul can*

།གཉིས་པ་ནི།

།གལ་ཏེ་ཤེས་བྱ་མེད་པར་བློ་ཡོད་ན།
།སྒྲ་དེའི་ཡུལ་དང་མིག་ནི་རྫེས་འབྲེལ་བའི།
།རབ་རིབ་མེད་ལའང་སྒྲ་ཤད་བློར་འགྱུར་ན།
།དེ་ལྟ་མ་ཡིན་དེ་ཕྱིར་དེ་ཡོད་མིན། ༥༥

།མ་གྲུབ་པོ་ཞེ་ན་གྲུབ་པར་བསྟན་པ་ནི། གལ་ཏེ་ཤེས་བྱའི་ཡུལ་སྒྲ་ཤད་མེད་པར་དེར་སྣང་བའི་བློ་ཡོད་ན་སྒྲ་ཤད་དེའི་ཡུལ་དང་། མིག་ནི་རྫེས་སུ་འབྲེལ་བའི་འཁར་གཞོང་ལ་སོགས་པའི་ཡུལ་དེར་རབ་རིབ་མེད་པའི་མིག་ཅན་གྱིས་མིག་གཏད་པ་ན་ཡང་དེ་དང་འདྲ་བར་སྒྲ་ཤད་དུ་སྣང་བའི་བློ་སྐྱེ་བར་འགྱུར་ཏེ། ཡུལ་མེད་པར་མཚུངས་པའི་ཕྱིར། དེ་ལྟར་ཐལ་བ་ལས། རབ་རིབ་མེད་པ་ལ་སྒྲ་བློ་སྐྱེ་བ་དེ་ལྟར་མ་ཡིན་པ་དེའི་ཕྱིར་ཡུལ་མེད་པའི་ཡུལ་ཅན་གྱི་ཤེས་པ་དེ་སྐྱེ་བ་ནི་ཡོད་པ་མ་ཡིན་ནོ།

2.1.1.2.1.2 Were that not so, it would follow that others would see [strands of hair] also (423:4)

> **Were a mind to exist while the object of cognition[a] does not,**
> **Where the hair and the eyes come into relationship,**
> **For those lacking the disease also there would be a mind [appearing as] strands of hair.**
> **Because it is not like that, there is no [production]. (55)**

They may reply, "[The reason] is not established."[15] [In response, we] show [the reason] to be established. **Were a mind** that appears as that [object] **to exist while** the object **that is known**, strands of hair, **does not,** then **also** when one having eyes **lacking disease** directs [his or her] eyes at the place, such as a metal basin, **where** those strands of **hair and the eyes come into relationship, a mind** appearing as **strands of hair** will similarly be produced. This is because [the circumstances] are analogous in that the object does not exist. From such a consequence,[b,16] [we may conclude that], **because** production of a mind [appearing as] hair in one whose eyes are not diseased **is not like that,** without an object **there is no** production of cognition possessing an object.[17]

a *shes bya*
b *thal ba, prasaṅga*

།གཉིས་པ་ལ། ནུས་པའི་སྒྲུབ་བྱེད་དགག་པ་དང་། ནུས་པ་ལ་བརྟེན་ནས་གྲུབ་མཐའ་འཇོག་ཚུལ་དགག་པ་གཉིས། དང་པོ་ལ། ཉེས་སྤོང་གི་ལན་དང་། དེ་དགག་པ་གཉིས།

།དང་པོ་ནི།

།གང་ཕྱིར་མཐོང་བ་དག་ལ་བློ་ནུས་ནི།
།སྨིན་མེད་དེ་ཕྱིར་དེ་ལ་བློ་མི་འབྱུང་།
།ཤེས་བྱ་ཡོད་དངོས་བྲལ་བས་མིན་ཞེ་ན། ༥༨ ཀ།ཁག

།ཡུལ་ཡོད་པ་དང་མེད་པས་ཤེས་པ་སྐྱེ་བ་དང་མི་སྐྱེ་བར་ངེས་ན་དེ་ལྟར་འགྱུར་དུ་ཆུག་ཀྱང་། སྔར་གྱི་ཤེས་པས་བཞག་པའི་བག་ཆགས་སྨིན་པ་དང་མ་སྨིན་པས་ཤེས་པ་སྐྱེ་བ་དང་མི་སྐྱེ་བའི་རྒྱུ་ཡིན་པ་གང་གི་ཕྱིར་ཤེས་པ་སྔ་མའི་སྐྲར་སྣང་གི་བག་ཆགས་ཡོངས་སུ་སྨིན་པ་ལ་སྐྲ་ཤད་མེད་ཀྱང་དེའི་རྣམ་པ་ཅན་གྱི་ཤེས་པ་སྐྱེའི། རབ་རིབ་མེད་པ་མཐོང་བ་དག་པ་ལ་ཤེས་པ་སྔ་མས་སྐྲར་སྣང་བའི་བག་ཆགས་མ་བཞག་པས་སྐྲར་སྣང་གི་བློ་སྐྱེ་བའི་ནུས་པ་ནི་སྨིན་པ་མེད་པ་དེའི་ཕྱིར་རབ་རིབ་མེད་པ་དེ་ལ་སྐྲར་སྣང་གི་བློ་མི་འབྱུང་བས་ཡུལ་ཤེས་བྱ་ཡོད་པའི་དངོས་པོ་དང་བྲལ་བས་དེ་འཛིན་གྱི་བློ་མི་སྐྱེ་བ་མིན་ཅེ་ན།

2.1.1.2.2 Refutation of the reply that abandons those flaws (423:6)

This has two parts:

1 Refutation of the proof of energy
2 Refutation of the way of positing tenets in dependence upon energy

2.1.2.2.1 Refutation of the proof of energy (424:1)

This has two parts:

1 The answer that dispels flaws
2 Refutation of that

2.1.1.2.2.1.1 The answer that dispels flaws (424:1)

> **They may say, "Because in those who see, the energy for a mind**
> **Has not ripened, in them a mind does not arise;**
> **It is not due to separation from what is to be cognized, an existent thing."** (56a-c)

They may say, "Were it ascertained that cognition is produced due to the existence of an object and not produced due to its nonexistence, that would be acceptable. However, cognition is produced due to the ripening of latent predispositions set in place by previous cognition and not produced due to their not ripening. **Because** this is their cause, for those in whom the predispositions [set in place by] previous cognition for the appearance as hair have ripened thoroughly, even [when] strands of hair are absent, cognition having their aspect is produced. **In those who see** without disease, previous cognition has not set in place the latent predispositions for the appearance as hair; therefore, **the energy for** the production of **a mind** that appears as hair **has not ripened.** Because of that, in those without disease, **a mind** that appears as hair **does not arise.** This being so, that a mind apprehending them is not produced **is not due to separation from** an object **that is to be cognized, an existent thing.**"[18]

གཉིས་པ་ལ་བསྟན་བཤད་གཉིས།

།དང་པོ་ནི།

།ནུས་དེ་མེད་པས་འདི་ནི་འགྲུབ་མ་ཡིན། ༥༨ ང

།གལ་ཏེ་ནུས་པ་ཞེས་བྱ་བ་འགའ་ཞིག་ཡོད་ན་དེ་སྨིན་མ་སྨིན་ལས་ཤེས་པ་སྐྱེ་མི་སྐྱེར་འགྱུར་བ་ཞིག་ན། འཆད་འགྱུར་གྱི་རིགས་པས་ནུས་པ་དེ་མེད་པས་ནུས་པ་འདི་ནི་གྲུབ་པ་མ་ཡིན་ནོ།

2.1.1.2.2.1.2 Refutation of that (424:4)

This has two parts:

1 A [brief] indication
2 An [extensive] explanation

2.1.1.2.2.1.2.1 A [brief] indication (424:4)

That energy does not exist; therefore, this is not established (56d)

Were some "energy" to exist, from its ripening cognition would be produced and from its not ripening cognition would not be produced. For the reasons to be explained, **that energy does not exist; therefore, this** energy **is not established.**[19]

།གཉིས་པ་ལ། དུས་གསུམ་ལ་ནུས་པ་མི་སྲིད་པ་སྤྱིར་བསྟན། འདས་མ་འོངས་ལ་མི་སྲིད་པ་བྱེ་བྲག་ཏུ་བཤད་པ་གཉིས།

།དང་པོ་ནི།

།སྐྱེས་ལ་ནུས་པ་སྲིད་པ་ཡོད་མ་ཡིན།

།མ་སྐྱེས་ངོ་བོ་ལ་ཡང་ནུས་ཡོད་མིན། ༥༧ ཀ།ཁ

།ནུས་པ་ཞེས་བྱ་བ་ཞིག་ཡོད་ན་རྣམ་ཤེས་ད་ལྟ་བ་ཉིད་དང་འབྲེལ་བའི་ནུས་པ་ཅན་ཞིག་གམ། འདས་མ་འོངས་དང་འབྲེལ་བའི་ནུས་པ་ཅན་ཞིག་ཏུ་འདོད། དང་པོ་ལྟར་རོ་ཞེ་ན། རྣམ་ཤེས་སྐྱེས་པ་ད་ལྟ་བ་རང་ལ་ནུས་པ་སྲིད་པ་ཡོད་པ་མ་ཡིན་ཏེ། གང་གི་ཚེ་ནུས་པའི་རྣམ་ཤེས་ཞེས་དྲུག་པ་འབྲེལ་པ་བརྗོད་པ་ཡིན་ན་ནུས་པ་རྣམ་ཤེས་ལས་གཞན་མིན་པའི་ཕྱིར་དང་། རྣམ་ཤེས་འབྲས་བུར་གྱུར་པ་ད་ལྟ་བ་རྒྱུ་ཉིད་དུ་ཡོད་ཅེས་བྱར་མི་རིགས་པའི་ཕྱིར། གལ་ཏེ་རྣམ་ཤེས་ད་ལྟ་བ་རྒྱུ་ཡིན་ན། འབྲས་བུའི་རྣམ་ཤེས་རྒྱུ་མེད་པར་འགྱུར་ཏེ། ནུས་པ་ད་ལྟ་བ་རང་ཉིད་རྒྱུར་མི་རུང་བ་གང་ཞིག །ཡང་ན་དེའི་ནུས་པ་རང་ལས་གཞན་མ་ཡིན་པའི་ཕྱིར། གཉིས་པ་ལྟར་ན། འདས་མ་འོངས་ཀྱི་མི་སྐྱེ་བའི་ངོ་བོ་ལ་ཡང་ནུས་པ་ཡོད་པ་མ་ཡིན་ཏེ། རིགས་པས་གནོད་པའི་ཕྱིར།

2.1.1.2.2.1.2.2 An [extensive] explanation (424:5)

This has two parts:

1 Indication that, in general, energy is not possible in the three times
2 Explanation that, in particular, [energy] is not possible with respect to the past and the future

2.1.1.2.2.1.2.2.1 Indication that, in general, energy is not possible in the three times (424:5)

Energy is not possible in the produced.
A nonproduced entity does not have energy either. (57ab)

Were "energy" to exist, it would possess energy in relation to consciousness of this present moment, or it would possess energy in relation to either the past or the future. [One or the other would be] asserted.

They may say, "It is like the first." [We would reply that] **energy is not possible in the** present, **produced** consciousness itself. This is because if "the energy's consciousness" expresses the sixth, [the case of] relationship, then the energy is not other than the consciousness. This is also because it is not reasonable to say, "The consciousness, which is the effect, exists in the present as the cause itself." If the present consciousness is the cause, the consciousness that is an effect would be without cause because the present energy itself is not suitable as the cause or, alternatively, its the energy is not other than itself....[20] They may say, "It is like the second." [We would reply that] **a nonproduced entity** of the past or future **does not have energy either** because reasoning[a] damages [such an assertion].[21]

a *rigs pa, nyāya/yukti*

།གཉིས་པ་ལ་མ་འོངས་པ་དང་། འདས་པ་ལ་ནུས་པ་མི་འཐད་པ་གཉིས། དང་པོ་ལ། ཁྱད་པར་མེད་པའི་ཁྱད་ཅན་མི་འཐད་པ་དང་། དེའི་ལན་དགག་པ་དང་། བཟློས་པས་མ་གྲུབ་པ་གསུམ།

།དང་པོ་ནི།

།ཁྱད་པར་མེད་པར་ཁྱད་པར་ཅན་ཡོད་མིན།

།མོ་གཤམ་བུ་ལའང་དེ་ནི་ཡོད་པར་ཐལ། ༥༧ གང

།ཡང་རྣམ་པར་ཤེས་པའི་ནུས་པ་ཞེས་རྣམ་པར་ཤེས་པ་ཁྱད་པར་ཡིན་ལ། ནུས་པ་ཁྱད་པར་གྱི་གཞི་ཡིན་པ་དེའི་ཚེ་ཁྱད་པར་འབྲས་བུ་རྣམ་ཤེས་མ་འོངས་པ་མེད་པར་དེས་ཁྱད་པར་དུ་བྱས་པ་ཅན་གྱི་ནུས་པ་དེ་ནི་ཡོད་པ་མ་ཡིན་ཏེ། ཁྱད་པར་མ་བཟུང་བར་ཁྱད་པར་གྱི་གཞིའི་བློ་མི་འཇུག་པའི་ཕྱིར། སྐྱེས་བུས་དབྱུག་པ་མ་བཟུང་བར་དབྱུག་པ་ཅན་གྱི་བློ་མི་འཇུག་པ་བཞིན་ནོ། །གལ་ཏེ་རྣམ་ཤེས་མ་སྐྱེས་པ་ལ་ནུས་པ་དེ་འདོད་ན། མོ་གཤམ་གྱི་བུ་ལའང་ནུས་པ་དེ་ནི་ཡོད་པར་ཐལ་བར་འགྱུར་ཏེ། མ་སྐྱེས་པར་མཚུངས་པའི་ཕྱིར།

2.1.1.2.2.1.2.2.2 EXPLANATION THAT, IN PARTICULAR, [ENERGY] IS NOT POSSIBLE WITH RESPECT TO THE PAST AND THE FUTURE (425:5)

This has two parts:

1 Energy is not feasible with respect to the future
2 Energy is not feasible with respect to the past

2.1.1.2.2.1.2.2.2.1 ENERGY IS NOT FEASIBLE WITH RESPECT TO THE FUTURE (425:6)

This has three parts:

1 The possessor of the qualification[a] is not feasible in the absence of the qualification
2 Refutation of the reply to that
3 Nonestablishment due to contingency

2.1.1.2.2.1.2.2.2.1.1 THE POSSESSOR OF THE QUALIFICATION IS NOT FEASIBLE IN THE ABSENCE OF THE QUALIFICATION (425:6)

In the absence of the qualification, nothing is qualified.
It would follow that even the child of a childless woman would have that. (57cd)

Also, [in the expression] "the energy for the consciousness," the consciousness is the qualification and the energy is the base for the qualification. At that time, **in the absence of the qualification**—the resultant, future consciousness—**no** energy has been **qualified** by that because, without apprehending the qualification, an awareness of the base for the qualification does not operate. Similarly, without someone[b] holding a stick, an awareness of someone having a stick does not operate. Were that energy asserted in regard to nonproduced consciousness, **it would follow that even the child of a childless woman would have that** energy because they are similar in [their] nonproduction.[22]

a *khyad par*
b *skyes bu, puruṣha*

།གཉིས་པ་ནི།

།གལ་ཏེ་འབྱུང་བར་འགྱུར་བས་བསྙད་འདོད་ན།
།ནུས་པ་མེད་པར་འདི་ཡི་འབྱུང་འགྱུར་མེད།   ༥༢ ཀཁ

།གལ་ཏེ་ནུས་པ་ལས་འབྱུང་འགྱུར་གྱི་རྣམ་ཤེས་མ་འོངས་པ་ལ་བསམས་ནས་རྣམ་ཤེས་འདིའི་ནུས་པ་འདི་འོ་ཞེས་འདི་ལས་འདི་འབྱུང་བར་འགྱུར་བས་ཁྱད་པར་དུ་བྱས་ནས་ཁྱད་གཞིར་བསྙད་དུ་རུང་སྟེ། དཔེར་ན་འབྲས་ཆན་ཚོས་ཤིག །སྣལ་མ་འདི་ལ་རས་ཡུག་ཐོགས་ཤིག་ཅེས་སླ་བ་ལྟར་འདོད་ན། དེར་ཡང་མི་རུང་སྟེ། ནུས་པ་ཡོད་ན་དེ་ལས་འབྱུང་འགྱུར་གྱི་རྣམ་ཤེས་མ་འོངས་པ་བློའི་ཡུལ་དུ་འགྱུར་བ་ཞིག་ན། རྣམ་ཤེས་མ་འོངས་པ་མེད་པས་དེས་ཁྱད་པར་དུ་བྱས་པའི་ནུས་པ་མེད་པའི་ཕྱིར། དེས་ན་མོ་གཤམ་གྱི་བུ་བཞིན་ནུས་པ་མེད་པར་རྣམ་ཤེས་འདིའི་འབྱུང་བར་འགྱུར་བ་ཡང་མེད་པ་ཡིན་ནོ། །འདིས་ནི་འབྲས་ཆེན་ལ་སོགས་པའི་དཔེ་དག་ཀྱང་བཀག་པ་ཡིན་ནོ།

།གསུམ་པ་ནི།

།ཕན་ཚུན་དོན་ལ་བརྟེན་པའི་འགྲུབ་པ་ནི།
།གྲུབ་མིན་ཉིད་ཅེས་དམ་པ་རྣམས་ཀྱིས་གསུངས།   ༥༢ གང

།ཡང་ནུས་པ་དང་རྣམ་ཤེས་ཕན་ཚུན་བརྟེན་པའི་རྒྱུ་འབྲས་ལས་གཅིག་རྒྱུ་གཅིག་གིས་ཕན་ཚུན་དུ་བྱེད་པའི་ཕྱིར་རྒྱུ་ནུས་པ་ལས་འབྲས་བུ་རྣམ་ཤེས་འབྱུང་ངོ་ཞེ་ན། འོ་ན་རྣམ་ཤེས་རང་བཞིན་གྱི་སྐྱེ་བ་དང་གྲུབ་པ་ཡོད་པ་མ་ཡིན་པ་ཉིད་དུ་འགྱུར་ཏེ། དཔེར་ན་རིང་པོ་དང་ཐུང་ངུ་དང་ཕ་རོལ་དང་ཚུ་རོལ་ལྟ་བུ་ཕན་ཚུན་དོན་ལ་བརྟེན་ནས་འཇོག་པའི་གྲུབ་པ་རྣམས་ནི་ངོ་བོ་ཉིད་ཀྱིས་གྲུབ་པ་མིན་པ་ཉིད་ཅེས་ཆོས་ཐམས་ཅད་ཀྱི་ངོ་བོ་སྟོང་པ་ཉིད་དུ་གཟིགས་པའི་དམ་པ་འཕགས་པ་རྣམས་ཀྱིས་གསུངས་པའི་ཕྱིར།

2.1.1.2.2.1.2.2.2.1.2 Refutation of the reply to that (426:2)

> **They may assert an explanation because of what will come;**
> **As the energy does not exist, nothing will come of it. (58ab)**

Considering a future consciousness that will come from energy, [they say] "This is the energy for this consciousness." **Because** this [consciousness] **will come** from this [energy, the energy] has been qualified and may then be **explained** as the base for the qualification; for example, "Cook the rice"and "Make this wool into cloth."

They may assert such; it does not fit the case because, were energy to exist, the future consciousness that will come from it would be an object for awareness; as future consciousness does not exist, therefore, energy qualified by it does not exist. Thus, like the child of a childless woman, **as the energy does not exist, no** consciousness **will come of it.** This negates the examples of rice and so forth also.[23]

2.1.1.2.2.1.2.2.2.1.3 Nonestablishment due to contingency (426:5)

> **"Establishment that depends upon reciprocal objects**
> **Is just not established," the excellent have said. (58cd)**

They may also say that because energy and consciousness constitute mutually dependent cause and effect, such that a single cause and a single object make one another in a reciprocal manner, from the cause, [which is] energy, the effect, [which is] consciousness, arises. In that case, the inherent production and establishment of consciousness becomes just nonexistent. This is because **the excellent**, superior ones[a] who see the entity of all phenomena as emptiness **have said,** "For example, **establishments** posited in **dependence upon reciprocal objects** such as long and short, the far side and the near side, **are just not established** by [their own] entityness."[b,24]

a *'phags pa, ārya*
b *ngo bo nyid, svabhāvatā*

།གཉིས་པ་ལ། གཞན་ལས་གཞན་འབྱུང་ཞིང་ཧ་ཅང་ཐལ་བ་དང་། དེའི་ཉེས་སྤོང་གི་ལན་དགག་པ་གཉིས།

།དང་པོ་ནི།

།གལ་ཏེ་འགགས་པའི་ནུས་སྨིན་ལས་འགྱུར་ན།
།གཞན་གྱི་ནུས་པ་ལས་གཞན་འབྱུང་བར་འགྱུར།
།རྒྱུན་ཅན་རྣམས་དེར་ཕན་ཚུན་ཐ་དད་ཡོད།
།དེ་ཕྱིར་ཐམས་ཅད་ཀུན་ལས་འབྱུང་བར་འགྱུར། ༥༨

།ད་ནི་འདས་པ་ལ་ནུས་པ་ཡོད་པ་མིན་ནོ། །ཞེས་སྨོན་པ་གལ་ཏེ་སྐྱེས་ནས་འགག་བཞིན་པའི་རྣམ་ཤེས་ཀྱིས་འབྲས་བུའི་དོན་དུ་ཀུན་གཞི་ལ་ནུས་པའི་ཁྱད་པར་བཞག་པ་རྣམ་ཤེས་འགགས་པའི་ནུས་པ་སྨིན་པ་ལས་རྣམ་ཤེས་འབྱུང་བར་འགྱུར་རོ་ཞེ་ན། དེ་ལ་ཀུན་གཞི་ཁས་ལེན་པ་དག་ནི་ནུས་པ་ད་ལྟར་བ་ལས་འབྱུང་བར་འདོད་ལ། མི་ལེན་པའི་རྣམ་རིག་པ་དག་ནི་འདས་པའི་ནུས་པ་ལས་འབྱུང་བར་འདོད་དོ། །དེ་ལྟར་ན་རྣམ་ཤེས་གཞན་གྱི་ནུས་པ་ལས་རྣམ་ཤེས་གཞན་འབྱུང་བར་འགྱུར་ཏེ། རྣམ་པར་ཤེས་པ་སྐད་ཅིག་སྔ་ཕྱི་རྒྱུན་མ་ཆད་པར་འཇུག་པའི་རྒྱུན་ཅན་སྐད་ཅིག་སྔ་ཕྱི་རྣམས་རྒྱུན་དེར་ཕན་ཚུན་གཞན་དང་གཞན་དུ་ཐ་དད་ཅིང་། གཞན་ཉིད་དུ་ཡོད་པར་གཞན་གྱིས་ཁས་བླངས་པའི་ཕྱིར། འདོད་ན། གཞན་ལ་བརྟེན་ནས་གལ་ཏེ་གཞན་ཞིག་འབྱུང་བར་འགྱུར་ན་ནི། འོ་ན་མེ་ལྕེ་ལས་ཀྱང་མུན་པ་འཐུག་པོ་འབྱུང་འགྱུར་ཞིང་། ཞེས་སོགས་སུ་བཀག་ཟིན་པའི་ཕྱིར། གཞན་ཉིད་དུ་ཁྱད་པར་མེད་པ་དེའི་ཕྱིར་དངོས་པོ་ཀུན་ལས་དངོས་པོ་ཐམས་ཅད་འབྱུང་བར་འགྱུར་རོ།

2.1.1.2.2.1.2.2.2.2 Energy is not feasible with respect to the past (427:6)

This has two parts:

1 Other arising from other and its ludicrous consequence
2 Refutation of the reply that abandons those flaws

2.1.1.2.2.1.2.2.2.2.1 Other arising from other and its ludicrous consequence (427:6)

Were [consciousness] to evolve from the ripened energy of what has ceased,
Other would arise from energy that is other.
Those having continuity[a] **are mutually different;**
Therefore, all would arise from every[thing]. (59)

Now, showing that "energy does not exist with respect to the past": They may say, "Having arisen, as it ceased a consciousness placed a qualification of energy in the base of all for the sake of an effect. **From** the **ripened energy** of the consciousness **that has ceased**, consciousness **will** arise." Those who assert a base of all hold that [consciousness] arises from a contemporary energy; those Proponents of Perception who do not assert [a base of all] hold that [consciousness] arises from past energy. In that case, consciousness that is **other would arise from the energy** of consciousness **that is other.**[25] This is because others have affirmed that the earlier and later moments of **those having continuity**, in which earlier and later moments of consciousness operate without a break in continuity, in that continuity **are mutually different** as other to one another and are only other.

If that is accepted, then other would arise in dependence upon other. In that case, "thick darkness would arise from the tongue of fire" and so on.[26] This has been refuted already. In their otherness they[27] do not differ; **therefore, all things** would arise from every**thing.**[28]

a *rgyun, saṃtāna*

གཉིས་པ་ལ་ཉེས་སྤོང་གི་ལན་དང་། དེ་དགག་པ་གཉིས།

དང་པོ་ནི།

།གལ་ཏེ་དེར་ནི་རྒྱུན་ཅན་ཐ་དད་ཀྱི།
།དེ་དག་ལ་རྒྱུན་ཐ་དད་མེད་དེའི་ཕྱིར།
།ཉེས་མེད་ཅེ་ན། ༨༠ ཀ།ཁག

གལ་ཏེ་རྣམ་ཤེས་རྒྱུན་གྱི་འཇུག་པའི་སྐབས་དེར་ནི་རྒྱུན་ཅན་ཡོད་པའི་རྫས་ཀྱི་སྐད་ཅིག་སྔ་ཕྱི་རྣམས་ཕན་ཚུན་ཐ་དད་དུ་ཡོད་མོད་ཀྱི། སྐད་ཅིག་སྔ་ཕྱི་དེ་དག་ལ་རྒྱུན་གཅིག་ཁོ་ན་ལས་ཐ་དད་མེད་པ་དེའི་ཕྱིར་ཐམས་ཅད་ལས་ཐམས་ཅད་སྐྱེ་བའི་ཉེས་པ་མེད་ཅེ་ན།

།གཉིས་པ་ནི།

།འདི་ནི་བསྒྲུབ་བྱ་ཞིག
།ཐ་མི་དད་རྒྱུན་སྐབས་མི་རིགས་ཕྱིར་རོ། ༨༠ གང
།བྱམས་པ་ཉེར་སྦས་ལ་བརྟེན་ཆོས་རྣམས་ནི།
།གཞན་ཉིད་ཕྱིར་ན་རྒྱུད་གཅིག་གཏོགས་མིན་ཏེ།
།གང་དག་རང་མཚན་ཉིད་ཀྱིས་སོ་སོ་བ།
།དེ་དག་རྒྱུད་གཅིག་གཏོགས་པ་རིགས་མ་ཡིན། ༨༡

དེ་ལྟར་ཡིན་ན་ཉེས་པ་མེད་ཀྱང་དེ་མ་གྲུབ་པས་འདི་ནི་བསྒྲུབ་བྱ་ཞིག་གོ་སྟེ། ཐ་མི་དད་པའི་རྒྱུན་སྐབས་མེད་པའི་ཕྱིར་ཏེ། རྣམ་ཤེས་སྐད་ཅིག་སྔ་ཕྱིའི་རྫས་ཐ་དད་རྣམས་ལ་ཐ་མི་དད་རྒྱུན་གཅིག་རྗེས་སུ་འཇུག་པའི་གོ་སྐབས་མི་རིགས་པའི་ཕྱིར་རོ། །བྱམས་པ་དང་ཉེར་སྦས་ལྟ་བུ་གཞན་དང་གཞན་ལ་བརྟེན་པའི་ཆོས་རྣམས་ནི་གཞན་ཉིད་ཡིན་པའི་ཕྱིར་ན་རྒྱུད་གཅིག་གཏོགས་པ་མ་ཡིན་པ་བཞིན་ཏེ། རྣམ་ཤེས་སྐད་ཅིག་སྔ་ཕྱི་གང་དག་རང་གི་མཚན་ཉིད་ཀྱིས་སོ་སོ་ཐ་དད་པ་དེ་དག་རྒྱུད་གཅིག་ཏུ་གཏོགས་པར་རིགས་པ་མིན་ཏེ་

2.1.1.2.2.1.2.2.2.2.2 Refutation of the reply that abandons those flaws (428:6)

This has two parts:

1 The reply that abandons those flaws
2 Refutation of that

2.1.1.2.2.1.2.2.2.2.2.1 The reply that abandons those flaws (428:6)

They may say, "There, those having continuity are different but
They do not have different continuity. Because of that,
There is no flaw." (60a-c)

They may say, "There, when a continuity of consciousness operates, **those** earlier and later substantial moments **having continuity are** indeed mutually **different, but those** earlier and later moments d**o not have different,** [which is to say] other than only single, **continuity. Because of that, there is no flaw** of all being produced from all."[29]

2.1.1.2.2.1.2.2.2.2.2.2 Refutation of that (429:2)

This is what is to be established,
Because the occasion of continuity without difference is not reasonable. (60cd)

The phenomena that depend upon Maitreya and Upagupta
Are just other; therefore, they are not included in one continuum.[a]
To include those individualized by their specific characteristics[b]
In one continuum is not reasonable. (61)

Were that so, there would be no fault; however, it is not established. Therefore, **this is what is to be established** because there is no occasion of continuity without difference. This is **because,** for different substances that

a *rgyud, saṃtāna*
b *rang mtshan, svalakṣhaṇa*

གཞན་ཡིན་པའི་ཕྱིར། དེས་ན་ནུས་པ་ཡོངས་སུ་སྨིན་པ་དང་མ་སྨིན་པ་ལས་ཤེས་པ་སྐྱེ་བ་དང་མི་སྐྱེ་བ་ཡིན་ནོ་ཞེས་པ་དེས་བསལ་བ་ཡིན་ཏེ། ཤེས་བྱ་མེད་ན་ཤེས་པ་མེད་དོ་ཞེས་པ་འདི་གྲུབ་པའི་ཕྱིར་རོ།

།གཉིས་པ་ལ་ཕྱོགས་སྔ་མ་དང་། དེ་དགག་པ་གཉིས། དང་པོ་ལ། དབང་པོ་དང་ཡུལ་གྱི་རྣམ་གཞག་བསྟན་པ། ཡུལ་མེད་ཀྱང་ནུས་པ་ལས་ཤེས་པ་འབྱུང་བ། དཔེས་བསྟན་པ་གསུམ།

are earlier and later moments of consciousness, **the occasion of** operating as a single **continuity without difference is not reasonable.**

Phenomena that depend upon others, such as **Maitreya and Upagupta, are just other; therefore, they are not included in one continuum.** Similarly, **to include in one continuum those** earlier and later moments of consciousness **individualized,** [which is to say] differentiated, **by their specific characteristics is not reasonable** because they are other. Thus, [the assertion by the Proponents of Perception that,] "cognition is produced from energy that has ripened thoroughly; when energy has not ripened, cognition is not produced" has been dispelled by that [line of argument] because this [assertion of ours], "When there is no object to be cognized, there is no cognition," is established.[30]

2.1.1.2.2.2 Refutation of the way of positing tenets in dependence upon energy (429:5)

This has two parts:

1 The earlier position
2 Refutation of that

2.1.1.2.2.2.1 The earlier position (429:5)

This has three parts

1 Showing the presentation of sense powers and objects
2 Despite the absence of objects, consciousness arises from energy
3 Showing with an example

དང་པོ་ནི།

།མིག་བློ་སྐྱེ་བ་རང་ནུས་གང་ཞིག་ལས།
།དེ་མ་ཐག་ཏུ་ཀུན་ནས་སྐྱེ་འགྱུར་ཞིང་།
།རང་གི་རྣམ་ཤེས་རྟེན་གྱི་ནུས་དེ་ལ།
།དབང་པོ་གཟུགས་ཅན་མིག་ཅེས་བྱ་བར་རྟོགས། ༤༢

།རྣམ་རིག་པས་ནུས་པ་ལ་དབང་པོ་དང་ཡུལ་དུ་བཏགས་ནས་གཟུགས་སུ་གྲུབ་པའི་ཡུལ་དབང་མེད་ཀྱང་ཤེས་པ་སྐྱེ་བར་འདོད་པའི་དོན་གྲུབ་པོ་ཞེས། མིག་གི་དབང་པོའི་བློ་སྐྱེ་བར་འགྱུར་བའི་རང་གི་ནུས་པ་གང་ཞིག་རིས་མཐུན་གྱི་རྣམ་ཤེས་སྔ་མ་འགགས་བཞིན་པས་བཞག་པ་ཕྱི་མར་ཡོངས་སུ་སྨིན་པ་ལས་དེ་མ་ཐག་ཏུ་ཇི་ལྟར་ཡུལ་དབང་གི་བག་ཆགས་བཞག་པ་དེ་ལྟའི་རྣམ་པའི་རྗེས་སུ་བྱེད་པའི་མིག་ཤེས་ཀུན་ནས་སྐྱེ་བར་འགྱུར་ཞིང་། རྣམ་ཤེས་དེ་སྐྱེ་བའི་ནུས་པ་བར་མ་ཆད་པ་གང་ཞིག་ལས་སྐྱེས་པའི་མིག་རང་གི་རྣམ་ཤེས་ཀྱི་རྟེན་གྱི་ནུས་པ་དེ་ལ་གཏི་མུག་གི་དབང་གིས་འཇིག་རྟེན་ན་དབང་པོ་གཟུགས་ཅན་མིག་ཅེས་རྟོགས་ཤིང་ཐ་སྙད་བྱེད་ཀྱི། རྣམ་ཤེས་ལས་ཐ་དད་པའི་མིག་རྣའི་དབང་པོ་སོགས་ཡོད་པ་མ་ཡིན་ནོ།

2.1.1.2.2.2.1.1 Showing the presentation of sense powers and objects (429:5)

> **From a certain corresponding energy that will produce the eye's mind**
> **Immediately [it] is thoroughly produced, and**
> **That energy that is the support for the corresponding consciousness**
> **Is considered to be "the physical sense power, the eye." (62)**

The Proponents of Perception say, "The meaning of the assertion that, despite the absence of objects and sense powers that are established as forms, cognition is produced by designating the energy as the sense power and the object is established." **A certain corresponding energy that will produce the eye** sense power's **mind** is placed by an earlier consciousness of a concordant type as it ceases. Later, **immediately** upon [the energy] having ripened thoroughly, an eye consciousness **is thoroughly produced**; it accords in aspect with the predispositions for objects and sense powers that were placed [there]. **That energy that is the support for the corresponding consciousness**—the eye that is produced from a particular uninterrupted energy that produces that consciousness—**is**, due to the power of bewilderment, **considered** in the world **to be "the physical sense power, the eye,"** and conventionally designated as such. There are no eye and ear sense powers and so forth that are different from consciousness.[31]

།གཉིས་པ་ནི།

།འདི་ན་དབང་པོ་ལས་བྱུང་རྣམ་པར་རིག
།ཕྱི་གཟུང་མེད་པར་རང་གི་ས་བོན་ལས།
།སྔོ་སོགས་སྣང་ཉིད་འབྱུང་བར་མ་རྟོགས་ནས།
།སྐྱེ་བོས་ཕྱི་རོལ་བཟུང་བར་སེམས་ཁས་ལེན། ༨༣

།རྣམ་ཤེས་ལས་ཐ་དད་པའི་དབང་པོ་མེད་ཅིང་ཡུལ་ཡང་ཤེས་པ་ལས་ཐ་མི་དད་དོ་ཞེས་སྨོན་པ་ནི། འདི་ན་བན་ཧུ་ཀ་དང་ཀིང་ཤུ་ཀ་སོགས་དམར་པོའི་རྣམ་པ་ཅན་དུ་སྐྱེ་བ་ནི་བསྒྱུར་ཤེལ་བཞིན་ཕྱི་རོལ་གྱི་ཚོན་གྱིས་བསྒྱུར་བ་ལ་མི་བལྟོས་པར་རང་རྒྱུད་དམར་པོའི་རྣམ་པ་ཅན་དུ་སྐྱེ་བ་བཞིན། མིག་སོགས་ཀྱི་དབང་པོ་ལས་བྱུང་བའི་རྣམ་པར་རིག་པ་རྣམས་སྔོ་སོགས་ཕྱི་རོལ་གྱི་གཟུང་བ་ལ་བལྟོས་པ་མེད་པར་ཐོག་མེད་ནས་བརྒྱུད་དེ་འོངས་པའི་རང་གི་ས་བོན་གྱིས་འཕངས་པའི་ནུས་པ་དང་རྗེས་སུ་འབྲེལ་པ་ལས་སྔོ་སོགས་ཡུལ་དུ་སྣང་བ་ཉིད་འབྱུང་བར་མ་རྟོགས་ནས་འཇིག་རྟེན་གྱི་སྐྱེ་བོས་ཤེས་པ་ལ་སྣང་བ་ཕྱི་རོལ་གྱི་གཟུང་བར་སེམས་ཤིང་ཁས་ལེན་པར་བྱེད་དེ། དཔེར་ན་མཚོ་ཤིན་ཏུ་དྭངས་པའི་མཐར་སྐྱེས་པའི་ཤིང་གི་ཡལ་ག་ལ་བཏགས་པའི་ནོར་བུའི་གཟུགས་བརྙན་ཆུ་ནང་དུ་ཤར་བའི་ཕྱི་རོལ་གྱི་ནོར་བུ་ལྟར་དམིགས་ཀྱང་ཡོད་པ་མ་ཡིན་པ་བཞིན་དུ་རྣམ་པར་ཤེས་པ་ལ་དོན་གྱི་གཟུགས་བརྙན་ཤར་ཡང་རྣམ་ཤེས་ལས་ཐ་དད་དུ་ཡོད་པ་མ་ཡིན་ནོ།

2.1.1.2.2.2.1.2 Despite the absence of objects, consciousness arises from energy (430:2)

> **Here, as for perception that arises from sense powers,**
> **Without an external object of apprehension, from their seeds**
> **Appearances arise, blue and so on. Not realizing this,**
> **People conceive and affirm external objects of apprehension. (63)**

They teach, "There are no sense powers that are different from consciousnesses, and objects too are not different from cognition." **Here,** [flowers] such as *bandhuka* and *kingshuka* are produced having a red aspect. Unlike the changes in crystal, this is not contingent upon transformation by external color. Rather, its own continuum is produced having a red aspect. Similarly, **as for perception that arises from sense powers,** such as the eye, **appearances** as objects, **blue and so on, arise from** relationship with the energy impelled by **their seeds,** which come through a beginningless transmission, **without** the contingency of **an external object of apprehension** such as blue. **Not realizing this,** worldly **people conceive and affirm** the appearances for cognition to be **external objects of apprehension.**

For example, a likeness of the form of a jewel hung upon the branches of a tree that grows at the edge of an extremely clear lake dawns in the water. Although observed to resemble an external jewel, it is not. Similarly, a likeness of the forms of objects dawns for a consciousness but is not different from the consciousness.[32]

།གསུམ་པ་ནི།

།རྨི་ལམ་ན་ནི་གཟུགས་དོན་གཞན་མེད་པར།
།རང་ནུས་སྨིན་ལས་དེ་ཡི་རྣམ་ཅན་སེམས།
།འབྱུང་བ་ཇི་ལྟ་དེ་བཞིན་སད་ལའང་འདིར།
།ཕྱི་རོལ་མེད་པར་ཡིད་ནི་ཡོད་ཅེ་ན། ༨༩

།འདིར་སད་པའི་གནས་སྐབས་ལའང་ཕྱི་རོལ་མེད་པར་ཡིད་ཀྱི་རྣམ་ཤེས་ནི་ཡོད་པ་ཡིན་ཏེ། དཔེར་ན་རྨི་ལམ་ན་ནི་གཟུགས་སོགས་དོན་གཞན་མེད་པར་རང་དང་རྗེས་སུ་མཐུན་པའི་ནུས་པ་སྨིན་པ་ལས། གཟུགས་སོགས་ཡུལ་དེའི་རྣམ་པ་ཅན་གྱི་ཡིད་ཀྱི་སེམས་འབྱུང་བ་ཇི་ལྟ་བ་དེ་བཞིན་ནོ་ཞེ་ན།

།གཉིས་པ་ལ་གནོད་བྱེད་ཡོད་པ་དང་། སྒྲུབ་བྱེད་མེད་པ་གཉིས། དང་པོ་ལ་ནུས་པ་ལས་རྣམ་ཤེས་སྐྱེ་ན་ལོང་བ་ལ་མིག་ཤེས་སྐྱེ་བར་ཐལ་བ་དང་། རྨི་ལམ་ན་ཡུལ་དབང་ཡོད་མེད་མཚུངས་པ་གཉིས།

2.1.1.2.2.2.1.3 Showing with an example (431:4)

> **They may say, "In dreams, without other objects, [such as] forms,**
> **Through the ripening of its energy, a mind having their aspect arises.**
> **Just like that, also when we are awake here,**
> **Without the external, there is mental [consciousness]." (64)**

They may say, "Also when we are awake here, there is mental consciousness **without the external.** For example, **in dreams, without other objects**, such as **forms, through the ripening of energy** that accords with **it, a mind** that is mental [consciousness] **having the aspect of those** objects, forms and so forth, **arises. It is just like that."**[33]

2.1.1.2.2.2.2 Refutation of that (431:6)

This has two parts:

1 There is damage
2 There is no proof

2.1.1.2.2.2.2.1 There is damage (431:7)

This has two parts:

1 Were consciousness produced from energy, it would follow that eye consciousness would be produced in the blind
2 Objects and sense powers in dreams are equally existent or nonexistent

དང་པོ་ནི།

།ཇི་ལྟར་མིག་མེད་པར་ནི་རྨི་ལམ་དུ།
།སྔོ་སོགས་སྣང་བའི་ཡིད་སེམས་འབྱུང་དེ་ལྟར།
།མིག་དབང་མེད་པར་རང་གི་ས་བོན་ནི།
།སྨིན་ལས་ལོང་བ་ལ་འདིར་ཅིས་མི་སྐྱེ། ༨༥

།ཇི་ལྟར་མིག་དང་གཟུགས་མེད་པར་ནི་རྨི་ལམ་དུ་རང་གི་བག་ཆགས་སྨིན་པ་ལས། སྔོ་སོགས་ཡུལ་དུ་སྣང་བའི་ཡིད་ཀྱི་སེམས་མིག་ཤེས་དང་། རྗེས་སུ་མཐུན་པ་འབྱུང་ན་ཆོས་ཅན། དེ་ལྟར་སད་སྐབས་ཀྱི་ལོང་བ་ལ་ཡང་མ་ལོང་བ་ལྟར། རང་གི་ས་བོན་ནི་སྨིན་པ་ལས་སད་སྐབས་འདིར་རྣམ་པ་དེ་ལྟའི་སྔོན་པོ་འཛིན་པའི་ཡིད་སེམས་ཅིས་མི་སྐྱེ་སྟེ་སྐྱེ་བར་ཐལ། གཉིད་ལོག་པ་དང་ལོང་བ་གཉིས་ཀ་ཡང་མིག་དབང་མེད་པར་འདྲ་བའི་ཕྱིར།

2.1.1.2.2.2.2.1.1 WERE CONSCIOUSNESS PRODUCED FROM ENERGY, IT WOULD FOLLOW THAT EYE CONSCIOUSNESS WOULD BE PRODUCED IN THE BLIND (431:7)

In dreams, a mental mind for which blue and so on appear
Arises without an eye. Like that,
Why is it not produced here for the blind
Through the ripening of its seed, in the absence of an eye sense power? (65)

In dreams, a mental mind that accords with an eye consciousness and **for which blue and so on appear** as objects **arises** through the ripening of its predisposition, **without an eye** or a form—[this, your thesis, serves as our] subject. If that is so, then, **like that, why is** a similarly aspected mental mind apprehending blue **not** also **produced here**, in the waking state, **for those blind** in the waking state, as it is for the sighted, **through the ripening of its seed?** It follows that it would be produced because sleep and blindness resemble one another **in the absence of an eye sense power.**[34]

གཉིས་པ་ལ། དཔྱད་ན་རྨི་ལམ་དུ་ནུས་པ་མི་འཐད། མ་དཔྱད་ན་མིག་ཀྱང་ཡོད་པ་གཉིས། དང་པོ་ལ་ནུས་པའི་ངོ་བོ་དང་། རྒྱུ་མི་འཐད་པ་གཉིས།

དང་པོ་ནི།

།གལ་ཏེ་ཁྱོད་ལྟར་རྨི་ལམ་དྲུག་པ་ཡི།
།ནུས་པ་སྨིན་ཡོད་སད་པར་མེད་གྱུར་ན།
།དྲུག་པའི་ནུས་སྨིན་ཇི་ལྟར་འདིར་མེད་པ།
།དེ་ལྟར་རྨི་ཚེ་མེད་ཅེས་ཅིས་མི་རིགས། ༨༨

།ཅི་སྔོན་པོའི་རྣམ་པ་དེ་ལྟ་བུའི་ཡིད་ཤེས་ཀྱི་རྒྱུ་ནི་ཕྱི་དོན་གྱི་དབང་ཡུལ་མེད་ཀྱང་ཡོད་དེ། ནུས་པ་སྨིན་པ་ལས་དེ་ལྟའི་ཡིད་ཤེས་འབྱུང་བའི་ཕྱིར། དེའང་གཉིད་རྐྱེན་གྱིས་རྨི་ལམ་ཀོ་ན་ལ་ཡོད་ཀྱི། སད་པ་ལ་ནི་མ་ཡིན་ནོ་སྙམ་ན་མི་འཐད་དོ་ཞེས། གལ་ཏེ་ཁྱོད་ཀྱི་ལྟར་རྨི་ལམ་ན་རྣམ་པ་དེ་ལྟའི་དྲུག་པའི་ཤེས་པ་ནུས་པ་སྨིན་པ་ཡོད་ལ། སད་པར་གྱུར་པ་ན་མེད་པས་ཇི་སྐད་བཤད་པའི་ཉེས་པར་མི་འགྱུར་ན། དེད་ཀྱི་ལྟར་ན་འདི་ལྟར་རྗོད་པར་བྱེད་དེ། རྨི་ལམ་གྱི་ཚེ་དེ་ལྟའི་རྣམ་ལྡན་གྱི་ཤེས་པ་ཡང་མེད་ཅེས་ཅིས་མི་རིགས་ཏེ་རིགས་པར་ཐལ། དྲུག་པའི་ནུས་པ་སྨིན་པ་ཇི་ལྟར་སད་སྐབས་འདིར་ལོང་བ་ལ་མེད་པ་དེ་ལྟ་བར་མཚུངས་པའི་ཕྱིར།

2.1.1.2.2.2.2.1.2 Objects and sense powers in dreams are equally existent or nonexistent (432:2)

This has two parts:

1 When analyzed, energy is not feasible in dreams
2 When not analyzed, eyes exist also

2.1.1.2.2.2.2.1.2.1 When analyzed, energy is not feasible in dreams (432:2)

This has two parts:

1 The entity of energy is not feasible
2 The cause of energy is not feasible

2.1.1.2.2.2.2.1.2.1.1 The entity of energy is not feasible (432:2)

According to you, the energy for the sixth has ripened
In dreams but not upon waking. If so,
Then, "Just as the ripened energy for the sixth does not exist here,
Similarly, it does not exist at the time of dreams." Why is that unreasonable? (66)

They may think, "There is a cause for such a mental consciousness having an aspect of blue despite the absence of external sense powers and objects because such a mental consciousness arises due to the ripening of energy. Moreover, it exists only in dreams, due to the condition of sleep, but not when we are awake." We say, "That is not feasible." **According to you, the energy for a sixth** consciousness having such an aspect **has ripened in dreams but, upon waking, has not,** due to which the flaws I have explained do not apply. If so, then I will put it this way: "A cognition having such an aspect **does not exist at the time of dreams** either." **Why is that unreasonable?** It follows that it is reasonable because, **just as the ripened energy for the sixth does not exist** for the blind **here** in the waking state, **similarly** [it does not] there [in the dream].[35]

གཉིས་པ་ནི།

།ཇི་ལྟར་མིག་མེད་འདི་ཡི་རྒྱུ་མིན་ལྟར།
།རྨི་ལམ་དུ་ཡང་གཉིད་ནི་རྒྱུ་མ་ཡིན། ༤༧ ཀ།ཁ

།སད་པའི་གནས་སྐབས་སུ་ཇི་ལྟར་མིག་མེད་པ་ལོང་བ་འདིའི་རྒྱུད་ལ་སྔོ་སོགས་སྣང་བའི་ཡིད་ཤེས་ཀྱི་ནུས་པ་སྨིན་པའི་རྒྱུ་མིན་པ་ལྟར་རྨི་ལམ་དུ་ཡང་གཉིད་ནི་ཡིད་ཤེས་ཀྱི་ནུས་པ་སྨིན་པའི་རྒྱུ་མ་ཡིན་ཏེ། དེ་གཉིས་ཀར་མིག་མེད་པར་མཚུངས་པའི་ཕྱིར།

གཉིས་པ་ནི།

།དེ་ཕྱིར་རྨི་ལམ་དུ་ཡང་དེ་དངོས་མིག
།བརྟེན་པའི་ཡུལ་ཅན་རྟོགས་པའི་རྒྱུར་ཁས་བླང་། ༤༧ གང

།བཤད་མ་ཐག་པ་དེ་ལྟར་ཡིན་པ་དེའི་ཕྱིར་རྨི་ལམ་དུའང་དེ་ལྟ་བུའི་ཡུལ་ཅན་གྱི་ཤེས་པའི་དངོས་པོ་བརྟེན་པའི་མིག་དང་། རྣམ་ཤེས་དེའི་རྟེན་གྱི་བརྟེན་པའི་ཡུལ་ཅན་གྱི་དབང་པོ་ནི་ཡུལ་རྟོགས་པའི་རྒྱུར་ཁས་བླང་བར་བྱ་སྟེ། མིག་སོགས་དབང་པོ་མེད་པར་ཡུལ་གཟུགས་སྒྲ་སོགས་རྟོགས་པ་མ་མཐོང་བའི་ཕྱིར།

2.1.1.2.2.2.2.1.2.1.2 The cause of energy is not feasible (432:5)

> **The absence of eyes is not the cause for this; like that,**
> **Sleep is not the cause in dreams. (67ab)**

In the waking state, the absence of eyes is not the cause for the energy for a mental consciousness to which blue and so on appear ripening in the continuum of this blind person; **like that, sleep is not the cause** for the energy for a mental consciousness ripening **in dreams** because both are equivalent in the absence of eyes.[36]

2.1.1.2.2.2.2.1.2.2 When not analyzed, eyes exist also (432:6)

> **Because of that, in dreams also, eye things**
> **[And] false possessors of objects are affirmed as the causes of realization. (67cd)**

Because of that immediately preceding explanation, **in dreams also, eyes** that are false **things**—the cognitions possessing such objects—and the **false** sense powers that **are possessors of objects** and that serve as the supports for those consciousnesses **are** to be **affirmed as the causes of realizing** objects because, in the absence of sense powers such as eyes, realization of objects such as forms and sounds is not seen.[37]

གཉིས་པ་ལ་རིགས་པ་དང༌། ལུང་གི་སྒྲུབ་བྱེད་མེད་པ་གཉིས།

དང་པོ་ནི།

།འདི་ཡིས་ལན་ནི་གང་དང་གང་བཏབ་པ།
།དེ་དང་དེ་ནི་དམ་བཅའ་མཚུངས་མཐོང་བས།
།རྩོད་འདི་སེལ་བྱེད་ ༨༢ ཀ།ཁག

དབུ་མ་པས་སད་པའི་གནས་སྐབས་ཀྱི་ཡུལ་དབང་རྣམ་ཤེས་གསུམ་ནི་རང་བཞིན་གྱིས་སྟོང་པ་ཡིན་ཏེ། དམིགས་པའི་ཕྱིར་རྨི་ལམ་བཞིན་ནོ་ཞེས་བསྟན་པ་ལ། ཕ་རོལ་པོས་སད་པའི་རྣམ་ཤེས་ནི་དོན་གྱིས་སྟོང་པ་ཡིན་ཏེ། རྣམ་ཤེས་ཡིན་པའི་ཕྱིར་རྨི་ལམ་གྱི་རྣམ་ཤེས་བཞིན་ནོ། །ཞེས་དང༌། སད་པའི་གནས་སྐབས་སུ་དམིགས་པའི་ཡུལ་ནི་བརྫུན་པའི་རང་བཞིན་ཅན་ཡིན་ཏེ། ཡུལ་ཡིན་པའི་ཕྱིར། རྨི་ལམ་གྱི་ཡུལ་བཞིན་ནོ། །ཞེས་དང༌། ཀུན་ནས་ཉོན་མོངས་པ་དང་རྣམ་བྱང་ནི་གཞན་དབང་མེད་ན་ཡོད་པ་མ་ཡིན་ཏེ། རྟེན་མེད་པའི་ཕྱིར། རུས་སྦལ་གྱི་སྤུའི་གོས་བཞིན་ནོ། །དེ་བཞིན་དུ་རབ་རིབ་ཀྱི་དཔེ་ལ་སྦྲུར་བ་སོགས་རྣམ་ཤེས་སྨྲ་བ་འདི་ཡིས་ལན་ནི་གང་དང་གང་བཏབ་པ་དེ་དང་དེ་ནི་མཁས་པ་དབུ་མ་པ་དག་གིས་དམ་བཅའ་དང་མཚུངས་པར་སྒྲུབ་བྱེད་ལ་ནུས་པ་མེད་པར་མཐོང་བས་དོན་མེད་ཅིང་རྣམ་ཤེས་ཡོད་པར་སྨྲ་བའི་རྩོད་པ་འདི་ཐམས་ཅད་སེལ་བར་བྱེད་དེ། རྨི་ལམ་དང་རབ་རིབ་ཅན་སོགས་ཀྱི་ཤེས་པ་ལ་བལྟོས་ན་དོན་གྱིས་སྟོང་པ་དང༌། ཡུལ་བརྫུན་པའི་རང་བཞིན་ཅན་དུ་བསྒྲུབ་མི་ནུས་ལ། མ་འཁྲུལ་བའི་ཤེས་པ་ལ་བལྟོས་ནས་རྣམ་པར་ཤེས་པ་ཡིན་པ་དང༌། གཞན་དབང་སོགས་ཀྱང་བསྒྲུབ་བྱ་དང་མཚུངས་པའི་ཕྱིར།

2.1.1.2.2.2.2.2 There is no proof (433:1)

This has two parts:

1 There is no reasoned proof
2 There is no scriptural proof

2.1.1.2.2.2.2.2.1 There is no reasoned proof (433:2)

Seeing each and every reply they have given
As equivalent to their thesis[a]
Closes this dispute. (68a-c)

The Proponents of the Middle Way teach, "The three—objects, sense powers, and consciousnesses—of the waking state are empty of an inherent nature because of being observed, like dreams." Their adversaries reply, "Waking consciousness is empty of objects because of being consciousness, like consciousness in dreams"; and, "Objects observed in the waking state have a nature that is false because of being objects, like objects in dreams"; and, "The thoroughly afflicted[b] and the thoroughly refined[c] do not exist when the other powered does not exist because of lacking a support, like clothing made from the hair of a turtle." Similarly, the learned Proponents of the Middle Way **see each and every reply** these Proponents of Consciousness[d] **have given**, such as joining [their thesis] to the example of an eye disease, **as equivalent to their thesis,** [which is to say] lacking the power to prove. This **closes** altogether **this dispute** with those who propound that objects do not exist and that consciousness does exist. This is because, contingent upon the cognitions in dreams, of those who have eye disease, and so forth, they are unable to prove [that waking cognition] is empty of objects or that objects have a nature that is false; also, [the signs] contingent upon nonmistaken consciousness—the reference to consciousness, [the allusion to] the other powered, and so on—are equivalent to that which is to be proved.[38]

a *dam bca', pratijñā*
b *kun nas nyon mongs pa*
c *rnam par sbyang ba*
d *rnam shes smra ba*

གཉིས་པ་ནི།

སངས་རྒྱས་རྣམས་ཀྱིས་ནི།

།འགར་ཡང་དངོས་པོ་ཡོད་ཅེས་མ་བསྟན་ཏོ། ༦༨ གང

།རྣམ་ཤེས་བདེན་མེད་དུ་སྒྲུབ་པ་ལ་ལུང་གི་གནོད་པ་མེད་དེ། རྫོགས་པའི་སངས་རྒྱས་རྣམས་ཀྱིས་ནི་ཕུང་ཁམས་སྐྱེ་མཆེད་སོགས་ཡུལ་དུས་གནས་སྐབས་འགའ་ཡང་དངོས་པོ་ཡོད་ཅེས་མ་བསྟན་པའི་ཕྱིར། ལང་གཤེགས་ལས། སྲིད་པ་གསུམ་ནི་བཏགས་པ་ཙམ། །ངོ་བོ་ཉིད་ཀྱིས་དངོས་པོ་མེད། །བཏགས་པའི་དངོས་པོའི་ངོ་བོ་ནི། །རྟོག་གེ་བ་དག་རྟོག་པར་འགྱུར། །རང་བཞིན་མེད་ཅིང་རྣམ་རིག་མེད། །ཀུན་གཞི་མེད་ཅིང་དངོས་མེད་ན། །བྱིས་པ་ངན་པ་རྟོག་གེ་བ། །རོ་དང་འདྲ་བས་འདི་དག་བཏགས། །ཞེས་གསུངས་སོ།

།གསུམ་པ་ལ་གསུམ་ཆར་སྐྱེ་བ་མེད་པ་དང་། མིན་ན་གནོད་བྱེད་བརྗོད་པ་གཉིས།

དང་པོ་ནི།

།རྣལ་འབྱོར་པ་ཡིས་བླ་མའི་མན་ངག་ལས།
།ཀེང་རུས་ཀྱིས་གང་ས་གཞི་མཐོང་བ་གང་།
།དེར་ཡང་གསུམ་ཆར་སྐྱེ་བ་མེད་པར་མཐོང་།
།ལོག་པ་ཡིད་ལ་བྱེད་པ་བསྟན་ཕྱིར་རོ། ༦༩

2.1.1.2.2.2.2.2.2 There is no scriptural proof (433:6)

The buddhas
Have never taught, "Things exist." (68cd)

There is no scriptural harm to the establishment of consciousness as not true because **the** completely awakened **buddhas have never taught** at any place, time, and occasion, "**Things** such as the aggregates,[a] elements, and sense fields[b] **exist**." From the *Sūtra of the Descent into Laṅka*:[c]

The three existences are merely designated.[d]
Things do not exist by way of entityness.
The entities of designated things
Are conceived by logicians.

When inherent nature and perception do not exist,
There is no base of all, and there are no things.
Bad children, the logicians
Resembling corpses, therefore make them up.[39]

2.1.1.3 Refutation of skeletons as a concordant example (434:6)

This has two parts:

1 All three are not produced
2 If not, expression of harm

2.1.1.3.1 All three are not produced (434:6)

With a guru's quintessential instructions, a yogin
Sees the ground filled by skeletons. What then?
There also, all three are seen to be unproduced
Because, it is taught, something wrong has been taken to mind. (69)

a *phung po, skandha*
b *skye mched, āyatana*
c *lang kar gshegs pa'i mdo, laṅkāvatārasūtra*
d *btags pa, prajñapti*

།གལ་ཏེ་ཡུལ་མེད་པར་ཤེས་པ་ཡོད་པ་མ་ཡིན་ན། རྣལ་འབྱོར་པ་ཡིས་བླ་མའི་མན་ངག་ལ་བརྟེན་ནས་མི་སྡུག་པ་སྒོམ་པ་ན། རྒྱ་མཚོའི་མཐར་ཁྱབ་པའི་ས་གཞི་ཀེང་རུས་ཀྱིས་གང་བར་མཐོང་བ་དེ་གང་ཞེ་ན། དེར་ཡང་རྐྱེན་དབང་གིས་དེར་སྣང་ཙམ་ལས་ཡུལ་དབང་རྣམ་ཤེས་གསུམ་ཆར་སྐྱེ་བ་མེད་པར་མཐོང་བ་ཡིན་ཏེ། ཏིང་ངེ་འཛིན་དེ་ནི་དེ་ཁོ་ན་ཉིད་ཡིད་བྱེད་ཀྱི་མཐུས་མིན་གྱི། ལོག་པ་ཡིད་ལ་བྱེད་པའི་མཐུས་ཡིན་པར་ལུང་ནས་བསྟན་པའི་ཕྱིར་རོ།

།གཉིས་པ་ནི།

།ཁྱོད་ཀྱི་དབང་བློའི་ཡུལ་རྣམས་ཇི་ལྟ་བ།
།དེ་ལྟར་མི་སྡུག་ཡིད་ཀྱི་ཡང་འགྱུར་ན།
།དེ་བཞིན་ཡུལ་དེར་བློ་གཏད་ཅིག་ཤོས་ཀྱིས།
།རྟོགས་འགྱུར་དེ་ནི་བརྫུན་པར་ཡང་མི་འགྱུར། ༧༠

།རྣལ་འབྱོར་པས་མཐོང་བ་དེ་བཞིན་དུ་ཡུལ་དེར་ཀེང་རུས་སོགས་བལྟ་བར་འདོད་པའི་བློ་གཏད་པ་གཅིག་ཤོས་རྣལ་འབྱོར་པ་མིན་པ་རྣམས་ཀྱིས་ཀྱང་རྟོགས་པར་འགྱུར་བར་ཐལ། ཀེང་རུས་སོགས་མི་སྡུག་པ་སྒོམ་པའི་ཡིད་ཀྱི་ཡུལ་ཡང་བདེན་པར་འགྱུར་ན་དེ་ཉིད་ཀྱི་ཕྱིར། དཔེ་ཇི་ལྟར་ཁྱོད་ཀྱི་དབང་བློའི་ཡུལ་བུམ་པ་ལྟ་བུ་ལ་བལྟ་བ་ན། ཡུལ་དེར་མིག་གཏད་པར་རྣམས་ལས་གཅིག་ལ་མིག་ཤེས་དེའི་རྣམ་ལྡན་དུ་སྐྱེ་བ་ལྟར་གཞན་དག་ལ་ཡང་སྐྱེ་བ་ཇི་ལྟ་བ་དེ་ལྟ་བ་བཞིན་ནོ། །འདོད་ན། འདོད་པ་དེའི་ཕྱིར། ཏིང་ངེ་འཛིན་དེ་ནི་བརྫུན་པ་དེ་ཁོ་ན་ཉིད་མ་ཡིན་པ་ཡིད་ལ་བྱེད་པར་ཡང་མི་འགྱུར་རོ།

When **a yogin** meditates upon ugliness in dependence upon **a guru's quintessential instructions,** he or she **sees the ground filled by skeletons** all the way to the ocean's edge. If, in the absence of objects, there is no cognition, **then what** is that? **There also,** apart from mere appearance as such due to the power of conditions, **all three**—object, sense power, and consciousness—**are seen to be unproduced because, it is taught** in scripture, that meditative stabilization comes about not through the force of taking a precise accuracy to mind but rather through the force of **something wrong being taken to mind.**[40]

2.1.1.3.2 IF NOT, EXPRESSION OF HARM (435:2)

> **Like your objects for the awarenesses of sense powers,**
> **If even [those objects] of the minds of ugliness were [true],**
> **Then another's awareness directed at that place**
> **Would realize them; that also would not be false.** (70)

It follows that, like yogins seeing them, **others** who are not yogins and who **direct their awareness at that place** with the desire to view skeletons and so forth **would realize them.** Why? **If even** the objects **of the minds of** those who meditate upon **ugliness,** such as skeletons, **were** true, then for that very reason! Like what example? When one views **your objects for the awarenesses of sense powers,** such as a vase, among those who direct their eyes at that place, an eye consciousness produced in that aspect for one will be produced in exactly the same way for others also—just **like** that. If it is accepted [that others who are not yogins would realize the ugliness that yogins see], then because of that acceptance, **that** meditative stabilization **also would not be false,** [which is to say] a taking to mind of what is not precisely accurate.[41]

།བཞི་པ་ནི།

།རབ་རིབ་དང་ལྡན་དབང་པོ་ཅན་མཚུངས་ལ།
།ཆུ་འབབ་རླུང་ལ་ཡི་དྭགས་རྣག་བློ་ཡང་། ༧༡ ཀ།ཁ

།རབ་རིབ་དང་ལྡན་པའི་དབང་པོ་ཅན་ལ་འཁྲུལ་ངོར་ཡུལ་ཤེས་གཉིས་ཀ་ཡོད་པ་ལྟར་སྣང་ལ། མ་འཁྲུལ་བའི་ངོར་གཉིས་ཀ་ཡོད་པ་ལྟར་མི་སྣང་ཞེས་བཤད་པ་དང་མཚུངས་པར་གཟུ་སོགས་ཆུ་འབབ་ཀླུང་ལ་ཡི་དྭགས་རྣམས་ལ་རྣག་ཏུ་སྣང་བའི་བློ་ཡང་ལས་དབང་གིས་བསླད་པའི་འཁྲུལ་ངོར་རྣག་ཏུ་སྣང་བའི་ཡུལ་ཤེས་གཉིས་ཀ་ཡོད་པ་ལྟར་སྣང་ལ། མ་འཁྲུལ་བ་སྐྱེ་མ་བསླད་པའི་ངོར་གཉིས་ཀ་ཡོད་པ་ལྟར་མི་སྣང་ངོ་།

།ལྔ་པ་ནི།

།མདོར་ན་ཇི་ལྟར་ཤེས་བྱ་མེད་དེ་བཞིན།
།བློ་ཡང་མེད་ཅེས་དོན་འདི་ཤེས་པར་གྱིས། ༧༡ ག།ང

།མདོར་བསྡུ་ན་ཇི་ལྟར་ཤེས་བྱ་རང་བཞིན་གྱིས་མེད་པ་དེ་བཞིན་དེའི་རྣམ་པ་ཅན་གྱི་བློ་ཡང་རང་བཞིན་མེད་ཅེས་བྱ་བའི་དོན་འདི་ཤེས་པར་གྱིས་ཤིག་སྟེ། དེ་ཉིད་ཕན་ཚུན་གཅིག་ལ་གཅིག་བལྟོས་ནས་བཞག་པའི་ཕྱིར།

2.1.1.4 Refutation of other examples for mistakes (435:5)

> **Analogous to those who have sense powers affected by a disease of the eye,**
> **Where fluid flows, a hungry ghost is aware of pus.** (71ab)

It is explained that, "For **those who have sense powers affected by a disease of the eye**, in a mistaken perspective, both the object and the consciousness appear as if they exist, but in a nonmistaken perspective, neither appears as if they exist." **Analogously**, where **fluid** such as the Ganges **flows, a hungry ghost** has an **awareness** of an appearance as **pus**. In a mistaken perspective polluted by the power of actions,[a] the object appearing to be pus and the consciousness for which pus appears both appear as if they exist. In a nonmistaken, which is to say nonpolluted, perspective, neither appears to exist.[42]

2.1.1.5 Summary of the topic (447:2)

> **In brief, understand this meaning: "Just as the object of cognition does not exist,**
> **Like that, awareness also does not exist."** (71cd)

In brief, understand this meaning: "Just as the object of cognition does not exist inherently, **like that, awareness** having its aspect **also does not exist** inherently." This is because they are posited by way of mutual contingency.[43]

a *las, karma*

།གཉིས་པ་ལ། སྒྲུབ་བྱེད་མེད་པས་གཉིས་མེད་ཀྱི་གཞན་དབང་ཡོད་པ་མི་འཐད། རང་རིག་གི་སྒྲུབ་བྱེད་དགག་པ་གཉིས།

དང་པོ་ནི།

།གལ་ཏེ་གཟུང་མེད་འཛིན་པ་ཉིད་བྲལ་ཞིང་།
།གཉིས་ཀྱིས་སྟོང་པའི་གཞན་དབང་དངོས་ཡོད་ན།
།འདི་ཡི་ཡོད་པ་གང་གིས་ཤེས་པར་འགྱུར།
།མ་བཟུང་བར་ཡང་ཡོད་ཅེས་བྱར་མི་རུང་། ༧༢

གལ་ཏེ་གཟུང་མེད་འཛིན་པ་ཉིད་བྲལ་ཞིང་། གཟུང་འཛིན་གཉིས་ཀྱིས་སྟོང་པའི་གཞན་དབང་གི་དངོས་པོ་དོན་དམ་པར་ཡོད་ན་འདིའི་ཡོད་པ་ཉིད་ཡུལ་ཅན་གང་གིས་ཤེས་པར་འགྱུར་ཞེས་དོགས་པ་བསླང་ནས། རང་ཉིད་ཀྱིས་འཛིན་པ་ནི་མི་འཐད་དེ། རང་གིས་རང་ལ་བྱ་བ་འགལ་བའི་ཕྱིར། མེས་རང་གི་བདག་ཉིད་མི་སྲེག་པ་བཞིན། ཤེས་པ་སྔ་མ་སོགས་ཤེས་པ་གཞན་གྱིས་འཛིན་པ་མིན་ཏེ། རང་གི་གྲུབ་མཐའ་དང་འགལ་བའི་ཕྱིར་ཏེ། རྣམ་རིག་གཞན་ཞིག་རྣམ་རིག་གི་ཡུལ་ཡིན་ན་རྣམ་རིག་པ་ཙམ་ཉིད་དོ་ཞེས་སྨྲས་པ་ཉམས་པར་འགྱུར་བའི་ཕྱིར། ཡུལ་ཅན་འགའ་ཞིག་གིས་མ་བཟུང་བར་ཡང་ཡོད་ཅེས་བྱར་མི་རུང་སྟེ། ཧ་ཅང་ཐལ་བའི་ཕྱིར།

2.1.2 Refutation of a nondual other powered that is substantially established (447:6)

This has two parts:

1 With nothing establishing it, the existence of a nondual other powered is not feasible
2 Refutation of the establishment of a knower of itself

2.1.2.1 With nothing establishing it, the existence of a nondual other powered is not feasible (447:6)

Were there an other powered thing lacking an apprehended,
Free from apprehension, and empty of duality,
What would cognize its existence?
"Although not apprehended, it exists," may not be claimed. (72)

"**Were there** ultimately **an other powered thing lacking an apprehended, free from apprehension, and empty of the duality** of apprehended and apprehender, **what** possessor of an object **would cognize its** very **existence?**" Having raised that qualm, [we name the weak points:] apprehension by itself is not feasible because to act upon itself would be a contradiction, just as fire does not scorch itself. Another consciousness does not apprehend an earlier consciousness and so on because that contradicts their own tenets.[a] This is because, were another perception to be the object of perception, the proposition of "only perception itself" would wither. "**Although not apprehended** by any possessor of objects, **it exists,**" **may not be claimed** because the consequences are ludicrous.[44]

a *grub mtha', siddhānta*

།གཉིས་པ་ལ་མདོར་བསྟན། དྲན་པའི་སྐྱུབ་བྱེད་དགག །སུན་འབྱིན་གྱི་ལམ་གཞན་བསྟན་པ་གསུམ།

དང་པོ་ནི།

།དེ་ཉིད་ཀྱིས་དེ་མྱོང་བར་གྲུབ་མ་ཡིན། ༧༣ ཀ

གཞན་གྱིས་གཞན་འཛིན་པ་མེད་ཀྱང་རང་རིག་པ་ནི་ཡོད་དེ། རང་ཉིད་ཀྱིས་རང་འཛིན་པའི་ཕྱིར། དཔེར་ན་མར་མེ་རང་གིས་རང་གསལ་བ་བཞིན་ནོ་ཞེ་ན། གཞན་དབང་དེ་ཉིད་ཀྱིས་གཞན་དབང་དེ་མྱོང་བར་གྲུབ་པ་མ་ཡིན་ཏེ། རང་གིས་རང་ལ་བྱ་བ་འགལ་བའི་ཕྱིར། ལེགས་པར་བསླབས་པ་གཡེར་ཞིང་ཡང་ཟློར་ཅན་གྱིས་ཀྱང་རང་གི་ཕྲག་པ་ལ་ཞོན་པར་མི་ནུས་པ་བཞིན་ནོ།

2.1.2.2 Refutation of the establishment of a knower of itself (452:6)

This has three parts:

1 Brief indication
2 Refutation of establishment by memory
3 Showing other paths that discredit [the opponent's position]

2.1.2.2.1 Brief indication (453:1)

That it experiences itself is not established. (73a)

They may say, "Although one does not apprehend another, there is knowledge of itself[a] because it apprehends itself. For example, this resembles a butter lamp illuminating itself." **That an** other powered nature **experiences itself**, an other powered nature, **is not established** because to act upon itself would be a contradiction, just as even a well-trained acrobat cannot climb upon his own shoulders.[45]

a *rang rig, svasaṃvedana*

།གཉིས་པ་ལ། མ་གྲུབ་པས་མ་གྲུབ་པ་སྒྲུབ་མི་ནུས་པ་དང་། རང་རིག་གྲུབ་ཀྱང་དྲན་པས་མི་འགྲུབ་པ་གཉིས།

དང་པོ་ནི།

།གལ་ཏེ་ཕྱི་དུས་དྲན་པ་ལས་འགྲུབ་ན།
།མ་གྲུབ་བསྒྲུབ་པར་བྱ་ཕྱིར་བརྗོད་པ་ཡི།
།མ་གྲུབ་འདི་ནི་སྒྲུབ་པར་བྱེད་པ་མིན། ༧༣ །ཁགང

།གལ་ཏེ་སྔར་ངས་གཟུགས་མཐོང་ངོ་སྙམ་དུ་ཕྱིས་དུས་ཀྱི་གཉིས་ཀའི་ཡུལ་ཅན་གྱི་དྲན་པ་ལས་དེའི་རྒྱུ་ཡུལ་ཤེས་གཉིས་ཀར་ཉམས་སུ་མྱོང་བ་ཉིད་གྲུབ་པའི་ཕྱིར། རང་མྱོང་བའི་དོན་ཅན་གྱི་རང་རིག་གྲུབ་ལ། དེ་གྲུབ་པ་ན་གཞན་དབང་ཡོད་པར་དེ་ཉིད་ཀྱིས་ཤེས་སོ་ཞེ་ན། གཞན་དབང་རྫས་ཡོད་དུ་སྒྲུབ་པ་ལ་དྲན་པ་སྒྲུབ་བྱེད་དུ་བཀོད་པ་དེ་ལྟར་ན། དོན་དམ་པར་མ་གྲུབ་པའི་རང་རིག་བསྒྲུབ་པར་བྱ་བའི་ཕྱིར་ཏེ། ཆེད་དུ་བརྗོད་པའི་དྲན་པ་འདི་ནི་རང་རིག་དེའི་སྒྲུབ་པར་བྱེད་པ་མ་ཡིན་ཏེ། རང་རིག་ལྟར་དྲན་པ་ཡང་དོན་དམ་པར་མ་གྲུབ་པའི་ཕྱིར་ཏེ། བདག་གཞན་སོགས་ལས་སྐྱེ་བ་མེད་པའི་ཕྱིར།

2.1.2.2.2 REFUTATION OF ESTABLISHMENT BY MEMORY (453:3)

This has two parts:

1 The nonestablished cannot establish the nonestablished
2 Even if a knower of itself were established, it would not be established by memory

2.1.2.2.2.1 THE NONESTABLISHED CANNOT ESTABLISH THE NONESTABLISHED (453:3)

Is it to be established at a later time through memory?
This nonestablished, which is stated in order to establish the nonestablished,
Does not establish [it]. (73b-d)

They may say, "**At a later time** one thinks, 'Previously I saw a form.' **Through memory** that has both [the object and the consciousness] as its object, its cause—precisely that experience of both the object and the consciousness—is established. Therefore, a knower of itself that has experience of itself as content is established. **If** that **is established**, just that knows the other powered to exist." Thus, to establish the substantial existence of the other powered, memory is presented as the establisher. In that case, **this** memory, **which is stated** specifically **in order to establish** a knower of itself that is **not established** ultimately, **does not establish** that knower of itself because, like the knower of itself, memory too is **not established** ultimately. This is because it is not produced from itself, other, and so on.[46]

།གཉིས་པ་ལ། གཞན་ཡིན་པའི་ཕྱིར་དྲན་པའི་ཡུལ་མ་ཡིན་པ་དང་། རང་ལ་མཚུངས་པ་སྤང་བ་གཉིས།

དང་པོ་ནི།

།རང་རིག་པ་ནི་གྲུབ་ལ་རག་མོད་ཀྱི།
།དེ་ལྟའང་དྲན་པའི་དྲན་པ་རིགས་མིན་ཏེ།
།གཞན་ཕྱིར་མ་ཤེས་རྒྱུད་ལ་སྐྱེས་པ་བཞིན།
།གཏན་ཚིགས་འདིས་ནི་ཁྱད་པར་དག་ཀྱང་འཇོམས། ༧༨

།ཡང་དཔྱོད་ཚུལ་འདི་བཏང་ནས་རང་རིག་ཡོད་པ་ལྟར་ཁས་བླངས་ཏེ་དགག་པ་ནི། ཤེས་པས་ཡུལ་ཤེས་གཉིས་ཀ་མྱོང་བའི་རང་རིག་པ་ནི་གྲུབ་ཏུ་ཆུག་ལ་རག་མོད་ཀྱི། དེ་ལྟར་ན་ཡང་དུས་ཕྱིས་ཀྱི་དྲན་པའི་ཤེས་པས་སྔར་གྱི་ཡུལ་ཤེས་དེ་དག་དྲན་པར་རིགས་པ་མ་ཡིན་ཏེ། སྔར་གྱི་མྱོང་བ་དང་ཕྱིས་ཀྱི་དྲན་པ་རྫས་གཞན་ཡིན་པའི་ཕྱིར། དཔེར་ན་བྱམས་པའི་རྒྱུད་ཀྱི་དྲན་པས་རང་གིས་མ་ཤེས་པའི་ཉེར་སྦས་ཀྱི་རྒྱུད་ལ་སྐྱེས་པའི་རང་རིག་པ་དང་ཡུལ་མྱོང་བ་མི་དྲན་པ་བཞིན་ནོ། །གཞན་ཡིན་ཡང་དྲན་ཏེ་སྔར་མྱོང་དང་ཕྱིས་དྲན་རྒྱུད་གཅིག་ཏུ་གཏོགས་པ་དང་རྒྱུ་འབྲས་ཀྱི་དངོས་པོར་གནས་པའི་ཕྱིར་ཞེ་ན། གཞན་ཡིན་པའི་ཕྱིར་ཞེས་པའི་གཏན་ཚིགས་འདིས་ནི་རྒྱུད་གཅིག་ཏུ་གཏོགས་པ་དང་། རྒྱུ་འབྲས་ཀྱི་དངོས་པོར་གནས་པ་སོགས་ཀྱི་ཁྱད་པར་དག་ཀྱང་འཇོམས་ཏེ། གང་གཞན་ཡིན་པ་དེ་ནི་ཉམས་སུ་མྱོང་བའི་ཤེས་པ་དང་རྒྱུད་གཅིག་ཏུ་གཏོགས་པ་དང་རྒྱུ་འབྲས་ཀྱི་དངོས་པོར་གནས་པ་མ་ཡིན་པས་ཁྱབ། དཔེར་ན་རྒྱུད་གཞན་གྱི་ཤེས་པ་བཞིན་ཕྱིས་ཀྱི་དྲན་པ་དང་ཉམས་མྱོང་གི་ཤེས་པ་ནི་སྔར་གྱི་རང་རིག་གི་ཤེས་པ་ལས་གཞན་ཡིན་ནོ་ཞེས་སོགས་ཀྱིས་རྒྱ་ཆེར་དགག་པར་བྱའོ།

2.1.2.2.2.2 Even if a knower of itself were established, it would not be established by memory (455:5)

This has two parts:

1 Because of being other, it is not an object for memory
2 Repudiating similarity to our [position]

2.1.2.2.2.2.1 Because of being other, it is not an object for memory (455:5)

Let us suppose that a knower of itself is indeed established;
Even so, for memory to remember would not be reasonable
Because [of being] other, resembling what arose in a continuum that is not cognized.
This reason destroys the qualifications. (74)

Having analyzed in this manner, and having agreed [to discuss] the knower of itself as if it did exist, [we nevertheless] refute [its establishment by memory]. **Let us suppose that a knower of itself**, a cognition that experiences both an object and consciousness, is **indeed established; even** if that were **so, for** a cognition that **remembers** at a later time **to remember** the earlier object and consciousness **would not be reasonable because** the earlier experience and the later memory are [mutually] **other** substantial entities.[a] This **resembles**, for example, the memory in Maitreya's continuum that does not remember a knower of itself and an experience of objects that **arose in** Upagupta's **continuum, which** [Maitreya] **does not know.**

They may say, "They may be remembered despite being other because earlier experience and later memory are included within one continuum and abide as things that are [mutually] cause and effect." **This reason**[b]—because of being other—**destroys the qualifications** of being included within one continuum, abiding as things that are [mutually] cause and effect, and so forth: whatever is other is pervaded by not being included within the continuum of the experiencing cognition and by not abiding as a thing that is the cause or the effect of the experiencing cognition. Statements such as, "For example, like cognition in another continuum, the later memory is other than the experiencing cognition, i.e., the earlier cognition that knows itself," negate [such responses] extensively.

a *rdzas, dravya*
b *gtan tshigs, hetu*

།གཉིས་པ་ནི།

།གང་ཕྱིར་གང་གིས་ཡུལ་སྤྱོད་གྱུར་དེ་ལས།
།དྲན་པ་འདི་གཞན་ང་ལ་ཡོད་མིན་པ།
།དེ་ཕྱིར་ང་ཡིས་མཐོང་སྙམ་དྲན་འགྱུར་ཏེ།
།འདི་ཡང་འཇིག་རྟེན་ཐ་སྙད་ཚུལ་ལུགས་ཡིན། ༧༥

།འོ་ན་ཁྱོད་ལ་སྔར་སྤྱོད་ཕྱིས་དྲན་པར་མི་འགྱུར་བར་ཐལ། གཞན་ཡིན་པའི་ཕྱིར་ཞེ་ན། ཁོ་བོ་དབུ་མ་པས་ནི་སྔར་སྤྱོད་ཕྱིས་དྲན་ནི་དཔྱད་ནས་སྔར་རང་རིག་ཡོད་པའི་རྒྱུ་མཚན་ལས་ཕྱིས་དྲན་པ་སྐྱེ་བ་སོགས་ཀྱིས་མི་བསྒྲུབ་པར་མ་དཔྱད་པར་འཇིག་རྟེན་ལ་གྲགས་པ་ཙམ་དུ་བརྗོད་པ་གང་གི་ཕྱིར་སྔར་གང་གིས་ཡུལ་སྤྱོད་འགྱུར་གྱི་ཤེས་པ་དེ་ལས་ཕྱིས་ཀྱི་དྲན་པའི་ཤེས་པ་འདི་རྫས་གཞན་དུ་གྲུབ་པ་ང་ལ་ཡོད་པ་མིན་ཏེ། རང་གི་བདག་ཉིད་ཀྱི་རྫས་དང་གཞན་གྱི་བདག་ཉིད་ཀྱི་རྫས་ལ་སོགས་པའི་རྒྱུ་འབྲས་ཀྱི་དངོས་པོར་མ་གྲུབ་ན་སྔར་སྤྱོད་ཕྱིས་དྲན་སོགས་མ་དཔྱད་པ་ནའང་བལྟོས་ཆོས་ཀྱི་རྒྱུ་འབྲས་འཇོག་མི་བཏུབ་པ་མ་ཡིན་པའི་ཕྱིར། །དེས་ན་ཕྱིས་ཀྱི་ཤེས་པས་ང་ཡིས་སྔར་མཐོང་ངོ་སྙམ་དུ་དྲན་པར་ཡང་འགྱུར་ཏེ། སྔ་ཕྱིའི་ཤེས་པ་རྫས་གཞན་མ་ཡིན་པ་དེའི་ཕྱིར་ཏེ། གང་ཉམས་སུ་སྤྱོང་བ་དེ་དྲན་པས་མ་སྤྱོང་བའང་མ་ཡིན་ལ། སྤྱོང་བས་ཡོངས་སུ་བཅད་པ་དེ་དྲན་པས་མ་བཅད་པའང་མ་ཡིན་པའི་ཕྱིར་ཏེ། སྤྱོད་དྲན་གྱི་ཚུལ་འདི་ཡང་འཇིག་རྟེན་གྱི་ཐ་སྙད་ཀྱི་ཚུལ་ལུགས་ཡིན་གྱི། ཤིན་ཏུ་དཔྱད་བྱ་མིན་པའི་ཕྱིར་ཏེ། འཇིག་རྟེན་གྱི་ཐ་སྙད་ཐམས་ཅད་ནི་བརྟུན་པའི་དོན་ཅན་ཡིན་པའི་ཕྱིར།

2.1.2.2.2.2.2 Repudiating similarity to our [position] (456:3)

That this remembering is other
Than what experienced the object is not for me.
Therefore, one remembers, thinking, "I saw."
This, moreover, is the way of the world's conventions. (75)

They may say, "In that case, for you it follows that earlier experience will not be remembered later because of being other." Later memory of previous experience is, upon analysis, not established by later memory coming into being and so forth due to the reason that, previously, a knower of itself existed; without analyzing, we of the Middle Way School merely conform to worldly custom. **That this** later **remembering** cognition is established as a substantial entity that **is other than** the earlier cognition **that experienced the object is not for me.** This is because, when [they] are not established as causal and resultant things—substantial entities that are by nature themselves, substantial entities that are by nature other, and so on—so long as earlier experience, later memory, and so forth are not analyzed, contingent cause and result are not unable to be posited....[47]

Therefore, a later cognition **will remember, thinking,** "Earlier **I saw,**" precisely because the earlier and later cognitions are not substantially other. This is because it is not the case that memory does not experience what has been experienced and that memory does not discern what experience has discerned. Why? Because **this** way of experiencing and remembering, **moreover, is the conventional way of the world** but is not be to analyzed closely. This is because all the world's conventions have a meaning that is false.[48]

གསུམ་པ་ནི།

།དེ་ཕྱིར་རང་རིག་ཡོད་པ་མ་ཡིན་ན།
།ཁྱོད་ཀྱི་གཞན་དབང་གང་གིས་འཛིན་པར་འགྱུར།
།བྱེད་པོ་ལས་དང་བྱ་བ་གཅིག་མིན་པས།
།དེ་ཉིད་ཀྱིས་དེ་འཛིན་པར་རིགས་མ་ཡིན། ༧༦

།རྣམ་རིག་པ་ཁྱོད་ཀྱི་གཞན་དབང་ཡུལ་ཅན་གྱི་ཤེས་པ་གང་གིས་འཛིན་པར་འགྱུར་ཏེ་མི་འགྱུར་བར་ཐལ། བཤད་མ་ཐག་པའི་རིགས་པས་རང་རིག་ཡོད་པ་མ་ཡིན་པ་དེས་ནའི་ཕྱིར་དང་། གཞན་རིག་ཡོད་པའང་མ་ཡིན་པའི་ཕྱིར། ཤེས་པ་དེ་ཉིད་ཀྱིས་དེ་ཉིད་འཛིན་པར་རིགས་པ་མ་ཡིན་ཏེ། བྱེད་པོ་ལས་དང་བྱ་བ་གསུམ་པོ་དག་གཅིག་པ་མ་ཡིན་པས་དེ་ཉིད་ཀྱི་ཕྱིར། གཅོད་པོ་གང་ཟག་དང་བཅད་བྱ་ཤིང་དང་སྟ་རེས་གཅོད་པ་གསུམ་ལ་གཅིག་པ་མེད་པ་བཞིན་ནོ།

2.1.2.2.3 Showing other paths that discredit [the opponent's position] (461:2)

> **Therefore, when a knower of itself does not exist,**
> **What apprehends your other powered nature?**
> **The agent, object, and action are not one; therefore,**
> **It is not reasonable for that very [consciousness] to apprehend itself.** (76)

Proponents of Perception, **what** cognition possessing objects would a**pprehend your other powered nature**? It follows that no [such cognition] would [apprehend it]. This is **because**, for the reasons explained just previously, **a knower of itself does not exist**, and moreover a knower of other[a] does not exist either. **It is not reasonable for that very** cognition t**o apprehend itself** because the three—agent, action, and object—are not one, just as the person who cuts, the wood that is cut, and the cutting into pieces—a threesome—are not one.[49]

a *gzhan rig, anyasaṃvedana*

གསུམ་པ་ནི།

།གལ་ཏེ་སྐྱེ་བ་མེད་ཅིང་མ་ཤེས་པའི།
།བདག་ཅན་གཞན་དབང་ངོ་བོའི་དངོས་ཡོད་ན།
།གང་གིས་ན་འདི་ཡོད་པར་མི་རིགས་པ།
།གཞན་ལ་མོ་གཤམ་བུས་གནོད་ཅི་ཞིག་བསྐྱལ། ༧༧

།ད་ནི་གཞན་དབང་སྤྲོས་མེད་ཡེ་ཤེས་ཀྱི་ཡུལ་ལས་སྤྲོས་ཡུལ་མིན་ནོ་ཞེས་འདོད་པ་མི་འཐད་པ་ནི། གལ་ཏེ་གཞན་དབང་དེ་གོང་དུ་བཤད་པ་ལྟར་བདག་གཞན་ལས་སྐྱེ་བ་མེད་ཅིང་། བདག་གཞན་གང་གིས་ཀྱང་མ་ཤེས་པའི་བདག་ཉིད་ཅན་གཞན་དབང་སྤྲོས་བྲལ་གྱི་ངོ་བོའི་དངོས་པོར་ཡོད་པར་རིགས་ན། དེ་ལྟར་ཡོད་ཚུལ་དེ་གང་གིས་ན། མོ་གཤམ་བུ་ལའང་ཡོད་པར་མཚུངས་པས་གཞན་དབང་ཡོད་པར་འདོད་ཅིང་། མོ་གཤམ་བུ་ནི་ཡོད་པར་མི་རིགས་པའོ་ཞེས་སྨྲ་བ་འདི་ནི་གཞན་རྣམ་རིག་པ་ལ་མོ་གཤམ་བུས་གནོད་ཅི་ཞིག་བསྐྱལ་ལ། གཞན་དབང་གིས་ཕན་ཇི་ཙམ་བཏགས། དེས་ན་ཉེ་རིང་སློམས་ལ་མོ་གཤམ་བུའང་གཞན་དབང་ལྟར་སྤྲོས་པ་དང་བྲལ་བའི་འཕགས་པའི་ཡེ་ཤེས་ཀྱི་ཡུལ་དུ་བརྗོད་མེད་ཀྱི་རང་བཞིན་དུ་ཡོད་དོ་ཞེས་འདོད་པར་གྱིས་ཤིག

2.1.3 Refutation of not being an object for all elaborations (461:4)

If an unborn other powered having an unknown nature
Exists as a thing that is an entity,
Then why? For it to exist is not reasonable.
What harm has the child of a childless woman inflicted upon others? (77)

Now, the assertion, "The other powered, apart from being the object for the wisdom for which elaborations do not exist, is not the object of elaborations," is not feasible. **If**, in accordance with the explanation given above, it is reasonable for **an other powered not born** from itself or other and **having a nature unknown** by oneself or any other to **exist as a thing that is an entity** free from the elaborations, **why** would it be so? As it is equivalent to the child of a childless woman, when they assert the existence of the other powered and propound, "**For** the child of a childless woman **to exist is not reasonable,**" I wonder **what harm the child of a childless woman has inflicted upon others**, the Proponents of Perception. How much benefit has the other powered brought? Therefore, equalize your bias and assert this: "Like the other powered, the children of childless women exist: inexpressible in nature, they are the objects of a superior's wisdom that is free from the elaborations."[50]

།བཞི་པ་ལ། གཞན་དབང་ཡོད་ན་ཀུན་རྫོབ་བདེན་པ་ལས་ཉམས། བདེན་གཉིས་ལས་ཉམས་ན་ཐར་པ་མི་ཐོབ། དེའི་རྒྱུ་མཚན་བཤད་པ་དང་གསུམ། དང་པོ་ལ། མེད་པ་རྒྱུར་མི་རུང་བ་དང་། འཇིག་རྟེན་དང་འགལ་བ་གཉིས།

དང་པོ་ནི།

།གང་ཚེ་གཞན་དབང་ཅུང་ཟད་ཡོད་མིན་ན།
།ཀུན་རྫོབ་པ་ཡི་རྒྱུར་ནི་གང་ཞིག་འགྱུར། ༧༨ ཀ།ཁ

།དངོས་པོ་བརྟགས་པ་ཡོད་པའི་རྒྱུར་གྱུར་པའི་གཞན་དབང་ཡོད་པ་ཉིད་རིགས་པ་ཞིག་གོ་སྙམ་ན། དེ་ཡང་མི་འཐད་དེ། ཀུན་རྫོབ་པའི་དངོས་པོ་རྣམས་ཀྱི་རྒྱུར་ནི་གཞན་དབང་གང་ཞིག་འགྱུར་ཏེ་མི་འགྱུར་བར་ཐལ། གང་གི་ཚེ་སྒྲུབ་བྱེད་མེད་ཅིང་གནོད་བྱེད་ཡོད་པས་གཞན་དབང་ཅུང་ཟད་ཀྱང་ཡོད་པ་མ་ཡིན་པ་དེ་ཉིད་ཀྱི་ཕྱིར་རོ།

2.1.4 Refutation of the existence [of the other powered] as the cause for concealers[a] (463:2)

This has three parts:

1 If the other powered exists, it withers before truths for concealers
2 When one withers before the two truths, liberation is not achieved
3 Explanation of the reason for that

2.1.4.1 If the other powered exists, it withers before truths for concealers (463:2)

This has two parts:

1 A nonexistent is not suitable as a cause
2 Contradiction with the world

2.1.4.1.1 A nonexistent is not suitable as a cause (463:3)

> **When the other powered does not exist even slightly,**
> **What would be the cause for concealers?** (78ab)

They may think, "The very existence of the other powered, which is the cause for ideational things, is reasonable."[51] This too is not feasible. **What** other powered nature **would be the cause for** things that are **concealers? When**, in the absence of proof and in the presence of assailants, **the other powered does not exist even slightly**, precisely because of that it follows that none would.[52]

a *kun rdzob, saṃvṛti*

གཉིས་པ་ནི།

།གཞན་གྱི་ལྟར་ན་རྫས་ལ་ཆགས་པ་ཡིས།

།འཇིག་རྟེན་གྲགས་པའི་རྣམ་བཞག་ཀུན་ཀྱང་བརླག ༧༨ གང་སེམས་ཙམ་པས་ཐ་སྙད་ཀུན་རྫོབ་པའི་རྒྱུ་གཞན་དབང་ཡིན་པར་འདོད་པ་ཉིད་ཀྱིས་དེ་ལྟར་ན་དེ་ནི་ཐ་སྙད་ཀྱི་རྒྱུར་མེད་པས་སེམས་ཙམ་སྨྲ་བ་ལ་ཐ་སྙད་ཀྱི་རྣམ་གཞག་འཇོག་མི་ཐུབ་པས་ཀྱེ་མ་ཀྱེ་ཧུད། རྣམ་རིག་པ་གཞན་གྱི་ལྟར་ན་གཞན་དབང་གི་རྫས་ཡོད་པ་མིན་པ་ལ། ཡོད་དོ་ཞེས་དེར་ཆགས་པ་ཡིས་དེས་འཁོར་འདས་ཀྱི་ཆོས་ཐམས་ཅད་ཀྱི་རྒྱུ་མི་བྱེད་བཞིན་བྱེད་དོ་ཞེས་ཞེན་ནས་སྨྲ་ན། འཇིག་རྟེན་ལ་གྲགས་པའི་འདུག་ཅིག་སོང་ཞིག་ཅེས་སོགས་ཀྱི་རྣམ་གཞག་ཀུན་ཀྱང་བརླག་པར་འགྱུར་བ་ཡིན་ཏེ། གཞན་དབང་དེས་བསྐྱེད་པའི་གྲགས་པའི་རྣམ་གཞག་གི་འགྲོ་འདུག་སོགས་འཇིག་རྟེན་ན་མི་སྲིད་པའི་ཕྱིར། བརླག་པས་ཅི་སྐྱོ་སྙམ་ན། འཕྲུལ་གྱི་གྲགས་པའི་ལེགས་ཉེས་ལོག་པར་སྤྱོད་ན་རྒྱུད་པ་ཉིད་དུ་འགྱུར་ཏེ། མངོན་མཐོ་ཙམ་ཡང་ཐོབ་པར་མི་ནུས་པའི་ཕྱིར་རོ།

2.1.4.1.2 Contradiction with the world (463:4)

If one accords with the others, due to attachment to substantial entities,
All the transactions customary in the world are lost. (78cd)

The Proponents of Mind Only assert the other powered to be the cause of the conventional, which is to say, of concealers. In that case, since it does not exist as the cause of the conventional, the Proponents of Mind Only cannot posit presentations of the conventional. Oh me! Oh my! **If one accords with the other** Proponents of Perception, **attachment to** other powered **substantial entities** that do not exist but are regarded as existent leads to propounding vehemently that they serve as the causes for all the phenomena of saṃsāra[a] and nirvāṇa[b] even while they do not. Thus, **all the transactions customary in the world**—"stay, go," and so on—**are lost** because customary transactions such as going and staying that are generated by that other powered nature do not occur in the world. One may wonder what harm there may be in the loss. If we make a mess of our customs of the worthy and the criminal, things will surely become worse, for then even mere high status cannot be achieved.[53]

a *'khor ba, saṃsāra*
b *mya ngan las 'das pa/myang 'das, nirvāṇa*

གཉིས་པ་ནི།

།སློབ་དཔོན་ཀླུ་སྒྲུབ་ཞབས་ཀྱི་ལམ་ལས་ནི།
།ཕྱི་རོལ་གྱུར་ལ་ཞི་བའི་ཐབས་མེད་དོ།
།དེ་དག་ཀུན་རྫོབ་དེ་ཉིད་བདེན་ལས་ཉམས།
།དེ་ལས་ཉམས་པས་ཐར་པ་འགྲུབ་ཡོད་མིན། ༥༨

།དེས་ན་སློབ་དཔོན་ཀླུ་སྒྲུབ་ཞབས་ཀྱི་བདེན་གཉིས་ཀྱི་རྣམ་པར་བཞག་པའི་ལམ་ལས་ནི་ཕྱི་རོལ་དུ་གྱུར་པ་རང་དགར་རྣམ་རྟོག་གིས་སྦྱར་བའི་ཐར་པའི་ཆེད་དུ་རྣམ་རིག་དང་རྫུལ་ཕྲན་དང་གང་ཟག་དང་གཙོ་བོ་སོགས་སེམས་ཙམ་པ་ནས་རྒྱང་འཕེན་གྱི་བར་སྨྲ་བ་ལ་ནི་ཞི་བའི་ཐབས་མེད་དོ་སྟེ། རྣམ་རིག་སོགས་དེ་དག་རིགས་པས་དཔྱད་ན་རྟོག་བཏགས་ཀྱི་གཞན་དབང་དང་བདག་དང་གཙོ་བོ་སོགས་དོན་དམ་དུ་ལྟ་ཞོག ། ཀུན་རྫོབ་ཐ་སྙད་དུའང་འཇིག་རྟེན་ན་སྤྱི་མཐུན་དུ་མ་གྲགས་པ་རྣམས་རང་ལུགས་ཀྱིས་ཡོད་པར་འདོག་པས་འཇིག་རྟེན་དང་མི་མཐུན་པས་ཀུན་རྫོབ་ཀྱི་བདེན་པ་ལས་ཉམས་ཤིང་། འཕགས་པའི་གཟིགས་པ་རྣམས་དང་མི་མཐུན་པར་སྨྲ་བས་དེ་ཁོ་ན་ཉིད་དོན་དམ་བདེན་པ་ལས་ཉམས་པར་འགྱུར་ལ། བདེན་གཉིས་དེ་ལས་ཉམས་པས་ཐར་པ་གྲུབ་པ་ཡོད་པ་མིན་ཏེ། འཇིག་རྟེན་དུ་བདེན་གཉིས་བལྟོས་འཇོག་གི་འཁོར་འདས་འཆིང་གྲོལ་འཐད་ལྡན་ལས་གཞན་དུ་སྤྱད་ན་འཇིག་རྟེན་ན་འཁོར་འདས་འཆིང་གྲོལ་སོགས་ཕྱིན་ཅི་ལོག་ཏུ་འགྱུར་བའི་ཕྱིར། གྲངས་ཅན་གྱིས་བདེན་གཉིས་རྣམ་པར་བཞག་པའི་ལམ་ལ་ངལ་བས་ཐར་པ་འབྲས་བུ་མེད་པའི་དོན་ཅན་དུ་སོང་བ་བཞིན་ནོ།

2.1.4.2 When one withers before the two truths, liberation is not achieved (464:2)

> **Those outside the paths of the honorable master Nāgārjuna**
> **Have no method for peace.**
> **They wither before truths for concealers and the truth of suchness.**
> **Having withered, they do not accomplish liberation.** (79)

Those outside the paths consisting in **the honorable master Nāgārjuna's** presentation of the two truths, from the Proponents of Mind Only down to the Proponents of Materialism,[a] [who propose] perception, subtle particles, the person,[b] the principal,[c] and so on for the sake of a liberation they have dreamed up on their own, **have no method for peace.** When the Proponents of Perception and so on are analyzed with reasoning, how could the other powered, the self, the principal, and so on that are designated by thought be ultimate? Their own systems posit as existent that which is not customary and generally agreed upon in the world, not even as concealment and convention, and thus, as they are not in harmony with the world, **they wither before truths for concealers.** Additionally, as they expound in a manner that does not accord with the vision of superiors, they wither before **suchness**, the ultimate truth. **Withering** before those two truths, **they do not accomplish liberation.** Why? The two truths are posited contingently for the world, such that saṃsāra and nirvāṇa, and bondage and release are feasible. Analyzed in some other way, saṃsāra and nirvāṇa, bondage and release, and so on become perversions for the world, just as the hardship endured upon the paths of the two truths presented by the Enumerators[d] yields a liberation without fruit.[54]

a *rgyang 'phen pa, āyata/chārvāka*
b *gang zag, pudgala*
c *gtso bo, pradhāna*
d *grangs can, sāṃkhya*

།གསུམ་པ་ནི།

།ཐ་སྙད་བདེན་པ་ཐབས་སུ་གྱུར་པ་དང་།
།དོན་དམ་བདེན་པ་ཐབས་བྱུང་གྱུར་པ་སྟེ།
།དེ་གཉིས་རྣམ་དབྱེ་གང་གིས་མི་ཤེས་པ།
།དེ་ནི་རྣམ་རྟོག་ལོག་པས་ལམ་ངན་ཞུགས། ༡༠

།བདེན་གཉིས་ལས་ཉམས་ན་ཐར་པ་མི་ཐོབ་པའི་རྒྱུ་མཚན་ནི། ཐ་སྙད་བདེན་པ་ཕུང་ཁམས་སྐྱེ་མཆེད་ཀྱི་རྟེན་འབྲེལ་གྱི་ཆོས་རྫོགས་སངས་ཀྱིས་བསྟན་པ་ནི་དོན་དམ་རྟོགས་པའི་ཐབས་སུ་གྱུར་པ་དང་སྟེ།

ཉིང་རྒྱལ་ལས།

།ཡི་གེ་མེད་པའི་ཆོས་ལས་ནི།
།ཉན་པ་གང་དང་སྟོན་པ་གང་།
།འགྱུར་བ་མེད་ལ་སྒྲོ་བཏགས་པས།
།འོན་ཀྱང་ཉན་ཅིང་སྟོན་པ་ཡིན།

།ཅེས་འབྱུང་ངོ་། །དོན་དམ་བདེན་པ་བསྟན་པ་ནི་ཐབས་ལས་བྱུང་བར་གྱུར་པ་སྟེ། ཐ་སྙད་ཀྱི་བདེན་པ་ལ་བརྟེན་ཏེ་དོན་དམ་སྟོན་ལ། དེ་ཁོང་དུ་ཆུད་པ་ལས་དོན་དམ་སྟེ་མི་གནས་པའི་མྱང་འདས་ཐོབ་པར་འགྱུར་བའི་ཕྱིར། བསྟན་བཅོས་ལས།

།ཐ་སྙད་ལ་ནི་མ་བརྟེན་པར།
།དམ་པའི་དོན་ནི་བསྟན་མི་ནུས།
།དམ་པའི་དོན་ནི་མ་རྟོགས་པར།
།མྱ་ངན་འདས་པ་ཐོབ་མི་འགྱུར།

།ཞེས་སོ། །འདིར་ཐབས་ལས་བྱུང་བ་དང་འབྲས་བུ་དང་ཐོབ་བྱ་དང་རྟོགས་བྱ་དང་མཉམ་གཞག་ཡེ་ཤེས་ཀྱིས་བལྟ་བྱའི་ཡུལ་དང་མི་གནས་པའི་མྱང་འདས་རྣམས་རྣམ་

2.1.4.3. Explanation of the reason for that (464:6)

> **Conventional truths serve as method and**
> **Ultimate truth arises from method.**
> **Those who do not understand the division into those two**
> **Enter bad paths due to wrong thinking.** (80)

As for the reason why, withering before the two truths, one does not accomplish liberation, **conventional truths**—the dependently related phenomena consisting in aggregates, elements, and sense fields that are taught by the completely awakened ones—**serve as the method** for realizing the ultimate. From the *Sūtra of the King of Meditative Stabilizations*:[a]

> *Whoever listens to and whoever teaches*
> *The letterless dharma*
> *Sticks feathers on the unchanging;*
> *Still, one listens and one teaches.*

Showing the **ultimate truth arises from method** because, depending upon conventional truths, the ultimate is shown and, from mastery of that, the ultimate—nonabiding nirvāṇa—is achieved. From Nāgārjuna's *Treatise on the Middle Way*:[b]

> *Without depending upon conventions,*
> *The ultimate cannot be shown.*
> *Without realization of the ultimate,*
> *Nirvāṇa will not be achieved.*[55]

Here, arisen from method, effect, what is to be achieved, what is be realized, what is to be viewed by the wisdom of equipoise,[c] and nonabiding nirvāṇa are synonyms.

Therefore, **those** such as the Proponents of Mind Only **who do not understand the division into those two** truths as [presented in] this Middle Way School **enter bad paths** slapped together **by** their own **wrong thinking.** Departing from the assertions of the triumphant, resplendent, transcendent one,[d] they have become perverse.[56]

a *mdo ting 'dzin rgyal po, samādhirājasūtra*
b *dbu ma'i bstan bcos, madhyamakashāstra*
c *mnyam bzhag, samāhita*
d *bcom ldan 'das, bhagavan*

གྲངས་སོ། །དེས་ན་སེམས་ཙམ་པ་སོགས་བདེན་པ་དེ་གཉིས་ཀྱི་རྣམ་དབྱེ་དབུ་མའི་ལུགས་འདི་ལྟར་གང་གིས་མི་ཤེས་པ་དེ་ནི་རང་གི་རྣམ་རྟོག་ལོག་པས་སྦྱར་བའི་ལམ་ངན་པར་ཞུགས་ཏེ། བཅོམ་ལྡན་འདས་ཀྱི་བཞེད་པ་ལས་ཕྱིན་ཅི་ལོག་ཏུ་འགྱུར་རོ།

གཉིས་པ་ལ། ཀུན་རྫོབ་དང་འགལ་བ་སྤང་བ་དང་། ལུང་དང་འགལ་བ་སྤང་བ་གཉིས། དང་པོ་ལ། ཀུན་རྫོབ་དགོས་པའི་དབང་གིས་ཁས་བླངས་ཚུལ། འཇིག་རྟེན་ལ་མི་སྣང་ན་ཁས་མི་ལེན་པའི་ཚུལ། འཇིག་རྟེན་ལ་ཀུན་རྫོབ་དགག་མི་ནུས་པའི་ཚུལ་དང་གསུམ།

དང་པོ་ནི།

།ཇི་ལྟར་ཁྱོད་ཀྱིས་གཞན་དབང་དངོས་འདོད་ལྟར།
།ཀུན་རྫོབ་ཀྱང་ནི་བདག་གིས་ཁས་མ་བླངས།
།འབྲས་ཕྱིར་འདི་དག་མེད་ཀྱང་ཡོད་དོ་ཞེས།
།འཇིག་རྟེན་ངོར་བྱས་བདག་ནི་སྨྲ་བར་བྱེད། ༨༡

ཇི་ལྟར་ཁྱོད་ཀྱིས་གཞན་དབང་གི་དངོས་པོ་འཕགས་པའི་ཡེ་ཤེས་ཀྱི་རྟོགས་བྱར་འདོད་པ་ལྟར་ཀུན་རྫོབ་ཀྱང་ནི་དབུ་མ་པ་བདག་གིས་རང་དབང་དུ་བྱས་ནས་རང་ལུགས་ལ་ཁས་མ་བླངས་ཏེ། འོ་ན་ཀུན་རྫོབ་ཀྱི་རྣམ་གཞག་ཇི་ལྟར་འཇོག་ཅེ་ན། འཇིག་རྟེན་གཞུག་པའི་འབྲས་བུའམ་དགོས་པའི་ཕྱིར་ཀུན་རྫོབ་འདི་དག་དོན་ལ་མེད་ཀྱང་འཇིག་རྟེན་ཁོ་ན་ལ་གྲགས་པས་ཡོད་དོ་ཞེས་འཇིག་རྟེན་ཁོ་ནའི་ངོར་བྱས་ནས་བདག་ནི་སྨྲ་བར་བྱེད་དེ། དེའི་རྗེས་སུ་བརྗོད་པ་ནི། ཀུན་རྫོབ་ཀྱི་ཆོས་ཡང་དག་པར་གྲུབ་པར་འདོད་པ་དེ་བཟློག་པའི་ཆེད་ཡིན་པའི་ཕྱིར། བཅོམ་ལྡན་འདས་ཀྱིས་འཇིག་རྟེན་པ་དང་ལྷན་ཅིག་རྩོད་ཀྱི། ང་ནི་འཇིག་རྟེན་དང་མི་རྩོད་དེ། གང་འཇིག་རྟེན་ན་ཡོད་པར་འདོད་པ་དེ་ནི་ངས་ཀྱང་ཡོད་པར་བཞེད་དོ། །གང་འཇིག་རྟེན་ན་མེད་པར་འདོད་པ་དེ་ནི་ང་ཡང་མེད་པར་བཞེད་དོ། །ཞེས་གསུངས་པ་ལྟར་རོ།

2.2 Abandoning contradictions with regard to having made the refutation (466:2)

This has two parts:

1 Abandoning contradictions with concealers
2 Abandoning contradictions with scripture

2.2.1 Abandoning contradictions with concealers (466:3)

This has three parts:

1 How concealers are affirmed due to necessity
2 How they would not be affirmed if they did not appear to the world
3 How concealers cannot be refuted for the world

2.2.1.1. How concealers are affirmed due to necessity (466:3)

While you assert an other powered thing,
We have not affirmed even concealers.
For the result, although they do not exist, we say they exist;
We expound for the perspective of the world. (81)

Just as you assert an other powered thing to be the object realized by a superior's wisdom, **we** of the Middle Way School **have not** independently **affirmed even concealers** in our own system. One may wonder, "In that case, how is the presentation of concealers posited?" **For the result** or purpose of engaging the world, **although these** concealers **do not exist** in fact, since they are customary only in the world, **we say they exist. We expound for the perspective of the world** alone, for we follow their lead in order to refute the assertion that concealing phenomena are established authentically. This accords with the statement by the triumphant, resplendent, and transcendent one:

> *The world quarrels with me, but I do not quarrel with the world. What the world asserts as existent, I also assert as existent. What the world asserts as nonexistent, I also assert as nonexistent.*[57]

།གཉིས་པ་ནི།

།ཇི་ལྟར་ཕུང་པོ་སྤྱངས་ནས་ཞིར་ཞུགས་པ།
།དགྲ་བཅོམ་རྣམས་ལ་ཡོད་པ་མིན་དེ་ལྟར།
།འཇིག་རྟེན་ལ་ཡང་མེད་ན་དེ་བཞིན་འདི།
།འཇིག་རྟེན་ལས་ཀྱང་ཡོད་ཅེས་བདག་མི་སྨྲ། ༤༢

།འོ་ན་དབུ་མ་པ་ཁྱོད། ཀུན་རྫོབ་འཇིག་རྟེན་དུའང་འཇིག་རྟེན་གྱི་ངོར་མེད་དོ་ཞེས་པའི་ཐ་སྙད་བྱེད་པའི་སྐབས་ཡོད་དམ་ཞེ་ན། ཤིན་ཏུ་ཡོད་དེ། ཇི་ལྟར་ཕུང་པོའི་ལྷག་མ་ལུས་པ་སྤྱངས་ནས་ཞི་བ་མྱང་འདས་སུ་ཞུགས་པའི་དགྲ་བཅོམ་པ་རྣམས་ལ་ཀུན་རྫོབ་ཡོད་པ་མིན་པ་དེ་ལྟར་འཇིག་རྟེན་ཡང་མེད་ན་དགྲ་བཅོམ་པའི་ཕུང་པོ་དེ་བཞིན་དུ་ཀུན་རྫོབ་འདི་དག་འཇིག་རྟེན་གྱི་གྲགས་པ་ལ་བལྟོས་ནས་ཀྱང་ཡོད་ཅེས་བདག་མི་སྨྲ་སྟེ། མ་དཔྱད་པའི་འཇིག་རྟེན་པ་དག་ལ་ཐ་སྙད་དུ་ཀུན་རྫོབ་ཡོད་པར་གྲགས་ཤིང་སྨྲ་བ་ན་ནི་དེའི་རྗེས་བརྗོད་དུ་དེ་ལྟར་སྨྲ་ལ། མེད་པར་གྲགས་ཤིང་སྨྲ་བ་ན་ནི་དེའི་རྗེས་བརྗོད་དུ་དེ་ལྟར་བྱེད་དེ། ཀུན་རྫོབ་ཐ་སྙད་དུའང་རང་ལུགས་ཀྱི་ཡོད་མེད་གང་དུ་ཡང་ཁས་མ་བླངས་པའི་ཕྱིར།

2.2.1.2 How they would not be affirmed if they did not appear to the world (468:5)

> **Having abandoned the aggregates, they enter into peace;**
> **For foe destroyers, they do not exist. Like that,**
> **When they do not exist even for the world,**
> **We do not say, "Similarly, these exist," [contingent] upon the world. (82)**

They may ask, "In that case, is there an occasion when you of the Middle Way School adopt the convention, 'Not even in the world do concealers exist for the world's perspective'?" There most definitely is. **Having abandoned** a remainder of **the aggregates** without omission, **foe destroyers**[a] **enter into peace,** [which is to say] nirvāṇa. **For** them, concealers **do not exist. Like that, when they do not exist even for the world, we do not say, "Similar** to the aggregates of a foe destroyer, **these** concealers **exist," contingent upon the world**'s customs. When people of the world who have not analyzed proclaim and propound that concealers exist conventionally, we follow them and say similarly. When they proclaim and propound that [concealers] do not exist, we follow them and do similarly. This is because within our own system we have not affirmed anything at all—neither existence nor nonexistence—not even as concealment and convention.[58]

a *dgra bcom pa, arhat*

གསུམ་པ་ནི།

།གལ་ཏེ་ཁྱོད་ལ་འཇིག་རྟེན་མི་གནོད་ན།
།འཇིག་རྟེན་ཉིད་ལྟོས་འདི་ནི་དགག་པར་གྱིས།
།ཁྱོད་དང་འཇིག་རྟེན་འདིར་ནི་རྩོད་གྱིས་དང་།
།ཕྱི་ནས་སྟོབས་ལྡན་བདག་གིས་བསྟེན་པར་བྱ། ༢༣

གལ་ཏེ་སེམས་ཙམ་པ་ཁྱོད་རང་འཇིག་རྟེན་དང་མཐུན་པར་འཇུག་པར་སྨྲ་བ་ན་ཁྱོད་ལ་འཇིག་རྟེན་གྲགས་པས་མི་གནོད་ན་འཇིག་རྟེན་ཉིད་ལ་བལྟོས་ནས་མ་དཔྱད་པར་གྲགས་པའི་ཀུན་རྫོབ་འདི་ནི་དགག་པར་གྱིས་ཤིག་དང་། ངས་ཀྱང་ཁྱོད་ལ་སྟོང་གདབ་པ་སྟེ་གྲོགས་བྱའོ། །དེའི་ཚེ་འཇིག་རྟེན་གྲགས་པས་གནོད་ན་ནི་མ་དཔྱད་པར་མཐུན་འཇུག་སྨྲ་སྐབས་སུ་མ་དཔྱད་པའི་གྲགས་པ་མི་འགོག་པར་བཏང་སྙོམས་སུ་སྡོད་རིགས་ལ། གྲགས་པའི་ཀུན་རྫོབ་མ་དཔྱད་པའི་ངོར་ཡོད་མེད་སེམས་ཙམ་པ་ཁྱོད་དང་འཇིག་རྟེན་པ་དག་འདིར་ནི་རྩོད་པར་གྱིས་དང་། ཁྱོད་རྒྱལ་ན་ཁོ་བོ་ཅག་ཁྱོད་ལ་བསྟེན་པར་བྱ་སྟེ། ཁོ་བོ་ཅག་ཀྱང་ཀུན་རྫོབ་སེལ་བ་ཉིད་འདོད་པའི་ཕྱིར། འོན་ཏེ་འཇིག་རྟེན་གྱིས་ཁྱོད་ཕམ་པར་བྱས་ན་ནི། ཕྱི་ནས་སྟོབས་ལྡན་འཇིག་རྟེན་པ་བདག་གིས་བསྟེན་པར་བྱའོ།

2.2.1.3 How concealers cannot be refuted for the world (469:2)

> **If the world does not harm you,**
> **Then, contingent upon the world itself, negate these.**
> **You and the world, debate here!**
> **Afterward, I shall rely upon the powerful. (83)**

If you Proponents of Mind Only expound in harmonious engagement with the world, then the customs of **the world do not harm you. Then, contingent upon the world itself, negate these** concealers that without analysis have become customary. We will assist and accompany you. At that time, if the world's customs harm you, then, on this occasion of expounding in harmonious engagement without analyzing, it would be reasonable to rest in equanimity, without negating customs that have not been subjected to analysis. **You** Proponents of Mind Only, **debate here with** those of **the world** whether or not custom's concealments exist for a perspective uninformed by analysis. If you win, we will rely upon you because we too want to remove concealers. However, if the world defeats you, **afterward, I shall rely upon the powerful** people of the world.[59]

།གཉིས་པ་ལ། ས་བཅུ་པའི་མདོའི་དོན་དང་འགལ་བ་སྤྱང་བ་དང་། མདོ་གཞན་གྱི་དོན་དང་འགལ་བ་སྤྱང་བ་གཉིས། དང་པོ་ལ། ཙམ་སྒྲ་བྱེད་པོ་གཞན་དགག་པའི་དོན་ཅན་དུ་བཤད། གཟུགས་ལས་སེམས་གཙོ་བོའི་དོན་ཅན་དུ་བཤད། གཟུགས་སེམས་ཡོད་མེད་མཚུངས་པར་བསྟན་པ་གསུམ། དང་པོ་ལ། མདོའི་དགོངས་པ་བཤད། དེ་མདོ་གཞན་གྱིས་སྒྲུབ་པ་གཉིས།

2.2.2 Abandoning contradictions with scripture (475:1)

This has two parts:

1 Abandoning contradiction with the meaning of the *Sūtra of the Ten Grounds*
2 Abandoning contradiction with the meaning of other sūtras

2.2.2.1 Abandoning contradiction with the meaning of the *Sūtra of the Ten Grounds* (475:2)

This has three parts:

1 Explaining the term *only* as having the meaning of refuting another creator
2 Explaining [it] as having the meaning that mind is emphasized over form
3 Showing that form and mind are equally existent or nonexistent

2.2.2.1.1 Explaining the term *only* as having the meaning of refuting another creator (475:2)

This has two parts:

1 Explaining the sūtra's intention
2 That is established by another sūtra

དང་པོ་ནི།

།མངོན་གྱུར་མངོན་ཕྱོགས་བྱང་ཆུབ་སེམས་དཔའ་ཡིས།
།སྲིད་གསུམ་རྣམ་ཤེས་ཙམ་དུ་གང་རྟོགས་པ།
།རྟག་བདག་བྱེད་པོ་བཀག་པ་རྟོགས་ཕྱིར་དེས།
།བྱེད་པ་པོ་ནི་སེམས་ཙམ་ཡིན་པར་རྟོགས། ༢༩

ས་དྲུག་པ་མངོན་དུ་གྱུར་པར་ཆོས་ཀྱི་དབྱིངས་ལ་མངོན་དུ་ཕྱོགས་པའི་བྱང་ཆུབ་སེམས་དཔའ་ཡིས་སྲིད་པ་གསུམ་རྣམ་ཤེས་ཙམ་དུ་གང་རྟོགས་པར་གསུངས་པའི་དོན་ནི། སྲིད་གསུམ་གྱི་འབྲས་བུ་འདིའི་རྒྱུར་གྱུར་པའི་བྱེད་པོ་མ་དཔྱད་པའི་འཇིག་རྟེན་སྐྱེ་མཐུན་གྲགས་གྲུབ་ཀྱི་ཆ་ནས་སེམས་ཅན་ལ་འཇོག་པ་ཡིན་ཏེ། གྲགས་པས་མ་གྲུབ་པར་བདེན་གཉིས་དང་འགལ་བའི་བློ་ལྷན་སྐྱེས་དང་། ཀུན་བརྟགས་ཀྱིས་སྒྲོ་བཏགས་པའི་སྲིད་གསུམ་གྱི་བྱེད་རྒྱུར་རྟག་བདག་བྱེད་པོ་བཀག་པ་རྟོགས་པའི་ཕྱིར་དུ་ཡིན་པའི་ཕྱིར་ཏེ། སེམས་དཔའ་དེས་ཐ་སྙད་གཞན་ངོར་སྲིད་གསུམ་གྱི་བྱེད་པོའི་རྒྱུ་ནི་སེམས་ཅན་ཡིན་པར་རྟོགས་པ་ཡིན་པའི་ཕྱིར་ཏེ། དེ་ལས་གཞན་སྲིད་གསུམ་གྱི་རྒྱུ་དང་རྐྱེན་ནི་དཔྱད་ན་འགར་ཡང་མ་རྙེད་ཅིང་། མ་དཔྱད་གྲགས་ངོར་ཡང་འཇིག་རྟེན་དང་མཐུན་པར་དེ་ལས་གཞན་དུ་མ་གྲགས་པའི་ཕྱིར།

2.2.2.1.1.1 Explaining the sūtra's intention (475:3)

> **Bodhisattvas on the Manifest, who are approaching,**
> **Realize the three existences to be consciousness only.**
> **In order to realize the negation of a permanent creative self, they**
> **Realize the creator to be mind only.** (84)

The meaning of the statement that **bodhisattvas on** the sixth ground, **the Manifest,**[a] **who are approaching** the element of qualities, **realize the three existences to be consciousness only** is that, by way of a general harmony of customs established in the world but not subjected to analysis, the creator serving as the cause for the three existences that are the result is posited as mind only. Why so? **In order to realize the negation of a permanent creative self** that, without being established through custom, is fantasized by the innate and acquired awarenesses that contradict the two truths as the creative cause[b] of the three existences, **those** bodhisattvas **realize** that, conventionally, for the perspective of others, **the creative** cause of the three existences **is mind only.** This is because, when the causes and conditions of the three existences are analyzed, nothing else is found anywhere, and as for the perspective of customs that have not been subjected to analysis, customs other than those do not accord with the world.[60]

a *mngon du gyur pa, abhimukhī*
b *byed rgyu, karaṇahetu*

།གཉིས་པ་ལ་མདོ་འགོད་པ་དང་། དེའི་དོན་བཤད་པ་གཉིས།

དང་པོ་ནི།

།དེ་ཕྱིར་བློ་ལྡན་བློ་ནི་འཕེལ་བྱའི་ཕྱིར།
།ལང་ཀར་གཤེགས་མདོ་དེ་ལས་ཀུན་མཁྱེན་གྱིས།
།མུ་སྟེགས་སྐྱོ་མཐོན་རི་འཇོམས་ངག་རང་བཞིན་།
།རྡོ་རྗེ་འདི་ནི་དགོངས་པ་བཅད་ཕྱིར་གསུངས། ༥༥

།མདོ་དེའི་དོན་མདོ་གཞན་གྱིས་བཤད་པ་ནི། འཕགས་པ་ལང་ཀར་གཤེགས་མདོ་དེ་ལས་ཀུན་མཁྱེན་གྱིས་མུ་སྟེགས་རྣམས་ཀྱི་བདག་དང་གཙོ་བོ་སོགས་བྱེད་པོར་སེམས་པའི་ལྟ་བ་ངན་པའི་རི་བོའི་སྐྱོ་མཐོན་པོ་འཇོམས་བྱེད་ཀྱི་ངག་གི་རང་བཞིན་རྡོ་རྗེའི་ཐོག་འདྲ་བ་འདི་ནི་སེམས་ཙམ་དུ་གསུངས་པའི་དགོངས་པ་ཡོངས་སུ་བཅད་པར་བྱ་བའི་ཕྱིར་གསུངས་པ་ཡིན་ཏེ། སེམས་ཙམ་བྱེད་པོ་ཡིན་པ་དེའི་ཕྱིར་བློ་ལྡན་བྱང་ཆུབ་སེམས་དཔའ་རྣམས་ཀྱི་བདག་མེད་རྟོགས་པའི་བློ་ནི་འཕེལ་བར་བྱ་བའི་ཕྱིར་ཇི་སྐད་དུ་གསུངས་ན།

།གང་ཟག་རྒྱུན་དང་ཕུང་པོ་དང་།
།དེ་བཞིན་རྐྱེན་དང་རྡུལ་དག་དང་།
།གཙོ་བོ་དབང་ཕྱུག་བྱེད་པོ་རྣམས།
།སེམས་ཙམ་དུ་ནི་ངས་བཤད་དོ།

།ཞེས་སོ།

2.2.2.1.1.2 That is established by another sūtra (477:2)

This has two parts:

1 Setting forth the sūtra
2 The explanation of its meaning

2.2.2.1.1.2.1 Setting forth the sūtra (477:2)

Therefore, to enable the awareness of the intelligent to increase,
In the *Sūtra of the Descent into Laṅka* the All Knowing One
Uttered this speech, vajra in nature, that destroys the lofty mountains of the forders
In order that the intention may be discerned. (85)

The meaning of that sūtra is explained by another sūtra: **in the *Sublime Sūtra of the Descent into Laṅka,*[a] the all knowing one uttered this speech,** whose **nature** resembles **vajra** lightning **that destroys the lofty mountains of the forders'** bad views[b] that consider a self, the principal, and so on to be the creator, **in order that the intention** of the statement regarding mind only **may be discerned.** Why? Mind only is the creator; **therefore,** [this was said] **to enable the intelligent** bodhisattvas' **awareness** realizing selflessness **to increase.** How was this said?

Person, continuum, and aggregates,
Similarly, conditions and particles,
The principal and Ishvara—these creators
I explain as only mind.[61]

a *'phags pa lang kar gshegs pa'i mdo, āryalaṅkāvatārasūtra*
b *lta ba, dṛṣhṭi*

།གཉིས་པ་ནི།

།ཇི་བཞིན་རང་གི་བསྟན་བཅོས་དེ་དེ་ལས།
།མུ་སྟེགས་རྣམས་ཀྱིས་གང་ཟག་སོགས་དེ་དག
།སླུས་པ་དེ་དག་བྱེད་པོར་མ་གཟིགས་ནས།
།རྒྱལ་བས་སེམས་ཙམ་འཇིག་རྟེན་བྱེད་པོར་གསུངས། ༢༨

།རང་རང་གི་གྲུབ་མཐའི་བསྟན་བཅོས་ཇི་ལྟ་བ་དེ་དང་དེ་ལས་མུ་སྟེགས་རྣམས་ཀྱིས་གང་ཟག་དང་གཙོ་བོ་ལ་སོགས་པ་དེ་དག་བྱེད་པོར་སླུས་པ་དང་། རང་སྡེའནག་གང་ཟག་དང་ཐོབ་པ་དང་རྒྱུད་མི་ཟ་བ་དང་ཀུན་གཞི་སོགས་བྱེད་པོར་བཏགས་པ་དེ་དག་ཐ་སྙད་དུ་ཡང་བྱེད་པོར་མ་གཟིགས་ནས་ཐ་སྙད་དུ་རྒྱལ་བས་སེམས་ཙམ་འཇིག་རྟེན་བྱེད་པོར་གསུངས་སོ་ཞེས་པ་ནི་ལང་གཤེགས་ཀྱི་མདོ་དོན་ཡིན་ནོ།

2.2.2.1.1.2.2 The explanation of its meaning (477:5)

In their own treatises,
The forders propound the person and so on.
Not seeing those as the creator,
The victorious one spoke of mind only as the creator of the world. (86)

In their own treatises on tenets, **the forders propound the person**, the principal, **and so on** to be the creator. Even in our own schools, the person, achievement, not wasting, the base of all, and so forth are designated as the creator. Not seeing those as the creator even conventionally, the victorious one spoke of mind only as the creator of the world conventionally. This is the meaning of the *Sūtra of the Descent into Laṅka.*[62]

།གཉིས་པ་ལ་མདོར་བསྟན། རྒྱས་པར་བཤད། དོན་བསྡུ་གསུམ།

དང་པོ་ནི།

།དེ་ཉིད་རྒྱས་ལ་སངས་རྒྱས་བསྙད་ཇི་བཞིན།
།དེ་བཞིན་སེམས་ཙམ་གཙོར་གྱུར་འཇིག་རྟེན་ལ།
།མདོ་ལས་སེམས་ཙམ་ཞེས་གསུངས་གཟུགས་ནི་འདིར།
།འགོག་པ་དེ་ལྟར་མདོ་ཡི་དོན་མ་ཡིན། ༡༧

ཙམ་སྨྲས་བྱེད་པོ་དགག་པ་ཡིན་གྱི། ཤེས་པ་དེའི་ཡུལ་ཕྱི་རོལ་ཡོད་པ་དགག་པ་གཏན་མིན་ཅེས་སྟོན་པ་ནི། ཇི་ལྟར་དེ་ཁོ་ན་ཉིད་ལ་བློ་རྒྱས་པ་ལ་སངས་རྒྱས་ཞེས་ཚིག་སྔ་མ་མི་མཚོན་པར་བྱས་ནས་བསྙད་པ་ཇི་ལྟ་བ་དེ་བཞིན་སེམས་ཙམ་གཙོ་བོར་གྱུར་པའི་འཇིག་རྟེན་ལའང་གཟུགས་སོགས་གཞན་རྣམས་གཙོ་བོ་ཡིན་པ་བཀག་པས་མི་མཚོན་པར་བྱས་ནས། མདོ་ལས་ཁམས་གསུམ་པའི་བྱེད་པོ་སེམས་ཙམ་མོ་ཞེས་གསུངས་པ་ཡིན་པ་ལས་གཞན་དུ་སེམས་ཙམ་ཞིག་ཁོ་ན་ཡོད་ཀྱི། གཟུགས་ནི་འདིར་མེད་དོ་ཞེས་འགོག་པ་དེ་ལྟར་མདོའི་དོན་མ་ཡིན་ནོ།

2.2.2.1.2 Explaining [it] as having the meaning that mind is emphasized over form (479:4)

This has three parts:

1 Brief indication
2 Extensive explanation
3 Summary of the topic

2.2.2.1.2.1. Brief indication (479:4)

> ***Buddha* is explained as expansion into suchness;**
> **Like that, for the world where mind only is principal,**
> **In the sūtra *mind only* was said; that form is negated here**
> **Is not the sūtra's meaning.** (87)

We shall show that the term *only* refutes a creator but does not in any way refute the external existence of the object of that consciousness. ***Buddha* is explained as the expansion** of awareness **into suchness**; the earlier words have been made invisible. **Like that, for the world where mind only is principal,** that others such as form are principal is refuted; making [some of those words] invisible, **in the sūtra** it **was said** that the creator of the three realms is **mind only.** Departing from that, elsewhere it is said that only mind exists and **that form** does not exist **here; such negation is not the sūtra's meaning.**[63]

།གཉིས་པ་ལ། གཟུགས་མེད་ཀྱི་སེམས་སུ་བདེན་ན་མདོ་དང་འགལ། སེམས་གཙོ་བོ་ཡིན་པའི་རྒྱུ་མཚན། གཟུགས་གཙོ་བོ་མིན་པའི་རྒྱུ་མཚན་གསུམ།

དང་པོ་ནི།

།གལ་ཏེ་འདི་དག་སེམས་ཙམ་ཞེས་མཁྱེན་ནས།
།དེ་ལས་གཟུགས་ཉིད་དགག་པར་མཛད་ན་ནི།
།སླར་ཡང་དེ་ལས་བདག་ཉིད་ཆེན་པོས་སེམས།
།གཏི་མུག་ལས་ལས་སྐྱེས་པར་ཅི་ཕྱིར་གསུངས། ༢༢

མདོའི་དོན་ནི་དབུ་མ་པ་ཁོ་བོ་ལྟར་སྨྲ་དགོས་སོ་ཞེས་སྟོན་པ་ནི། ཁྱོད་ལྟར་གལ་ཏེ་ཁམས་གསུམ་པོ་འདི་དག་སེམས་ཙམ་ཡིན་ཅིང་། སེམས་ནི་དོན་དམ་པར་བདེན་པར་གྲུབ་པའི་ཆོས་སོ། །ཞེས་མཁྱེན་ནས་ས་བཅུ་པའི་མདོ་དེ་ལས་གཟུགས་ཉིད་དགག་པར་མཛད་ན་ནི། སླར་ཡང་མདོ་དེ་ལས་རྫོགས་པའི་སངས་རྒྱས་བདག་ཉིད་ཆེན་པོས་སེམས་རྣམ་པར་ཤེས་པ་གཏི་མུག་མ་རིག་པ་དང་འདུ་བྱེད་ཀྱི་ལས་ལས་སྐྱེས་པར་ཅིའི་ཕྱིར་གསུང་རིགས་ཏེ་མི་རིགས་པར་ཐལ། རྣམ་ཤེས་རང་གི་བདག་ཉིད་ཀྱིས་དོན་དམ་པར་གྲུབ་ན་མ་རིག་པ་དང་འདུ་བྱེད་ཀྱི་རྒྱུ་རྐྱེན་ལ་མི་བལྟོས་པའི་ཕྱིར། དེས་ན་སེམས་རང་བཞིན་གྱིས་ཡོད་པ་མིན་ཏེ། མ་རིག་པ་དང་འདུ་བྱེད་སོགས་ཕྱིན་ཅི་ལོག་གི་རྐྱེན་ཡོད་མེད་ཀྱི་རྗེས་སུ་འགྲོ་ལྡོག་བྱེད་པའི་ཕྱིར། སྐྲར་སྣང་ནི་རབ་རིབ་ཀྱི་རྗེས་སུ་འགྲོ་ལྡོག་བྱེད་པ་བཞིན་ནོ།

2.2.2.1.2.2 Extensive explanation (480:1)

This has three parts:

1 Were form not to exist and [appearances to be] true as mind, this would contradict the sūtra
2 The reason why mind is principal
3 The reason why form is not principal

2.2.2.1.2.2.1 Were form not to exist and [appearances to be] true as mind, this would contradict the sūtra (480:1)

If, knowing, "These are mind only,"
He refuted form itself in that [sūtra],
Why did the great being again in that [sūtra] say
That mind is produced from bewilderment and actions? (88)

We shall show that the meaning of the sūtra must be expounded as we of the Middle Way School do. **If, as you say,** knowing, "These three realms **are only mind** and mind is a phenomenon that is established ultimately and truly," he **refuted form itself in that** *Sūtra of the Ten Grounds*, **why** would it be reasonable for the completely awakened Buddha, **the great being, again in that** sūtra to say **that mind**, which is consciousness, **is produced from bewilderment**, which is ignorance, **and** conditioned **actions?** It follows that it would not be reasonable because, if consciousness were established ultimately by its own intrinsic nature, it would not be contingent upon the ignorance and conditioned action that are its cause and condition. Therefore, mind does not exist inherently because it coincides with the existence and nonexistence of perverse conditions such as ignorance and conditioned action. This resembles the appearance of hair coinciding with a disease of the eye.[64]

།གཉིས་པ་ནི།

།སེམས་ཉིད་ཀྱིས་ནི་སེམས་ཅན་འཇིག་རྟེན་དང་།
།སྣོད་ཀྱི་འཇིག་རྟེན་ཤིན་ཏུ་སྣ་ཚོགས་འགོད།
།འགྲོ་བ་མ་ལུས་ལས་ལས་སྐྱེས་པར་གསུངས།
།སེམས་སྤངས་ནས་ནི་ལས་ཀྱང་ཡོད་མ་ཡིན། ༥༩

།སེམས་ཉིད་ཀྱིས་ནི་ལས་ཉོན་བསགས་པས་འཁོར་བའི་ཆོས་ཐམས་ཅད་གང་ཟག་རྣམས་ཀྱིས་ཐོབ་པར་བྱེད་དེ། སེམས་ཅན་གྱི་འཇིག་རྟེན་དམྱལ་བ་ནས་སྲིད་རྩེའི་བར་དང་། སྣོད་ཀྱི་འཇིག་རྟེན་རླུང་དཀྱིལ་ནས་འོག་མིན་གྱི་བར་ཤིན་ཏུ་སྣ་ཚོགས་འགོད་པར་བྱེད་པའི་ཕྱིར། དེའང་རྨ་བྱའི་མདོངས་སོགས་ནི་ཐུན་མོང་མིན་པའི་ལས་ཀྱིས་བསྐྱེད་ལ། པདྨ་སོགས་ནི་སེམས་ཅན་ཐུན་མོང་བའི་ལས་ཀྱིས་བསྐྱེད་དེ།

ཇི་སྐད་དུ།

།སེམས་ཅན་ལས་ཀྱི་དབང་གིས་རི།
།ནག་པོ་དུས་སུ་སྐྱེས་ཏེ་དཔེར།
།སེམས་དམྱལ་མཐོ་རིས་འཇིག་རྟེན་དུ།
།མཚོན་དང་རིན་ཆེན་ཤིང་བཞིན་ནོ།

།ཞེས་གསུངས་སོ། དེས་ན་ཕྱི་ནང་གི་འགྲོ་བ་མ་ལུས་པ་ཐུན་མོང་དང་ཐུན་མོང་མིན་པའི་ལས་ལས་སྐྱེས་པར་གསུངས་ཤིང་། ལས་ཀྱང་སེམས་དང་བཅས་པ་ཁོ་ནས་སོག་གི་སེམས་སྤངས་ནས་ནི་ལས་ཀྱང་སོག་པ་ཡོད་པ་མ་ཡིན་ནོ།

2.2.2.1.2.2.2 The reason why mind is principal (482:6)

Mind itself sets out the extremely various
Worlds of sentient beings and worlds serving as vessels.
It is said that all migrators without omission are produced from actions;
Mind having been abandoned, actions are no more. (89)

Mind itself accumulates actions and afflictions, causing persons to achieve all the phenomena of saṃsāra. This is because it **sets out the extremely various worlds of sentient beings**, ranging from the hells to the peak of existence,[a] **and worlds serving as vessels,** ranging from the maṇḍala of wind to the highest land.[b] Moreover, the patterns of a peacock's colors and so on are generated by uncommon actions, and lotuses and so on are generated by actions common to [more than one] sentient being. As is said:

By the power of the actions of sentient beings,
Black mountains are produced in a timely manner; for example,
Weapons in a world that is a hell of sentient beings,
And jeweled trees in the worlds of the higher areas.

...Therefore, **it is said that all migrators without omission**, non-Buddhists and Buddhists, **are produced** from common and uncommon **actions.** Actions are accumulated only by those who have minds. **Mind having been abandoned, no more actions are** accumulated.[65]

a *srid rtse, bhavāgra*
b *'og min, akaniṣhṭha*

།གསུམ་པ་ནི།

།གལ་ཏེ་གཟུགས་ཡོད་མོད་ཀྱི་དེ་ལ་ནི།

།སེམས་བཞིན་བྱེད་པ་པོ་ཉིད་ཡོད་མ་ཡིན། ༩༠ ཀ།ཁ

།གལ་ཏེ་གཟུགས་ཀྱང་ཐ་སྙད་དུ་སེམས་བཞིན་ཡོད་མོད་ཀྱི། དེ་ལ་ནི་སེམས་བཞིན་འགྲོ་བའི་རྒྱུ་ལས་སོག་པའི་བྱེད་པ་པོ་ཉིད་ནི་ཡོད་པ་མ་ཡིན་ཏེ། བེམས་པོ་ལ་བློའི་བྱ་བ་ཡོད་པ་མ་ཡིན་པའི་ཕྱིར།

གསུམ་པ་ནི།

།དེས་ན་སེམས་ལས་གཞན་པའི་བྱེད་པ་པོ།

།བཟློག་གི་གཟུགས་ནི་བཀག་པ་མ་ཡིན་ནོ། ༩༠ གང

།བདག་དང་གཙོ་བོ་སོགས་དང་སེམས་ལ་བྱེད་པོ་ཡིན་མིན་གྱི་རྩོད་པ་ཡོད་ཀྱི། གཟུགས་ལ་ཡོད་པ་མ་ཡིན་པ་དེས་ན་སེམས་ལས་གཞན་པའི་གཙོ་བོ་སོགས་བྱེད་པ་པོ་ཡིན་པ་བཟློག་གི། གཟུགས་ནི་བྱེད་པོར་བཀག་དགོས་པ་མ་ཡིན་ཏེ། དཔེར་ན་ཡུལ་གཅིག་ལ་རྩོད་པའི་རྒྱལ་པོ་གཉིས་ལས་གཅིག་བཏོན་ནས་གཅིག་གིས་ཡུལ་ཐོབ་པ་ན། གཉིས་ཀ་ལ་མཁོ་བའི་འབངས་མི་འདོན་པ་བཞིན་སེམས་དང་གཙོ་བོ་སོགས་གང་བྱེད་པོར་འདོད་ཀྱང་གཟུགས་མཁོ་བས་དགག་པར་མི་རིགས་ཤིང་། དེ་མ་དཔྱད་པར་ཐ་སྙད་དུ་ཡོད་པའི་ཕྱིར།

2.2.2.1.2.2.3 THE REASON WHY FORM IS NOT PRINCIPAL (484:2)

> **Suppose that form does exist; even so,**
> **The creator itself is not there, as it is with mind.** (90ab)

Suppose that, like mind, **form does exist** as a convention; **even so,** the cause of migrators, **the creator itself** that accumulates actions, **is not there, as it is with mind** because matter does not have the activity of awareness.[66]

2.2.2.1.2.3 SUMMARY OF THE TOPIC (484:3)

> **Thus, a creator other than mind**
> **Has been refuted, but form has not been negated.** (90cd)

There is debate about the creator: is it the self, the principal, and so on, or is it mind? In any case, no one contends that form is [the creator]. **Thus, a creator other than mind**, such as the principal, **has been refuted, but** there has been **no** need to **negate form** as the creator. Why? For example, when two kings contest for one land, one of them having been cast out, the other wins the land. Neither of them casts out the subjects, whom they need. Similarly, whatever is asserted to be the creator—mind, or the principal and so on—it is not reasonable to refute form, as it is needed and, so long as it is not analyzed, does exist conventionally.[67]

གསུམ་པ་ལ། གཉིས་ཀ་བདེན་གཉིས་ཡོད་མེད་མཚུངས་པ་དང༌། བདེན་གཉིས་བཞིགས་ནས་རྫས་མི་འགྲུབ་པ་དང༌། དོན་བསྡུ་བ་གསུམ། དང་པོ་ལ། རིགས་པ་དང༌། ལུང་གི་སྒྲུབ་བྱེད་མཚུངས་པ་གཉིས། དང་པོ་ལ། སྐྱེས་འཕགས་གཉིས་ཀྱི་བློ་ངོར་མཚུངས་པ་དང༌། དཔྱད་མ་དཔྱད་དུ་མཚུངས་པ་གཉིས།

དང་པོ་ནི།

།འཇིག་རྟེན་པ་ཡི་དེ་ཉིད་ལ་གནས་ལ།
།ཕུང་པོ་འཇིག་རྟེན་གྲགས་ཏེ་ལྟ་ཆར་ཡོད།
།དེ་ཉིད་ཡེ་ཤེས་འཆར་བར་འདོད་པ་ན།
།རྣལ་འབྱོར་པ་ལ་དེ་ལྟ་འབྱུང་མི་འགྱུར། (༩)

།ཕྱི་དོན་མེད་ལ་ནང་ཤེས་པ་ཡོད་པ་ནི་བྱིས་བློ་ལས་ཡིན་ནམ་འཕགས་པའི་གཟིགས་ངོ་ནས་ཡིན། དང་པོ་ལྟར་ན་དེ་ངོར་དེ་ལྟ་ཅར་ཡོད་དེ། གོང་དུ་བསྟན་པ་ལྟར་བློ་འཇིག་རྟེན་པ་ཡི་མཐོང་བའི་དེ་ཁོ་ན་ཉིད་ལ་གནས་པ་ལ་ནི་ཕུང་པོ་ལྔ་ཆར་ཡོད་མཚུངས་སུ་འཇིག་རྟེན་ལ་གྲགས་པ་སྟེ་དེ་ཉིད་ཀྱི་ཕྱིར། གཉིས་པ་ལྟར་ན་རྣལ་འབྱོར་པ་ལ་དེ་ངོར་ལྟ་ཅར་འབྱུང་བར་མི་འགྱུར་ཏེ། དེ་ཉིད་རྟོགས་པའི་ཡེ་ཤེས་འཆར་བར་འདོད་པ་ན་སྟེ་རྟོགས་པ་ན་སྤྲོས་མཚན་ཐམས་ཅད་ཉེ་བར་ཞི་བའི་ཕྱིར།

2.2.2.1.3 Showing that form and mind are equally existent or nonexistent (484:5)

This has three parts:

1 Both are equivalent in the existence or nonexistence of the two truths
2 A substantial entity will not be established when the two truths have been demolished
3 Summary of the topic

2.2.2.1.3.1 Both are equivalent in the existence or nonexistence of the two truths (484:6)

This has two parts:

1 In reasoned proofs, they are equivalent
2 In scriptural proofs, they are equivalent

2.2.2.1.3.1.1 In reasoned proofs, they are equivalent (484:6)

This has two parts:

1 They are equivalent for the perspective of the awareness of ordinary and superior persons
2 They are equivalent when analyzed and when not analyzed

2.2.2.1.3.1.1.1 They are equivalent for the perspective of the awareness of ordinary and superior persons (485:1)

For those who abide in worldly suchness,
The aggregates customary in the world, all five, exist.
When the wisdom of suchness is asserted to dawn,
For a yogin, the five will not arise. (91)

Is the nonexistence of external objects and the existence of internal consciousness [posited] through the awareness of children or from the perspective of the vision of superiors? If [they posit this from the viewpoint of] the first, for their perspective all five [aggregates] exist for the very reason that, as shown above, **for those who abide in the suchness** seen by a **worldly** mind, **in the world it is customary that all five aggregates** equally **exist.** If [they posit this from the viewpoint of] the second, **none of the five will arise for a yogin**'s perspective because, **when the wisdom that realizes suchness is asserted to dawn,** which is to say when it is realized, all elaborations and signs are thoroughly pacified.[68]

གཉིས་པ་ནི།

།གཟུགས་མེད་ན་ནི་སེམས་ཡོད་མ་འཛིན་ཅིག

།སེམས་ཡོད་ཉིད་ནའང་གཟུགས་མེད་མ་འཛིན་ཞིག ༩༢ ཀཁ

གཟུགས་མེད་སེམས་ཡོད་ནི་དཔྱད་མ་དཔྱད་གཉིས་ཀར་མི་འཐད་དེ། དཔྱད་ཚེ་གཟུགས་མེད་ན་ནི་སེམས་ཡོད་མ་འཛིན་ཅིག་སྟེ་དེ་གཉིས་བལྟོས་བཞག་ཡིན་པའི་ཕྱིར། མ་དཔྱད་ན་ནི་སེམས་ཡོད་ཉིད་ནའང་གཟུགས་མེད་མ་འཛིན་ཅིག་སྟེ། དེ་འཇིག་རྟེན་ན་ཡོད་པར་གྲགས་པའི་ཕྱིར།

གཉིས་པ་ནི།

།དེ་དག་ཤེས་རབ་ཚུལ་མདོར་སངས་རྒྱས་ཀྱིས།

།མཚུངས་པར་སྤངས་ཤིང་མངོན་པའི་ཆོས་ལས་གསུངས། ༩༢ གང

།གཟུགས་མེད་སེམས་ཡོད་དེ་རིགས་པ་དང་དྲང་བའི་ལུང་གང་གི་ཡང་དོན་དུ་མི་འཐད་དེ། གཟུགས་སེམས་དེ་དག་ཡུམ་སོགས་ཤེས་རབ་ཚུལ་མདོར་གཟུགས་ནི་རང་བཞིན་གྱིས་སྟོང་ངོ་ཞེས་པ་ནས་རྣམ་ཤེས་ནི་རང་བཞིན་གྱིས་སྟོང་ངོ་ཞེས་སངས་རྒྱས་ཀྱིས་མཚུངས་པར་སྤངས་ཤིང་། མངོན་པའི་ཆོས་ལས་རང་སྤྱིའི་མཚན་ཉིད་སོགས་རབ་ཏུ་དབྱེ་བས་ལྷ་ཆར་ཡོད་པར་གསུངས་པའི་ཕྱིར་རོ།

2.2.2.1.3.1.1.2 They are equivalent when analyzed and when not analyzed (485:3)

> **Where form does not exist, do not conceive that mind exists.**
> **When mind exists, do not conceive that form does not exist. (92ab)**

That form does not exist and mind does exist is feasible neither when they are analyzed nor when they are not analyzed. At the time of analysis, **where form does not exist, do not conceive that mind exists** because those two are posited contingently. When they are not analyzed, **when mind exists, do not conceive that form does not exist** because in the world it is customary that they exist.[69]

2.2.2.3.1.2 In scriptural proofs, they are equivalent (485:4)

> **In the sūtras on the way of incisive knowledge, the Buddha**
> **Abandoned them equivalently, and in the Manifest Knowledge he taught them. (92cd)**

That form does not exist and that mind exists is not feasible as the meaning of any scripture, neither the definitive nor those requiring interpretation because, **in the sūtras on the way of incisive knowledge,** such as the mothers,[70] from saying "form is empty of inherent nature" on up to saying "consciousness is empty of inherent nature,"[71] **the Buddha abandoned those** forms and minds **equivalently, and in the Manifest Knowledge,**[a] by thoroughly distinguishing their specific and general characteristics,[b] he **taught** that all five exist.[72]

a *chos mngon pa, abhidharma*
b *spyi mtshan, sāmānyalakṣhaṇa*

།གཉིས་པ་ནི།

།བདེན་གཉིས་རིམ་པ་འདི་དག་བཞག་ནས་ཀྱང་།
།ཁྱོད་ཀྱི་རྫས་ནི་བཀག་པས་འགྲུབ་མི་འགྱུར། ༨༣ ཀཁ

།གཟུགས་མེད་སེམས་ཡོད་དུ་སྨྲ་བ་ནི་ངལ་བ་དོན་མེད་ཡིན་ཏེ། དེ་ལྟར་སྨྲ་ན་ལུང་རིགས་གྲགས་པ་དང་མཐུན་པའི་ཇི་སྐད་བཤད་པའི་བདེན་གཉིས་རིམ་པ་འདི་དག་བཞག་པར་འགྱུར་ལ། དེ་བཞག་ནས་ཀྱང་ཁྱོད་ཀྱི་གཞན་དབང་གི་རྫས་ནི་བཀག་པས་འགྲུབ་པར་མི་འགྱུར་བའི་ཕྱིར།

གསུམ་པ་ནི།

།དེ་ཕྱིར་དེ་ལྟའི་རིམ་པས་དངོས་གདོད་ནས།
།དེ་ཉིད་མ་སྐྱེས་འཇིག་རྟེན་སྐྱེས་རིག་བྱ། ༨༣ གང

།དེས་ན་དངོས་པོ་ཐམས་ཅད་གདོད་ནས་དེ་ཉིད་དུ་མ་སྐྱེས་ཤིང་། འཇིག་རྟེན་གྱི་ཐ་སྙད་ཙམ་དུ་སྐྱེས་པར་རིག་པར་བྱ་དགོས་ཏེ། བཤད་པ་དེའི་ཕྱིར་དེ་ལྟའི་ལུང་རིགས་ཀྱི་རིམ་པས་འགྲུབ་པའི་ཕྱིར་རོ།

2.2.2.1.3.2 A SUBSTANTIAL ENTITY WILL NOT BE ESTABLISHED WHEN THE TWO TRUTHS HAVE BEEN DEMOLISHED (485:6)

> **These stages of the two truths having been demolished,**
> **Your substantial entity will have been negated, due to which it will not be established. (93ab)**

Propounding the nonexistence of form and the existence of mind is senseless hardship because, if you expound in that way, **these stages of the two truths** just as they were explained in harmony with the customs of scripture and reasoning **will be demolished**, and when they have been demolished, **your** other powered **substantial entity will have been negated, due to which it will not be established.**[73]

2.2.2.1.3.3 SUMMARY OF THE TOPIC (486:1)

> **Because of that, by such stages one must know that, from the beginning, things**
> **Are not produced in suchness and are produced for the world. (93cd)**

Thus, **one must know that, from the beginning,** all **things are not produced in suchness and are produced** as mere conventions **for the world** because, **on account of that** explanation, this is established **by such stages** of scripture and reasoning.[74]

།གཉིས་པ་ལ། མདོ་ལས་སེམས་ཙམ་དུ་གསུངས་པ་དྲང་དོན་དུ་བསྟན། དེའི་སྒྲུབ་བྱེད་ཀྱི་ལུང་རིགས་བཤད། ཞར་ལ་དྲང་ངེས་ཀྱི་རྣམ་དབྱེ་བསྟན་པ་གསུམ།

དང་པོ་ནི།

།མདོ་སྡེ་གང་ལས་ཕྱི་རོལ་སྣང་ཡོད་མིན།
།སེམས་ནི་སྣ་ཚོགས་སྣང་ངོ་ཞེས་གསུངས་པ།
།གཟུགས་ལ་ཤིན་ཏུ་ཆགས་གང་དེ་དག་ལ།
།གཟུགས་བཟློག་པ་སྟེ་དེ་ཡང་དྲང་དོན་ཉིད། ༨༩

།ཡང་ས་བཅུ་པའི་མདོ་དོན་དེ་དག་གིས་དེ་ལྟར་བཤད་དུ་ཆུག་ཀྱང་ལུང་གཞན་ལས་སེམས་ཙམ་དུ་ངེས་ཏེ།

ལང་གཤེགས་ལས།

།ཕྱི་རོལ་སྣང་བ་ཡོད་མེད་དེ།
།སེམས་ནི་སྣ་ཚོགས་རྣམས་སུ་སྣང་།
།ལུས་དང་ལོངས་སྤྱོད་གནས་འདྲ་བ།
།སེམས་ཙམ་དུ་ནི་ངས་བཤད་དོ།

།ཞེས་ལུས་ནི་མིག་སོགས་དང་། ཡུལ་ནི་གཟུགས་སོགས་དང་། གནས་ནི་སྣོད་ཀྱི་འཇིག་རྟེན་ཏེ། སེམས་ལས་ཕྱི་རོལ་དུ་མ་གྲུབ་པར་སེམས་ཙམ་དེ་ལུས་ལ་སོགས་པར་སྣང་བ་དེ་སེམས་ལས་ཐ་དད་དུ་ཕྱི་རོལ་ལྟར་མངོན་པས་ཁམས་གསུམ་སེམས་ཙམ་མོ་ཞེ་ན།

2.2.2.2 Abandoning contradiction with the meaning of other sūtras (486:2)

This has three parts:

1. Showing the statement of mind only in the sūtra to be a meaning that requires interpretation
2. Explaining the scriptures and reasonings that prove that
3. Ancillarily, showing the divisions into the meaning that requires interpretation and the definitive meaning

2.2.2.2.1 Showing the statement of mind only in the sūtra to be a meaning that requires interpretation (486:2)

In some sūtras it was said,
"External appearances do not exist; mind appears as the varieties."
Form is refuted for those exceptionally passionate about form;
They too are just meanings that require interpretation.[a] **(94)**

They may say, "The meaning of the *Sūtra of the Ten Grounds* may be forced by those [reasonings] into such an explanation, but in other scriptures is ascertained as mind only. From the *Sūtra of the Descent into Laṅka*:

External appearances do not exist;
Mind appears as the varieties.
Bodies, resources, places, and such
I explain as only mind.

Bodies are the eyes and so forth. Objects are forms and so forth. Places are the world that is the vessel. They are not established as something external to mind, for only mind appears as bodies and so forth. The appearance looks to be different from mind, as if it were external. Therefore, the three realms are only mind."

a *drang don, neyārtha*

མདོ་སྡེ་གང་ལས་ཕྱི་རོལ་དོན་ཡོད་མིན་ཀྱང་སེམས་ཉིད་ལུས་ལ་སོགས་པ་སྣ་ཚོགས་པར་སྣང་ངོ་ཞེས་གསུངས་པ་དེ་ནི་དགོངས་པ་ཅན་ཡིན་ཏེ། དགོངས་གཞི་གཟུགས་ལ་ལྷག་པར་ཆགས་པ་དེའི་རྒྱུན་གྱིས་ཆགས་སོགས་ལ་ཞུགས་ནས་སྡིག་ཆེན་པོ་སོག་ཅིང་། ཚོགས་གཉིས་ལས་ཉམས་པར་འགྱུར་བ་གང་དེ་དག་ལ་ཀུན་མཁྱེན་གྱིས་གཟུགས་ཀྱི་རྒྱུན་ཅན་གྱི་ཆགས་སོགས་སྤོང་ཆེད་དུ་མི་སྡུག་པ་སྒོམ་པར་གསུངས་པ་ལྟར་གཟུགས་བཟློག་པ་ཡིན་གྱི། དེ་བཟློག་ནས་སེམས་ཡོད་ཆེད་དུ་དེར་བསྟན་པ་མ་ཡིན་པའི་ཕྱིར་ཏེ། མདོ་དེ་ཡང་དྲང་དོན་ཉིད་དུ་གསུངས་པའི་ཕྱིར།

གཉིས་པ་ལ་ལུང་དང་། རིགས་པའི་སྒྲུབ་བྱེད་གཉིས། དང་པོ་ལ། མདོ་འདི་དྲང་དོན་ཡིན་པའི་སྒྲུབ་བྱེད། དེས་འདི་འདྲའི་མདོ་གཞན་ཡང་དྲང་དོན་དུ་བསྟན་པ་གཉིས།

In some sūtras it was said, "External objects do **not exist; mind** itself **appears as the varieties,** such as bodies. Those statements have an intention.[a] How so? The base for the intention[b] is that there are some who, by the condition of excessive **passion for form**, enter into desire and so on, accumulate appalling ill deeds, and wither away from the two collections. **For those**, just as the Knower of All taught meditation upon ugliness for the purpose of abandoning desire and so forth that have form as their condition, so he refuted form. Having refuted that [i.e., form], he did not purposefully teach the existence of mind there, for **those** sūtras **too** were taught **as just meanings that require interpretation.**[75]

2.2.2.2.2 EXPLAINING THE SCRIPTURES AND REASONINGS THAT PROVE THAT (487:1)

This has two parts:

1 Scriptural proof
2 Reasoned proof

2.2.2.2.2.1 SCRIPTURAL PROOF (487:1)

This has two parts:

1 Proving this sūtra to be one whose meaning requires interpretation
2 This shows other such sūtras also to have meanings that require interpretation

a *dgongs pa can*
b *dgongs gzhi*

དང་པོ་ནི།

།འདི་ནི་སྟོན་པས་དྲང་དོན་ཉིད་གསུངས་ཤིང་།

།འདི་ནི་དྲང་དོན་ཉིད་དུ་རིགས་པས་འཐད། ༩༥ ཀ།ཁ

།མདོ་འདི་ནི་འོག་ནས་འཆད་པ་ལྟར་ལང་གཤེགས་སུ་སྟོན་པས་དྲང་དོན་ཉིད་དུ་གསུངས་ཤིང་། འདི་ནི་དྲང་དོན་ཉིད་དུ་འཆད་འགྱུར་གྱི་ནི་རིགས་པས་འཐད་དོ།

གཉིས་པ་ནི།

།རྣམ་པ་དེ་ལྟའི་མདོ་སྡེ་གཞན་ཡང་ནི།

།དྲང་དོན་ཉིད་དུ་ལུང་འདིས་གསལ་བར་བྱེད། ༩༥ གང

།མདོ་འདི་དྲང་དོན་ཡིན་པར་མ་ཟད། རྣམ་རིག་པས་ངེས་དོན་དུ་འདོད་པའི་སྐབས་བསྟན་བདག་བདེན་གྱི་རྣམ་པ་དེ་ལྟ་བུའི་མདོ་དེ་འཕགས་པ་དགོངས་པ་ངེས་འགྲེལ་སོགས་ལས་བརྟགས་པ་མེད་པ་ཉིད་དང་། གཞན་གྱི་དབང་ཡོད་པ་ཉིད་དང་། ཡོངས་སུ་གྲུབ་པ་ཡོད་པ་ཉིད་དོ། །ཞེས་དང་།

།ལེན་པའི་རྣམ་པར་ཤེས་པ་ཟབ་ཅིང་ཕྲ།
།ས་བོན་ཐམས་ཅད་ཆུ་བོའི་རྒྱུན་ལྟར་འབབ།
།བདག་ཏུ་རྟོག་པར་གྱུར་ན་མི་རུང་ཞེས།
།བྱིས་པ་རྣམས་ལ་ངས་ནི་དེ་མ་བསྟན།

།ཅེས་མང་དུ་འབྱུང་བ་གཞན་ཡང་ནི།

2.2.2.2.2.1.1 Proving this sūtra to be one whose meaning requires interpretation (487:2)

> **This, the Teacher said, is just a meaning that requires interpretation;**
> **That it is feasible just as a meaning that requires interpretation is due to reasoning. (95ab)**

As will be explained below, in the *Descent into Laṅka* **the Teacher said that this** sūtra **is a meaning that requires interpretation; that it is feasible just as a meaning that requires interpretation is due to reasoning** that will be explained.

2.2.2.2.2.1.2 This shows other such sūtras also to have meanings that require interpretation (487:3)

> **Also other sūtras similar in aspect**
> **This scripture clarifies as just meanings that require interpretation. (95cd)**

Not only is this sūtra a meaning that requires interpretation, but **also** the many **other sūtras** taught by terms asserted by the Proponents of Perception to be of definitive meaning,[a] **similar in aspect** to *self* and *truth*, such as [these passages from] the *Sublime Sūtra Unravelling the Intention*[b] and so forth:

> *The ideational*[c] *is just nonexistent.*
> *The other powered is just existent.*
> *The thoroughly established*[d] *is just existent.*

and:

a *nges don, nītārtha*
b *dgongs pa nges par 'grel pa'i mdo, saṃdhinirmochanasūtra*
c *kun brtags, parikalpita*
d *yongs su grub pa, parinishpanna*

།ཇི་ལྟར་ནད་པ་ནད་པ་ལ། །སྨན་པས་སྨན་རྣམས་གཏོང་བ་ལྟར། །སངས་རྒྱས་དེ་བཞིན་སེམས་ཅན་ལ། །སེམས་ཙམ་དུ་ཡང་རབ་ཏུ་གསུངས།

ཞེས་སོགས་ཀྱི་ལུང་འདིས་དྲང་དོན་ཉིད་དུ་གསལ་བར་བྱེད་དེ། སྟོན་པས་སེམས་ཙམ་གསུངས་པའང་གདུལ་བྱའི་བསམ་པའི་ཁྱད་པར་ལ་བལྟོས་ནས་གསུངས་པའི་ཕྱིར། སྨན་པས་ནད་དབང་ཐ་དད་ཀྱིས་དུག་ཀྱང་སྨན་དུ་གཏོང་བ་བཞིན།

གཉིས་པ་ནི།

།ཤེས་བྱ་མེད་ན་ཤེས་པ་བསལ་བ་ནི། །བདེ་བླག་ཉིད་ཅེས་སངས་རྒྱས་རྣམས་ཀྱིས་གསུངས། །ཤེས་བྱ་མེད་ན་ཤེས་པ་བཀག་འགྲུབ་པས། །དང་པོར་ཤེས་བྱ་དགག་པ་མཛད་པ་ཡིན། ༤༨

།ཡུལ་ཤེས་བྱ་མེད་ན་ཡུལ་ཅན་ཤེས་པ་བསལ་བ་ནི་བདེ་བླག་ཉིད་ཅེས་སངས་རྒྱས་རྣམས་ཀྱིས་གསུངས་ཏེ། ཡུལ་དང་ཡུལ་ཅན་བལྟོས་ནས་བཞག་པའི་ཕྱིར། སྟོན་པས་སྦྱིན་སོགས་བསོད་ཚོགས་སྔོན་དུ་འགྲོ་བས་ཡེ་ཤེས་ཀྱི་ཚོགས་ལ་འཇུག་པ་བཞིན་དང་པོར་ཕྱིར་རོལ་སྣང་བ་ཡོད་མེད་དེ། །ཞེས་སོགས་ཀྱིས་ཤེས་བྱ་དགག་པར་མཛད་པ་ཡིན་ཏེ། ཤེས་བྱ་བདག་མེད་པར་རྟོགས་ན་ཕྱིས་ཤེས་པ་བཀག་པ་ཉིད་འགྲུབ་པས་དེ་ཉིད་ཀྱི་ཕྱིར། དེའང་ཤེས་བྱ་མེད་ན་ཤེས་པ་མེད་པ་ནི། རེས་འགའ་རང་ཉིད་ཀོ་ནས་རྟོགས་ལ། རེས་འགའ་ཅུང་ཟད་ཉེ་བར་བསྟན་པས་ཀྱང་རྟོགས་པར་འགྱུར་རོ།

"The appropriating consciousness, profound and subtle,
[Holds] all the seeds and flows like a river stream.
To conceive this as a self would be unsuitable."
To children I have not taught that.

are clarified by this scripture:

Just as a physician gives medicine
To those sick with a sickness,
Like that the Buddha teaches
Mind only to sentient beings.

and so on to be **just meanings that require interpretation** because the Teacher taught mind only contingent upon the differences in the outlooks of those to be tamed.[a] This resembles a physician's prescribing even poison as medicine according to the different powers of sicknesses.[76]

2.2.2.2.2.2 Reasoned proof (490:4)

"When objects of cognition do not exist, the elimination of cognition
Will easily be found," the buddhas have taught.
When objects of cognition do not exist, the negation of cognition will be established; therefore,
First, he refuted objects of cognition. (96)

The buddhas have taught, "If objects—**objects of cognition— do not exist, the elimination of** the possessor of the object—**cognition—will easily be found"** because the object and the possessor of the object are posited contingently. Just as the Teacher began with the accumulation of merit[b] through generosity[c] and so forth, whereby [students] enter into the accumulation of wisdom,[d] **first he refuted objects of cognition** with "External appearances do not exist" and so on for the very reason that,

a *gdul bya*
b *bsod nams, puṇya*
c *sbyin pa, dāna*
d *ye shes, jñāna*

གསུམ་པ་ནི།

།དེ་ལྟར་ལུང་གི་ལོ་རྒྱུས་ཤེས་བྱས་ཏེ།
།མདོ་གང་དེ་ཉིད་མ་ཡིན་བཤད་དོན་ཅན།
།དྲང་དོན་གསུངས་པའང་རྟོགས་ནས་དྲང་བྱ་ཞིང་།
།སྟོང་ཉིད་དོན་ཅན་ངེས་དོན་ཤེས་པར་གྱིས། ༨༧

།ཤེས་རབ་ཅན་དག་གིས་བཤད་མ་ཐག་པའི་དྲང་ངེས་ཀྱི་བརྗོད་བྱ་དེ་ལྟར་དཔྱད་ནས་ལུང་གི་ལོ་རྒྱུས་ཏེ་གང་གིས་བརྗོད་བྱ་དྲང་ངེས་སྟོན་ཅེས་ཤེས་པར་བྱས་ཏེ། མདོ་སྡེ་གང་རྟེན་འབྲེལ་སྐྱེ་སོགས་ཀྱི་མཐའ་བརྒྱད་དང་བྲལ་བའི་དེ་ཉིད་དངོས་སུ་གསལ་བར་བྱེད་པ་ཉིད་མ་ཡིན་པར། དངོས་སུ་སྐྱེ་འགག་རང་བདེན་པ་སོགས་བཤད་པའི་དོན་ཅན་ནི་ཟབ་དོན་ལ་འཇུག་ཆེད་དྲང་དོན་ཉིད་དུ་གསུངས་པའང་རྟོགས་པར་བྱས་ནས་ལུང་དེས་དེས་འདུལ་གྱི་གདུལ་བྱ་རྣམས་དམ་པའི་དོན་དུ་དྲང་བར་བྱ་ཞིང་བཤད་པར་བྱ་སྟེ། མདོ་གང་རྟེན་འབྲེལ་སྐྱེ་སོགས་མཐའ་བརྒྱད་དང་བྲལ་བར་སྟོང་ཉིད་དུ་དངོས་སུ་སྟོན་བྱེད་ཀྱི་དོན་ཅན་དེ་ནི་ངེས་དོན་དུ་ཡང་དག་པར་ཤེས་པར་གྱིས་ཤིག་སྟེ། མདོ་དོན་དེ་གཞན་དུ་དྲང་བར་མི་ནུས་པའི་ཕྱིར།

when objects of cognition are realized to be selfless, **later, the negation of cognition will be established.** Also, as for the nonexistence of cognition when objects of cognition do not exist, sometimes [students] will realize this by themselves, and sometimes they will realize it through just a little close instruction.[77]

2.2.2.2.3 Ancillarily, showing the divisions into the meaning that requires interpretation and the definitive meaning (490:6)

> **In that way, one comes to know the structure of the scriptures.**
> **Whichever sūtras have a meaning that explains what is not suchness**
> **Have stated a meaning that requires interpretation; realizing that, one will be led further.**
> **Those having the meaning of emptiness should be known to be of definitive meaning.** (97)

In that way, those having incisive knowledge analyze the expression of the interpretable and the definitive that was just explained. Having done so, **they have come to know the structure of the scriptures**, which is to say, "those teaching what requires interpretation or the definitive as the object of their expression."[78] **Whichever** sets of **sūtras do not** explicitly clarify dependent relationship—the **suchness** that is the freedom from the eight extremes of production and so forth—and have the meaning of explicitly **explaining** production and cessation as true in themselves and so on, are **stated** as just **a meaning that requires interpretation** and for the sake of entry into the profound meaning. **Having been realized,** those scriptures **will lead** those who are to be tamed by them further, to the ultimate, and they are to be explained.... Whichever sūtras **have the meaning of** explicitly teaching dependent relationship to be **emptiness** free from the eight extremes of production and so forth should be **known** correctly **to be of definitive meaning**, for the meaning of those sūtras cannot be interpreted otherwise.[79]

Outline for the Refutation of the Proponents of Perception presented in Karmapa Mikyö Dorje's *Chariot for the Adepts of the Takbo Kagyü*, an explanation of Chandrakīrti's *Entrance to the Middle Way*

The ancillary refutation of the system of the Proponents of Perception

1 Showing the earlier position

1.1 The presentation of the meaning of the scriptures

1.1.1 The reason why heirs to the victorious one realize the three existences to be consciousness only

1.1.2 Showing the cause for cognition despite the absence of external objects

1.2 Showing their presentation of their own system

2 The refutation of that

2.1 The actual refutation

2.1.1 Refutation of cognition in the absence of external objects

2.1.1.1 Refutation of dreams as a concordant example

2.1.1.1.1 The mind is not established in dreams

2.1.1.1.2 Were it established by memory, the object would be established also

2.1.1.1.3 Refutation of the reply that abandons those flaws

2.1.1.1.3.1 The reply that abandons those flaws

2.1.1.1.3.2 Refutation of that

2.1.1.1.3.2.1 Showing that, in dreams, all eighteen elements are false

2.1.1.1.3.2.2 That mode is similar also in the waking state

2.1.1.1.3.2.3 Showing that, therefore, the existence or nonexistence of the object and the cognition is similar in the example and the exemplified

2.1.1.2 Refutation of a disease of the eye as a concordant example

2.1.1.2.1 The actual refutation

2.1.1.2.1.1 Objects and consciousnesses are either similarly true or similarly false

2.1.1.2.1.2 Were that not so, it would follow that others would see [strands of hair] also

2.1.1.2.2 Refutation of the reply that abandons those flaws

2.1.1.2.2.1 Refutation of the proof of energy

2.1.1.2.2.1.1 The answer that dispels flaws

2.1.1.2.2.1.2. Refutation of that

2.1.1.2.2.1.2.1 A [brief] indication

2.1.1.2.2.1.2.2 An [extensive] explanation

2.1.1.2.2.1.1.2.2.1 Indication that, in general, energy is not possible in the three times

2.1.1.2.2.1.2.2.2 Explanation that, in particular, [energy] is not possible with respect to the past and the future

2.1.1.2.2.1.2.2.2.1 Energy is not feasible with respect to the future

2.1.1.2.2.1.2.2.2.1.1 The possessor of the qualification is not feasible in the absence of the qualification

2.1.1.2.2.1.2.2.2.1.2 Refutation of the reply to that

2.1.1.2.2.1.2.2.2.1.3 Nonestablishment due to contingency

2.1.1.2.2.1.2.2.2.2 Energy is not feasible with respect to the past

2.1.1.2.2.1.1.2.2.2.1 Other arising from other and its ludicrous consequence

2.1.1.2.2.1.2.2.2.2.2 Refutation of the reply that abandons those flaws

2.1.1.2.2.1.2.2.2.2.2.1 The reply that abandons those flaws

2.1.1.2.2.1.2.2.2.2.2.2 Refutation of that

2.1.1.2.2.2 Refutation of the way of positing tenets in dependence upon energy

2.1.1.2.2.2.1 The earlier position

2.1.1.2.2.2.1.1 Showing the presentation of sense powers and objects

2.1.1.2.2.2.1.2 Despite the absence of objects, consciousness arises from energy

2.1.1.2.2.2.1.3 Showing with an example

2.1.1.2.2.2.2 Refutation of that

2.1.1.2.2.2.2.1 There is damage

2.1.1.2.2.2.2.1.1 Were consciousness produced from energy, it would follow that eye consciousness would be produced in the blind

2.1.1.2.2.2.2.1.2 Objects and sense powers in dreams are equally existent or nonexistent

2.1.1.2.2.2.2.1.2.1 When analyzed, energy is not feasible in dreams

2.1.1.2.2.2.2.1.2.1.1 The entity of energy is not feasible

2.1.1.2.2.2.2.1.2.1.2 The cause of energy is not feasible

2.1.1.2.2.2.2.1.2.2 When not analyzed, eyes exist also

2.1.1.2.2.2.2.2 There is no proof

2.1.1.2.2.2.2.2.1 There is no reasoned proof

2.1.1.2.2.2.2.2.2 There is no scriptural proof

2.1.1.3 Refutation of skeletons as a concordant example

2.1.1.3.1 All three are not produced

2.1.1.3.2 If not, expression of harm

2.1.1.4 Refutation of other examples for mistakes

2.1.1.5 Summary of the topic

2.1.2 Refutation of a nondual other powered that is substantially established

2.1.2.1 With nothing establishing it, the existence of a nondual other powered is not feasible

2.1.2.2 Refutation of the establishment of a knower of itself

2.1.2.2.1 Brief indication

2.1.2.2.2 Refutation of establishment by memory

2.1.2.2.2.1 The nonestablished cannot establish the nonestablished

2.1.2.2.2.2 Even if a knower of itself were established, it would not be established by memory

2.1.2.2.2.2.1 Because of being other, it is not an object for memory

2.1.2.2.2.2.2 Repudiating similarity to our [position]

2.1.2.2.3 Showing other paths that discredit [the opponent's position]

2.1.3 Refutation of not being an object for all elaborations

2.1.4 Refutation of the existence [of the other powered] as the cause for concealers

2.1.4.1 If the other powered exists, it withers before truths for concealers

2.1.4.1.1 A nonexistent is not suitable as a cause

2.1.4.1.2 Contradiction with the world

2.1.4.2 When one withers before the two truths, liberation is not achieved

2.1.4.3 Explanation of the reason for that

2.2 Abandoning contradictions with regard to having made the refutation

2.2.1 Abandoning contradictions with concealers

2.2.1.1 How concealers are affirmed due to necessity

2.2.1.2 How they would not be affirmed if they did not appear to the world

2.2.1.3 How concealers cannot be refuted for the world

2.2.1 Abandoning contradictions with scripture

2.2.2.1 Abandoning contradiction with the meaning of the *Sūtra of the Ten Grounds*

2.2.2.1.1 Explaining the term *only* as having the meaning of refuting another creator

2.2.2.1.1.1 Explaining the sūtra's intention

2.2.2.1.1.2 That is established by another sūtra

2.2.2.1.1.2.1 Setting forth the sūtra

2.2.2.1.1.2.2 The explanation of its meaning

2.2.2.1.2 Explaining [it] as having the meaning that mind is emphasized over form

2.2.2.1.2.1 Brief indication

2.2.2.1.2.2 Extensive explanation

2.2.2.1.2.2.1 Were form not to exist and [appearances to be] true as mind, this would contradict the sūtra

2.2.2.1.2.2.2 The reason why mind is principal

2.2.2.1.2.2.3 The reason why form is not principal

2.2.2.1.2.3 Summary of the topic

2.2.2.1.3 Showing that form and mind are equally existent or nonexistent

2.2.2.1.3.1 Both are equivalent in the existence or nonexistence of the two truths

2.2.2.1.3.1.1 In reasoned proofs, they are equivalent

2.2.2.1.3.1.1.1 They are equivalent for the perspective of the awareness of ordinary and superior persons

2.2.2.1.3.1.1.1.1 They are equivalent when analyzed and when not analyzed

2.2.2.1.3.1.2. In scriptural proofs, they are equivalent

2.2.2.1.3.2 A substantial entity will not be established when the two truths have been demolished

2.2.2.1.3.3 Summary of the topic

2.2.2.2 Abandoning contradiction with the meaning of other sūtras

2.2.2.2.1 Showing the statement of mind only in the sūtra to be a meaning that requires interpretation

2.2.2.2.2 Explaining the scriptures and reasonings that prove that

2.2.2.2.2.1 Scriptural proof

2.2.2.2.2.1.1. Proving this sūtra to be one whose meaning requires interpretation

2.2.2.2.2.1.2 This shows other such sūtras also to have meanings that require interpretation

2.2.2.2.2.2 Reasoned proof

2.2.2.2.3 Ancillarily, showing the divisions into the meaning that requires interpretation and the definitive meaning

Glossary

English	*Tibetan*	*Sanskrit*
action	las	karma
agent	byed pa po	kartṛ
aggregate	phung po	skandha
apprehended object	gzung ba	grāhya
apprehender	'dzin pa	grāha
aspect	rnam pa	ākāra
base	gzhi	
base of all	kun gzhi	ālaya
being	skyes bu	puruṣha
bewilderment	gti mug	moha
cause	rgyu	hetu
cognition	shes pa	
concealer	kun rdzob	saṃvṛti
conditions	rkyen	pratyaya
consciousness	rnam shes	vijñāna
consciousness that is the base of all	kun gzhi rnam shes	ālayavijñāna
consequence	thal ba	prasaṅga
contingent/contingency	ltos, bltos	
continuity	rgyun	saṃtāna
continuum	rgyud	saṃtāna
conventional/convention	tha snyad	vyavahāra
conventional truth	tha snyad bden pa	

creative cause	byed rgyu	karaṇahetu
cyclic existence	'khor ba	saṃsāra
definitive meaning	nges don	nītārtha
designated	btags pa	prajñapti
designated existence	btags yod	prajñaptisat
elaborations	spros pa	prapañcha
element	khams	dhātu
element of qualities	chos kyi dbyings	dharmadhātu
empty	stong pa	shūnya
energy	nus pa	shakya/shakti
entity	ngo bo	bhāva/svabhāva
entityness	ngo bo nyid	svabhāvatā
Enumerators	grangs can	sāṃkhya
equipoise	mnyam bzhag	samāhita
established	grub pa	siddhi
establishment by way of [its own] entityness	ngo bo nyid kyis grub pa	svabhāvatā siddhi
existence	yod pa	bhāva
external object	phyi don	bahirdhā-artha, bāhya-artha
fantasy	sgro 'dogs	samāropa
foe destroyer	dgra bcom pa	arhat
forder	mu stegs pa	tīrthika
form	gzugs	rūpa
general characteristics	spyi mtshan	sāmānya-lakṣhaṇa
generosity	sbyin pa	dāna
ground	sa	bhūmi
Highest Land	'og min	akaniṣhṭha
ideational	kun brtags	parikalpita

ignorance	ma rig pa	avidyā
incisive knowledge	shes rab	prajñā
knower of all aspects	rnam mkhyen, rnam pa thams cad mkhyen pa	sarvākārajñāna
knower of itself	rang rig	svasaṃvedana
knower of other	gzhan rig	anyasaṃvedana
knowledge	rig pa	vidyā
Manifest	mngon du gyur pa	abhimukhī
Manifest Knowledge	mngon pa'i chos	abhidharma
meaning that requires interpretation	drang don	neyārtha
meditation	sgom pa	bhāvanā
mental consciousness	yid shes/yid kyi rnam shes	manojñāna
mental factor	sems byung	chaitta
merit	bsod nams	puṇya
mind	sems; yid; blo	chitta; manas; buddhi
Mind Only	sems tsam	chittamātra
mistaken	'khrul pa	bhrānti
mistaken cognition	'khrul shes	bhrāntijñāna
nature, inherent nature	rang bzhin	svabhāva
nirvāṇa	myang 'das	nirvāṇa
nonexistence/absence	med pa	abhāva
object	yul/don	viṣhaya/artha
object of cognition	shes bya	jñeya
other powered	gzhan dbang	paratantra
peak of existence	srid rtse	bhavāgra
person	gang zag	pudgala
pervasion	khyab pa	vyāpti

phenomenon	chos	dharma
possessor of an object	yul can	viṣhayin
predisposition	bag chags	vāsanā
presentation	rnam gzhag	
principal	gtso bo	pradhāna
Proponent of Consciousness	rnam shes smra ba	
Proponent of Materialism	rgyang 'phen pa	āyata/chārvāka
Proponent of the Middle Way	dbu ma pa	mādhyamika
Proponent of Perception	rnam par rig pa	vijñapti
qualification	khyad par	
reason	gtan tshigs	hetu
reasoning	rigs pa	nyāya/yukti
self	bdag	ātman
sense consciousness	dbang shes	indriyajñāna
sense field	skye mched	āyatana
sense power	dbang po	indriya
specific characteristics	rang mtshan/rang gi mtshan nyid	svalakṣhaṇa
substantial entity	rdzas	dravya
substantially existent	rdzas yod	dravyasat
suchness	de kho na nyid	tathatā
superficial cause of error	phral gyi 'khrul rgyu	
superior	'phags pa	ārya
take to mind	yid la byed	
tenet	grub mtha'	siddhānta
thesis	dam bca'	pratijñā
thing	dngos po	bhāva/vastu

thoroughly afflicted phenomena	kun nas nyon mongs kyi chos	
thoroughly established	yongs su grub pa	parinishpanna
thoroughly refined phenomena	rnam par sbyang ba'i chos	
thought/conceptuality	rnam par rtog pa	vikalpa/kalpanā/vitarka
three existences	srid pa gsum	tribhava
triumphant, resplendent, and transcendent	bcom ldan 'das	bhagavan
truth	bden pa	satya
truth for a concealer	kun rdzob bden pa	saṃvṛtisatya
ultimate	don dam pa	paramārtha
ultimate truth	don dam bden pa	paramārthasatya
view	lta ba	dṛṣhṭi
wisdom	ye shes	jñāna

Works Cited

Sūtras

Sūtra of the Descent into Laṅka
laṅkāvatārasūtra
lang kar gshegs pa'i mdo

Sūtra of the King of Meditative Stabilizations
samādhirājasūtra
mdo ting nge 'dzin rgyal po

Sūtra of the Ten Grounds
dashabhūmikasūtra
mdo sde sa bcu pa

Sūtra of Transcendent Knowledge
prajñāpāramitāsūtra
shes rab kyi pha rol tu phyin pa'i mdo

Sūtra Unravelling the Intention
saṃdhinirmochanasūtra
dgongs pa nges par 'grel pa'i mdo

Indian Treatises

Chandrakīrti (*zla ba grags pa*, seventh century).
Entrance to the Middle Way
madhyamakāvatāra
dbu ma la 'jug pa
P5261, P5262, vol. 98
Edition of the Tibetan by Louis de La Vallée Poussin in *Madhyamakāvatāra par Candrakīrti*, Bibliotheca Buddhica 9 (Osnabrück: Biblio Verlag, 1970).
English translation of Chapters I-V by Jeffrey Hopkins in *Compassion in Tibetan Buddhism* (Valois, NY: Gabriel/Snow Lion, 1980), pp. 102-227.
English translation of Chapter VI by Stephen Batchelor in Geshe Rabten's *Echoes of Voidness* (London: Wisdom, 1983), pp. 47-92.
English translation by C. W. Huntington, Jr. in *The Emptiness of Emptiness*

(Honolulu: University of Hawaii Press, 1989).
English translation by the Padmakara Translation Group in *Introduction to the Middle Way* (Boston: Shambhala, 2002).

Explanation of the "Entrance to the Middle Way"
madhyamakāvatārabhāṣhya
dbu ma la 'jug pa'i bshad pa
P5263, vol. 98
Edition of the Tibetan published in Dharamsala by the Council of Religious and Cultural Affairs, 1968.
Edition of the Tibetan published by the Sixteenth Gyalwang Karmapa: *dbu ma la 'jug pa'i 'grel bshad*, n.p., n.d., 258 pages.
Edition of the Tibetan by Louis de La Vallée Poussin in *Madhyamakāvatāra par Candrakīrti*. Bibliotheca Buddhica 9 (Osnabrück: Biblio Verlag, 1970).
French translation (up to VI.165) by Louis de La Vallée Poussin in *Muséon* 8 (1907): 249-317; *Muséon* 11 (1910): 271-358; and *Muséon* 12 (1911): 235-328.
German translation (VI.166-226) by Helmut Tauscher in *Candrakīrti-Madhyamakāvatāraḥ und Madhyamakāvatārabhāṣhyam* (Wien: Wiener Studien zur Tibetologie und Buddhismuskunde, 1981).

Nāgārjuna (*klu sgrub*, first to second century, C.E.).
Treatise on the Middle Way/Fundamental Treatise on the Middle Way, Called "Knowledge"
madhyamakashāstra/prajñānāmamūlamadhyamakakārikā
dbu ma'i bstan bcos/dbu ma rtsa ba'i tshig le'ur byas pa shes rab cas bya ba
P5224, vol. 95
Editions of the Sanskrit in *Nāgārjuna, Mūlamadhyamakakārikāḥ*, J.W. de Jong, ed. (Adyar: Adyar Library and Research Centre, 1977); and in Chr. Lindtner, *Nāgārjuna's Filosofiske Vaerker*. Indiske Studier 2 (Copenhagen: Akademisk Forlag, 1982), pp. 177-215.
English translations by Frederick J. Streng, *Emptiness: A Study in Religious Meaning* (Nashville and New York: Abingdon, 1967); Kenneth Inada, *Nāgārjuna: A Translation of his Mūlamadhyamakakārikā* (Tokyo: The Hokuseido Press, 1970); David Kalupahana, *Nāgārjuna: The Philosophy of the Middle Way* (Albany, NY: State University of New York Press, 1986); and Jay L. Garfield, *The Fundamental Wisdom of the Middle Way: Nāgārjuna's Mūlamadhyamakakārikā* (New York and Oxford: Oxford University Press, 1995).
Italian translation by R. Gnoli, *Nāgārjuna: Madhyamaka Kārikā, Le stanze del cammino di mezzo*. Enciclopedia di autori classici 61 (Turin: P. Boringhieri, 1961).
Danish translation by Chr. Lindtner in *Nāgārjuna's Filosofiske Vaerker*. Indiske Studier 2 (Copenhagen: Akademisk Forlag, 1982), pp. 67-135.

Vasubandhu (*dbyig gnyen*, fl. 360)
Treasury of Manifest Knowledge
abhidharmakoshakārikā
chos mngon pa'i mdzod kyi tshig le'ur byas pa
P5590, vol. 115
Sanskrit: Swami Dwarikadas Shastri, *Abhidharmakośa & Bhāṣya of Ācārya Vasubandhu with Sphuṭārtha Commentary of Ācārya Yaśomitra.* Bauddha Bharati Series 5 (Banaras: Bauddha Bharati, 1970). Also: P. Pradhan, *Abhidharmakośabhāṣyam of Vasubandhu* (Patna, India: Jayaswal Research Institute, 1975).
French translation by Louis de La Vallée Poussin, *L'Abhidharmakośa de Vasubandhu.* 6 vols. (Brussels: Institut Belge des Hautes Études Chinoises, 1971).
English translation of the French: Leo M. Pruden, *Abhidharmakośabhāṣyam.* 4 vols. (Berkeley, California: Asian Humanities Press, 1988).

Tibetan Treatises

Mikyö Dorje, Karmapa VIII (*karma pa mi bskyod rdo rje*, 1507-1554)
Explanation of "The Entrance to the Middle Way," The Sacred Scripture of the Glorious Knower of the Three Times, The Chariot for the Adepts of the Takbo Kagyü
dbu ma la 'jug pa'i rnam bshad dpal ldan dus gsum mkhyen pa'i zhal lung dwags brgyud grub pa'i shing rta
Edition published by the Sixteenth Gyalwang Karmapa, Rangjung Rigpe Dorje, n.p., n.d., 805 pages.
Edition published by Nitartha *international*: Seattle, 1996, 733 pages.

Works in English

Lopez, Donald S., Jr. *The Heart Sūtra Explained: Indian and Tibetan Commentaries.* Albany: State University of New York Press, 1988.

གསུམ་པ་ལ་དགག་པའི་རིགས་པ་བཤད། མཛུག་བསྡུ་བ། སྲུན་འབྱིན་གྱི་ལམ་གཞན་ཡང་བསྟན་པའོ།

གཉིས་པ་ནི།

གཉིས་ལས་སྐྱེ་བའང་རིགས་པའི་ངོ་བོ་མ་ཡིན་གང་གི་ཕྱིར།།

བཤད་ཟིན་ཉེས་པ་དེ་དག་ཐོག་ཏུ་འབབ་པ་ཡིན་ཕྱིར་རོ།། ༩༨ ཀཁ

བདག་གཞན་གཉིས་ཀ་ལས་སྐྱེ་བའང་རིགས་པའི་ངོ་བོ་མ་ཡིན་ཏེ། གང་གི་ཕྱིར་ཕྱོགས་གཉིས་ཀ་ལ་བཤད་ཟིན་ཉེས་པ་དེ་དག་ཐོག་ཏུ་འབབ་པ་ཡིན་པའི་ཕྱིར་ཏེ། དེ་ནི་དེ་ལས་འབྱུང་ན་ཡོན་ཏན་འགའ་ཡང་ཡོད་མ་ཡིན། །ཞེས་སོགས་དང་། གཞན་ལ་བརྟེན་ནས་གལ་ཏེ་གཞན་ཞིག་འབྱུང་བར་འགྱུར་ན་ནི། འོ་ན་མེ་ལྕེ་ལས་ཀྱང་མུན་པ་མཐུག་པོ་འབྱུང་འགྱུར་ཞིང་། །ཞེས་སོགས་ཉེས་པ་བཤད་ཟིན་ཏོ།།

Part III: The Refutation of Arising from the Four Extremes—Section B

[444.3] 2.3.1.1.1.2.1.1.2.2.3. The refutation of arising from both

2.3.1.1.1.2.1.1.2.2.3.1. An explanation of the reasoning that is refuted[1]
2.3.1.1.1.2.1.1.2.2.3.2. A concluding summary
2.3.1.1.1.2.1.1.2.2.3.3. Another way of revealing the faults in the argument

[444.16] 2.3.1.1.1.2.1.1.2.2.3.2. A concluding summary

Arising from both self and other is also illogical
Because the faults previously explained apply to it as well. (98ab)

It is also illogical for things to arise from both themselves and something different from themselves, because all the faults in the idea of arising from self and in the idea of arising from other, as they have been previously explained, apply to the idea that things arise from both self and other. These faults were described in the line "If it arose from itself, arising would be meaningless,"[2] and those that follow; and in the lines "If a thing arose from something different from itself/Then pitch darkness would arise from a fire's flames,"[3] and those that follow. **[445]**

གསུམ་པ་ནི།

འདི་ནི་འཇིག་རྟེན་ལས་མིན་དེ་ཉིད་དུ་ཡང་འདོད་མིན་ཏེ།།

གང་ཕྱིར་རེ་རེ་ལས་ནི་སྐྱེ་བ་འགྲུབ་པ་ཡོད་མ་ཡིན།། ༩༨ གང

གཉིས་ཀ་ལས་སྐྱེ་བ་འདི་ནི་འཇིག་རྟེན་ཀུན་རྫོབ་ལས་ཀྱང་སྐྱེ་བར་འདོད་པ་མིན་ཅིང་། དེ་ཁོ་ན་ཉིད་དུའང་སྐྱེ་བར་འདོད་པ་མིན་ཏེ། བདེན་པ་གཉིས་ཀར་བདག་གཞན་ལས་སྐྱེ་བ་བཀག་པའི་ཕྱིར། གཉིས་ཀ་ལས་སྐྱེ་བ་ཡོད་པ་མ་ཡིན་ཏེ། གང་ཕྱིར་བདག་གཞན་རེ་རེ་ལས་ནི་སྐྱེ་བ་འགྲུབ་པ་ཡོད་པ་མ་ཡིན་པའི་ཕྱིར། དཔེར་ན་ཏིལ་གཅིག་གིས་འབྲུ་མར་འབྱིན་པ་ན་མང་པོས་ཀྱང་འབྱིན་ལ། བྱེ་མ་རེ་རེ་ལ་ནུས་པ་མེད་པས་མང་པོས་ཀྱང་མི་ནུས་པ་བཞིན་ནོ།།

2.3.1.1.1.2.1.1.2.2.3.3. Another way of revealing the faults in the argument

We do not assert arising from both self and other, either in the world or in the precise nature of reality,
Because there is no arising from either self or other individually. (98cd)

We do not assert that arising from both self and other occurs either in the relative truth of the world or in the precise nature of reality, because we have refuted arising from self and arising from other in both of these two truths. Arising from self and other *together* does not occur, because there is no arising from either self or other *individually*. For example, since one sesame seed can produce sesame oil, then many seeds can produce a lot of oil, but since one grain of sand cannot produce any sesame oil, many grains of sand together cannot produce any oil either.

བཞི་པ་ལ། ངོ་བོ་ཉིད་སྨྲ་བ་དགག་པ་དང་། སེམས་པ་འབྱུང་བ་ལས་གྱུར་པ་དགག་པ་གཉིས། དང་པོ་ལ། བདེན་པ་གཉིས་ཅར་དུ་དགག །དམིགས་སུ་མི་རུང་བའི་འཐད་པས་དགག་པ་གཉིས།

དང་པོ་ནི།

གལ་ཏེ་རྒྱུ་མེད་ཁོ་ནར་སྐྱེ་བར་ལྟ་ཤིག་འགྱུར་ན་ནི།།
དེ་ཚེ་མཐའ་དག་རྟག་ཏུ་ཐམས་ཅད་ལས་ཀྱང་སྐྱེ་འགྱུར་ཞིང་།།
འབྲས་འབྱུང་ཆེད་དུ་འཇིག་རྟེན་འདི་ཡི་ས་བོན་ལ་སོགས་ནི།།
བརྒྱ་ཕྲག་དག་གི་སྒོ་ནས་སྡུད་པར་བྱེད་པར་ཡང་མི་འགྱུར།། ༩༩

གལ་ཏེ་ཕྱི་ནང་གི་དངོས་པོ་ཐམས་ཅད་རྒྱུ་མེད་ཁོ་ནར་སྐྱེ་བར་ལྟ་ཞིག་འགྱུར་ན་ནི། དེ་ཚེ་འབྲས་བུ་མཐའ་དག་དུས་རྟག་ཏུ་རྒྱུ་ཡིན་མིན་ཐམས་ཅད་ལས་ཀྱང་སྐྱེ་བར་འགྱུར་ཏེ། ཧེ་ལྟར་བ་ན་སའི་ཤིང་དེ་ཤིང་ཐོག་གི་རྒྱུ་མིན་པ་ལས་སྐྱེ་བ་ལྟར་ཨ་མྲ་སོགས་ཀྱང་རྒྱུ་མིན་དེ་ལས་སྐྱེ་བར་འགྱུར་བའི་ཕྱིར་ཏེ། རྒྱུ་མ་ཡིན་པར་འདྲ་བའི་ཕྱིར། དེ་བཞིན་དུ་ཨ་མྲ་སོགས་སྨིན་པ་དུས་ཀྱི་ཁྱད་པར་ལ་བལྟོས་པ་དེ་ཡང་དུས་རྟག་ཏུ་ཡོད་པར་འགྱུར་ཏེ། དུས་ལ་མི་བལྟོས་པའི་ཕྱིར། དེ་བཞིན་དུ་རྨ་བྱ་རྨ་བྱའི་མདོངས་ཀྱི་རྒྱུ་མིན་པ་བཞིན་བྱ་རོག་ལ་ཡང་རྨ་བྱའི་མདོངས་ཡོད་པར་འགྱུར་རོ། །དེས་ན་འགྲོ་ཀུན་ཡུལ་དུས་ཐམས་ཅད་དུ་སྐྱེ་ན་དེ་ཡང་ཡོད་པ་མ་ཡིན་ནོ།།

2.3.1.1.1.2.1.1.2.2.4. The refutation of causeless arising
2.3.1.1.1.2.1.1.2.2.4.1. The refutation of those who assert that things just arise naturally
2.3.1.1.1.2.1.1.2.2.4.2. The refutation of the theory that mind arises from the elements

2.3.1.1.1.2.1.1.2.2.4.1. The refutation of those who assert that things just arise naturally

2.3.1.1.1.2.1.1.2.2.4.1.1. Refuting causeless arising in both of the two truths
2.3.1.1.1.2.1.1.2.2.4.1.2. Causeless arising is untenable because its results would be imperceptible

2.3.1.1.1.2.1.1.2.2.4.1.1. Refuting causeless arising in both of the two truths

If things arose without any cause at all,
Then everything would always exist and would arise from everything else.
Furthermore, no one would perform all of the hundreds of tasks, like planting seeds and so forth,
That people ordinarily do in order to get results to arise. (99)

[446] If inner and outer things arose without cause, then all results would always arise from all things that either were or were not their causes. For example, just as banasa fruit would arise from the banasa tree, which would not be the banasa fruit's cause, so banasa fruit would also arise from non-causes like mangoes and so forth, because they would equally be non-causes of the banasa fruit as its own tree. Furthermore, mangoes and all other fruits that ripen only at particular times would always ripen, because they would not need to depend on time in order to do so. Similarly, peacocks would not be the causes of the eyes on peacock feathers, and ravens would have such eyes on their feathers as well. Finally, all wandering beings would take birth at all times, in all lands, but that is not the case.

ཡོད་དོ་ཞེས་ཞེན་ན་རིགས་པ་དང་འགལ་བར་མ་ཟད་མཐོང་བ་དང་འགལ་བ་ཡིན་ཏེ། རྒྱུ་མེད་པར་སྐྱེ་ན་འཇིག་རྟེན་པ་འདི་ཡིས་འབྲུ་དང་ཤིང་བལ་སོགས་ཀྱི་འབྲས་བུ་འབྱུང་བའི་ཆེད་དུ་ས་བོན་ལ་སོགས་ནི་ངལ་བ་བརྒྱ་ཕྲག་དག་གི་སྒོ་ནས་སྡུད་ཅིང་འབད་པར་བྱེད་པར་ཡང་མི་འགྱུར་བའི་ཕྱིར།

གཉིས་པ་ནི།

གལ་ཏེ་འགྲོ་བ་རྒྱུ་ཡིས་སྟོང་པར་གྱུར་ན་ནམ་མཁའ་ཡི།།
ཨུཏྤ་ལ་ཡི་དྲི་མདོག་ཇི་བཞིན་གཟུང་དུ་མེད་ཉིད་ན།།
ཤིན་ཏུ་ཆེས་བཀྲའི་འཇིག་རྟེན་འཛིན་པའང་ཡིན་པ་དེ་ཡི་ཕྱིར།།
རང་གི་བློ་བཞིན་འཇིག་རྟེན་རྒྱུ་ལས་ཡིན་པར་ཤེས་པར་གྱིས།། ༡༠༠

ཡང་འཇིག་རྟེན་ཆོས་ཅན། ནམ་མཁའི་ཨུཏྤ་ལ་ཡི་དྲི་མདོག་ཇི་བཞིན་རང་གི་ཡུལ་ཅན་གྱི་ཤེས་པས་བཟུང་དུ་མེད་ཉིད་ན་སྟེ་མེད་པར་ཐལ། གལ་ཏེ་འགྲོ་བ་རྒྱུ་ཡིས་སྟོང་པར་གྱུར་ན་སྟེ་དེ་ཉིད་ཀྱི་ཕྱིར། འཇིག་རྟེན་འདི་ཆོས་ཅན། རྒྱུ་ལས་འབྱུང་བ་ཡིན་པར་ཤེས་པར་གྱིས་ཤིག་སྟེ། ཤིན་ཏུ་ཆེས་བཀྲ་བའི་འཇིག་རྟེན་འཇིག་རྟེན་པ་སོ་སོའི་ཡུལ་ཅན་གྱིས་འཛིན་པའང་ཡིན་པ་དེའི་ཕྱིར། རྐོལ་བ་རང་གི་བློ་ཡུལ་ལས་སྐྱེ་བ་བཞིན་ནོ། །དཔེ་མ་གྲུབ་བོ་ཞེ་ན། གྲུབ་སྟེ། ཁྱོད་ཀྱང་སྔོན་པོའི་རྣམ་པ་ཅན་གྱི་བློ་སྐྱེ་བ་ན་སྔོན་པོ་ལས་སྐྱེའི། དེ་མེད་པར་མི་སྐྱེ་བར་མཐོང་བའི་ཕྱིར་རོ།།

If someone still clings to this theory as being valid, not only is that contrary to reason, it is also contrary to our direct experience, because if things arose without cause, worldly beings would not exhaust themselves in the efforts of performing all the hundreds of tasks they do, like planting seeds and everything else, in order to get results like cotton and other crops to arise.

2.3.1.1.1.2.1.1.2.2.4.1.2. Causeless arising is untenable because its results would be imperceptible

If wandering beings had no causes
They would be like the scents and colors of lotus flowers in the sky—
imperceptible.
However, we do *perceive the universe in all its great variety, and so,*
Know that the universe, like your own mind, arises from causes. (100)

Furthermore, given this universe, it would be just as imperceptible as the scents and colors of blue lotus flowers growing in the sky are for the consciousnesses that are their perceiving subjects, because if wandering beings had no causes, they would be like flowers in the sky—imperceptible.

Given this universe, you the opponents should know that it does arise from causes, because it is perceptible in all its great variety by the individual sentient beings who are its perceiving subjects, just as your minds arise from the objects that are their causes. If you say that this example does not follow, the answer is that it does follow, because when a mind perceiving blue arises for one of you, it does so from a blue object, and if there is no blue, we see that such a mind does not arise. **[447]**

གཉིས་པ་ལ། འདི་ལའང་རྐྱོངས་ན་ཕ་རོལ་རྟོགས་པར་འགལ། ཕ་རོལ་མེད་རྟོག་ལོག་པར་ལྟ་བར་བསྟན་པ་གཉིས།

དང་པོ་ནི།

འབྱུང་བ་དེ་དག་བདག་ཉིད་གང་ཞིག་གིས་ནི་ཁྱོད་ཀྱི་བློའི།།
ཡུལ་དུ་འགྱུར་བ་དེ་ཡི་བདག་ཉིད་ཅན་ནི་མ་ཡིན་ན།།
གང་ལ་ཡིད་ཀྱི་མུན་པ་འཐུག་པོ་འདི་ཉིད་དུ་ཡོད་པ།།
དེས་ནི་ཇི་ལྟར་འཇིག་རྟེན་ཕ་རོལ་ཡང་དག་རྟོགས་པར་འགྱུར།། ༡༠༡

དཔེར་ན་རབ་རིབ་ཀྱིས་བསླད་པའི་མིག་ཅན་ལ་ནམ་མཁར་ཡོད་པ་མ་ཡིན་པའི་ཟླ་གཉིས་སྣང་བ་ན། དེ་ལས་གཞན་པ་སྐྲ་ཤད་དང་སྦྲང་མ་ལ་སོགས་པ་སྣང་བ་དག་ཀྱང་ཡོད་པ་མ་ཡིན་པ་བཞིན་དུ་ས་ལ་སོགས་པའི་འབྱུང་བ་དེ་དག་ཕྱི་དང་ནང་གི་དངོས་པོ་ཀུན་གྱི་རྒྱུར་གྱུར་པའི་བདག་ཉིད་གང་ཞིག་གིས་ནི་རྒྱང་འཕེན་ཁྱོད་ཀྱི་བློའི་ཡུལ་དུ་འགྱུར་བ་ས་སོགས་དེ་དག་ཤེས་པ་དེའི་རྒྱུའི་བདག་ཉིད་ཅན་ནི་མ་ཡིན་ན་སྟེ། ཡིན་ན་ཕྱི་རོལ་གྱི་ས་རྡོ་སོགས་ལ་རྣམ་ཤེས་དང་། དེ་དང་ལྡན་ཅིག་པའི་དབུགས་དབྱུང་རྔུབ་སོགས་འབྱུང་རིགས་པའི་ཕྱིར། རྒྱང་འཕེན་གང་ལ་འབྱུང་བས་ཤེས་པའི་རྒྱུ་བྱེད་དོ་ཞེས་ཡིད་ཀྱི་མུན་པ་མཐུག་པོའི་དབང་གིས་དེ་ལྟ་བུའི་འཇིག་རྟེན་མངོན་སུམ་འདི་ཉིད་དུ་ཡོད་པར་སྨྲ་བ་དེས་ནི་ཇི་ལྟར་འཇིག་རྟེན་ཕ་རོལ་ཤིན་ཏུ་ཕྲ་བར་གྱུར་པ་ལྷའི་མིག་གི་སྤྱོད་ཡུལ་དུ་འགྱུར་བ་ཡང་དག་པར་རྟོགས་པར་འགྱུར་ཏེ་མི་འགྱུར་བར་ཐལ། ལོག་པར་ལྟ་བ་མ་བཏང་བར་ཡང་དག་པར་ལྟ་བ་འབྱུང་མི་སྲིད་པའི་ཕྱིར།

2.3.1.1.1.2.1.1.2.2.4.2. The refutation of the theory that mind arises from the elements

2.3.1.1.1.2.1.1.2.2.4.2.1. If one is ignorant about this world, it is impossible for one to understand what lies beyond this world

2.3.1.1.1.2.1.1.2.2.4.2.2. Why the denial of existence beyond this world[4] is a mistaken view

2.3.1.1.1.2.1.1.2.2.4.2.1. If one is ignorant about this world, it is impossible for one to understand what lies beyond this world

The way you believe the elements to be
Is not the way they really are.
And if you have that much ignorance about this *world,*
How could you ever understand what lies beyond *this world? (101)*

[448.18] If a person's eyesight is afflicted by cataracts, and nonexistent things like a second moon appear to him in the sky, then the other appearances that he sees—of falling hairs, bees, and so forth—do not exist either. In the same way, the elements such as earth and so forth that you Charvakas[5] believe to be the causes of all inner and outer entities are *not* in fact the causes of mind, because if they were, then outer objects like earth, stones, and so forth would have consciousness, would breathe in and out, and so forth. **[449]** Since you Charvakas are under the power of so much ignorance that you claim that the elements are the causes of consciousness, and you believe that this is the way things are in *this* world that we can actually directly perceive, how could you ever understand the very subtle subject of what lies beyond this world, which only those with divine vision can see? You do not understand it, because for as long as a person has not abandoned a mistaken view about something, it is impossible for him to give rise to a correct view about it.

གཉིས་པ་ལ། གཞན་ལ་གྲགས་ཀྱི་རྗེས་དཔག་བརྗོད། དཔེ་སྒྲུབ་པ་གཉིས།

དང་པོ་ནི།

འཇིག་རྟེན་ཕ་རོལ་འགོག་པར་བྱེད་པའི་དུས་སུ་བདག་ཉིད་ནི།།
ཤེས་བྱའི་རང་བཞིན་ཕྱིན་ཅི་ལོག་ཏུ་ལྟ་བར་རྟོགས་བྱ་སྟེ།།
དེ་ཡི་ལྟ་བའི་རྣམ་པའི་རྟེན་མཚུངས་ལུས་དང་ལྡན་ཉིད་ཕྱིར།།
གང་ཚེ་འབྱུང་བའི་བདག་ཉིད་ཡོད་ཉིད་ཁས་ལེན་དེ་ཚེ་བཞིན།། ༡༠༢

རྒྱང་འཕེན་གྱི་བློས་འབྱུང་བ་བདེན་པར་ཞེན་པ་དང་། འཇིག་རྟེན་ཕ་རོལ་མེད་པར་ཞེན་པ་གཉིས་ཡོད་པ་དེ་ལ་འདི་ལྟར་བརྗོད་པར་བྱ་སྟེ། འཇིག་རྟེན་ཕ་རོལ་མེད་དེ་ཞེས་འགོག་པར་བྱེད་པའི་དུས་སུ་རྒྱང་འཕེན་བདག་ཉིད་ནི་ཆོས་ཅན། ཤེས་བྱའི་རང་བཞིན་འཇིག་རྟེན་ཡང་དག་ཀུན་རྫོབ་ལས་ཕྱིན་ཅི་ལོག་ཏུ་ལྟ་བར་རྟོགས་བྱ་སྟེ། ཞེས་ཕྱིན་ལོག་གི་ལྟ་བ་ཅན་དུ་ཐལ། ཕྱིན་ལོག་དེའི་ལྟ་བའི་རྣམ་པར་བྱེད་པའི་རྒྱུའི་རྟེན་དུ་སྐལ་བ་མཉམ་པར་འདྲ་བ་སྟེ་མཚུངས་པའི་ལུས་དང་ལྡན་པ་ཉིད་ཀྱི་ཕྱིར། གང་ཚེ་ས་སོགས་འབྱུང་བའི་བདག་ཉིད་བདེན་མེད་ལ་བདེན་ཡོད་ཉིད་དུ་ཁས་ལེན་པ་དེའི་ཚེ་ལོག་ལྟའི་རྣམ་པའི་རྟེན་མཚུངས་པའི་ལུས་དང་ལྡན་པ་བཞིན་ནོ།།

2.3.1.1.1.2.1.1.2.2.4.2.2. Why the denial of existence beyond this world is a mistaken view

2.3.1.1.1.2.1.1.2.2.4.2.2.1. An expression of the inferential reasoning renowned to others

2.3.1.1.1.2.1.1.2.2.4.2.2.2. How the example is established as valid

2.3.1.1.1.2.1.1.2.2.4.2.2.1. An expression of the inferential reasoning renowned to others

When they refute the existence of lives beyond this one,
Their view of objects of knowledge is mistaken,
Because the physical body is equivalent to the basis of their view,
Just as when they assert that the elements exist. (102)

The Charvakas have two types of clinging: to the elements as being truly existent, and to future lifetimes as being nonexistent. Concerning this, things should be expressed in the following way: When the Charvakas refute the existence of lives beyond this one, their view of objects of knowledge deviates from what is correct relative truth in the world; in other words, they have a mistaken view, because the physical body is equivalent to being the basis of their mistaken view. It is just as when they assert the true existence of the elements of earth and so forth, which in actuality do not exist. At that time, the physical body is also equivalent to being the basis of their mistaken view.[6]

གཉིས་པ་ནི།

འབྱུང་བ་དེ་དག་ཇི་ལྟར་ཡོད་མིན་དེ་ལྟར་བཤད་ཟིན་ཏེ།།
གང་གི་ཕྱིར་ན་གོང་དུ་རང་གཞན་ལས་དང་གཉིས་ཀ་ལས།།
སྐྱེ་དང་རྒྱུ་མེད་ཐུན་མོང་དུ་ནི་བཀག་ཟིན་དེ་ཡི་ཕྱིར།།
མ་བཤད་འབྱུང་བ་འདི་དག་ལྟ་ཞིག་ཡོད་པ་མ་ཡིན་ནོ།། ༡༠༣

ས་སོགས་ཀྱི་འབྱུང་བ་ལ་བདེན་ལྟ་མ་ལོག་པའམ་ཐེ་ཚོམ་མ་སྐྱེས་པར་འབྱུང་བ་བདེན་ལྟའི་རྣམ་པའི་རྟེན་མཚུངས་པའི་ལུས་དང་ལྡན་པའི་དཔེ་མ་གྲུབ་པོ་ཞེ་ན། འབྱུང་བ་ལ་བདེན་པ་དང་སྐྱེ་བ་མེད་པའི་མཐུན་དཔེ་བསྒྲུབ་པར་བྱ་མི་དགོས་ཏེ། ཁོ་བོ་ཅག་གིས་འབྱུང་བ་དེ་དག་ཇི་ལྟར་བདེན་པའི་རང་བཞིན་དུ་ཡོད་པ་མིན་པར་དེ་ལྟར་བཤད་ཟིན་ཏེ། གང་གི་ཕྱིར་ན་གོང་དུ་དངོས་པོ་ཐམས་ཅད་རང་གཞན་ལས་དང་གཉིས་ཀ་ལས་སྐྱེ་བ་དང་རྒྱུ་མེད་པར་སྐྱེ་བ་ཐུན་མོང་དུ་ནི་བཀག་ཟིན་པ་དེའི་ཕྱིར་ཏེ། རང་བཞིན་མེད་པར་མ་བཤད་པའི་འབྱུང་བ་འདི་དག་ལ་བདག་གི་སྐྱེ་བ་སོགས་བདེན་པར་སྤྱིར་བཀག་པས་བདེན་པར་ལྟ་བ་ཙུང་ཟད་ཅིག་གི་གནས་ཀྱང་ཡོད་པ་མ་ཡིན་པའི་ཕྱིར་དཔེ་གྲུབ་བོ།།

གསུམ་པ་ནི།

གང་གི་ཕྱིར་ན་བདག་དང་གཞན་དང་གཉིས་ཀ་ལས་སྐྱེ་དང་།།
རྒྱུ་ལ་མ་ལྟོས་ཡོད་པ་མིན་པས་དངོས་རྣམས་རང་བཞིན་བྲལ།། ༡༠༤ ཀཁ

དེས་ན་དངོས་པོར་གྲུབ་པའི་སྐྱེ་བ་སྲིད་ན་མཐའ་བཞི་ལས་སྐྱེ་བར་ངེས་ཀྱང་ཞིང་། ཡོད་པར་ལ་སོགས་པ་རྣམས་ཕྱོགས་ནས་དཔྱད་པ་ལས་མ་ཐོབ་པའི་ཕྱིར། དངོས་པོ་ཐམས་ཅད་དེ་ཁོ་ན་ཉིད་དུ་སྐྱེ་བ་མེད་དོ།།

2.3.1.1.1.2.1.1.2.2.4.2.2.2. How the example is established as valid

How it is that the elements do not exist has already been explained:
The refutations of arising from self, other, both, and without cause
Refuted the elements at the same time they refuted everything else;
Elements exempt from those refutations do not exist. (103)

[450] Someone who has not abandoned or even given rise to doubts about the view that the elements of earth and so forth truly exist might say, "The above example, that the body is equivalent to being the basis of the mistaken view that the elements truly exist, is not established as valid." However, we do not need to prove that this concordant example of the elements being unborn and lacking in true existence is valid, because we have already explained how it is that the elements lack inherent existence. We explained this above with the universal refutations of the arising of any and all things, whether from self, other, both, or without cause. Since the validity of arising from self and so forth was universally refuted in this way, no elements that are exempt from these refutations exist. The elements therefore have no inherent nature, and the view of them as being truly existent has not the slightest ground on which to stand. In this way, the example is established as valid.

[452.2] 2.3.1.1.1.2.1.1.3. The conclusion to draw from the refutation of arising: phenomena have no inherent nature

Since things do not arise from self, other, both, nor without cause,
They have no inherent nature at all. (104ab)

Thus, if arising that actually existed were possible, it would have to be conceived of as arising from one of the four extremes—nothing else would be possible. Thus, one may assert arising from Ishvara or anything else, but it must be arising from one of the four extremes—no fifth extreme exists.

Therefore, things have no inherent nature at all, because they do not arise from self, other, both, nor without cause.

གཉིས་པ་ལ། མཐོང་བ་དང་འགལ་བ་སྤང་བ་དང་། རང་བཞིན་མེད་ན་ཐ་སྙད་དུ་ཡང་ཡོད་པར་འགལ་བའི་རྩོད་པ་སྤང་བ་གཉིས། དང་པོ་ལ། གཏི་མུག་གི་དབང་གིས་མི་མཁས་པས་མཐོང་བའི་ཚུལ་དང་། མཁས་པ་ལ་མི་སྣང་བའི་ཚུལ་གཉིས། དང་པོ་ལ། དངོས་པོ་དང་། དངོས་མེད་མཐོང་བའི་འགལ་སྤང་གཉིས།

དང་པོ་ནི།

གང་གིས་སྒྲིན་ཚོགས་དང་མཚུངས་གཏི་མུག་སྟུག་པོ་འཇིག་རྟེན་ལ།།

ཡོད་པ་དེས་ན་ཡུལ་རྣམས་ལོག་པ་དག་ཏུ་སྣང་བར་འགྱུར།། ༡༠༩ གང་འོ་ན་སྔོན་པོ་སོགས་ཀྱི་དངོས་པོ་མ་སྐྱེས་ཤིང་ཡུལ་དུ་མི་འགྱུར་བས་མ་བརྟུད་ན་ཡང་ཡང་དུ་མདུན་ན་སྣང་བ་དེ་ཅི་ཞེ་ན། ཡུལ་རྣམས་མཐོང་བ་ནི་རང་བཞིན་ཇི་ལྟ་བ་མ་ཡིན་པར་མངོན་ཞེན་ཅན་རྣམས་ལ་ཕྱིན་ཅི་ལོག་པ་དག་ཏུ་སྣང་བར་འགྱུར་བ་ཡིན་ཏེ། གང་གིས་ནམ་མཁའི་རང་བཞིན་སྒྲིབ་བྱེད་ཀྱི་ཆར་སྤྲིན་གྱི་ཚོགས་དང་མཚུངས་པའི་གཏི་མུག་གི་མུན་པ་མཐུག་པོས་ནམ་མཁའི་སྔོན་པོའི་རང་བཞིན་སྟོང་པ་ཉིད་མཐོང་བ་སྒྲིབས་ནས་གནས་པ་འཇིག་རྟེན་པ་ལ་ཡོད་པ་དེས་ནའི་ཕྱིར།

2.3.1.1.1.2.1.2. The rebuttal of arguments opposing the refutation of arising

2.3.1.1.1.2.1.2.1. Rebutting the argument that the refutation is contradictory to direct perception

2.3.1.1.1.2.1.2.2. Rebutting the argument that it would be contradictory for things to have no inherent nature and yet exist conventionally

2.3.1.1.1.2.1.2.1. Rebutting the argument that the refutation is contradictory to direct perception

2.3.1.1.1.2.1.2.1.1. The mode of perception of those without wisdom, who are under the power of their bewilderment

2.3.1.1.1.2.1.2.1.2. The way in which the things seen by such individuals do not appear to the wise ones

2.3.1.1.1.2.1.2.1.1. The mode of perception of those without wisdom, who are under the power of their bewilderment

2.3.1.1.1.2.1.2.1.1.1. Why there is no contradiction in perceiving things

2.3.1.1.1.2.1.2.1.1.2. Why there is no contradiction in perceiving non-things

2.3.1.1.1.2.1.2.1.1.1. Why there is no contradiction in perceiving things

Like a mass of dark clouds, thick bewilderment enshrouds the minds of worldly beings,
And therefore things appear in a mistaken way. (104cd)

Someone might ask, "Well, if things like the color blue and so forth do not arise and become objects of perception, and therefore they are not perceived, then why do they repeatedly appear right here in front of me?"

This seeing of things is not in accord with their true nature. To those who cling to things as being truly existent, things appear in a mistaken way, for just as a mass of dark rain clouds obscures the true nature of the sky, so the thick darkness of worldly beings' bewilderment blocks their vision of emptiness, the true nature of the blue in the sky, and they abide in that state of darkness.

གཉིས་པ་ལ། དཔེ་དང་དོན་གཉིས།

དང་པོ་ནི།

ཇི་ལྟར་རབ་རིབ་མཐུ་ཡིས་འགའ་ཞིག་སྐྲ་ཤད་ཟླ་གཉིས་དང་།།
རྨ་བྱའི་མདོངས་དང་སྦྲང་མ་ལ་སོགས་ལོག་པར་འཛིན་བྱེད་པ།། ༡༠༥ ཀཁ

གཏི་མུག་གི་སྒྲིབ་དབང་གིས་དེ་ཉིད་མི་མཐོང་བར་འགྱུར་བ་ལ་རག་མོད། ཕྱིན་ཅི་ལོག་ཏུ་ཇི་ལྟར་མཐོང་ཞེ་ན། མ་རིག་པའི་དབང་གིས་དེ་མིན་ལ་དེ་ལྟར་སྣང་ངོ་ཞེས་དཔེའི་སྒོ་ནས་བསྟན་པ་ནི། ཇི་ལྟར་རབ་རིབ་མཐུ་ཡིས་རབ་རིབ་ཅན་འགའ་ཞིག་ལ་ཡོད་པ་མིན་པའི་སྐྲ་ཤད་དང་ཟླ་གཉིས་དང་རྨ་བྱའི་མདོངས་དང་སྦྲང་མ་ལ་སོགས་པ་རྣམས་མ་སྐྱེས་པའི་རང་བཞིན་ཡིན་དུ་ཟིན་ཀྱང་དངོས་པོ་ཉིད་དུ་ལོག་པར་འཛིན་པར་བྱེད་པ་ཡིན་ནོ།།

གཉིས་པ་ནི།

དེ་བཞིན་དུ་ནི་གཏི་མུག་སྐྱོན་གྱི་དབང་གིས་མི་མཁས་པས།།
འདུས་བྱས་ལྟ་ཞིག་སྣ་ཚོགས་བློ་གྲོས་ཀྱིས་ནི་རྟོགས་པར་འགྱུར།། ༡༠༥ གང

དཔེ་དེ་བཞིན་དུ་ནི་འགྲོ་བ་རྣམས་ཀྱང་གཏི་མུག་གི་སྐྱོན་གྱི་དབང་གིས་རང་བཞིན་མ་མཐོང་སྟེ། མི་མཁས་པས་བསོད་ནམས་དང་། བསོད་ནམས་མིན་པ་དང་། མི་གཡོ་བའི་ལས་བསགས་ནས་འཁོར་བའི་སྣོད་བཅུད་ཀྱི་འདུས་བྱས་འདི་ལྟ་ཞིག་སྣ་ཚོགས་པ་ཡོད་པར་བློ་གྲོས་ཀྱིས་ནི་རྟོགས་པར་འགྱུར་རོ།།

2.3.1.1.1.2.1.2.1.1.2. Why there is no contradiction in perceiving non-things

2.3.1.1.1.2.1.2.1.1.2.1. The example
2.3.1.1.1.2.1.2.1.1.2.2. The exemplified **[453]**

2.3.1.1.1.2.1.2.1.1.2.1. The example

Just as some people who suffer from an eye disease
Mistakenly perceive falling hairs, double moons, peacock feather eyes,
or bees, (105ab)

Someone may ask, "Granted, the obscuring power of bewilderment prevents worldly beings from seeing the precise nature of reality, but why do they see mistaken objects that do not really exist?"

The power of ignorance causes what is not those mistaken objects to appear to be them, and this is taught by means of the following example: Some people who suffer from an eye disease, due to the power of their illness, mistakenly perceive nonexistent falling hairs, double moons, peacock feather eyes, bees and so forth as if they were actually there, even though in reality none of these things has arisen.

2.3.1.1.1.2.1.2.1.1.2.2. The exemplified

So the unwise, suffering from bewilderment,
Conceive of the variety of composite things. (105cd)

In a manner similar to that described in the above example, the power of the bewilderment that afflicts wandering beings prevents them from seeing the true nature of reality, and as a result of their having accumulated meritorious, nonmeritorious, and neutral karma, these unwise individuals conceive of the variety of composite things that constitute samsara's vessel and its contents as existent.

གཉིས་པ་ནི།

གལ་ཏེ་གཏི་མུག་བརྟེན་ནས་ལས་འབྱུང་གཏི་མུག་མེད་པར་དེ།།
མི་འབྱུང་ཞེས་བྱར་མི་མཁས་པོ་ནས་རྟོགས་པར་གོར་མ་ཆག།
བློ་བཟང་ཉི་མས་མུན་པ་སྟུག་པོ་རྣམ་པར་བསལ་བ་ཡི།།
མཁས་པ་དག་ནི་སྟོང་ཉིད་ཁོང་དུ་ཆུད་ཅིང་གྲོལ་བར་འགྱུར།། ༡༠༨

གལ་ཏེ་སྐྱེ་འགག་གི་ཚུལ་འདིས་ནི་གཏི་མུག་རང་བཞིན་མེད་པ་ལ་བརྟེན་ནས་ལས་རང་བཞིན་མེད་པ་འབྱུང་ལ། གཏི་མུག་གི་རྫས་མེད་པར་འདུ་བྱེད་ཀྱི་རྫས་དེ་མི་འབྱུང་ཞེས་བྱར་བྱིས་པ་མི་མཁས་པ་པོ་ནས་རྟོགས་པར་གོར་མ་ཆག་སྟེ། གཉིས་ཀ་གདོད་ནས་སྐྱེ་མེད་དུ་མ་རྟོགས་པར་མ་རིག་པའི་དབང་གིས་ལས་འབྱུང་བ་དང་དེ་མེད་ན་མི་འབྱུང་བར་ཞེན་པའི་ཕྱིར། དེ་ཁོ་ན་ཉིད་མཐོང་བའི་བློ་བཟང་ཡེ་ཤེས་ཀྱི་ཉི་མས་གཏི་མུག་གི་མུན་པ་སྟུག་པོ་རྣམ་པར་བསལ་བའི་མཁས་པ་དག་ནི་འཁོར་བ་ལས་གྲོལ་བར་འགྱུར་ཏེ། མ་རིག་པའི་རྐྱེན་ལས་འདུ་བྱེད་དོ་ཞེས་འབྱུང་བ་དག་རྟེན་འབྱུང་སྒྱུ་མ་ལྟར་རང་བཞིན་མེད་པའི་སྟོང་ཉིད་ཁོང་དུ་ཆུད་པས་མ་རིག་པ་སྤོང་ཞིང་། འདུ་བྱེད་ཀྱང་ཉེ་བར་ལེན་པར་མི་འགྱུར་བའི་ཕྱིར།

2.3.1.1.1.2.1.2.1.2. The way in which the things seen by unwise individuals do not appear to the wise ones

"Karma arises in dependence upon bewilderment, and if there were no bewilderment, there would be no karma"—
This was undoubtedly spoken only for the unwise to understand;
With excellent minds like suns that perfectly dispel this thick darkness,
The wise ones realize emptiness and are liberated. (106)

[454] Since it is the case that this mode of arising and cessation is that in dependence upon bewilderment that has no inherent nature, karma without inherent nature arises, then when it was taught that "Without the substance of bewilderment, the substance of karmic action will not come into existence," this was undoubtedly spoken only for the unwise to understand, because not realizing that bewilderment and karma never arise, they cling to both the performance of karmic actions as a result of ignorance and the nonperformance of karmic actions in the absence of ignorance as being truly existent.

The wise ones' excellent minds that see the precise nature of reality are like suns of wisdom that perfectly dispel bewilderment's thick darkness. They are liberated from samsara because they realize that what is described as the arising of karmic actions from the condition of ignorance is *dependent arising*, illusory, emptiness that is the absence of inherent nature, and in this way they abandon ignorance and do not perform karmic actions.

གཉིས་པ་ལ་རྩོད་ལན་གཉིས་ཏེ།

དང་པོ་ནི།

གལ་ཏེ་དངོས་རྣམས་དེ་ཉིད་དུ་མེད་ན།།
ཐ་སྙད་དུ་ཡང་མོ་གཤམ་བུ་ཇི་བཞིན།།
དེ་དག་མེད་པ་ཉིད་འགྱུར་དེ་ཡི་ཕྱིར།།
དེ་དག་རང་བཞིན་གྱིས་ནི་ཡོད་པ་ཉིད།། ༡༠༧

གཟུགས་སོགས་དེ་དག་དོན་དམ་པར་རང་བཞིན་གྱིས་ནི་ཡོད་པ་ཉིད་དེ། གལ་ཏེ་གཟུགས་སོགས་དངོས་པོ་རྣམས་དེ་ཁོ་ན་ཉིད་དུ་སྟེ་དོན་དམ་པར་མེད་ན་ཐ་སྙད་དུ་ཡང་མོ་གཤམ་གྱི་བུ་ཇི་ལྟ་བ་བཞིན་དུ་ཀུན་རྫོབ་དེ་དག་ཀུན་རྫོབ་ཏུ་ཡང་མེད་པ་ཉིད་དུ་འགྱུར་བར་རིགས་ན། དེ་ཡང་མ་ཡིན་པར་ཀུན་རྫོབ་ཏུ་ཡོད་པ་དེའི་ཕྱིར་ཞེས་ཟེར་རོ།།

གཉིས་པ་ལ་དཔེ་མ་ངེས་པར་བསྟན། དབུ་མ་པ་ལ་འདིའི་ཀླན་ཀ་མི་འཇུག ། རང་གི་སྡེ་པས་བརྒལ་བར་མི་རིགས་པ་གསུམ། དང་པོ་ལ། རབ་རིབ་ཅན་གྱིས་མ་ངེས་པ་དང་། ཁྱོད་རང་ཉིད་ལ་མ་ངེས་པ་གཉིས།

2.3.1.1.1.2.1.2.2. Rebutting the argument that it would be contradictory for things to have no inherent nature and yet exist conventionally

2.3.1.1.1.2.1.2.2.1. The opponents' argument
2.3.1.1.1.2.1.2.2.2. The answer to this argument

2.3.1.1.1.2.1.2.2.1. The opponents' argument

"If things did not genuinely exist,
Then conventionally as well they would be completely nonexistent,
Like the child of a childless woman.
Therefore, things do inherently exist," you say. (107)

You say, "In genuine reality forms and so forth inherently exist, because if things such as forms did not genuinely exist in the precise nature of reality, then it would logically follow that they would be completely nonexistent in conventional, relative reality as well, like the child of a childless woman. It is not like that, however—these things do exist relatively, and therefore, they also exist genuinely."

2.3.1.1.1.2.1.2.2.2. The answer to this argument

2.3.1.1.1.2.1.2.2.2.1. Why the opponents' example is not definite
2.3.1.1.1.2.1.2.2.2.2. This fault does not apply to the Middle Way
2.3.1.1.1.2.1.2.2.2.3. It is illogical for other Buddhist schools to attack the Middle Way

2.3.1.1.1.2.1.2.2.2.1. Why the opponents' example is not definite

2.3.1.1.1.2.1.2.2.2.1.1. Why it is not definite for those with diseased eyes
2.3.1.1.1.2.1.2.2.2.1.2. Why it is not even definite for you

དང་པོ་ནི།

གང་དག་རབ་རིབ་ཅན་སོགས་ཡུལ་འགྱུར་བ།།
སྐྲ་ཤད་ལ་སོགས་དེ་དག་མ་སྐྱེས་པས།།
རེ་ཞིག་དེ་དག་ཉིད་ལ་བརྟད་བྱ་སྟེ།།
ཕྱི་ནས་མ་རིག་རབ་རིབ་རྗེས་འབྲེལ་ལའོ།། ༡༠༨

དེའི་ལན་དུ། གང་དག་རབ་རིབ་ཅན་ལ་སོགས་པའི་བློའི་ཡུལ་དུ་གྱུར་པ། སྐྲ་ཤད་ལ་སོགས་པ་དེ་དག་དང་མོ་གཤམ་གྱི་བུ་མ་སྐྱེས་པར་མཚུངས་པ་ལས། ཁྱོད་ཅག་གིས་ཡོད་པ་མིན་པའི་སྐྲ་ཤད་མཐོང་ལ། མོ་གཤམ་གྱི་བུ་མཐོང་བ་མ་ཡིན་པ་ཅི་ཞེས་རེ་ཞིག་རབ་རིབ་ཅན་དེ་དག་ཉིད་ལ་བརྟད་པར་བྱ་བར་འོས་ཏེ། ཕྱི་ནས་མ་སྐྱེས་པའི་གཟུགས་མཐོང་ལ་མོ་གཤམ་གྱི་བུ་མཐོང་བ་མིན་པ་ཅི་ཞེས་མ་རིག་པའི་རབ་རིབ་ཀྱིས་བློ་མིག་རྗེས་སུ་འབྲེལ་ཞིང་བསྒྲིབས་པ་རྣམས་ལ་བརྒལ་བརྟག་ཏུ་བྱ་དགོས་སོ།།

2.3.1.1.1.2.1.2.2.2.1.1. Why the example is not definite for those with diseased eyes [455]

However, those with ailments such as diseased eyes
See falling hairs and so forth, even though these things have not really arisen.
So go debate with them for now,
And later you can debate with those stricken by the eye disease of ignorance. (108)

The answer to the opponents' argument is as follows: For people with ailments such as diseased eyes and so forth, falling hairs and other similar appearances become objects of cognition, even though these objects are just as unborn as the children of a childless woman. So for now, you should go debate with them by asking them, "How can you see nonexistent falling hairs and not see the children of a childless woman?" Then later, you should go and try to refute the experiences of those whose eyes of wisdom are afflicted and obscured by the eye disease of ignorance by asking them, "How can you see unborn forms and not see the children of a childless woman?"

གཉིས་པ་ལ། རིགས་པ་དང་། ལུང་གིས་མ་ངེས་པ་གཉིས།

དང་པོ་ནི།

གལ་ཏེ་རྨི་ལམ་དྲི་ཟའི་གྲོང་ཁྱེར་བཅས།།
སྨིག་རྒྱུའི་ཆུ་དང་མིག་འཕྲུལ་གཟུགས་བརྙན་སོགས།།
སྐྱེ་མེད་མཐོང་ན་ཡོད་ཉིད་མིན་མཚུངས་ཀྱང་།།
ཁྱོད་ལ་ཇི་ལྟར་དེར་འགྱུར་དེ་མི་རིགས།། ༡༠༩

རབ་རིབ་ཅན་ལ་བརྒྱལ་ཞིང་བརྟག་པ་ཕར་འདུག་ཅིག །རེ་ཞིག་འདི་ཁྱོད་ཉིད་ལ་ཆེར་བརྒྱལ་ཞིང་བརྟག་པར་བྱ་བ་ཡིན་ཏེ། གལ་ཏེ་ཁྱོད་ཀྱིས་ཀྱང་རྨི་ལམ་དང་དྲི་ཟའི་གྲོང་ཁྱེར་ར་བ་དང་བཅས་པ་དང་། སྨིག་རྒྱུའི་ཆུ་དང་མིག་འཕྲུལ་དང་གཟུགས་བརྙན་དང་སོགས་པས་བྲག་ཆ་དང་སྤྲུལ་པ་རྣམས་རང་བཞིན་གྱིས་སྐྱེ་བ་མེད་བཞིན་མཐོང་ན། མོ་གཤམ་གྱི་བུ་དང་དོན་ལ་ཡོད་པ་ཉིད་མིན་པར་མཚུངས་ཀྱང་ཁྱོད་ལ་ཇི་ལྟར་རྨི་ལམ་སོགས་མཐོང་ལ། མོ་གཤམ་གྱི་བུ་མི་མཐོང་བ་དེར་འགྱུར་བ་ཅི་ཡིན་ཅེས་རང་ལ་བརྒྱལ་བརྟག་བྱས་ཏེ་ཕྱིས་ནས་ངེད་ལའང་བརྒྱལ་བརྟག་བྱས་པར་འགྱུར་རོ། །དེས་ན་གཟུགས་སོགས་རང་བཞིན་མེད་ན་མོ་གཤམ་གྱི་བུ་དང་ཡོད་མེད་མཚུངས་སོ་ཞེས་སྨྲ་བ་དེ་མི་རིགས་སོ།།

[455.last] 2.3.1.1.1.2.1.2.2.2.1.2. Why the example is not even definite for you

2.3.1.1.1.2.1.2.2.2.1.2.1. The logical reasoning that proves the example to be indefinite

2.3.1.1.1.2.1.2.2.2.1.2.2. The Buddha's statements that prove the example to be indefinite **[456]**

2.3.1.1.1.2.1.2.2.2.1.2.1. The logical reasoning that proves the example to be indefinite

How is it that you can see
Dream appearances, cities of gandharvas, water in mirages, optical illusions, and reflections?
Those things are unborn and just as nonexistent as the child of a childless woman!
How can you see them and not that child? Your argument is illogical. (109)

Forget about debating with people who have eye disease for now—first, you have a big debate that you need to take up with yourself! For you perceive dream appearances, cities of gandharvas (walls and all), water in mirages, optical illusions, reflections, echoes, emanations, and so on—all of which do not inherently arise and are just as nonexistent as the child of a childless woman. How can you perceive these dream appearances and so forth and yet not perceive the child of a childless woman? First you should debate this point with yourself, and then you can come and debate us.

Thus, the statement, "If forms and other things have no inherent nature, they would be just as existent or nonexistent as a child of a childless woman" is illogical.

གཉིས་པ་ནི།

དེ་ཉིད་དུ་འདི་ཇི་ལྟར་སྐྱེ་མེད་ཀྱང་།།
མོ་གཤམ་བུ་ལྟར་གང་ཕྱིར་འཇིག་རྟེན་གྱི།།
མཐོང་བའི་ཡུལ་དུ་མི་འགྱུར་མ་ཡིན་པ།།
དེ་ཡི་ཕྱིར་ན་སྨྲ་འདི་མ་ངེས་པའོ།། ༡༡༠

ཁྱོད་ཀྱིས། གལ་ཏེ་དངོས་རྣམས་དེ་ཉིད་དུ་མེད་ན། །ཐ་སྙད་དུ་ཡང་མོ་གཤམ་བུ་ཇི་བཞིན། །ཞེས་སྨྲ་བ་འདི་ཁྱབ་པ་མ་ངེས་པར་འགྱུར་ཏེ། གཟུགས་སོགས་འདི་དེ་ཁོ་ན་ཉིད་དུ་མྱུ་ལམ་ལ་སོགས་པ་འདི་ཇི་ལྟ་བར་སྐྱེ་བ་མེད་ཀྱང་མོ་གཤམ་གྱི་བུ་ལྟར་གང་ཕྱིར་འཇིག་རྟེན་གྱིས་མཐོང་བའི་ཡུལ་དུ་མི་འགྱུར་བ་མ་ཡིན་པ་དེའི་ཕྱིར་ནའོ། །ངག་དོན་འཇིག་རྟེན་ན་སྨྱུ་མའི་དཔེ་བརྒྱད་དང་མོ་གཤམ་བུ་རང་བཞིན་མེད་པར་མཚུངས་ཀྱང་མྱུ་ལམ་སོགས་སྒྱུ་མའི་དཔེ་བརྒྱད་སྣང་རུང་ལ་མོ་གཤམ་གྱི་བུ་སྣང་དུ་མི་རུང་བ་ལྟར་གཟུགས་དང་། མོ་གཤམ་གྱི་བུ་རང་བཞིན་མེད་མཚུངས་ནི་སྣང་མི་སྣང་གི་ཁྱད་པར་མེད་པའི་ཁྱབ་པ་མ་ངེས་སོ།།

2.3.1.1.1.2.1.2.2.2.1.2.2. The Buddha's statements that prove the example to be indefinite

Even though, like the child of a childless woman,
Dreams and so forth do not truly arise,
That does not render them invisible to worldly beings,
And so your assertion is invalid. (110)

You claim, "If things do not exist in reality's precise nature, then conventionally as well they would be just like the child of a childless woman." The pervasion is not definite here,[7] because even though forms and so forth—just like dreams and so forth—do not truly arise, that does not render them invisible to worldly beings.

The meaning of this is that the Buddha's eight examples of illusion in the world are equivalent to children of childless women in that they have no inherent nature, but the dream appearances and so forth that comprise these eight examples are suitable to appear, whereas the children of childless women are not. Similarly, forms and children of childless women equally lack inherent nature, but this does not mean that they are equivalent in terms of whether or not they appear. **[457]**

གཉིས་པ་ལ་རིགས་པ་དང་། ལུང་དང་མི་འགལ་བ་གཉིས།

དང་པོ་ནི།

མོ་གཤམ་བུ་ལ་རང་གི་བདག་ཉིད་ཀྱིས།།
སྐྱེ་བ་དེ་ཉིད་དུ་མེད་འཇིག་རྟེན་དུའང་།།
ཡོད་མིན་དེ་བཞིན་དངོས་འདི་ཀུན་ངོ་བོ།།
ཉིད་ཀྱིས་འཇིག་རྟེན་དེ་ཉིད་དུ་མ་སྐྱེས།། ༡༡༡

དེས་ན་དབུ་མ་པ་ལ་ཁྱོད་ཀྱིས་བརྒལ་བརྟག་བྱ་བའི་སྐབས་མེད་དེ། ཁོ་བོ་ཅག་གཟུགས་སོགས་ཀུན་རྫོབ་ཏུ་རང་བཞིན་གྱིས་སྐྱེ་བར་ཁས་བླངས་ནས་དོན་དམ་པར་སྐྱེ་བ་འགོག་པ་མ་ཡིན་ནོ་ཞེས་ཇི་ལྟར་མོ་གཤམ་གྱི་བུ་ལ་རང་གི་བདག་ཉིད་ཀྱིས་སྐྱེ་བ་དེ་ཁོ་ན་ཉིད་དུ་སྟེ། དོན་དམ་པར་མེད་ཅིང་འཇིག་རྟེན་ཐ་སྙད་དུའང་ཡོད་པ་མིན་པ་དེ་བཞིན་དུ་གཟུགས་སོགས་ཀྱི་དངོས་པོ་འདི་ཀུན་ངོ་བོ་ཉིད་ཀྱིས་འཇིག་རྟེན་ཀུན་རྫོབ་དང་དེ་ཉིད་དོན་དམ་དུ་མ་སྐྱེས་ཏེ། དཔྱད་ན་བདེན་པ་གཉིས་གར་སྤྲོས་པ་དང་བྲལ་བའི་ཕྱིར། ངོ་བོ་ཉིད་ཀྱིས་སྐྱེ་བ་ཞེས་བྱ་བ་འདི་བློ་ལ་མ་བལྟོས་པར་རང་གི་མཚན་ཉིད་ཀྱིས་སྐྱེ་བ་སྟེ། དེ་ནི་བདེན་པ་གཉིས་གར་མེད་དེ། འཁོར་འདས་འཆིང་གྲོལ་གྱི་རྒྱུ་འབྲས་འདི་ཐམས་ཅད་ལ་ངོ་བོ་ཉིད་དང་རང་བཞིན་ཡོད་ན་དེ་ལྟར་དེ་བཅོས་མིན་དང་། གཞན་ལ་མི་བལྟོས་པ་དང་། གཞན་དུ་མི་འགྱུར་བ་ཞིག་ཡིན་དགོས་ལ། བཅོས་མིན་སོགས་གསུམ་པོ་དེ་ཆོས་གང་གིའང་གནས་སྣང་ལ་དཔྱད་ན་མ་ཞུགས་པའི་ཕྱིར།

2.3.1.1.1.2.1.2.2.2.2. This fault does not apply to the Middle Way

2.3.1.1.1.2.1.2.2.2.2.1. Why there is no contradiction between the Middle Way and logical reasoning

2.3.1.1.1.2.1.2.2.2.2.2. Why there is no contradiction between the Middle Way and the Buddha's statements

2.3.1.1.1.2.1.2.2.2.2.1. Why there is no contradiction between the Middle Way and logical reasoning

Just as the identity of the child of a childless woman
Arises neither in genuine nor worldly reality,
So it is that all things do not arise in essence,
Either genuinely or in the world. (111)

Thus, there is no opportunity for you to challenge us, the proponents of the Middle Way, because we do not refute the arising of forms and so forth in genuine reality while asserting that they do inherently arise in relative reality. For just as the identity of the child of a childless woman does not arise either in reality's precise nature, meaning genuine reality, or in worldly conventional reality, so it is that all things, forms and everything else, do not arise in essence either in genuine reality's precise nature or in the relative reality of the world. This is the case because when one analyzes, one finds that *both* of the two truths transcend conceptual fabrications.

If something actually arose in essence, that would mean that its arising would not depend on conceptual mind, but rather, that it would arise by virtue of its own specific characteristics. Such arising does not occur in either of the two truths, because if all the causes and results of samsara's bondage and nirvana's liberation had any essence or nature of their own, they would not be created or made by anything, they would not depend on anything else, and they would not change into anything else. If one analyzes, however, one cannot find any of these three qualities in either the appearance or the true nature of any phenomenon at all.

གཉིས་པ་ནི།

དེ་ཕྱིར་འདི་ལྟར་སྟོན་པས་ཆོས་རྣམས་ཀུན།།
གདོད་ནས་ཞི་ཞིང་སྐྱེ་བྲལ་རང་བཞིན་གྱིས།།
ཡོངས་སུ་མྱ་ངན་འདས་པ་གསུངས་གྱུར་པ།།
དེ་ཕྱིར་རྟག་ཏུ་སྐྱེ་བ་ཡོད་མ་ཡིན།། ༡༡༢

ཆོས་ཐམས་ཅད་བདེན་པ་གཉིས་ཀར་རྟག་ཏུ་སྐྱེ་བ་ཡོད་པ་མ་ཡིན་ཏེ། བཤད་མ་ཐག་པ་དེའི་ཕྱིར། འདི་ལྟར་སྟོན་པ་སངས་རྒྱས་ཀྱིས། །ཆོས་ཀྱི་འཁོར་ལོ་བསྐོར་བ་ན། །གདོད་ནས་ཞི་ཞིང་མ་སྐྱེས་པ། །རང་བཞིན་མྱ་ངན་འདས་པ་ཡི། །ཆོས་རྣམས་མགོན་པོ་ཁྱོད་ཀྱིས་བསྟན། །ཅེས་གཟུགས་ནས་རྣམ་མཁྱེན་བར་གྱི་ཆོས་རྣམས་ཀུན་གདོད་ནས་ཞི་ཞིང་སྐྱེ་བ་དང་བྲལ་ལ་རང་བཞིན་གྱིས་ཡོངས་སུ་མྱ་ངན་ལས་འདས་པར་གསུངས་པར་གྱུར་པ་དེའི་ཕྱིར་རོ།།

2.3.1.1.1.2.1.2.2.2.2.2. Why there is no contradiction between the Middle Way and the Buddha's statements

Therefore, the Teacher taught
That all phenomena are primordially peace, free from arising,
And that their true nature is perfect nirvana.
Therefore, phenomena never arise. (112)

No phenomenon ever arises in either of the two truths, for the reasons that have just been described, and also, because as our teacher the Buddha taught in the *Cloud of Jewels Sutra:*[8]

> Protector, when you turned the Wheel of Dharma,
> You taught that phenomena are primordially peace,
> Unborn, and by nature nirvana.

Thus the Buddha stated that all phenomena from form through omniscience are primordially peace, free from arising, and by nature perfect nirvana, perfectly beyond suffering. Therefore, phenomena never arise.

གསུམ་པ་ནི།

བུམ་སོགས་འདི་དག་དེ་ཉིད་དུ་མེད་ཅིང་།།
འཇིག་རྟེན་རབ་ཏུ་གྲགས་པར་ཡོད་ཇི་བཞིན།།
དེ་བཞིན་དངོས་པོ་ཐམས་ཅད་འགྱུར་བས་ན།།
མོ་གཤམ་བུ་དང་མཚུངས་པར་ཐལ་མི་འགྱུར།། ༡༡༣

རང་གི་སྐྱེ་པ་བྲེ་སླ་དང་མདོ་སྐྱེ་པས་དངོས་པོ་རྣམས་དོན་དམ་པར་མེད་ན་ཐ་སྙད་དུ་ཡང་མེད་པར་འགྱུར་རོ་ཞེས་བརྒལ་དུ་མེད་དེ། ཁྱེད་ལྟར་ན་བུམ་པ་དང་ནགས་ཚལ་སོགས་འདི་དག་ཀུན་རྫོབ་བཏགས་ཡོད་ཡིན་པའི་ཕྱིར་དོན་དམ་དེ་ཉིད་དུ་མེད་ཅིང་འཇིག་རྟེན་གྱི་རབ་ཏུ་གྲགས་པར་ཡོད་ཅེས། །གང་ལ་བཅོམ་དང་བློ་ཡིས་གཞན། །བསལ་ན་དེ་བློ་མི་འཇུག་པ། །བུམ་ཆུ་བཞིན་དུ་ཀུན་རྫོབ་ཏུ། །ཡོད་དེ་དོན་དམ་ཡོད་གཞན་ནོ། །ཞེས་རགས་པ་བཏགས་ཡོད་དུ་ཁས་བླངས་པ་ཇི་ལྟ་བ་བཞིན་དེ་བཞིན་དུ་གཟུགས་སོགས་དཔྱད་ན་མེད་ཀྱང་འཇིག་རྟེན་གྲགས་ངོར་མ་བརྟགས་ཉམས་དགའ་དངོས་པོ་ཐམས་ཅད་ཀྱང་སྣང་བར་འགྱུར་བས་ན་དེ་ཉིད་དུ་མེད་ན་ཐ་སྙད་དུ་ཡང་མོ་གཤམ་གྱི་བུ་དང་མཚུངས་པར་གཏན་མེད་དུ་ཐལ་བར་མི་འགྱུར་རོ།།

[461.3] 2.3.1.1.1.2.1.2.2.2.3. It is illogical for other Buddhist schools to attack the Middle Way

In your tradition, you say that vases and so forth do not truly exist
At the same time that they are renowned in the world.
In fact, all things are just like that,
And it does not follow that they are like the child of a childless woman. (113)

Our own Particularist (*Vaibhashika*) and Sutra (*Sautrantika*) schools[9] cannot challenge the Middle Way position by saying, "If things do not exist in genuine reality, they necessarily must not exist conventionally either." The reason for this is that the followers of these schools themselves assert that vases, forests, and so forth are relative imputations, and therefore they do not exist in the precise nature of genuine reality at the same time that their existence is renowned in the world. As is stated in the *Abhidharmakosha*:[10]

When things are destroyed or mentally dissected,
Nothing remains for mind to know.
Such things, like vases, water, and so forth, exist relatively,
And what exists genuinely is something different.

Thus, just as these schools assert coarse things to exist as conceptual imputations, so it is that when forms and all other things are analyzed they are found not to exist, while at the same time from the perspective of how things are renowned in the world—the unanalyzed, superficial way things seem to be—all these things appear. Therefore, that things do not exist in the precise nature of reality does not mean that they are, like the child of a childless woman, completely nonexistent in conventional reality as well.

གཉིས་པ་ལ། ཀུན་རྫོབ་ཀྱི་སྐྱེ་བ་རྟེན་འབྲེལ་དུ་བསྟན་པ་དངོས་དང་། རྟེན་འབྲེལ་རྟོགས་པའི་ཕན་ཡོན་གཉིས།

དང་པོ་ནི།

གང་ཕྱིར་རྒྱུ་མེད་པ་དང་དབང་ཕྱུག་གི།
རྒྱུ་ལ་སོགས་དང་བདག་གཞན་གཉིས་ཀ་ལས།།
དངོས་རྣམས་སྐྱེ་བར་འགྱུར་བ་མ་ཡིན་པ།།
དེ་ཕྱིར་བརྟེན་ནས་རབ་ཏུ་སྐྱེ་བར་འགྱུར།། ༡༡༨

གལ་ཏེ་ཁྱོད་ཀྱིས་མཐའ་བཞི་ལས་སྐྱེ་བ་བཀག་ན། མ་རིག་པ་དང་འདུ་བྱེད་ལས་རྣམ་ཤེས་དང་ས་མྱུག་སོགས་ཀུན་རྫོབ་ཏུ་སྐྱེ་བ་ཇི་ལྟར་དེས་ཞེ་ན། མ་དཔྱད་གྲགས་པར་འཇིག་རྟེན་གྱི་ཐ་སྙད་མི་བཅད་པ་དེའི་ཆེད་དུ་ས་བོན་སྣང་ཙམ་གྱི་རྒྱུ་རྐྱེན་འདི་ལ་བརྟེན་ནས་མྱུ་གུ་ལ་སོགས་པའི་འབྲས་བུ་འདི་དག་རབ་ཏུ་སྐྱེ་བར་འགྱུར་ཏེ། གང་གི་ཕྱིར་ན་ཇི་སྐད་བཤད་པའི་ཚུལ་གྱི་རྒྱུ་མེད་པ་དང་དབང་ཕྱུག་གི་རྒྱུ་ལ་སོགས་པ་དང་། བདག་དང་གཞན་དང་གཉིས་ཀ་ལས་དངོས་པོ་རྣམས་བདེན་པ་གཉིས་ཀར་སྐྱེ་བར་འགྱུར་བ་མ་ཡིན་པ་དེའི་ཕྱིར་རོ།།

[463.14] 2.3.1.1.1.2.2. A TEACHING ON HOW IT IS THAT THE ARISING IN RELATIVE REALITY IS DEPENDENT ARISING

2.3.1.1.1.2.2.1. The actual explanation of how relative arising is dependent arising
2.3.1.1.1.2.2.2. The benefits of realizing dependent arising

2.3.1.1.1.2.2.1. THE ACTUAL EXPLANATION OF HOW RELATIVE ARISING IS DEPENDENT ARISING

Things do not arise causelessly, nor from Ishvara,
Nor from self, nor from other, nor from both;
Therefore, it is clear that things arise
Perfectly in dependence upon their causes and conditions. (114)

Someone may ask, "If you refute arising from the four extremes, then why is it certain that in relative reality consciousness will arise from ignorance and karmic action, sprouts will arise from seeds, and so forth?"

In order to avoid eliminating worldly conventions concerning what is unanalyzed and commonly renowned, one should rely on the understanding that results arise perfectly in dependence upon causes and conditions that are mere appearances, as is the case with sprouts arising from seeds and so forth. That things *dependently arise* in this way is clear because as has been explained, in both of the two truths things do not arise causelessly, from Ishvara, from self, from other, or from both self and other.

གཉིས་པ་ལ། ལྟ་བ་ངན་པ་ཐམས་ཅད་ཀྱི་གཉེན་པོ་བྱེད་པ་དང་། དེའི་རྒྱུ་མཚན་གཉིས། དང་པོ་ནི།

གང་ཕྱིར་དངོས་པོ་བརྟེན་ནས་རབ་འབྱུང་བས།།
རྟོག་པ་འདི་དག་བརྟག་པར་མི་ནུས་པ།།
དེ་ཕྱིར་རྟེན་འབྱུང་རིགས་པ་འདི་ཡིས་ནི།།
ལྟ་ངན་དྲ་བ་མཐའ་དག་གཅོད་པར་བྱེད།། ༡༡༥

དེ་ལྟར་རྐྱེན་འདི་པ་ཙམ་གྱི་རྟེན་འབྱུང་བཤད་པས་རྒྱུ་མེད་ལས་སྐྱེ་བ་སོགས་ཀྱི་རྟོག་པ་བཟློག་པར་མ་ཟད། རྐྱེན་འདི་པ་ཙམ་གྱི་རྟེན་འབྱུང་རིགས་པ་འདི་ཡིས་ནི་མཐར་འཛིན་གྱི་ལྟ་བ་ངན་པའི་དྲ་བ་མཐའ་དག་གཅོད་པར་བྱེད་པ་ཡིན་ཏེ། གང་ཕྱིར་དངོས་པོ་རྣམས་འདི་ལ་བརྟེན་ནས་འདི་རབ་ཏུ་འབྱུང་ཞེས་པས་མ་དཔྱད་པར་སྐྱེ་འགག་རྒྱུ་འབྲས་གྲགས་པ་ལྟར་གྱི་སྣང་སྦྱོང་ཙམ་འགྲུབ་ཀྱི། དེ་ལས་གཞན་དུ་རྟག་ཆད་དངོས་པོ་དངོས་མེད་སོགས་གཉིས་འཛིན་གྱི་རྟོག་པ་འདི་དག་ཐམས་ཅད་དོན་དམ་དུ་མ་ཟད་ཐ་སྙད་དུའང་བརྟག་པར་མི་ནུས་པ་དེའི་ཕྱིར་རོ།།

2.3.1.1.1.2.2.2. The benefits of realizing dependent arising
2.3.1.1.1.2.2.2.1. It is the remedy for all inferior views
2.3.1.1.1.2.2.2.2. Why it is such

2.3.1.1.1.2.2.2.1. Realizing dependent arising is the remedy for all inferior views

Since things arise in perfect dependence,
Concepts of duality cannot withstand analysis.
Therefore, the reason of dependent arising
Cuts through all the nets of inferior views. (115)

Thus is the way that the description of merely conditional dependent arising reverses the concepts of causeless arising and so forth. That is not all, however, for the reason of merely conditional dependent arising also cuts through all the nets of inferior views, of clinging to extremes, because by explaining that things arise one in perfect dependence upon another, it allows, from the perspective of no analysis, for the mere experiences of the appearances of the arising and ceasing of causes and results as they are renowned in the world; and at the same time, it demonstrates that apart from that, no concepts of duality—such as thoughts of permanence, extinction, things, the absence of things, or anything else—can withstand analysis, not only from the perspective of genuine reality, but also from the perspective of conventional reality as well.

གཉིས་པ་ནི།

> རྟོག་རྣམས་དངོས་པོ་ཡོད་ན་འགྱུར་བ་སྟེ།།
> དངོས་པོ་ཇི་ལྟར་མེད་པར་ཡོངས་དཔྱད་ཟིན།།
> དངོས་པོ་མེད་པར་འདི་རྣམས་མི་འབྱུང་དཔེར།།
> བུད་ཤིང་མེད་པར་མེ་ཡོད་མིན་དེ་བཞིན།། ༡༡༨

བདག་གཞན་རྟག་ཆད་ལ་སོགས་རྟོག་པ་རྣམས་ཆོས་ཀུན་ལ་དངོས་པོ་ཡོད་ན་སྐྱེ་བར་འགྱུར་བ་སྟེ་བཤད་པའི་རིགས་པས་དངོས་པོ་རྣམས་རང་བཞིན་ཇི་ལྟར་མེད་པར་ཡོངས་སུ་དཔྱད་ཟིན་པས་འཕགས་པས་མ་གཟིགས་པའི་ཚུལ་གྱིས་གཟིགས་པས་དངོས་པོ་ཕྲ་རབ་ཙམ་ཡང་མེད་པར་མཐོང་བ་རྣམས་ལ་ནི་གཟུགས་སོགས་ཀྱི་དངོས་པོར་རྟོག་པ་འདི་རྣམས་མི་འབྱུང་སྟེ། དཔེར་ན་བུད་ཤིང་མེད་པར་མེ་ཡོད་པ་མིན་པ་དེ་བཞིན་ནོ།།

[473] 2.3.1.1.1.2.2.2.2. Why realizing dependent arising is the remedy for all inferior views

Thoughts can only arise when things exist,
But thorough analysis has shown how things do not exist.
With things not existing, thoughts do not arise,
Just as in the absence of fuel, fire does not burn. (116)

Thoughts of self, other, permanence, extinction, and so forth can only arise when among phenomena there are some existent things, but the reasons that have been explained demonstrate with thorough analysis that things have no inherent nature. Thus, for the noble ones who see, in a way that involves no seeing at all, that not even the subtlest things exist, thoughts of the entities of forms and so forth do not arise, just as in the absence of fuel, fire does not burn.

གསུམ་པ་ལ། རྣམ་དཔྱོད་ཀྱི་འབྲས་བུ་དངོས་དང་། རྣམ་དཔྱོད་མཛད་པ་ཐུགས་རྗེའི་རྒྱུ་ལས་བྱུང་བར་བསྟན་པ་གཉིས།

དང་པོ་ནི།

སོ་སོའི་སྐྱེ་བོ་རྣམས་ནི་རྟོག་པས་བཅིངས།།
མི་རྟོག་རྣལ་འབྱོར་པ་ནི་གྲོལ་འགྱུར་བས།།
རྟོག་རྣམས་ལོག་པར་གྱུར་པ་གང་ཡིན་དེ།།
རྣམ་པར་དཔྱོད་པའི་འབྲས་བུར་མཁས་རྣམས་གསུངས།། ༡༡༧

དེས་ན་རང་བཞིན་སྟོང་པ་ཉིད་ཁོང་དུ་མ་ཆུད་པའི་སོ་སོ་སྐྱེ་བོ་རྣམས་ནི་རང་གི་རྣམ་པར་རྟོག་པས་བཅིངས་ཤིང་། དེ་ཉིད་ཐུགས་སུ་ཆུད་པའི་འཕགས་པ་སྤྲོས་པ་གང་ལའང་མི་རྟོག་རྣལ་འབྱོར་པ་ནི་གྲོལ་བར་འགྱུར་བས་མཐར་འཛིན་གྱི་རྟོག་པ་རྣམས་མ་ལུས་པར་ལོག་པར་གྱུར་པ་གང་ཡིན་དེ། སློབ་དཔོན་གྱིས་བསྟན་བཅོས་ལས་རྣམ་པར་དཔྱད་པའི་འབྲས་བུར་མཁས་རྣམས་གསུངས་སོ།།

2.3.1.1.1.2.3. An explanation of why it is necessary to analyze thoroughly with logical reasoning

2.3.1.1.1.2.3.1. The result of thorough analysis

2.3.1.1.1.2.3.2. The cause of explaining this thorough analysis to others was great compassion

2.3.1.1.1.2.3.1. The result of thorough analysis

Ordinary individuals are bound by their concepts
While yogis and yoginis without concepts are free.
What is it that leads to this reversal of concepts?
Thorough analysis—this the wise ones have taught. (117)

Thus, ordinary individuals who have not understood the true nature of reality, emptiness, are bound by their own concepts, whereas the noble ones who have realized the precise nature of reality, yogis and yoginis who do not conceive of any fabrications at all, are free. So, what is it that reverses all the concepts that cling to extremes, without exception? The wise ones have taught that such a reversal of concepts is the result of undertaking the thorough analysis that the Master Nagarjuna explains in his treatise *The Fundamental Wisdom of the Middle Way.*

གཉིས་པ་ལ། དངོས་དང་། ཀླན་ཀ་སྤང་བ་དང་། ཆགས་སྡང་སྤངས་ཏེ་རྣམ་པར་དཔྱོད་རིགས་པ་གསུམ།

དང་པོ་ནི།

བསྟན་བཅོས་ལས་དཔྱད་རྩོད་ལ་ཆགས་པའི་ཕྱིར།།
མ་མཛད་རྣམ་གྲོལ་ཕྱིར་ནི་དེ་ཉིད་བསྟན།། ༡༡༨ ཀཁ

སློབ་དཔོན་གྱི་དབུ་མའི་བསྟན་བཅོས་ལས། རིགས་པའི་ཚོགས་དུ་མས་རྣམ་པར་དཔྱད་པ་རྒྱ་ཆེར་མཛད་པ་ནི་རྩོད་པ་ལ་ཆགས་པ་གཞན་སླ་དབབ་འདོད་པའི་ཕྱིར་མ་མཛད་དོ། །འོ་ན་ཅི་ཞེ་ན། དེ་ལས་རྒྱ་ཆེར་དཔྱད་པ་ནི་དེ་ཁོ་ན་ཉིད་བསྟན་པས་འགྲོ་བ་ཀུན་གྱིས་ཆོས་ཉིད་ཁོང་དུ་ཆུད་དེ་ཐར་པ་ཐོབ་ན་ཅི་མ་རུང་ཞེས་སྙིང་བོ་རྣམ་གྲོལ་ཐོབ་པའི་ཕྱིར་ནི་བསྟན་པ་ཡིན་ནོ།།

གཉིས་པ་ནི།

གལ་ཏེ་དེ་ཉིད་རྣམ་པར་བཤད་པ་ན།།
གཞན་གཞུང་འཇིག་པར་འགྱུར་ན་ཉེས་པ་མེད།། ༡༡༨ གང

ཁྱོད་ཀྱིས་རྩོལ་བས་བརྟགས་པ་ཐམས་ཅད་བཀག་སྟེ་རྩོད་པའི་ཕྱིར་ན་རྟོག་པ་བཟློག་ཙམ་ཁོ་ན་འབྲས་བུར་བཞག་པ་མ་སོང་ངོ་སྙམ་ན་མིན་ཏེ། དཔྱད་པ་རྩོད་ཕྱིར་མིན་ཀྱང་གལ་ཏེ་དཔྱད་པའི་སྒོ་ནས་དེ་ཉིད་རྣམ་པར་བཤད་པ་ན། གཞན་གཞུང་འཐད་པ་དང་བྲལ་བས་སྐྱོང་བར་མ་ནུས་ཏེ་རྡོ་རྗེས་བྲག་རི་འཇིག་པར་འགྱུར་བ་ལྟར་ན་ཁོ་བོ་ཅག་ལ་ཉེས་པ་མེད་དོ།།

[478.last] 2.3.1.1.1.2.3.2. The cause of explaining this thorough analysis to others was great compassion

2.3.1.1.1.2.3.2.1. The actual explanation of this topic
2.3.1.1.1.2.3.2.2. Rebutting opposing arguments
2.3.1.1.1.2.3.2.3. Why it is appropriate to abandon attachment and aversion and *then* analyze thoroughly

2.3.1.1.1.2.3.2.1. The actual explanation of this topic

Nagarjuna did not present the analyses in his treatise out of fondness for debate—
Rather, he taught the precise nature in order to perfectly liberate wandering beings. (118ab)

In his treatise on the Middle Way, the master Nagarjuna presented a vast and thorough analysis through the use of a great collection of logical reasonings. He did not do this out of a fondness for debate, or of putting others down. What was his motivation, then? It was the following aspiration: "Would it not be wonderful if through my presentation of this vast analysis that explains the precise nature, all wandering beings could realize essential reality and gain their freedom!" Thus, he taught his treatise in order to help ordinary individuals attain perfect liberation.

2.3.1.1.1.2.3.2.2. Rebutting opposing arguments

If, however, when the precise nature of reality is perfectly explained,
Other views collapse, there is no fault in that. (118cd)

Someone may claim, "You refute all of your opponents' analyses, and since you debate with them in this way, you cannot posit the mere reversal of concepts as the only result of your treatise."

This statement is incorrect, because Middle Way analyses are not presented for the purpose of debating others. However, no one could prevent a rock mountain from being destroyed by an adamantine vajra, and similarly, when the precise nature of reality is perfectly explained by means of logical analysis, if others are unable to prevent their views from collapsing because those views are illogical, we are not at fault.

གསུམ་པ་ནི།

རང་གི་ལྟ་ལ་ཆགས་དང་དེ་བཞིན་དུ།།
གཞན་གྱི་ལྟ་ལ་འཁྲུག་གང་རྟོག་པ་ཉིད།།
དེ་ཕྱིར་འདོད་ཆགས་ཁོང་ཁྲོ་རྣམ་བསལ་ཏེ།།
རྣམ་དཔྱོད་པ་ནི་མྱུར་དུ་གྲོལ་བར་འགྱུར།། ༡༡༨

རང་གཞན་གྱི་ཕྱོགས་ལ་ཆགས་སྡང་དྲག་པོས་རྩོད་ཕྱིར་ཆོས་བསྟན་ན་རྟོག་པ་བཟློག་མི་སྲིད་པས་རང་གི་ལྟ་ལ་ཆགས་པ་དང་། དེ་བཞིན་དུ་གཞན་གྱི་ལྟ་ལ་འཁྲུག་པ་གང་ཡིན་པ་དེ་ནི་དངོས་པོར་རྟོག་པ་ཉིད་ཡིན་པའི་ཕྱིར་རྟོག་པ་དེ་མ་ལོག་པར་ཐར་པ་ཐོབ་པ་མ་ཡིན་ནོ། །ཆོས་འདི་རྩོད་ཆེད་དུ་མིན་པ་དེའི་ཕྱིར་རང་གཞན་ལ་འདོད་ཆགས་ཁོང་ཁྲོ་རྣམས་བསལ་ཏེ་དེ་ཉིད་རྟོགས་འདོད་ཀྱིས་གནས་ལུགས་ལ་རྣམ་པར་དཔྱོད་པ་ནི་མྱུར་དུ་གྲོལ་བར་འགྱུར་རོ།

2.3.1.1.1.2.3.2.3. Why it is appropriate to abandon attachment and aversion and *then* analyze thoroughly

Attachment to one's own view
And animosity towards the views of others are exactly concepts.
Therefore, those who do away with attachment and aversion
And then analyze thoroughly will be quickly liberated. (119)

[480] If, motivated by fierce attachment to one's own view and anger towards the views of others, one teaches Dharma for the purpose of debate, it is impossible to reverse one's concepts. In fact, attachment to one's own view and animosity towards the views of others are exactly the concepts of the true existence of things that prevent one from attaining liberation for as long as they have not been reversed.

This Dharma, however, was not taught for the purpose of debate, and therefore, those who do away with attachment to their own view and aversion towards the views of others and, desiring to realize the precise nature, thoroughly analyze genuine reality's abiding mode, will be quickly liberated.

གཉིས་པ་ལ། གང་ཟག་གི་བདག་དགག་དགོས་པའི་རྒྱུ་མཚན། དེ་དགག་པའི་རིགས་པ་རྒྱས་པར་བཤད། བཀག་ནས་གང་ཟག་བརྟེན་ནས་བཏགས་པ་ཙམ་དུ་བསྟན་པ་གསུམ།

དང་པོ་ནི།

ཉོན་མོངས་སྐྱོན་རྣམས་མ་ལུས་འཇིག་ཚོགས་ལ།།
ལྟ་ལས་བྱུང་བར་བློ་ཡིས་མཐོང་གྱུར་ཅིང་།།
བདག་ནི་འདི་ཡི་ཡུལ་དུ་རྟོགས་བྱས་ནས།།
རྣལ་འབྱོར་པ་ཡིས་བདག་ནི་འགོག་པར་བྱེད།། ༡༢༠

ལུང་དང་རིགས་པས་ཆོས་ཀྱི་བདག་བཀག་ནས་ད་ནི་གང་ཟག་གི་བདག་འགོག་པ་ལ་ཐར་འདོད་ཀྱི་རྣལ་འབྱོར་པ་ཡིས་འཇིག་ལྟའི་འཛིན་སྟངས་ཀྱི་ཡུལ་གྱི་བདག་ནི་འགོག་པར་བྱེད་རིགས་ཏེ། འདོད་ཆགས་སོགས་ཉོན་མོངས་རྣམས་དང་སྐྱེ་རྒ་ན་འཆི་མྱ་ངན་སོགས་སྐྱོན་རྣམས་མ་ལུས་པ་དང་ང་ཡིར་འཛིན་པའི་ཤེས་རབ་ཉོན་མོངས་ཅན་འཇིག་ཚོགས་ལ་ལྟ་བ་ལས་བྱུང་བར་བློ་ཡིས་མཐོང་བར་གྱུར་པས་དགག་རིགས་ཤིང་། བདག་ནི་འཇིག་ལྟ་འདིའི་དམིགས་ཡུལ་དུ་རྟོགས་པར་བྱས་ནས་སོ།།

Part IV:
The Absence of Personal Self

[485.21][1] The second main point in this chapter,[2] the absence of a personal self,[3] has three parts:

1) Why the refutation of personal self is essential
2) The expanded explanation of the reasoning that refutes a personal self
3) What follows from this refutation of personal self, namely, that "self" is just an imputation relative to the person

The first of these

Seeing with their rational faculty
That all afflictions and problematic states
Stem from the views of the transitory collection
And understanding that "self" is their reference point,
Yogis and yoginis refute this self. (120)

Having refuted a self-entity in phenomena using scriptures and logic, we will now refute personal self in the same way.

There are logical grounds for yogis and yoginis,[4] who aspire to liberation, to refute this self, meaning the conceptual referent of the transitory views, because 1) they see, through the exercise of their faculty of rational thought, that all afflictions, such as grasping at things out of desire; that all problematic states, such as birth, aging, sickness, death, and misery; and that the unsettling ideas that involve clinging to a notion of "mine" all stem from the views of the transitory collection; and 2) because they have also understood that "self" is the reference point for all such views.

གཉིས་པ་ལ་རྣམ་པ་ལྔས་དཔྱད་དེ་བདག་དགག་པ་དང་། དེ་ཉིད་དང་གཞན་དུ་བརྗོད་དུ་མེད་པའི་བདག་དགག་པ་དང་། བཀག་པས་མཇུག་བསྡུ་བ་གསུམ། དང་པོ་ལ། ཕུང་པོ་ལས་དོན་གཞན་པའི་བདག་དགག ཕུང་པོ་དང་ངོ་བོ་གཅིག་པའི་བདག་དགག ཕུང་པོ་དང་རྟེན་བརྟེན་པའི་བདག་དགག ཕུང་པོ་དང་ལྡན་པའི་བདག་དགག བཀག་པའི་དོན་བསྡུས་ཏེ་འཇིག་ལྟ་ཉི་ཤུའི་གཉེན་པོར་འགྱུར་ཚུལ་དང་ལྔ། དང་པོ་ལ་ཕྱོགས་སྔ་མ་བརྗོད་པ་དང་། དེ་དགག་པ་གཉིས།

དང་པོ་ནི།

ཟ་པོ་རྟག་དངོས་བྱེད་པོ་མིན་པའི་བདག།
ཡོན་ཏན་བྱ་མེད་མུ་སྟེགས་རྣམས་ཀྱིས་བརྟགས།།
དེའི་དབྱེ་ཅུང་ཟད་ཅུང་ཟད་ལ་བརྟེན་ནས།།
མུ་སྟེགས་ཅན་རྣམས་ལུགས་ནི་ཐ་དད་འགྱུར།། ༡༢༡

དེས་ན་སྐྱེས་བུའམ་བདག་དེ་ཉིད་ཀྱིས་ཡུལ་དེ་དག་ཉེ་བར་ལོངས་སྤྱོད་པས་ཟ་བ་པོ་ཞེས་བྱ་སྟེ། སྐྱེས་བུ་དེ་ནི་ཡུལ་ལ་ཉེ་བར་ལོངས་སྤྱོད་པའི་སེམས་པ་ཡོད་པའི་རང་གི་ངོ་བོ་ཡིན་པའི་ཕྱིར། དེའི་ཚེ་རྣམ་འགྱུར་ཞ་བ་ལྟར་བདག་ཞ་བ་མ་ཡིན་པས་རྟག་པའི་དངོས་

[499] The second point, the expanded explanation of the reasoning that refutes a personal self, has three parts:

1) The refutation of self through a five-point analysis
2) The refutation of a self that is inexpressible as being the same as or different from the skandhas
3) A concluding summary of the refutation of self

The first of these, the refutation of self through a five-point analysis, has the following five parts:

1) The refutation of a self differing from the skandhas
2) The refutation of a self the same in essence as the skandhas
3) The refutation of a self that is supported upon or is the support for the skandhas
4) The refutation of a self possessing the skandhas
5) A summary of the topics included in these refutations providing the remedy for the views of the transitory collection

[500] The first of these, the refutation of a self differing from the skandhas, has two parts:

1) The statement of the opponent
2) The refutation of that position

The first of these

> *The self imputed by Tirthikas is defined*
> *As observer, a permanent thing but not a creator;*
> *As lacking in qualities and being inactive.*
> *And due to some very slight distinctions here,*
> *Diverse traditions of Tirthikas developed. (121)*

[501.1] There are Tirthikas, namely, the Samkhyas,[5] who impute a self which they define as follows.
1) The individual[6] or, in other words, self, can be designated an observer in the sense of being the experiencer of objects, because it exists at the very heart of any mental operation constituting experience of objects. 2) Unlike the permutations [of primordial matter, *prakriti*,] the self is not subject to dissolution; it is, therefore, a permanent entity. 3) But, unlike that

པོའོ།། རང་བཞིན་དང་རྣམ་འགྱུར་བྱེད་པོ་ཡིན་པ་ལྟར་བདག་ནི་བྱེད་པོ་མིན་པའི་བདག་ཉིད་ཡིན་ཏེ། དེ་ནི་བྱ་བ་ལ་སྙོམས་ལས་ཅན་ཡིན་པའི་ཕྱིར། དེ་ཡོན་ཏན་མེད་པ་ཉིད་དེ་རྟུལ་མུན་སྙིང་སྟོབས་ཀྱི་རང་བཞིན་མེད་པའི་ཕྱིར། བྱ་བ་མེད་པ་ཉིད་ཡིན་ཏེ། ཁྱབ་པའི་ཕྱིར་དེ་ནི་སྐྱེས་བུའི་ཁྱད་པར་དག་གོ།། མུ་སྟེགས་གྲངས་ཅན་རྣམས་ཀྱིས་བརྟགས་ཤིང་། བདག་དེའི་དབྱེ་བ་ཅུང་ཟད་ཅུང་ཟད་ལ་བརྟེན་ནས་མུ་སྟེགས་ཅན་རྣམས་ཀྱི་ལུགས་ནི་ཐ་དད་དུ་གྱུར།

གཉིས་པ་ལ། བདག་གི་ངོ་བོ་དགག ཁྱད་པར་དགག ཕུང་པོ་ལས་གཞན་དུ་མི་འཐད། ངར་འཛིན་གྱི་རྟེན་མ་ཡིན་པར་བསྟན་པ་དང་བཞི།

དང་པོ་ནི།

མོ་གཤམ་བུ་ལྟར་སྐྱེ་བ་དང་བྲལ་ཕྱིར།།
དེ་ལྟར་གྱུར་པའི་བདག་ནི་ཡོད་མིན་ཞིང་།།
འདི་ནི་ངར་འཛིན་རྟེན་དུའང་མི་རིགས་ལ།།
འདི་ནི་ཀུན་རྫོབ་ཏུ་ཡང་ཡོད་མི་འདོད།། ༡༢༢

རྟག་པ་དང་ཟ་པོ་ལ་སོགས་པ་དེ་ལྟར་གྱུར་པའི་བདག་ནི་ཡོད་པ་མ་ཡིན་ཅིང་། ཞེས་མ་ཡིན་ཏེ། སྐྱེ་བ་དང་བྲལ་བའི་ཕྱིར། དེ་ལྟའི་བདག་འདི་ནི་འཇིག་རྟེན་གྱི་ངར་འཛིན་ལྷན་སྐྱེས་ཀྱི་རྟེན་དུའང་མི་རིགས་ཏེ། དེའི་འཛིན་སྟངས་དང་མི་མཐུན་པའི་ཕྱིར། འདི་ནི་དོན་དམ་པར་མེད་པར་མ་ཟད་ཀུན་རྫོབ་ཏུའང་ངར་འཛིན་ལྷན་སྐྱེས་ཀྱི་ཡུལ་དུ་ཡོད་པར་མི་འདོད་དེ། དེ་ལྟར་མ་དམིགས་པའི་ཕྱིར་མོ་གཤམ་བུ་ལྟ་བུའོ།།

ཞེས་གོང་མ་ལའང་དཔེར་སྦྱར་རོ།།

primordial matter and its process of permutation, the self is not a creator, because it is passive.[7] 4) It is lacking in qualities in the sense that it does not have the *prakriti*'s qualities of motility, darkness and lightness. 5) It is inactive, because it is all-pervasive.

These are the distinctive features of the individual, or self, as imputed by those Tirthikas called "the Samkhyas." Differing traditions of Tirthikas developed on the basis of very slight distinctions made in this context.

[503] The second, the refutation of that position, has four parts:

1) The refutation of the self as an entity
2) The refutation of its qualities
3) The unfeasibility of there being a self differing from the skandhas
4) The explanation of the point that such a self is not the support for the conception of "I"

The first of these

Just as unborn as the son of a barren woman,
The self they describe could, therefore, not exist,
And thus makes no sense as the base for the concept of "I";
But we do not claim it exists even relatively. (122)

When the root text says, "The self they describe" as being permanent, the experiencer, and so on "could not exist," that is indeed so. It could not exist, because it has never arisen.

It is just as illogical for such a self to be the foundation for the instinctive idea of "I" found in the world, because the way such a self is imagined to be[8] does not correspond to the instinctive idea. So, not only does this self not exist ultimately, we do not assert it to exist even relatively as the reference point for the instinctive idea "myself."

Since such a self is never observed, it is like the son of a barren woman. This example is relevant to any of the above-mentioned traits ascribed to this self.

གཉིས་པ་ནི།

གང་ཕྱིར་བསྟན་བཅོས་བསྟན་བཅོས་ལས་དེའི་ཁྱད།།
མུ་སྟེགས་རྣམས་ཀྱིས་གང་བསྟན་དེ་ཀུན་ལ།།
རང་གྲགས་མ་སྐྱེས་གཏན་ཚིགས་ཀྱིས་གནོད་པ།།
དེ་ཕྱིར་དེ་ཁྱད་ཀུན་ཀྱང་ཡོད་མ་ཡིན།། ༡༢༣

བདག་དེའི་ཁྱད་པར་ཀུན་ཀྱང་ཡོད་པ་མ་ཡིན་ཏེ། གང་གི་ཕྱིར་མུ་སྟེགས་རྣམས་ཀྱིས་རང་རང་གི་བསྟན་བཅོས་དང་བསྟན་བཅོས་ལས་བདག་དེའི་ཁྱད་པར་ཟ་པོ་རྟག་དངོས་སོགས་གང་བསྟན་པ་དེ་ཀུན་རང་ཉིད་ལ་གྲགས་པའི་རྗེས་དཔག་མ་སྐྱེས་པའི་གཏན་ཚིགས་ཀྱིས་གནོད་པ་དེའི་ཕྱིར་རོ།། ངག་དོན་བདག་རྟག་པ་མིན་ཏེ། མ་སྐྱེས་པའི་ཕྱིར་མོ་གཤམ་བུ་བཞིན་ཞེས་པའི་རྟགས་དཔེས་བདག་གི་ཁྱད་པར་ཐམས་ཅད་ལ་གནོད་པར་བྱེད་དོ།།

གསུམ་པ་ནི།

དེ་ཕྱིར་ཕུང་པོ་ལས་གཞན་བདག་མེད་དེ།།
ཕུང་པོ་མ་གཏོགས་དེ་འཛིན་མ་གྲུབ་ཕྱིར།། ༡༢༨ ཀཁ

རྒྱུ་མཚན་དེའི་ཕྱིར་ཕུང་པོ་ལས་གཞན་དུ་བདག་མེད་དེ། ཕུང་པོ་ལས་ཐ་དད་པར་ཡོད་ན་སོ་སོར་བཟུང་དུ་རུང་བར་འགྱུར་བ་ལས་ཕུང་པོ་ལས་མ་གཏོགས་པར་རྟག་སོགས་ཀྱིས་ཁྱད་པར་དུ་བྱས་པའི་བདག་དེ་འཛིན་པ་མ་གྲུབ་པའི་ཕྱིར་རོ།།

The second, the refutation of its qualities

> *The features Tirthika texts ascribe to this*
> *They themselves proclaim are all unborn.*
> *But the very same reason invalidates their case,*
> *Which explains why none of these features exist either.* (123)

All of the specific features of their "self" are nonexistent as well, because, no matter which features the Tirthikas teach in their treatises as belonging to this self—such as its being a permanent entity, the experiencer, and so on—all of these are proclaimed in their own inferential reasoning to be unborn, but this is the very reason that invalidates their case. The referent of their statements, the permanent self, could not exist, because it does not arise, like the son of a barren woman, as the above root text points out. This reason, along with the example supporting it, invalidates all features of this self.

[504] The third, the unfeasibility of there being a self differing from the skandhas

> *And therefore there is no self distinct from the skandhas,*
> *Since none is perceived in isolation from skandhas.* (124ab)

Based on the reason just given, it can further be stated that there is no self differing from the skandhas, because a self existing in separation from the skandhas would have to be perceived on its own, but no self possessing features such as permanent duration and so on is perceived to exist in isolation from the skandhas.

བཞི་པ་ལ་བསྟན་བཤད་གཉིས།

དང་པོ་ནི།

འཇིག་རྟེན་ངར་འཛིན་བློ་ཡི་རྟེན་དུ་ཡང་།།

མི་འདོད་དེ་རིག་མིན་པའང་བདག་ལྟའི་ཕྱིར།། ༡༢༤ གང

ཕུང་པོ་ལས་ཐ་དད་པའི་བདག་མེད་པར་མ་ཟད་རྟག་སོགས་ཀྱིས་ཁྱད་པར་དུ་བྱས་པའི་བདག་དེ་ནི་འཇིག་རྟེན་པ་དག་གི་ངར་འཛིན་གྱི་བློ་འཇིག་ལྟ་ལྷན་སྐྱེས་ཀྱི་རྟེན་ནམ་ཡུལ་དུ་ཡང་མི་འདོད་དེ། རྟག་སོགས་ཀྱི་བདག་དེ་ལྟ་བུ་རིག་པ་མིན་པའི་བྱིས་པའང་མཐོང་ཞེན་གྱི་དབང་གིས་བདག་དང་བདག་གི་བར་བལྟ་བའི་ཕྱིར།

གཉིས་པ་ནི།

གང་དག་དུད་འགྲོ་བསྐལ་མང་བཀྱལ་གྱུར་པ།།

དེས་ཀྱང་མ་སྐྱེས་རྟག་འདི་མ་མཐོང་ལ།།

ངར་འཛིན་དེ་དག་ལ་ཡང་འཇུག་མཐོང་སྟེ།།

དེས་ན་ཕུང་པོ་ལས་གཞན་བདག་འགའང་མེད།། ༡༢༥

གལ་ཏེ་ད་ལྟ་བདག་རྟག་སོགས་ཀྱི་ཁྱད་པར་དུ་བྱས་པར་མ་ཤེས་ཀྱང་སྔར་གོམས་ཀྱི་དབང་གིས་བདག་དེའི་ཡུལ་ཅན་གྱི་ངར་འཛིན་ཡོད་དོ་སྙམ་ན་མ་ཡིན་ནོ་ཞེས་སྟོན་པ་ནི། ཕུང་པོ་ལས་ཐ་དད་གཞན་གྱུར་གྱི་བདག་འགའ་ཡང་མེད་དེ། སེམས་ཅན་གང་དག་དུད་འགྲོར་བསྐལ་མང་དུ་རྒྱུད་མར་སྐྱེས་ཤིང་ད་དུང་ཡང་རིང་པོར་དེ་ལས་མི་ལྡོག་པར་བཀྱལ་བར་གྱུར་པ་དེ་དག་གིས་ཀྱང་སྟེ། དམྱལ་སོགས་ཀྱི་སེམས་ཅན་ཐམས་ཅད་ཀྱིས་མུ་སྟེགས་བྱེད་ཀྱི་འདོད་པའི་མ་སྐྱེས་རྟག་པའི་བདག་འདི་དང་། ཤར་ཙོང་ཁ་པ་ཆེན་པོ་

The fourth, the explanation of the point that such a self is not the support for the conception of "I," has two parts:
1) The presentation
2) The explanation of this

The first of these

One could not even assert such a self to be
The foundation for worldly beings' idea "me,"
Because they have no awareness of such a self,
Although they entertain the notion of "I." (124cd[9])

Not only is there no self existing in separation from the skandhas, one can furthermore not assert a self possessing such properties as permanence and so on to be the reference point or foundation for the views of the transitory collection instinctively held by ordinary beings whereby they conceive of "me," because naive beings are not aware of such a self which is permanent and so on and yet, due to their strong clinging, they entertain the notion of "I" and "mine."

The second, the explanation of this

Those who have been in the animal realm for kalpas
Have never seen this unborn, permanent self,
And yet one can see they have a notion of self;
And thus there could be no other "self" than the skandhas. (125)

Now you might be thinking, "Even though beings are not immediately cognizant of a self having such features as permanence and so on, their present idea of an 'I' derives from previous habituation to such a self, which manifests as the observer of the objects of their experience."

But the Buddha teaches that this is not so. There is no self at all that is other than or separate from the skandhas. Sentient beings, including the hell beings and those in the other realms of samsara, such as those who have spent many kalpas as animals—who have been born continuously in that state and who, even now, remain unable to free themselves from it for a very long time—do not see this unborn, permanent self asserted by the

བཞེད་པའི་ལས་འབྲས་ཀྱི་རྟེན་གྱི་བདག་ཐ་སྙད་ཚད་གྲུབ་ཀྱི་བཏགས་ཡོད་དང་། བཏགས་པ་ཙམ་གྱིས་མ་ཚིམ་པར་བཏགས་དོན་བཙལ་ནས་མ་རྙེད་རྒྱུའི་རྟགས་ཀྱི་དགག་བྱའི་བདག་སོགས་ཞེན་ཡུལ་དུ་མ་མཐོང་ལ། ཕུང་པོ་ལ་ངར་འཛིན་པ་ནི་དེ་དག་ལ་ཡང་འཇུག་པར་མཐོང་སྟེ། དེས་ན་ཤེས་རབ་ཅན་དག་གིས་ངར་འཛིན་གྱི་རྟེན་དུ་བདག་དེ་ལྟ་བུ་འཛོག་སྲིད་པ་མིན་པའི་ཕྱིར། ངར་འཛིན་གྱི་རྟེན་གྱི་བདག་བཏགས་བཞག་གི་ཚོས་ཡིན་པ་དང་། དེ་ཐ་སྙད་པའི་མངོན་སུམ་ཚད་མའི་ཡུལ་དུ་འཛོག་པའི་འདི་ལྟ་བུ་ནི་འཇིག་རྟེན་དང་བསྟན་བཅོས་གང་དུ་ཡང་མ་གྲགས་པའི་རྟོག་བཏགས་སོ།།

གཉིས་པ་ལ་ཕྱོགས་སྔ་མ་བརྗོད་པ་དང་། དེ་དགག་པ་གཉིས། དང་པོ་ལ་འདོད་ཚུལ་དང་། དབྱེ་བ་གཉིས།

དང་པོ་ནི།

ཕུང་པོ་ལས་གཞན་བདག་གྲུབ་མེད་པའི་ཕྱིར།།
བདག་ལྟའི་དམིགས་པ་ཕུང་པོ་ཁོ་ནའོ།། ༡༢༨ ཀཁ

མང་པོས་བཀུར་བ་སོགས་རང་སྡེ་ན་རེ། བདག་ལྟའི་དམིགས་པ་ཕུང་པོ་ཁོ་ན་ཡིན་ཏེ། ཇི་སྐད་བཤད་པའི་རིགས་པས་ཕུང་པོ་ལས་གཞན་པའི་བདག་གྲུབ་པ་མེད་པའི་ཕྱིར། དེས་ན་བདག་ནི་ཕུང་པོ་ཙམ་ཁོ་ནའོ་ཞེས་ཟེར་རོ།།

Tirthikas. Nor do they see the self described by the great Shar Tsongkhapa to have validly imputed conventional existence as the support for karmic actions and their consequences. Nor do they ever actually observe a referent object for the idea of such a self having such properties, a referent object that is refutable on the grounds of its not being found by those not satisfied with the mere imputation when they look for the referent of that imputation.

What *is* seen is merely that beings entertain this notion of the skandhas being an "I"; but, for the reasons given, those with sufficient understanding could not possibly posit the actual existence of such a self as the support for this notion of "I." The so-called "self" thought of as being such a support is, therefore, just an imputed phenomenon. It is posited in conventional terms as an object of direct valid cognition but is merely an imputed concept not even borne out by common consensus in worldly experience or in text books.

[505] The second point, the refutation of a self the same in essence as the skandhas, has two parts:
1) The statement of the opponent
2) The refutation of that position

The first of these, the statement of the opponent, also includes two:
1) The way they assert their position
2) The divisions

The first of these

> *Since a self distinct from the skandhas is not established,*
> *The view of self refers to the skandhas alone. (126ab)*

Some of our own systems, such as the Sammitiya,[10] state that the only reference point for the view of self is the skandhas, because a self distinct from the skandhas cannot be established through logic as has just been demonstrated; therefore, what one is calling "self" is just the skandhas.

གཉིས་པ་ནི།

ཁ་ཅིག་བདག་ལྟའི་རྟེན་དུ་ཕུང་པོ་ནི།།

ལྔ་ཆར་ཡང་འདོད་ཁ་ཅིག་སེམས་གཅིག་འདོད།། ༡༢༦ གང

དེ་ལ་ཁ་ཅིག་བདག་ལྟའི་རྟེན་དུ་སྟེ་དམིགས་ཡུལ་བདག་ཏུ་ཕུང་པོ་ནི་ལྔ་ཅར་ཡང་འདོད། ཁ་ཅིག་སེམས་གཅིག་པོ་བདག་ཏུ་འདོད་དོ།།

གཉིས་པ་ལ་དགག་པ་དངོས་དང་། བདག་ལྟ་མི་སྤོང་བར་ཐལ་བས་མཇུག་བསྡུ་བ་གཉིས། དང་པོ་ལ། གནོད་བྱེད་བརྗོད། སྒྲུབ་བྱེད་དགག གང་ཟག་བརྟེན་ནས་གདགས་པ་གསུམ། དང་པོ་ལ། རིགས་པས་གནོད། ལུང་གིས་གནོད། རྣལ་འབྱོར་པའི་མཐོང་བས་གནོད་པ་གསུམ།

The second, the divisions

> *Some say all five skandhas form the base*
> *For the view of self; some say only the mind. (126cd)*

Some assert all five skandhas to be the basis or reference point for the view of self in that they assert all five to be the self. Others say only primary mind[11] is the self.

[506] The second, the refutation of that position, includes two:
1) The actual refutation
2) A summary concluding this section by stating the consequence [that those who hold the Buddhist views just refuted] do not abandon the view of self

The first, the actual refutation, has three sections:
1) The presentation of what invalidates their position
2) The refutation of what is given as a proof
3) The imputation relative to the person

The first of these, the presentation of what invalidates their position, has three parts:
1) The invalidation of their position through reasoning
2) The invalidation through scriptures
3) The invalidation through yogic perception

The first of these, the invalidation of their position through reasoning [has three parts[12]]:
1) The consequence that there would be numerous selves and that the conception of self could not be abandoned
2) The consequence that they hold a view of annihilation
3) The summary concluding this section

དང་པོ་ནི།

གལ་ཏེ་ཕུང་པོ་བདག་ན་དེ་ཕྱིར་དེ།།
མང་བས་བདག་དེ་དག་ཀྱང་མང་བར་འགྱུར།།
བདག་ནི་རྫས་སུ་འགྱུར་ཞིང་དེར་ལྟ་བ།།
རྫས་ལ་འཇུག་པས་ཕྱིན་ཅི་ལོག་མི་འགྱུར།། ༡༢༧

དེ་ལྟར་ན་རྒྱུད་གཅིག་ལ་བདག་དང་གང་ཟག་སོགས་དེ་དག་ཀྱང་མང་པོར་འགྱུར་ཏེ། གལ་ཏེ་ཕུང་པོ་རྣམས་བདག་ཡིན་ན་དེའི་ཕྱིར། ཁྱབ་སྟེ། གཟུགས་ཚོར་སོགས་དེ་དག་ཆེས་མང་བས་སོ།། སེམས་བདག་ཡིན་པར་འདོད་པ་དེ་ཉིད་ཀྱི་ཕྱིར་མིག་སོགས་དྲུག་དང་དེ་དག་གི་སྐད་ཅིག་དུ་མས་བདག་ཀྱང་དེ་སྙེད་དུ་འགྱུར་རོ།། འདོད་དོ་ཞེ་ན།

ལུང་ལས།

འཇིག་རྟེན་སྐྱེ་བ་ན་གང་ཟག་ཉག་གཅིག་སྐྱེའོ།།

ཞེས་པ་དང་འགལ་ལོ།། བདག་ནི་རྫས་སུ་འགྱུར་ཞིང་ཞེས་བདག་རྫས་སུ་ཐལ། གཟུགས་སོགས་དུས་གསུམ་གྱི་རྫས་སྤྱངས་པ་ལ་ཕུང་པོར་བརྗོད་ཅིང་དེ་ཉིད་བདག་ཏུ་ཁས་ལེན་པའི་ཕྱིར། འདོད་དོ་ཞེ་ན།

ལུང་ལས།

དགེ་སློང་དག་ཕུང་པོ་འདི་དག་ནི་མིང་ཙམ་ཐ་སྙད་ཙམ་བཏགས་པ་ཙམ་སྟེ། འདི་ལྟ་སྟེ། འདས་པའི་དུས་དང་མ་འོངས་པའི་དུས་དང་ནམ་མཁའ་དང་མྱ་ངན་ལས་འདས་པ་དང་གང་ཟག་གོ།།

ཞེས་དང་།

The first of these

On the other hand, if the skandhas were the self,
The many of these would also mean many selves;
The self would be a substance, and viewing it thus
Would not be mistaken, since a substance would be experienced. (127)

If that were the case, one and the same mindstream would be many selves, persons, or whatever other terms one might apply, because the skandhas would be the self and there are many skandhas, namely, form, feeling, etc.

The same would apply to the assertion that primary mind is the self. If it were, the self would be identical with the six forms of consciousness, visual and so on, as well as the numerous instants associated with these, and there would thus be many selves.

If they say, "We concede that point," they fall into contradiction with the scripture which says, "When birth takes place in the world, just one person is born."

[The root text continues, "If the skandhas were the self,] the self would be a substance." [We take up this point and further pursue it thus:] It follows that the self would be a substance, because [the opponent here] claims the skandhas of form and so on to be aggregations of substances having temporal existence[13] and assert these skandhas to be the self.

If they say, "We concede that point," they fall into contradiction with the scriptures [they themselves accept], which say,

> Bhikshus, these five,[14] namely, the past, the future, space, nirvana and the person,
> Are merely names, merely conventional expressions, merely imputations.

and,

ཇི་ལྟར་ཡན་ལག་ཚོགས་རྣམས་ལ།།
བརྟེན་ནས་ཤིང་རྟར་བརྗོད་པ་ལྟར།།
དེ་བཞིན་ཕུང་པོ་རྣམས་བརྟེན་ནས།།
ཀུན་རྫོབ་སེམས་ཅན་ཅེས་བྱའོ།།

ཞེས་པ་དང་འགལ་ལོ།།

ཡང་བདག་ལྟ་འཛིན་སྤངས་ཕྱིན་ཅི་ལོག་ཏུ་མི་འགྱུར་བར་ཐལ། བདག་དེར་བལྟ་བའི་ཡུལ་རྫས་ཡོད་ལ་འཇུག་པའི་ཡུལ་ཅན་ཡིན་པའི་ཕྱིར། སྦྱོ་སེར་ལ་སོགས་པའི་ཤེས་པ་ལྟར་རོ།།

གཉིས་པ་ལ་དངོས་དང་། ཉེས་སྤོང་གི་ལན་དགག་པ་གཉིས།

དང་པོ་ནི།

མྱ་ངན་འདས་ཚེ་ངེས་པར་བདག་ཆད་འགྱུར།།
མྱ་ངན་འདས་སྔོན་སྐད་ཅིག་དག་ལ་ནི།།
སྐྱེ་འཇིག་བྱེད་པོ་མེད་པས་དེ་འབྲས་མེད།།
གཞན་གྱིས་བསགས་ལ་གཞན་གྱིས་ཟ་བར་འགྱུར།། ༡༢༨

ཕུང་པོ་ལྷག་མེད་དུ་མྱ་ངན་ལས་འདས་ཚེ་ངེས་པར་བདག་ཆད་པར་འགྱུར་ཏེ། བདག་ཕུང་པོའི་རང་བཞིན་ཡིན་ན་དེའི་ཚེ་ཕུང་པོ་ལྔ་ནི་རྒྱུན་ཆད་པའི་ཕྱིར། འདོད་ན། མཐར་ལྟ་འཛིན་པར་འགྱུར་ཏེ། འཇིག་ལྟས་བདག་ཏུ་བཟུང་བ་དེ་ཉིད་ལ་རྟག་ཆད་ཀྱི་མཐར་འཛིན་པའི་ཕྱིར། དེ་ལྟར་ལྟ་བས་བདག་ལྷག་མ་མེད་པར་ཡོངས་སུ་མྱ་ངན་ལས་འདས་པར་སྨྲ་བ་དང་ཡང་འགལ་བ་ཉིད་དོ།།

Just as one can speak of there being a carriage
[Only] with reference to a collection of parts,
Just so, one can speak of apparent sentient beings
[Only] with reference to the aggregates.

If the self existed as a substance, a further consequence would be that the form of perception entailing this view of self would not be mistaken, because the mind involved in viewing the skandhas as the self would be experiencing a substantially existent object in the same way an eye consciousness would experience a blue form, a yellow one, and so on.[15]

[507] The second, the consequence that they hold a view of annihilation, includes two points:
1) The actual consequence
2) The refutation of the response that attempts to disprove this as a fallacy

The first of these

In nirvana the self would definitely be gone;
In the moments before, it would be produced and destroyed.
There would be no performer of actions and thus no result,
And one *could gather the karma,* another *taste it. (128)*

When the nirvana without remainder of skandhas was achieved, the self would most certainly be annihilated if it were of the nature of the skandhas, because the continuum of the five skandhas would come to an end.

If they[16] concede this point, it follows that they hold a view involving an extreme, because clinging to self by entertaining views of the transitory collection is to subscribe to an extreme involving permanence or annihilation. Furthermore, a self viewed as they view it [namely, as being inexpressible] would be contradictory to their formulating it as "the self of which there is no remainder when complete nirvana is attained."

མྱ་ངན་ལས་འདས་པར་ཞུགས་པའི་སྔོན་རོལ་གྱི་སྐད་ཅིག་དག་ལ་ནི་ཕུང་པོ་རྣམས་སྐད་ཅིག་རེ་རེ་ལ་སྐྱེ་འཇིག་བྱེད་པ་བཞིན་བདག་ཀྱང་སྐྱེ་འཇིག་ཅན་དུ་འགྱུར་ཏེ། བདག་ཕུང་པོའི་རང་བཞིན་ཡིན་པའི་ཕྱིར།

ཡང་སྟོན་པས།

དེའི་ཚེ་དེའི་དུས་ན་ང་རྒྱལ་པོ་ང་ལས་ནུ་ཞེས་བྱ་བར་གྱུར།

ཅེས་གསུང་བར་མི་འགྱུར་ཏེ། དེའི་ཚེ་བདག་ཀྱང་ལུས་ལྟར་ཞིག་ནས་ལུས་གཞན་སྐྱེ་བར་ཁས་བླངས་པའི་ཕྱིར།

བསྟན་བཅོས་ལས་ཀྱང་།

ཉེ་བར་ལེན་པ་བདག་མ་ཡིན།།
དེ་དག་འབྱུང་དང་འཇིག་པ་ཡིན།།
ཉེ་བར་བླང་བ་ཇི་ལྟ་བུར།།
ཉེ་བར་ལེན་པོ་ཡིན་པར་འགྱུར།།

ཞེས་སོ།།

མ་འོངས་པའི་སྐྱེ་བའི་དུས་ན་སྔོན་གྱི་ལས་བྱེད་པོའི་བདག་ཞིག་ནས་ཕྱིས་རྟེན་བདག་མེད་པས་བརྟེན་པ་ལས་དང་། དེའི་འབྲས་བུ་ཡང་མེད་པར་འགྱུར་ཏེ། ཕུང་པོ་ལྟར་བདག་ཀྱང་སྐྱེས་ནས་འཇིག་ཅིང་འགག་པའི་ཕྱིར། ཡང་གཞན་གྱིས་བསགས་པའི་ལས་འབྲས་ལ་གཞན་གྱིས་ཟ་བར་འགྱུར་ཏེ། སྐད་ཅིག་སྔ་མར་ལས་བྱས་པའི་འབྲས་བུ་སྐད་ཅིག་ཕྱི་མར་ལོངས་སྤྱོད་ན། བདག་སྔ་ཕྱི་ཐ་དད་པས་གཞན་གྱིས་བསགས་པ་གཞན་གྱིས་ལོངས་སྤྱོད་པའི་ཕྱིར། འདོད་ན། བྱས་པ་ཆུད་ཟོས་པ་དང་མ་བྱས་པའི་འབྲས་བུ་དང་ཕྲད་པར་འགྱུར་རོ།། ངག་དོན་རྒྱུ་འབྲས་གཞན་དུ་འདོད་པ་ལ་སྐྱོན་འདིར་འགྱུར་གྱི་དབུ་མ་པ་ལ་ནི་མི་འགྱུར་ཏེ། ལས་འབྲས་དང་གང་ཟག་སྔ་ཕྱི་སོགས་དེ་ཉིད་དང་གཞན་གང་དུའང་མི་སྨྲ་བའི་ཕྱིར།

During [the continuum of the mind stream all the way down to and including] the moments prior to entering nirvana, the self would be produced and destroyed just as the skandhas themselves are produced and destroyed, namely, instant by instant, because the self would be of the same nature as the skandhas. [If this were the case,] the Teacher would not have said, "There was a period during which I was called 'King Mandhatri'," because that would involve asserting that the self of the king would have been destroyed, just as the body was, and that another body [and self] were produced.

Furthermore, as stated in the *Treatise on the Middle Way*:

> The incorporated [skandhas] are not the self—
> They arise and disintegrate.
> And how could the factors incorporated
> Be the incorporator?

During a future birth, which comes after the self who was the previous karmic agent would have disintegrated, the self who was the support [for that future life] would no longer exist and, because of that, the actions supported upon it as well as their consequences would not exist either, because the self would be just like the skandhas in that it too would be produced and then disintegrate and cease.

Furthermore, the results of the karmic actions accumulated by one would be experienced by another, because the results produced by actions during an earlier instant are experienced during a later, and the self of the earlier and later instants would be different; hence, what was gathered by one would be tasted by another. If the opponent concedes this point, it would further mean that results of actions committed could get lost and results of actions not committed could be encountered.

To say this is to indicate that the Madhyamikas do not fall into the absurdity in this proposition where it would be a different [producer of the] cause and [experiencer of the] result, because we make no claims whatsoever with regard to the sameness or difference of the actions and their results, an earlier and later person, and so on.

གཉིས་པ་ནི།

དེ་ཉིད་དུ་རྒྱུད་ཡོད་ན་སྐྱོན་མེད་ན།།

སྔར་རྣམ་དཔྱད་ཚེ་རྒྱུད་ལ་ཉེས་བཤད་ཟིན།། ༡༢༨ ཀཁ

སྐྱོན་དེ་མི་འཇུག་སྟེ། སྐད་ཅིག་སྔ་ཕྱིའི་བདག་གཞན་ཡིན་ཀྱང་རྒྱུད་གཅིག་པའི་ཕྱིར་སྙམ་ན། དེ་ཁོ་ན་ཉིད་དུ་རྒྱུད་ཡོད་པར་གྱུར་ན། དེའི་སྐྱོན་མེད་ན་ཡང་སྔར། བྱམས་པ་ཉེར་སྦས་ལ་བརྟེན་ཆོས་རྣམས་ནི། ཞེས་སོགས་སུ་རྒྱུད་ལ་རྣམ་པར་དཔྱད་ཚེ་སྐད་ཅིག་སྔ་ཕྱི་རྣམས་རྒྱུད་གཅིག་ཡིན་པ་ལ་ཉེས་པ་བཤད་ཟིན་ཏོ།།

གསུམ་པ་ནི།

དེ་ཕྱིར་ཕུང་པོ་དང་སེམས་བདག་མི་རིགས།། ༡༢༨ ག

རིགས་པས་གནོད་པ་དེའི་ཕྱིར་ཕུང་པོ་རྣམས་དང་སེམས་བདག་ཡིན་པར་མི་རིགས་སོ།།

གཉིས་པ་ནི།

འཇིག་རྟེན་མཐའ་ལྡན་ལ་སོགས་མེད་ཕྱིར་རོ།། ༡༢༨ ང

སངས་རྒྱས་པའི་སྡེ་པ་དག་བརྟེན་པའི་ལུང་མ་བསྟན་གྱི་ལྟ་བ་བཅུ་བཞི་ནི། འཇིག་རྟེན་མཐའ་དང་ལྡན་མི་ལྡན་སོགས་བཞི་དང་། འཇིག་རྟེན་རྟག་མི་རྟག་སོགས་བཞི་དང་། དེ་བཞིན་གཤེགས་པ་གྲོངས་ཕན་ཆད་ཡོད་མེད་སོགས་བཞི་དང་། ལུས་སྲོག་གཅིག་ཐ་དད་པ་ལ་བརྟེན་པ་གཉིས་དང་བཅུ་བཞི་པོ་འདི་ནི་མཐའ་གཅིག་ཏུ་སྨྲ་མི་ནུས་པས་བཅོམ་ལྡན་འདས་ཀྱིས་ལུང་མ་བསྟན་པར་རྣམ་པར་བཞག་གོ།།

[509] The second, the refutation of the response that attempts to disprove this as a fallacy

If you say, "It is in fact a continuum and thus we are not in error,"
Earlier analysis has shown the continuum to be faulty. (129ab)

If you say, "This objection does not apply, because any earlier instant of self is followed by another instant of that self later, thus comprising a single continuum," [the answer would be:] if this continuum actually existed in reality, the objection would indeed not apply; however, earlier analysis of this continuum [in the line from verse 61a, which starts,] "All dependent phenomena, like Maitreya and Upagupta..." has already shown the assertion to be faulty that earlier and later instants could form a continuum that is single.

The third, the summary concluding this section

And thus for the self to be either the skandhas or mind is not borne out by logic. (129c)

That the skandhas or mind could be the self is not borne out by logic, because that proposition has been invalidated through logic.

The second, the invalidation of their position through scriptures

Furthermore, there is neither an end of the world nor the other alternatives. (129d)

There are fourteen views the Buddhist scriptures do not teach, namely, that the world will have an end, not have an end, a combination of both, or neither; that the world has permanent duration, does not have permanent duration, a combination of both, or neither; that a tathagata passes away and the benefit he performs is cut off or not, or both or neither; and whether the body and life force are the same or different. The scriptures of the Transcendent Conqueror do not teach any of these fourteen, since it is not possible to claim any of them conclusively.

དེ་ལ་གལ་ཏེ་འཇིག་རྟེན་ནམ་བདག་གི་སྒྲ་ཕུང་པོ་ལ་འཇོག་ཅིང་། དེ་དག་བདག་དང་སེམས་ཅན་དང་འཇིག་རྟེན་ཡིན་ན། ཕུང་པོ་རྣམས་སྐྱེ་བ་དང་འཇིག་པ་ཉིད་ཀྱིས་འཇིག་རྟེན་མི་རྟག་པར་ལུང་སྟོན་པར་ཡང་འགྱུར་ལ། མྱང་འདས་ཀྱི་འོག་ཏུ་ཕུང་པོ་རྣམས་རྒྱུན་ཆད་པས་འཇིག་རྟེན་མཐའ་ལྡན་དུ་འང་ལུང་བསྟན་པ་དང་། དེ་བཞིན་གཤེགས་པ་གྲོངས་ཕན་མི་འབྱུང་བར་ལུང་བསྟན་རིགས་པར་འགྱུར་བ་ལས་དེ་ལྟར་མིན་པར་འཇིག་རྟེན་མཐའ་ལྡན་ལ་སོགས་པ་མེད་པ་སྟེ་མ་ཡིན་པར་ཡང་ཁྱེད་འདོད་པའི་ཕྱིར་ཕུང་པོ་རྣམས་དང་སེམས་བདག་ཏུ་སྨྲ་བར་མི་རིགས་སོ།།

གསུམ་པ་ལ་བདག་མེད་མཐོང་བ་ལ་ཕུང་པོ་མི་སྣང་བར་འགྱུར་བ་དང་། བདག་མེད་མཐོང་ཡང་ཉོན་མོངས་མི་སྤོང་བར་ཐལ་བ་གཉིས། དང་པོ་ལ་དངོས་དང་། ཀླན་ཀ་སྤང་བ་གཉིས།

དང་པོ་ནི།

ཁྱོད་ཀྱི་རྣལ་འབྱོར་བདག་མེད་མཐོང་བ་ལ།།
དེ་ཚེ་ངེས་པར་དངོས་རྣམས་མེད་པར་འགྱུར།། ༡༣༠ ཀ།ཁ

ཁྱོད་ཀྱི་ལྟར་ན་རྣལ་འབྱོར་པས་བདེན་པ་མཐོང་བའི་དུས་སུ་ཆོས་ཐམས་ཅད་བདག་མེད་པའོ་ཞེས་སྡུག་བསྔལ་གྱི་བདེན་པ་བདག་མེད་པའི་རྣམ་པར་མཐོང་བ་ལ་དེ་ཚེ་ངེས་པར་གཟུགས་སོགས་ཀྱི་དངོས་པོ་རྣམས་མེད་པ་སྟེ་ཆད་པར་འགྱུར་ཏེ། ཕུང་ལྔ་བདག་ཡིན་པ་དང་བདག་མེད་པར་ཡང་རྟོགས་པའི་ཕྱིར་རོ།།

If the terms "world" and "self" were equivalent to the skandhas, such that these skandhas were the self or a sentient being or the world, it would be logical to teach that this world is impermanent, since the skandhas arise and cease; and it would be reasonable to predict that the world would come to a definitive end, since the continuum of the skandhas would be broken as a consequence of attaining nirvana; and it would make sense to speak of the death of the tathagata as being the end of his beneficial activity. Since, however, this is not so, there is no final end of this world and so on. Even though there is not, there are opponents who assert such views, but this does not make it logical to say that the skandhas and mind are a self.

[510] The third, the invalidation of their position through yogic perception, has two parts:

1) The consequence that the skandhas would not appear when the absence of a self is seen
2) The consequence that the mental afflictions would not be abandoned, even though the absence of self had been seen

The first of these, the consequence that the skandhas would not appear when the absence of a self is seen, has two parts:

1) The actual presentation
2) [The refutation of the objection that attempts] to disprove this as a fallacy

The first of these

> *When your yogis saw that self does not exist,*
> *Then everything would necessarily cease. (130ab)*

According to your view, when yogis see the truth, all phenomena are seen to be devoid of a self. But this would mean that, when this lack of self associated with the truth of suffering was seen, everything represented by the skandhas of form and so on [i.e., all phenomena] would necessarily cease to exist, which would be a nihilistic position, because the five skandhas [as you say] would be the self and yogis realize there is no self.

གཉིས་པ་ནི།

རྟག་བདག་སྤོང་ན་དེ་ཚེ་དེ་ཡི་ཕྱིར།།
ཁྱོད་ཀྱི་སེམས་སམ་ཕུང་པོ་བདག་མི་འགྱུར།། ༡༣༠ གང

ཅི་སྟེ་ལས་འབྲས་ཀྱི་འབྲེལ་པ་སྟོན་པའི་དུས་སུ་བདག་གི་སྒྲ་ཕུང་པོ་རྣམས་ཁོ་ན་ལ་འཇུག་ལ། བདག་མེད་མཐོང་ཚེ་གཞན་གྱིས་བཏགས་པའི་ནང་གི་བྱེད་པོའི་སྐྱེས་བུ་ཉིད་ལ་འཇུག་པས། བདག་མེད་མཐོང་བ་ན་ནང་གི་བྱེད་པོའི་སྐྱེས་བུ་དང་བྲལ་བའི་འདུ་བྱེད་པ་ཅན་གྱི་ཕུང་པོ་ལྔ་པོ་ཙམ་མཐོང་བས་གཟུགས་སོགས་དངོས་མེད་དུ་ག་ལ་འགྱུར་ཞེ་ན། བདག་གི་སྒྲས་བདག་རྟག་པ་ཉིད་བཟུང་ནས་བདག་མེད་མཐོང་བས་བདག་སྤོང་བར་འདོད་ན་དེའི་ཁས་ལེན་དེ་ཉིད་ཀྱི་ཕྱིར་ཁྱོད་ཀྱི་སེམས་སམ་ཕུང་པོ་རྣམས་བདག་ཡིན་པར་མི་འགྱུར་རོ།། གཞན་ཡང་བདག་མེད་རྟོགས་པའི་ཡེ་ཤེས་ཀྱིས་མེད་པར་གཟིགས་པའི་བདག་དེ་རྟག་པའི་བདག་ཡིན་ན་ཕུང་པོ་དང་སེམས་བདག་ཏུ་མི་རིགས་ཏེ། ཡེ་ཤེས་ཀྱི་ཡུལ་ཡིན་ཅིང་མ་བཀག་པའི་ཕྱིར། བདག་མེད་རྟོགས་ཚེ་ཕུང་པོ་བདག་མིན་ན་དེ་མ་རྟོགས་པའི་དུས་ནའང་ཕུང་པོ་བདག་ཡིན་པ་ག་ལ་རུང་།

The second, [the refutation of the objection that attempts] to disprove this as a fallacy

If you say that what stops is belief in a permanent self,
Your "self" could neither be mind nor could it be skandhas. (*130cd*)

Opponent's objection: When the connection between karmic actions and their results was taught,[17] the term "self" was applied exclusively to the skandhas. But, when the lack of existence of this [personal] self is seen, the term ["self"] would apply to the individual imputed by others[18] to be "the internal agent." Thus, when the lack of existence of [personal] self is seen, what is seen is just the lack of this "internal agent" supposedly connected to the five skandhas bearing the formative influence [of actions previously committed]. So how could you say this would result in things, i.e., the skandha of form and the others, ceasing to exist?

Rebuttal: [In your above statement,] you take the term "self" to refer to a permanent self [as asserted by non-Buddhists]. You then assert that seeing the lack of existence of this self eliminates the self. But it is precisely due to these claims that your mental and other skandhas could not be the self [as you assert it]. If this self, which is seen to not exist by the wisdom realizing no self, were a permanent self, the mental and other skandhas could not logically be the self, because they would be objects experienced by wisdom and could hence not be eliminated. If the skandhas are not the self when the lack of existence of self is realized, how could they be the self when this realization is lacking?

གཉིས་པ་ནི།

ཁྱོད་ཀྱི་རྣལ་འབྱོར་བདག་མེད་མཐོང་བ་ཡིས།།
གཟུགས་སོགས་དེ་ཉིད་རྟོགས་པར་མི་འགྱུར་ཞིང་།།
གཟུགས་ལ་དམིགས་ནས་འཇུག་ཕྱིར་འདོད་ཆགས་སོགས།།
སྐྱེ་འགྱུར་དེ་ཡི་ངོ་བོ་རྟོགས་མེད་ཕྱིར།། ༡༣༡

ཁྱོད་ཀྱི་ལུགས་ཀྱི་རྣལ་འབྱོར་པ་བདག་མེད་མཐོང་བ་ཡིས་གཟུགས་སོགས་ཕུང་པོའི་དེ་ཉིད་རྟོགས་པར་མི་འགྱུར་ཏེ། ཕུང་པོ་ལས་གཞན་པའི་བདག་མེད་པར་རྟོགས་པའི་ཕྱིར། རྣལ་འབྱོར་པ་དེ་ལ་འདོད་ཆགས་སོགས་ཉོན་མོངས་པ་རྣམས་ཀྱང་སྐྱེ་བར་འགྱུར་ཏེ། ཕུང་པོ་དེ་ཡི་རང་གི་ངོ་བོ་གང་ཟག་གི་བདག་མེད་པར་རྟོགས་པ་མེད་པའི་ཕྱིར། ཆགས་སོགས་དང་བདག་ལྟ་སོགས་ནི་གཟུགས་སོགས་ཡུལ་ལ་དམིགས་ནས་འཇུག་པའི་ཕྱིར། དཔེར་ན་ཟེའུ་འབྲུ་ལ་ཁུ་བྱུག་དང་སྦྲང་རྩི་ཡོད་ཙམ་གྱིས་མངར་པོ་མི་རྟོགས་ཀྱང་ཁུ་བྱུག་གིས་སྦྲང་རྩི་མྱོང་ན་མངར་བ་རྟོགས་ཤིང་དེ་ལ་སྲེད་པའང་མི་ལྡོག་པ་བཞིན། བཏགས་པའི་བདག་མེད་པར་མཐོང་ཙམ་གྱིས་བདག་མེད་མི་རྟོགས་ཤིང་ཕུང་སོགས་ལ་བདག་ཏུ་ཕྱིན་ཅི་ལོག་ཏུ་བལྟ་ཞིང་ཆགས་སོགས་ཀྱང་ལྡོག་པར་མི་འགྱུར་རོ།།

[511] The second, the consequence that the mental afflictions would not be abandoned, even though the absence of self had been seen

Your yogis would not, by seeing there is no self,
Realize the nature of form and so on,
Because they would fail to fathom the essence of these;
Their focus on forms would activate their thoughts,
Producing desire and so on as a result. (131)

When yogis of your [Vatsiputriya[19]] tradition saw that there is no self, they would not realize the very nature of form or any of the other skandhas, because they would realize the lack of a self which was something other than the skandhas, [as you yourselves have just claimed].

Desire and other kleshas would also be experienced by these yogis, because they would not realize the lack of personal self that is the essential nature of these skandhas. And this is because, on looking at forms and other objects, desire and other kleshas, as well as views of self in various forms, would become active.

This is comparable to the case of the anthers of a flower, a hummingbird, and the nectar of the flower. Their mere presence does not provide the experience of sweetness; whereas, if the hummingbird tastes the nectar, sweetness is experienced, but this does not reverse the craving for it. Similarly, merely seeing an imputed lack of self is not the realization of "no self." The skandhas and so on are still mistakenly seen as a self, so desire and so on are not corrected.

གཉིས་པ་ལ་ཕྱོགས་སྔ་མ་བརྗོད་པ་དང་། དེ་དག་དགག་པ་གཉིས།

དང་པོ་ནི།

གང་ཕྱིར་སྟོན་པས་ཕུང་པོ་བདག་གོ་ཞེས།།

གསུངས་པ་དེ་ཕྱིར་ཕུང་པོ་བདག་འདོད་ན།། ༡༣༢ ཀ།ཁ

ཁོ་བོ་ཅག་ལུང་ཚད་མར་བྱེད་པས་རྟོག་གེའི་ཚད་མས་གནོད་པ་མིན་པ་གང་གི་ཕྱིར་སྟོན་པས་དགེ་སློང་དམ་བྲམ་ཟེ་གང་སུ་དག་ཅིག་བདག་གོ་སྙམ་དུ་ཡང་དག་པར་རྗེས་སུ་ལྟ་བ་དེ་དག་ནི་ཉེ་བར་ལེན་པའི་ཕུང་པོ་ལྔ་པོ་འདི་དག་ཁོ་ན་ལ་ཡང་དག་པར་རྗེས་སུ་བལྟའོ།། ཞེས་ཕུང་པོ་རྣམས་ཁོ་ན་བདག་གོ་ཞེས་གསུངས་པ་དེའི་ཕྱིར་ཕུང་པོ་བདག་ཏུ་འདོད་ཅེ་ན།

གཉིས་པ་ལ། ལུང་གི་དགོངས་པ་ཕུང་པོ་བདག་མ་ཡིན། ཕུང་པོ་བདག་ཡིན་ཀྱང་ཚོགས་པ་བདག་ཏུ་མི་རུང་། ལེན་པ་པོ་ཉེར་ལེན་དུ་མི་རིགས་པ་དང་གསུམ། དང་པོ་ལ་བསྟན་བཤད་གཉིས།

The second, the refutation of what is given as a proof, has two parts:
1) The statement of the opponent
2) The refutation of that position

The first of these

The Teacher said, "The skandhas are the self,"
So we assert the skandhas to be the self. (132ab)

Since our [Vatsiputriya] scriptures are valid [cases of cognition], they cannot be invalidated by the reasoning of a logician. And thus it is that, because our Teacher said, "Any bhikshus or Brahmins who think there is a self and who would look more closely and correctly at this should look more closely and correctly at the five skandhas that have been incorporated"; and, because he further stated, "The self is nothing but the skandhas," he has asserted the skandhas to be the self. If that is what you think, consider this.

[512] The second, the refutation of that position, includes three parts:
1) That the intention of the scriptures is to state that the skandhas are not a self
2) That it would be untenable for the collection to [actually] be a self, even though the skandhas are [called] a self
3) The illogicality of claiming the incorporator to be the incorporated

The first of these, that the intention of the scriptures is to state that the skandhas are not a self, has two parts:
1) The brief presentation
2) The expanded explanation of that

དང་པོ་ནི།

དེ་ནི་ཕུང་ལས་གཞན་བདག་འགོག་པ་སྟེ།།
གཟུགས་བདག་མིན་སོགས་མདོ་གཞན་གསུངས་ཕྱིར་རོ།། ༡༢༢ གང

མདོ་འདིས་ནི་ཕུང་པོ་བདག་ཡིན་པར་མ་བསྟན་ཏེ། དེ་ལྟར་བསྟན་པ་དེ་ནི་ཕུང་པོ་ལས་ཐ་དད་པའི་གཞན་ཕྱི་ནང་གི་སྟེ་པས་བཏགས་པའི་བདག་དགག་པ་སྟེ། ཕུང་པོ་ཁོ་ན་ལ་བདག་ཏུ་ལྟོས་ཞེས་པས་ཕུང་པོ་ལས་གཞན་དུ་དེ་དག་གིས་བདག་མ་མཐོང་ངོ་ཞེས་བསྟན་པའི་ཕྱིར། ཀུན་རྫོབ་བདེན་པ་ལ་བལྟོས་ནས་བཏགས་པའི་བདག་དགག་ཅིང་། མ་དཔྱད་ཀུན་རྫོབ་བདེན་པ་ཕྱིན་ཅི་མ་ལོག་པར་ཡང་བདག་ལྟའི་དམིགས་པ་ནི་ཕུང་པོ་ཡིན་ཅིང་། དེས་ན་བཅོམ་ལྡན་འདས་ཀྱིས་ཀྱང་བདག་ལྟ་ལ་འཇིག་ཚོགས་ལ་ལྟ་བ་ཞེས་གསུངས་སོ།། འདི་ཕུང་པོ་ལས་གཞན་པའི་བདག་འགོག་པར་འདིས་ཤེས་ཏེ། མདོ་གཞན་ལས་གཟུགས་བདག་མ་ཡིན་ཅེས་སོགས་གསུངས་པའི་ཕྱིར།

གཉིས་པ་ནི།

གང་ཕྱིར་གཟུགས་ཚོར་བདག་མིན་འདུ་ཤེས་ཀྱང་།།
མ་ཡིན་འདུ་བྱེད་རྣམས་མིན་རྣམ་ཤེས་ཀྱང་།།
མིན་པར་མདོ་གཞན་ལས་གསུངས་དེ་ཡི་ཕྱིར།།
མདོར་བསྟན་ཕུང་པོ་བདག་ཅེས་བཞེད་མ་ཡིན།། ༡༢༣

སྔར་གྱི་མདོ་ལས་བསྟན་པའི་དོན་ཕུང་པོ་ལས་གཞན་པའི་བདག་དགག་པའི་ཆེད་ཡིན་གྱི། ཕུང་པོ་བདག་ཡིན་ཅེས་བཞེད་པ་མ་ཡིན་ཏེ། གང་གི་ཕྱིར་ཉན་ཐོས་ཀྱིས་ཁས་ལེན་པའི་མདོ་གཞན་ལས་གཟུགས་ཚོར་བདག་མ་ཡིན་ཅིང་། འདུ་ཤེས་ཀྱང་བདག་མ་ཡིན་ལ། འདུ་བྱེད་རྣམས་ཀྱང་བདག་མ་ཡིན། རྣམ་ཤེས་ཀྱང་བདག་མིན་པར་གསུངས་པ་དེའི་ཕྱིར་རོ།།

The first of these

But that is something he taught to refute that self is something other than skandhas,
Because he taught in other sutras, "Form is not the self," and so on. (132cd)

The sutras do not teach that the skandhas are a self. They only teach statements resembling this to refute the self imagined by Tirthikas and some Buddhist groups to be something other existing in isolation from the skandhas, because, when the Buddha said, "The self is nothing other than the skandhas," he was teaching that there is no self ever seen [existing] apart from the skandhas.

To refute the self imagined to exist in the context of the relative truth and to eliminate the errors involved in an unexamined relative truth, he taught that the reference point for the view of self is the skandhas. And that is why the Transcendent Conqueror also taught that the view of self consists in the views of the transitory collection.[20] But these sutras should be understood to be refuting [merely the notion of] a self existing apart from the skandhas, because other sutras teach, "Form is not the self," and so on.

The second, the expanded explanation of that

Other sutras teach that form and feeling
Are not a self, nor is discrimination,
Nor karmic formations, nor is the consciousness.
In a word, the Buddha's teachings do not assert
The position that the skandhas are a self. (133)

There are teachings in early sutras whose point it is to refute the possibility of there being a self distinct from the skandhas, but there is no statement saying, "The skandhas are a self." [This position is abundantly clear,] because, in other sutras accepted by the Shravakas, the Buddha taught [very explicitly] that form and feeling are not a self; that discrimination is not a self; that karmic formations are not a self; and that consciousness is not a self either.

འདིའི་དོན་མདོ་སྔ་མས་ནི་མ་དཔྱད་ཀུན་རྫོབ་ཏུ་ཕུང་པོ་ལ་བརྟེན་ནས་གདགས་པའི་
བདག་འཇིག་ལྟའི་འཛིན་སྟངས་ཀྱི་ཡུལ་དུ་བསྟན་ནས་ཕུང་པོ་ལས་ཐ་དད་པའི་བདག་
བཀག་པ་ཡིན་ལ། མདོ་ཕྱི་མས་ནི་དཔྱད་དེ་དེ་ཁོ་ནར་སེམས་པ་ན་གཟུགས་སོགས་ཀྱང་
བདག་ཡིན་པ་བཀག་ནས་བརྟེན་ནས་གདགས་པའི་བདག་དེ་འཇིག་ལྟའི་ཡུལ་ཕུང་པོས་
ཉེར་ལེན་གྱི་རྒྱུ་བྱས་པ་ལས་སྐྱེས་པའང་མིན་པས་ཕུང་པོ་བདག་གི་ཉེ་བར་ལེན་པའི་རྒྱུར་
མེད་ན་དེའི་འབྲས་བུའི་བདག་ཉེ་བར་བླང་བྱར་ཡང་མེད་པས་བདག་ནི་གཟུགས་སོགས་
ལ་ཆགས་པ་དང་བྲལ་བར་ཡང་འགྱུར་རོ་ཞེས་དགོངས་པའོ།།

གཉིས་པ་ལ་ཚོགས་པ་བདག་ཡིན་པ་དགག ཞར་ལ་དབྱིབས་བདག་ཡིན་པ་དགག་པ་
གཉིས། དང་པོ་ལ། ཚོགས་པ་རྫས་སུ་མ་གྲུབ། དེའི་ཕྱིར་མགོན་སོགས་སུ་མི་རུང་།
དེའི་ཉེས་སྤྱོང་གི་ལན་དགག་པ་གསུམ།

[513.2] So, when the early sutras teach that the skandhas are the reference point with respect to which the views of the transitory collection impute a self, the context is that of the unexamined relative world and the whole point of that is to refute a self separate from the skandhas.

The level of understanding presented in the later sutras is from the examined perspective and represents a way of thinking about this that applies to the ultimate nature, resulting in a refutation of the notion of form and the other skandhas as being a self. Based on the analysis applied here, the skandhas, which are the reference point for the self imputed in the views of the transitory collection, would be known to not even really arise from kindred causes and could therefore not themselves be the kindred cause[21] of a self, in which case there would be no self as their kindred result either. And thus, the intention of these sutras is to eliminate there being a self manifesting as[22] [in other words, being identical to] the skandhas of form and so on.

[514.18] The second—that it would be untenable for the collection to [actually] be a self, even though the skandhas are [called] a self—has two parts:

1) The refutation of the idea that the collection is a self
2) The supplementary refutation of the idea that the shape of the collection is a self

The first, the refutation of the idea that the collection is a self, has three sections:

1) That the collection does not exist as a substance
2) That the collection is, therefore, not tenable as a protector and so forth
3) The refutation of the response that attempts to disprove this as a fallacy

དང་པོ་ནི།

ཕུང་པོ་བདག་ཅེས་བརྗོད་ཚེ་ཕུང་རྣམས་ཀྱི།།
ཚོགས་པ་ཡིན་གྱི་ཕུང་པོའི་ངོ་བོ་མིན།། ༡༣༩ ཀ།ཁ

དཔེར་ན་ཤིང་རྣམས་ནི་ནགས་ཚལ་ལོ་ཞེས་བརྗོད་པ་ན་ཤིང་གི་ཚོགས་པ་ནགས་ཚལ་ཡིན་གྱི། ཤིང་གི་ངོ་བོ་ནི་མ་ཡིན་ཏེ། ཡིན་ན་ཤིང་རེ་རེ་ལ་ཡང་ནགས་སུ་འགྱུར་བའི་ཕྱིར། དཔེ་དེ་བཞིན་དུ་ཕུང་པོ་རྣམས་བདག་ཡིན་ནོ་ཞེས་བརྗོད་པའི་ཚེ་ཕུང་པོ་རྣམས་ཀྱི་ཚོགས་པ་བདག་ཏུ་བརྗོད་པ་ཡིན་གྱི། ཕུང་པོའི་ངོ་བོ་བདག་ཡིན་པར་བརྗོད་པ་མ་ཡིན་ཏེ། ཡིན་ན་ཕུང་པོ་རེ་རེ་བ་ཡང་བདག་ཏུ་འགྱུར་བའི་ཕྱིར།

གཉིས་པ་ནི།

མགོན་མིན་འདུལ་བའམ་དཔང་པོ་ཉིད་ཀྱང་མིན།།
དེ་མེད་ཕྱིར་དེ་ཚོགས་པ་མ་ཡིན་នོ།། ༡༣༩ ག།ང

བདག་ནི་མགོན་ཉིད་དང་དཔང་པོ་ཉིད་དུ་གསུངས་ལ། བདག་ཉིད་ལེགས་པར་དུལ་བས་ནི། མཁས་པ་མཐོ་རིས་ཐོབ་པར་འགྱུར། ཞེས་བདག་འདུལ་བར་གསུངས་ན་ཚོགས་པ་ཙམ་པོ་རྫས་སུ་མེད་པ་ནི་མགོན་མིན་ཅིང་། འདུལ་བའམ་དཔང་པོ་ཉིད་ཀྱང་མིན་ཏེ། ཚོགས་པ་དེ་མེད་པའི་ཕྱིར་དེས་ན་ཚོགས་པ་བདག་མ་ཡིན་ནོ།།

The first of these

When the skandhas are called the self, this means the collection;
It does not refer to the skandhas one by one. (134ab)

When one says, for example, that the trees are the forest, it is the collection of trees that is the forest, but it is not the separate trees, because if that were the case, each tree would be the forest. Similarly, when one says the skandhas are a self, it is the collection of the skandhas that is being called a self, not the separate skandhas one by one, since each skandha would then be the self.

[515] The second, that the collection is, therefore, not tenable as a protector and so forth

The self is not a protector, tamer, or witness—
Since the whole does not exist, it could not be. (134cd)

The self is taught to be a protector and witness in such words as, "When self is properly tamed, the wise achieve the higher realms." When speaking of taming a self, there is no substantial existence of the mere collection [of parts constituting the skandhas] and thus it could not be a protector, tamer, or witness either. Since the collection does not exist,[23] it could not constitute a self.

གསུམ་པ་ལ་དཔེ་དོན་གཉིས།

དང་པོ་ནི།

དེ་ཚེ་དེ་ཡི་ཡན་ལག་ཚོགས་གནས་རྣམས།།

ཤིང་རྟ་ཉིད་འགྱུར་ཤིང་རྟ་དང་བདག་མཚུངས།། ༡༣༥ ཀཁ

ཚོགས་པ་ཚོགས་པ་ཅན་ལས་ཐ་མི་དད་པས་མགོན་སོགས་ཚོགས་པ་ཅན་ལ་འགྲུབ་པོ་སྙམ་ན་མ་ཡིན་ཏེ། ཆོས་སོ་སོ་བ་རྣམས་ལ་གཅིག་དང་བདག་མི་འཐད་སྐྱོན་བཤད་ཟིན་ཏོ།། ཕུང་པོ་བདག་ཏུ་སྨྲ་བ་དག་གི་ཚོགས་པ་ཅན་སོ་སོ་བ་རྣམས་བདག་ཡིན་ན། ཡན་ལག་གི་ཚོགས་ལ་ཤིང་རྟ་ཞེས་བརྗོད་པ་དེའི་ཚེ། གཟེར་བུ་སོགས་ཤིང་རྟ་དེའི་ཡན་ལག་ཚོགས་པར་གནས་པ་སོ་སོ་བ་རྣམས་ཤིང་རྟ་ཉིད་དུ་འགྱུར་ན་དེ་ཡང་མི་རིགས་ཏེ། ཡན་ལག་ཤིང་རྟ་ཡིན་པ་འོག་ནས་འགོག་པའི་ཕྱིར། དེས་ན་ཤིང་རྟ་དང་བདག་མཚུངས་པས་ཕུང་པོའི་ཚོགས་པ་ཅན་གྱི་སོ་སོ་བ་བདག་ཏུ་ག་ལ་འགྱུར།

གཉིས་པ་ནི།

མདོ་ལས་ཕུང་པོ་བརྟེན་ནས་ཡིན་གསུངས་པ།།

དེ་ཕྱིར་ཕུང་པོ་འདུས་ཙམ་བདག་མ་ཡིན།། ༡༣༥ གང

ཕུང་པོ་འདུས་ཙམ་ནི་བདག་མ་ཡིན་ཏེ། མདོ་ལས་ཕུང་པོ་རྣམས་ལ་བརྟེན་ནས་བདག་དང་ང་དང་སེམས་ཅན་དང་གང་ཟག་ཡིན་ཅེས་བཏགས་པར་གསུངས་པ་དེའི་ཕྱིར།

The third, the refutation of the response that attempts to disprove this as a fallacy, has two parts:
1) The example
2) The point of this example

The first of these

> *If its bare collection of parts were the carriage as such,*
> *The carriage and a self would be comparable. (135ab)*

If you're thinking, "Since there is no difference between a collection [of parts] and the [parts as] a whole, the [self which is the] whole collection of skandhas exists," that is not so, as has already been explained above where it was shown to be untenable to think that discrete phenomena could actually constitute a unity or entity [i.e., self]. If the whole which is the collection of skandhas said to be a self actually were a self, whatever constituted the collection of a carriage's parts would be the carriage itself, but this does not follow logically, since the parts' being the carriage is refuted below. And since this case of the carriage is equivalent to that of a self, how could that which functioned as the whole collection of skandhas be a self?

[516] The second, the point of this example

> *Since the sutras teach the skandhas as reference point,*
> *The mere combination of skandhas could not be self. (135cd)*

The mere combination of the skandhas is not the self, because the sutras teach that self, "I," sentient being, and person are imputations made with reference to the skandhas [and are thus not identical with them].

གཉིས་པ་ནི།

དཔེ་ནི་ན་དེ་གཟུགས་ཅན་ལ་ཡོད་ཕྱིར།།
ཁྱོད་ལ་དེ་དག་ཉིད་བདག་ཅེས་འགྱུར་གྱི།།
སེམས་སོགས་ཚོགས་ནི་བདག་ཉིད་འགྱུར་མིན་ཏེ།།
གང་ཕྱིར་དེ་དག་ལ་དཔེ་བྱས་ཡོད་མ་ཡིན།། ༡༣༦

ཡང་འཕང་ལོ་སོགས་ཚོགས་ཙམ་ཤིང་རྟ་མིན་གྱི། འཕང་ལོ་སོགས་དཔེ་བྱས་ཀྱི་ཁྱད་པར་དང་ལྡན་པ་ན་ཤིང་རྟའི་མིང་རྙེད་པ་དེ་བཞིན་དུ་གཟུགས་སོགས་ཚོགས་ཙམ་བདག་མིན་ཀྱང་། གཟུགས་སོགས་བཀོད་པའི་དཔེ་བྱས་ཙམ་བདག་ཡིན་ཅེ་ན། མ་ཡིན་པར་ཐལ། དཔེ་བྱས་དེ་ནི་གཟུགས་ཅན་ལ་ཡོད་པའི་ཕྱིར་དང་། གཟུགས་ཅན་དེ་དག་ཉིད་ལ་བདག་ཅེས་ཁྱོད་ཀྱིས་འདོད་པར་འགྱུར་ལ། དེ་ལྟར་ན་སེམས་ལ་སོགས་པ་མིང་བཞི་ཚོགས་པའི་ངོ་བོ་ནི་བདག་ཉིད་མིན་པར་འགྱུར་ཏེ། གང་ཕྱིར་དེ་དག་ལ་དཔེ་བྱས་ཡོད་པ་མིན་པའི་ཕྱིར་རོ།།

གསུམ་པ་ལ་དངོས་དང་། བྱེད་པོ་མེད་པའི་ལས་དགག་པ་གཉིས།

དང་པོ་ནི།

ལེན་པོ་རང་ཉིད་ལེན་གཅིག་རིགས་དངོས་མིན།།
དེ་ལྟ་ན་ལས་བྱེད་པོ་གཅིག་ཉིད་འགྱུར།། ༡༣༧ ཀཁ

ཉེ་བར་ལེན་པོ་བདག་རང་དང་། ཉེ་བར་ལེན་པ་བླང་བྱའི་ཕུང་པོ་རྣམས་ཀྱི་དངོས་པོ་གཅིག་ཏུ་མི་རིགས་ཏེ། རིགས་པ་དེ་ལྟར་ན་ལས་དང་བྱེད་པོ་གཅིག་ཉིད་དུ་འགྱུར་བས་འབྱུང་བ་རྒྱུར་བྱས་ཀྱི་གཟུགས་དང་བུམ་པ་དང་རྫ་མཁན་ཀྱང་གཅིག་པར་འགྱུར་བའི་ཕྱིར།

The second, the supplementary refutation of the idea that the shape of the collection is a self

You may say, "It's the shape," because that exists with a form,
And these would be what you would be calling the self;
But then the collection of skandhas which are mental
Would not be a self, since none of these has a shape. (136)

You may say, "Well then, the mere collection of the wheels and so on is not the carriage, but if we have something which includes within it the specific shapes of the wheels and so on, we find a name, such as 'carriage,' for it; and similarly, the mere collection of form and the other skandhas is not a self, but the actual shape connected with form and so on are a self"; this does not follow, because shapes exist in connection with that which has form. Furthermore, opponents assert that which takes some form to be a self, but, were that the case, the factors comprising the collection of four [operations providing the names of things] referred to as "the naming-skandhas,"[24] such as [primary] mind and so on, would not be the self, because they have no shape.

[517] The third, the illogicality of claiming the incorporator to be the incorporated, has two parts:
1) The actual presentation
2) The refutation of products that have no agent

The first of these

For incorporator and what it incorporates to be the same thing
Is not sound logic because, if it were, the agent and product would be the same. (137ab)

It is illogical to claim that the self, which is [being thought of as] the incorporator, and the skandhas incorporated are the same thing, because, in that kind of logic, the agent and the product of the action would be the same; and thus, any form produced—such as a vase—and that which serves as its cause—a potter—would be the same.

གཉིས་པ་ནི།

བྱེད་པོ་མེད་ལས་ཡོད་སྙམ་བློ་ཡིན་ན།།
མ་ཡིན་གང་ཕྱིར་བྱེད་པོ་མེད་ལས་མེད།། ༡༣༧ གང་

ཉེ་བར་ལེན་པར་བྱེད་པོ་ནི་འགའ་ཡང་མེད་ལ། ཉེ་བར་བླང་བྱའི་ལས་གཟུགས་སོགས་ཉེར་ལེན་འདུས་ཙམ་ཡོད་སྙམ་བློས་སེམས་པ་ཡིན་ན་དེ་ལྟར་མ་ཡིན་ཏེ། གང་ཕྱིར་བྱེད་པོ་རྒྱུ་མེད་ན་ལས་ཀྱང་མེད་པར་འགྱུར་བའི་ཕྱིར་རོ།།

གསུམ་པ་ནི།

གང་ཕྱིར་ཐུབ་པས་བདག་དེ་ས་ཆུ་མེ།།
རླུང་དང་རྣམ་ཤེས་ནམ་མཁའ་ཞེས་བྱ་བ།།
ཁམས་དྲུག་དང་ནི་མིག་སོགས་རེག་པ་ཡི།།
རྟེན་དྲུག་དག་ལ་བརྟེན་ནས་ཉེར་བསྟན་ཞིང་།། ༡༣༨
སེམས་དང་སེམས་བྱུང་ཆོས་རྣམས་ཉེར་བཟུང་ནས།།
ངེས་གསུངས་དེ་ཕྱིར་དེ་ནི་དེ་རྣམས་དང་།།
དེ་ཉིད་མ་ཡིན་ཚོགས་ཙམ་ཉིད་མིན་ཏེ།།
དེ་ཕྱིར་ངར་འཛིན་བློ་དེ་རྣམས་ལ་མིན།། ༡༣༩

གང་ཕྱིར་ཐུབ་པས་མདོ་སྡེ་ལས། རྒྱལ་པོ་ཆེན་པོ་སྐྱེས་བུ་གང་ཟག་དེ་ནི་ཁམས་དྲུག་དང་། རེག་པའི་སྐྱེ་མཆེད་དྲུག་དང་། ཡིད་ཀྱི་ཉེ་བར་རྒྱུ་བ་བཅོ་བརྒྱད་དོ་ཞེས་བདག་དེ་ས་ཆུ་མེ་རླུང་དང་རྣམ་ཤེས་ནམ་མཁའ་ཞེས་བྱ་བ་ཁམས་དྲུག་དང་ནི་མིག་སོགས་ནས་ཡིད་ཀྱི་བར་འདུས་ཏེ་རེག་པའི་རྟེན་དྲུག་དག་ལ་བརྟེན་ནས་ཉེ་བར་བསྟན་ཏེ། གཟུགས་སོགས་ཡུལ་དྲུག་ལ་ཡིད་བདེ་བའི་ཉེ་རྒྱུ་དྲུག ཡིད་མི་བདེ་བའི་ཉེ་རྒྱུ་དྲུག་དང་། བཏང་སྙོམས་ཀྱི་ཉེ་རྒྱུ་དྲུག་སྟེ་བཅོ་བརྒྱད་ལ་བརྟེན་པའི་སེམས་དང་སེམས་བྱུང་གི་ཆོས་རྣམས

The second, the refutation of products that have no agent

If you think, "There is no agent, there are just products,"
Not so! Where there is no agent, there is no product. (137cd)

If you think, "There is no incorporating agent whatsoever, but there is a product entailing incorporation in that this product is the mere combination of form and so on," that is not the way it is, because, without the agent serving as the cause, there would be no product.

[518] The third,[25] the imputation relative to the person

The Sage taught "self" is [an imputation] related
To the six capacities — earth, water and fire,
Air, consciousness, space — and the six supports
For contact, namely, the eye and the other senses, (138)

In clearly teaching it[26] comes from apprehending
The phenomena of mind and mental events.
And thus it is not identical with these,
And yet it is not their whole collection either;
And thus the idea of self does not apply. (139)

In a sutra[27] the Mighty One said, "Great King, the individual or person is the six capacities (dhatus), the six doors of perception (ayatanas) enabling contact, and the eighteen activities of mind."

He clearly taught that the self is [an imputation] related to the six elements:[28] earth, water, fire, air, consciousness, and space; and to the six supports for contact, which include the five senses and rational mind. This is because he distinctly taught that what are imputed to be a self are the operative phenomena comprising primary mind and mental factors—which are based on the eighteen activities of mind: the six activities of a happy mind, the six of an unhappy mind, and the six of indifference [all of which

ཉེ་བར་བཟུང་ནས་བདག་ཏུ་བཏགས་སོ་ཞེས་ངེས་པར་གསུངས་པ་དེའི་ཕྱིར། བདག་དེ་ནི་ཆོས་དེ་རྣམས་དང་གཞན་མིན་པའི་དེ་ཉིད་མ་ཡིན་ལ། དེ་དག་ཚོགས་ཙམ་ཉིད་ཀྱང་མ་ཡིན་ཏེ། ཆོས་དེ་དག་བདག་ཏུ་མི་རུང་བ་དེའི་ཕྱིར་ཆོས་དེ་རྣམས་ལ་ངར་འཛིན་པའི་བློ་དེ་རིགས་པ་མིན་ནོ།། དེས་ན་ཕུང་པོ་དང་དེ་ལས་གཞན་དུ་ངར་འཛིན་གྱི་ཡུལ་མ་དམིགས་པས་རྣལ་འབྱོར་པས་བདག་དང་བདག་གི་ཡོད་པ་མིན་པར་ཤེས་ནས་ཕུང་པོ་ལྔའི་རྒྱུད་བཅད་ནས་ལེན་པ་མེད་པར་མྱང་འདས་སུ་འགྱུར་བས་བདག་མེད་པར་དཔྱད་པ་འདི་ཆེས་མཛེས་སོ།།

གཉིས་པ་ལ་འབྲེལ་མེད་སྤང་གཉེན་དུ་མི་རིགས་པ་དང་། དེ་དཔེའི་སྒོ་ནས་བསལ་བ་གཉིས།

དང་པོ་ནི།

བདག་མེད་རྟོགས་ཚེ་རྟག་པའི་བདག་སྤོང་ཞིང་།།
འདི་ནི་ངར་འཛིན་རྟེན་དུའང་མི་འདོད་པ།།
དེ་ཕྱིར་བདག་མེད་ཤེས་པས་བདག་ལྟ་བ།།
དཔྱིས་ཀྱང་འབྱིན་ཞེས་སྨྲ་བ་ཤིན་ཏུ་མཚར།། ༡༩༠

བདག་ཕུང་གཅིག་ཏུ་འཛིན་ཅིང་ཕྱིས་མཐོང་ལམ་ཐོབ་པ་ན་ཡུལ་ཅན་སྤངས་ཤིང་ཡུལ་མ་སྤངས་པར་འདོད་ལ། ཡུལ་མ་ཡིན་པ་མུ་སྟེགས་པའི་བདག་སྤངས་པར་སྨྲ་བའི་མང་བཀུར་བ་གང་གི་ཕྱོགས་དེ་ལྟར་ན་ཇི་སྲིད་དུ་ཕུང་པོ་རྒྱུན་མ་ཆད་པ་དེ་སྲིད་དུ་ངར་འཛིན་འཇུག་སྟེ། བདག་འཛིན་གྱི་གཞི་བདག་བཟློག་པར་མ་ནུས་པའི་ཕྱིར་ཏེ། ཕུང་པོ་དེ་ཉིད་བདག་ཡིན་པའི་ཕྱིར་ཞེས་བཤད་པ་ནི། རྣལ་འབྱོར་པས་བདག་མེད་རྟོགས་ཚེ་ཕུང

occur in relation to] the six objects (forms and so forth). Self is not identical with[29] [each of] these phenomena [separately], and yet it is not their whole collection either. These phenomena could, therefore, not be a self and to conceive of them as being one is illogical.

Thus, no objective grounding for the idea of "I" is ever observed, whether it be the skandhas or something other than them. For this reason, yogis understand that neither "I" nor "mine" exists. This in turn enables them to cut the continuum of the five skandhas and, in no longer incorporating these, to attain nirvana. This is the great beauty of this analysis of the absence of self.

[519] The second, a summary concluding this section by stating the consequence [that those who hold the Buddhist views just refuted[30]] do not abandon the view of self; this has two parts:

1) The breach of logic involved in there being no connection between the factor to be abandoned and its remedy
2) Clarifying this point through an example

The first of these

"On realizing no self, clinging to permanent self is relinquished," you say;
But you do not even assert such a self to be the basis for notions of "I."
And therefore, to say that comprehending the lack of existence of such a self
Finally brings the view of self to an end, is quite an amazing statement! (140)

There are those who assert that the one who conceives of "I" and the skandhas as being one and then later achieves the path of seeing has eliminated the subject but not its object. This corresponds to the position of the Sammitiyas, who claim that, [when the lack of self is realized,] what is eliminated is the [imputed] self posited by the Tirthikas, not its reference point, [the skandhas]. For as long as this is maintained, the continuum of the skandhas will remain uninterrupted. And for as long as that is so, the idea of an "I" is maintained, because one has not corrected the [instinctive] idea of self, which is the very basis of ego clinging; and that in turn is because one [still has the notion], "The skandhas are me."

པོ་ལས་དོན་གཞན་པའི་རྟག་པའི་བདག་མེད་ཤེས་པས་ཕུང་པོའི་ཡུལ་ཅན་གྱི་བདག་ཏུ་ལྟ་བའི་ས་བོན་དཔྱིས་ཀྱང་འབྱིན་ཅེས་སྨྲ་བ་ཤིན་ཏུ་མཚར་ཏེ། ཕན་ཚུན་འབྲེལ་པ་མེད་པའི་ཕྱིར་ཏེ། ཁྱོད་ཀྱིས་ཕུང་པོ་ལས་དོན་གཞན་དུ་བཏགས་པའི་རྟག་པའི་བདག་སྟོང་ཞིང་མེད་པར་འཇིག་རྟེན་གང་གིས་རྟོགས་ཡང་ཕུང་པོ་ལས་དོན་གཞན་རྟག་པའི་བདག་འདི་ནི་འཇིག་རྟེན་པ་རྣམས་ཀྱི་ངར་འཛིན་གྱི་རྟེན་དུའང་མི་འདོད་པས་འཇིག་རྟེན་པས་ངར་འཛིན་གྱི་རྟེན་དུ་གྱུར་པའི་ཕུང་པོ་ལ་བདག་ལྟ་ལྡོག་པར་མི་ནུས་པ་དེའི་ཕྱིར་རོ།།

གཉིས་པ་ནི།

རང་ཁྱིམ་རྩིག་ཕུག་སྦྲུལ་གནས་མཐོང་བཞིན་དུ།།
འདི་ན་གླང་ཆེན་མེད་ཅེས་དོགས་བསལ་ཏེ།།
སྦྲུལ་གྱི་འཇིགས་པའང་སྤོང་བར་བྱེད་པ་ནི།།
ཀྱེ་མ་གཞན་གྱི་གནམ་པོར་འགྱུར་ཉིད་དོ།། ༡༤༡

དཔེར་ན་འགའ་ཞིག་གིས་རང་ཁྱིམ་གྱི་རྩིག་ཕུག་ན་སྦྲུལ་གནས་པ་མཐོང་བཞིན་དུ་འདི་ན་གླང་པོ་ཆེ་མེད་ཅེས་སྦྲུལ་གྱི་འཇིགས་པའི་དོགས་པ་བསལ་ཏེ་སྦྲུལ་གྱི་འཇིགས་པའང་སྤོང་བར་བྱེད་པ་ནི་ཀྱེ་མ་གཞན་གྱི་གནམ་པོར་ཏེ་དཔྱོད་ལྡན་དག་གི་བཞད་གད་ཀྱི་གནས་སུ་འགྱུར་བ་ཉིད་དོ་སྟེ། དེ་ལྟར་སྦྲུལ་མེད་དོ་ཞེས་བག་ཕེབས་པར་གནས་པའི་སྐྱེས་བུ་དེ་ལ་སྦྲུལ་གྱིས་ཟིན་ནས་མ་རུང་བར་བྱེད་པ་བཞིན་རྟག་བདག་ལྡོག་ཀྱང་ཕུང་པོའི་ཡུལ་ཅན་གྱི་བདག་ལྟ་མི་ལྡོག་པས་འཁོར་བ་ཉིད་དུ་ལས་ཉོན་གྱིས་འཁོར་བར་འགྱུར་རོ།།

In light of this explanation, to say that yogis and yoginis, on realizing there is no self, comprehend that there is no [imputed] self that could be permanent and have an existence extraneous to the skandhas and thereby utterly relinquish [the instinctive notion of "I," namely] the view of self that derives from experiencing the skandhas, is quite an amazing statement, since the two are not connected.[31]

Another reason for saying your statement is quite amazing is that for you [realizing no self means] giving up the permanent self imputed [in the context of philosophical dialectic] to exist as a fact extraneous to the skandhas, and yet even you do not assert this permanent self with objective existence separate from the skandhas, which is of no concern to beings in their natural setting, to be the basis for their [instinctive] notion of "me." So [realizing there is no self separate from the skandhas] could not correct the [instinctive] view of self as being the skandhas, a view that is the basic ingredient of the notion of "I" entertained by beings in the world.

[521] The second, clarifying this point through an example

It would be like saying that someone who sees that snakes
Are nesting in a crack in a wall of their home
Could avoid any panic and cast off their fear of the snakes
By saying, "At least no elephants live in there!"
I'm sorry, but people would find this rather amusing. (141)

Take, for example, someone who has discovered that a hole in one of the walls of their home is a snake's nest and, to avoid panicking and to get rid of their fear of the snakes, says, "Well, at least there are no elephants in there!"

I'm sorry, but when others with a little common sense got word of this, they would find it rather amusing. And it would definitely not be the way to get rid of the snakes so that the residents could rest assured they were gone.

This is comparable to correcting the notion of there being a permanent self but not correcting the view of self that comes about in connection with experience of the skandhas, as a result of which one will continue to circle in samsara due to karma and kleshas.

གསུམ་པ་ནི།

ཕུང་པོར་བདག་ཡོད་མ་ཡིན་བདག་ལ་ཡང་།།
ཕུང་པོ་དེ་རྣམས་ཡོད་མིན་གང་ཕྱིར་འདིར།།
གཞན་ཉིད་ཡོད་ན་རྟོག་པ་འདིར་འགྱུར་ན།།
གཞན་ཉིད་དེ་མེད་དེ་ཕྱིར་འདི་རྟོག་པའོ།། ༡༥༢

རྟེན་ཕུང་པོར་བདག་བརྟེན་པར་ཡོད་པ་མ་ཡིན་ཅིང་། རྟེན་བདག་ལ་ཡང་ཕུང་པོ་དེ་རྣམས་བརྟེན་པར་ཡོད་པ་མ་ཡིན་ཏེ། གང་གི་ཕྱིར་འདིར་མཁར་གཞོང་དང་ཞོ་ལྟར་གཞན་ཉིད་ཡོད་ན་རྟེན་བརྟེན་པའི་དངོས་པོར་རྟོག་པ་འདིར་འགྱུར་ན། བདག་དང་ཕུང་པོ་གཞན་ཉིད་དུ་མེད་པས། དེའི་ཕྱིར་དེ་དག་ལ་རྟེན་བརྟེན་པ་འདི་རྟོག་པས་བཏགས་པའོ།།

བཞི་པ་ནི།

བདག་ནི་གཟུགས་ལྡན་མི་འདོད་གང་ཕྱིར་བདག།
ཡོད་མིན་དེ་ཕྱིར་ལྡན་དོན་སྦྱོར་བ་མེད།།
གཞན་ན་གནག་ལྡན་གཞན་མིན་གཟུགས་ལྡན་ན།།
བདག་ནི་གཟུགས་ལས་དེ་ཉིད་གཞན་ཉིད་མེད།། ༡༥༣

བདག་ནི་གཟུགས་སོགས་ཕུང་པོ་རྣམས་དང་ལྡན་པར་མི་འདོད་དེ། གང་གི་ཕྱིར་བདག་ཡོད་པ་མིན་ཞིང་དེའི་ཕྱིར། བདག་ཕུང་ལྡན་པའི་དོན་སྦྱོར་བ་མེད་དེ། ལྡན་པའི་དོན་ཡང་གཞན་ཡིན་ན་ལྷས་བྱིན་གནག་དང་ལྡན་ནོ་ཞེས་བྱ་བ་ལྟ་བུའམ། གཞན་མིན་པ་ལྷས་བྱིན་གཟུགས་དང་ལྡན་ཅེས་པ་ལྟར་ན་ཡང་བདག་ནི་གཟུགས་སོགས་ཕུང་པོ་ལས་དེ་ཉིད་དང་གཞན་ཉིད་མེད་པར་སྔར་བཤད་ཟིན་པའི་ཕྱིར།

[522] The third, the refutation of a self that is supported upon or is the support for the skandhas

The self does not exist with the skandhas as base,
Nor do the skandhas exist with the self as the base.
If they basically differed, they could be thought of like this;
Because they don't, they cannot be thought of like this. (142)

The self does not exist as the supported factor with the skandhas as its support, nor do the skandhas exist as the supported factor with the self as their support. The reason for this is, if they were different things, like a bowl and some yogurt, they could be thought of as support and what is supported, but self and the skandhas are not different, so "support and supported" here are just conceptual imputations.

The fourth, the refutation of a self possessing the skandhas

We do not assert that the self possesses a body,
Since there is no self and thus no owner relation
Which would either be one of difference, like owning a cow,
Or one without difference, like ownership of the body,
But the self and the body are neither the same nor different. (143)

We do not assert that the self possesses the body[32] or any other skandha, because there is no existent self. And thus, there is no owner relationship between a self and the skandhas, because a relationship of possession would either be one where there is a difference [between owner and belonging] as in a case like that of Devadatta owning a cow; or it would be one where there is no difference, like Devadatta "having"[33] a body, but it has already been explained that the self could neither be the same as nor different from the body or any of the other skandhas.

ལྟ་བ་ལ་འཇིག་ལྟའི་དམིགས་རྣམ་ལ་ལོག་པར་འདུག་ཚུལ་གྱི་གྲངས་བསྟན། དེ་ཡེ་ཤེས་ཀྱི་རྡོ་རྗེས་འཇོམས་ཚུལ་ལུང་དང་སྦྱར་བ་གཉིས།

དང་པོ་ནི།

གཟུགས་བདག་མ་ཡིན་བདག་ནི་གཟུགས་ལྡན་མིན།།
གཟུགས་ལ་བདག་མེད་བདག་ལའང་གཟུགས་ཡོད་མིན།།
དེ་ལྟར་རྣམ་བཞིར་ཕུང་ཀུན་ཤེས་བྱ་སྟེ།།
དེ་དག་བདག་ཏུ་ལྟ་བ་ཉི་ཤུར་འདོད།། ༡༤༤

གཟུགས་ནི་བདག་མ་ཡིན་ཏེ། བདག་དང་མཚན་ཉིད་མི་མཐུན་ཅིང་བྱ་བྱེད་གཅིག་ཏུ་ཐལ་བའི་ཕྱིར། སྐྱེས་བུ་ལ་དོ་ཤལ་ལྟར་བདག་ནི་གཟུགས་དང་ལྡན་པ་ཡང་མིན་ཏེ། དེ་དག་དེ་ཉིད་དང་གཞན་དུ་མེད་པའི་ཕྱིར། ནགས་ན་སེང་གེ་ལྟར་རྟེན་གཟུགས་ལ་བདག་བརྟེན་པར་རྗེས་སུ་ཞུགས་ཏེ་གནས་པ་ཡང་མེད་ཅིང་། རི་གངས་ཅན་ལ་ཤིང་ཚོགས་ལྟར་རྟེན་བདག་ལ་ཡང་གཟུགས་སོགས་དབང་བསྒྱུར་བྱར་ཡོད་པ་མིན་ཏེ། དེ་དག་ལ་གཞན་ཉིད་མེད་པའི་ཕྱིར། ཚུལ་དེ་ལྟར་རྣམ་བཞིའི་སྒོ་ནས་མིང་གཞིའི་ཕུང་པོ་ཀུན་ཀྱང་བདག་མེད་པར་ཤེས་པར་བྱ་སྟེ། ཕུང་ལྔ་བདག་གིས་དབེན་པ་ལ་འཇིག་ལྟས་དེ་ལས་བཟློག་ནས་འཛིན་སྟངས་ཀྱི་རྣམ་པ་བཞི་བཞིས་བཟུང་བ་དེ་དག་ནི་བདག་ཏུ་ལྟ་བའམ་འཇིག་ལྟ་ཉི་ཤུར་འདོད་དོ།།

The fifth, a summary of the topics included in these refutations providing the remedy for the views of the transitory collection; this has two parts:

1) A list of the misconceptions entertained regarding the object observed and the idea one has about it in the context of the views of the transitory collection[34]
2) How these views are destroyed by the wisdom vajra, as related in the scriptures

The first of these

The body is not the self nor does self have a body;
The self is not based on the body or body on self.
Know that these four relations apply to all skandhas;
So these are considered the twenty views of self. (144)

[523] The body is not the self, because its definition does not fit with that of the self and because, [if body and self were the same,] the absurd consequence would be that the performer of an action and the action performed would be the same.

The self does not possess the body, like a person having a crystal, because they are neither the same as nor different from each other.

The body is not a supporting framework for the self as a forest is a supporting environment for a lion, because it does not remain.

Nor is the self the support for the bodily form and the other skandhas, where these would be the factors thereby empowered, as with a snowy mountain and its collection of trees, because they are not differing entities.

One must know that there is no self related in any of these four ways to any of the skandhas which are bases for naming[35] either.

So these are the four ways of looking at how each of the five skandhas is devoid of a self, thus correcting these views and destroying them. And that is why there are considered to be twenty transitory views, i.e., views of self.

གཉིས་པ་ནི།

ལྷ་རི་བདག་མེད་རྟོགས་པའི་རྡོ་རྗེ་ཡིས།།
བཅོམ་བདག་གང་དང་ལྷན་ཅིག་འཇིག་འགྱུར་བ།།
འཇིག་ཚོགས་ལྷ་རི་ལྷུན་སྟུག་ལ་གནས་པ།།
རྩེ་མོ་མཐོ་བར་གྱུར་པ་འདི་དག་གོ།། ༡༩༥

འཇིག་ལྷའི་རི་ནི་བདག་མེད་རྟོགས་པའི་ཡེ་ཤེས་རྡོ་རྗེ་ཡིས་བཅོམ་པ་ན་དམིགས་ཡུལ་བདག་གང་དང་ལྷན་ཅིག་འཇིག་པར་འགྱུར་བ་ཡུལ་ཅན་འཇིག་ཚོགས་ལ་ལྟ་བའི་རི་བོ་ཉོན་མོངས་ཀྱི་བྲག་རྡོ་འཁོར་བ་ཐོག་མེད་ནས་འཕེལ་བས་དཔངས་ཁམས་གསུམ་དུ་མཐོ་བ་ལྷུན་སྟུག་ལ་གནས་པ་མ་རིག་པའི་གསེར་གྱི་ས་གཞི་ལས་ཐོན་པ་རྩེ་མོ་མཐོ་བར་གྱུར་པ་ཉི་ཤུ་འདི་དག་གོ།།

གཉིས་པ་ལ་ཕྱོགས་སྔ་མ་བརྗོད་པ་དང་། དེ་དགག་པ་གཉིས།

དང་པོ་ནི།

ཁ་ཅིག་དེ་ཉིད་གཞན་ཉིད་རྟག་མི་རྟག།
ལ་སོགས་བརྗོད་མེད་གང་ཟག་རྫས་ཡོད་འདོད།།
རྣམ་ཤེས་དྲུག་གི་ཤེས་བྱར་དེ་འདོད་ཅིང་།།
དེ་ནི་ངར་འཛིན་གཞིར་ཡང་འདོད་པ་ཡིན།། ༡༩༦

གང་ཟག་ནི་ཕུང་པོ་ལས་གཞན་དུ་མི་འཐད་དེ། ཕུང་པོ་ལས་མ་གཏོགས་པར་གང་ཟག་འཛིན་རྟེན་པས་མ་གྲུབ་པའི་ཕྱིར། ཕུང་པོའི་རང་བཞིན་ཀྱང་མ་ཡིན་ཏེ་སྐྱེ་འཇིག་ཏུ་ཐལ་བའི་ཕྱིར། དེས་ན་བདག་ནི་ཕུང་པོ་ལས་དེ་ཉིད་དང་གཞན་ཉིད་དུ་བརྗོད་དུ་མེད་དོ།།

[525] The second, how these views are destroyed by the wisdom vajra, as related in the scriptures

> *When the vajralike realization of no self*
> *Destroys these mountains of views, that is when self*
> *And the lofty peaks of the transitory collection—*
> *Those massive, mountainous notions—vanish together. (145)*

When the vajra of wisdom, which realizes that there is no self, destroys the mountains of transitory views, that is, when the "self" which was the object [of these views] and the subject observing it, namely, the views per se of the transitory collection—which are like the mountains of rocky kleshas whose twenty ominous peaks rise from the golden base of ignorance and whose massive bulk towers up through the three realms of samsara from time immemorial—are destroyed simultaneously.

The second, the refutation of a self that is inexpressible in terms of being the same as or different from the skandhas; this has two parts:
1) The statement of the opponent
2) The refutation of that

The first of these

> *Some assert an inexpressible person*
> *Who exists substantially but is not the same*
> *As the skandhas or different from them, not permanent*
> *And not impermanent, a knowable object*
> *For the six forms of consciousness, and that it forms*
> *The basis for conceiving of an "I." (146)*

[The opponent here,] the Vatsiputriyas, state that it would not be defensible to say the person is something different from the skandhas, because there is nothing verifiably existing as a person in the world other than the skandhas. Nor is the self the same in makeup as the skandhas, because it would then follow that it is subject to arising and ceasing. They say the self is, therefore, inexpressible as being either the same as or different from the skandhas.

དེ་ལྟར་རྟག་མི་རྟག་ལ་སོགས་པར་ཡང་བརྗོད་དུ་མེད་དེ་རྟག་ཆད་དུ་འགྱུར་བའི་ཕྱིར། དེ་ལྟའི་གང་ཟག་རྫས་སུ་ཡོད་པར་འདོད་དེ། དེ་ལ་བྱེད་པོ་དང་ཟ་པོ་ཉིད་དུ་བརྗོད་པའི་ཕྱིར་དང་། འཁོར་འདས་བཅིང་ཐར་དང་འབྲེལ་པ་ཅན་ཡིན་པའི་ཕྱིར། གང་ཟག་དེ་རང་གི་ངོ་བོས་ཤེས་བྱ་མིན་གྱི། གཟུགས་སོགས་སྐྱེ་མཆེད་དྲུག་བློའི་ཡུལ་དུ་བྱས་པའི་སྒོ་ནས་དེ་ཤེས་པར་བྱེད་པས་རྣམ་ཤེས་དྲུག་གི་ཤེས་བྱར་གང་ཟག་དེ་འདོད་ཅིང་། དེ་ནི་འཇིག་རྟེན་གྱི་ངར་འཛིན་གྱི་གཞིའམ་ཡུལ་དུ་ཡང་འདོད་པ་ཡིན་ནོ།།

གཉིས་པ་ལ། བདག་རྫས་གྲུབ་དགག བཏགས་ཡོད་དུ་བསྟན། དངོས་པོའི་ཆོས་མེད་པས་མ་གྲུབ་པར་བསྟན་པ་གསུམ།

དང་པོ་ནི།

གང་ཕྱིར་གཟུགས་ལས་སེམས་བརྗོད་མེད་མི་རྟོགས།།
དངོས་ཡོད་བརྗོད་མེད་རྟོགས་པ་མ་ཡིན་ཉིད།།
གལ་ཏེ་བདག་འགའ་དངོས་པོར་གྲུབ་གྱུར་ན།།
སེམས་ལྟར་གྲུབ་དངོས་བརྗོད་དུ་མེད་མི་འགྱུར།། ༡༩༧

རྫས་སུ་གྲུབ་ན་བརྗོད་དུ་མེད་པར་མི་རིགས་ཏེ། གང་གི་ཕྱིར་གཟུགས་ལས་སེམས་དེ་ཉིད་དང་གཞན་དུ་བརྗོད་མེད་དུ་མི་རྟོགས་པ་ལྟར་གང་དངོས་པོར་ཡོད་པ་ནི། དེ་ཉིད་དང་གཞན་པར་བརྗོད་མེད་དུ་རྟོགས་པ་མ་ཡིན་པ་ཉིད་དེ། རྫས་སུ་གྲུབ་ན་དེ་གཉིས་གང་རུང་ལས་འདའ་བ་མིན་པའི་ཕྱིར། གལ་ཏེ་བདག་འགའ་རྫས་ཀྱི་དངོས་པོར་གྲུབ་པར་འགྱུར་ན་སེམས་དང་གཟུགས་ལྟར་གྲུབ་པའི་དངོས་པོ་ཅན་གྱིས་ཁྱབ་པས་དེ་ཉིད་དང་གཞན་དུ་བརྗོད་དུ་མེད་པར་མི་འགྱུར་རོ།།

Continuing in the same vein, they say it is inexpressible as being permanent or impermanent, because [to express it as being either would entail falling into the extreme of either] eternalism or nihilism. This school asserts such a person to exist substantially, because they claim it to be an agent[36] and an experiencer, and because they say it is what connects samsara and its bondage with nirvana and its liberation.[37]

They say this person is not actually perceptible itself[38] but enables knowledge of itself as an object of the discursive processes belonging to the six doors of perception (ayatanas) related to forms, sounds, and so on. They therefore assert the person to be an object of knowledge perceptible by all six forms of consciousness.[39] They, furthermore, assert it to constitute the basis, i.e., object, of a worldly person's conception of "I."

[526] The second, the refutation of that, has three parts:

1) The refutation of the possibility that this self could be substantially existent
2) The presentation of self as an imputation
3) The presentation of the impossibility of there being a self existing, due to its lacking the qualities of a thing

The first of these

Just as mind is not thought to be inexpressible in relation to body,
Functional things, which exist, are not construed to be inexpressible.
And that is why, if there were a self existing as a functional thing,
It would be like mind in being a thing and would not be
inexpressible. (147)

It is not logical for something existing substantially to be inexpressible. Just as mind cannot be considered inexpressible in terms of being the same as or different from the body, similarly, any other thing (i.e., functional entity) cannot be considered inexpressible in terms of sameness and difference, because anything existing substantially would not transcend being either the one or the other. If some self were to exist as a substantially constituted thing, it would necessarily be comparable to any other thing and, like mind in relation to body, its being the same as or different from other things would not be inexpressible.

གཉིས་པ་ནི།

གང་ཕྱིར་ཁྱོད་བྱུམ་དངོས་པོར་མ་གྲུབ་པའི།།
ངོ་བོ་གཟུགས་སོགས་ལས་བརྗོད་མེད་འགྱུར་བས།།
བདག་གང་ཕུང་པོ་ལས་བརྗོད་མེད་འགྱུར་ཏེ།།
རང་གིས་ཡོད་པར་གྲུབ་པར་རྟོགས་མི་བྱ།། ༡༥༨

དེ་ཉིད་དང་གཞན་དུ་བརྗོད་དུ་མེད་ན་བཏགས་ཡོད་ཡིན་ཏེ། གང་གི་ཕྱིར་ཁྱོད་བྱུམ་པ་དངོས་པོར་མ་གྲུབ་པའི་བཏགས་ཡོད་ཙམ་ཡིན་ལ། རྒྱུ་མཚན་དེས་བུམ་པའི་ངོ་བོ་གཟུགས་སོགས་ལས་དེ་ཉིད་དང་གཞན་པར་བརྗོད་དུ་མེད་པར་འགྱུར་བས་དེ་བཞིན་དུ་བདག་གང་ཕུང་པོ་ལས་དེ་ཉིད་དང་གཞན་པར་བརྗོད་མེད་དུ་འགྱུར་ཏེ། བདག་རང་གི་ངོ་བོ་ཉིད་ཀྱིས་རྫས་སུ་ཡོད་པར་འགྲུབ་པར་མི་བྱ་བར་བཏགས་ཡོད་དུ་རྟོགས་པའི་ཕྱིར།

གསུམ་པ་ནི།

ཁྱོད་ཀྱི་རྣམ་ཤེས་རང་བདག་ལས་གཞན་ནི།།
མི་འདོད་གཟུགས་སོགས་ལས་གཞན་དངོས་འདོད་ཅིང་།།
དངོས་ལ་རྣམ་པ་དེ་གཉིས་མཐོང་འགྱུར་བ།།
དེ་ཕྱིར་བདག་མེད་དངོས་ཆོས་དང་བྲལ་ཕྱིར།། ༡༥༩

ཁྱོད་ཀྱི་བདག་རྫས་ཡོད་རྣམ་ཤེས་རང་གི་བདག་ཉིད་ལས་གཞན་ནི་མིན་པར་འདོད་ལ། གཟུགས་སོགས་ལས་གཞན་གྱི་དངོས་པོར་འདོད་པ་ལྟར་བདག་ནི་རང་ལས་གཞན་མིན་ཅིང་། གཞན་ལས་ཐ་དད་པར་འགྱུར་བའང་མ་ཡིན་ནོ།། དེས་ན་བདག་ནི་རྫས་སུ་མེད་དེ། དངོས་པོའི་ཆོས་དང་བྲལ་བའི་ཕྱིར་ཏེ། རྫས་ཡོད་ཀྱི་དངོས་པོ་ལ་དེ་དང་གཞན་རྣམ་པ་དེ་གཉིས་སུ་མཐོང་བར་འགྱུར་བ་དེའི་ཕྱིར་བུམ་སོགས་བཞིན་ནོ།།

[527] The second, the presentation of self as an imputation

> *For you, a vase does not exist as a thing:*
> *Its essence cannot be expressed with respect to its form.*
> *So, if self cannot be expressed in terms of the skandhas,*
> *It cannot be understood to exist per se. (148)*

Anything inexpressible in terms of sameness or difference is an imputation. Thus, for you, "vase" does not exist as a thing but is a mere imputation. The reason is, its essential makeup would be inexpressible as being the same as or different from its form and so forth. And along these same lines, a self would be inexpressible as being the same as or different from the skandhas, because the self cannot be established as existing per se,[40] that is to say, substantially, and must therefore be understood to be an imputation.

The third, the impossibility of there being a self existing, due to its lacking the qualities of a thing

> *Consciousness for you is not distinct from its own nature,*
> *And yet you assert it to be a thing which differs from form and so forth.*
> *A functional thing is observed to exhibit both of these properties;*
> *And therefore there is no self, since it lacks these qualities of a thing. (149)*

You assert that consciousness, a substantially existent self, is not something distinct or different from its own nature. And yet, you assert it to be a thing that is different from forms and so forth. But, the way [you state your full position] the self would not be different from itself, but it would not be different from what is other than itself either. Thus, a self could not exist substantially, because it lacks the qualities of a thing, since things existing substantially, such as vases and so on, are observed to exhibit these two properties of sameness and difference.

གསུམ་པ་ནི།

དེ་ཕྱིར་ངར་འཛིན་རྟེན་ནི་དངོས་པོ་མིན།།
ཕུང་ལས་གཞན་མིན་ཕུང་པོའི་ངོ་བོ་མིན།།
ཕུང་པོ་རྟེན་མིན་འདི་ནི་དེ་ལྡན་མིན།། ༡༥༠ ཀཁག

དཔྱད་པ་ན་གང་ཟག་རྫས་ཡོད་མི་རིགས་པ་དེའི་ཕྱིར་ངར་འཛིན་གྱི་རྟེན་ནམ་ཡུལ་ནི་གཞིགས་ན་དེ་དང་གཞན་དུ་མེད་པའི་དངོས་པོ་རྫས་ཡོད་མིན་ཏེ། དེ་ཕུང་པོ་ལས་གཞན་ཡང་མིན་ལ། ཕུང་པོའི་ངོ་བོ་ཡང་མིན་ཞིང་ཕུང་པོ་རྣམས་རྟེན་ས་ཡང་མིན་ལ། བདག་འདི་ནི་ཕུང་པོ་དེ་ལ་ལྡན་པ་ཡང་མིན་ནོ།།

གསུམ་པ་ལ་མདོར་བསྟན། དཔེ་དོན་གྱི་སྒོ་ནས་རྒྱས་པར་བཤད། དེས་རིགས་ཅན་གཞན་ཐམས་ཅད་ཀྱང་བཏགས་པ་ཙམ་དུ་བསྟན་པ་གསུམ།

དང་པོ་ནི།

འདི་ནི་ཕུང་པོ་རྣམས་བརྟེན་འགྲུབ་པར་འགྱུར།། ༡༥༠ ང

གྲིགས་པ་དུ་མས་གང་ཟག་འགོག་ན། ཅི་གང་ཟག་དེ་གཏན་མེད་པ་ཞིག་གམ་ཞེ་ན། ཇི་ལྟར་འདི་ལ་བརྟེན་ནས་འདི་འབྱུང་ཞེས་པ་ཙམ་ཀུན་རྫོབ་བདེན་པའི་རྣམ་གཞག་མ་ཆད་པའི་ཆེད་དུ་བརྗོད་ན་རྒྱུ་མེད་སོགས་ལས་སྐྱེ་བ་མིན་པ་བཞིན་བདག་ལ་དཔྱད་སྐབས་སུའང་ཇི་སྐད་བཤད་པའི་སྐྱོན་བཅས་ཀྱི་གང་ཟག་རྫས་ཡོད་བསལ་ནས་བདག་འདི་ནི་ཕུང་པོ་རྣམས་ལ་བརྟེན་ནས་གདགས་པ་དེ་ཙམ་གྱིས་འགྲུབ་པར་འགྱུར་ཏེ། ཐ་སྙད་གནས་པར་བྱ་བའི་ཆེད་དུ་བདག་གི་ཐ་སྙད་ནི་དེ་ཙམ་ལ་འཇིག་རྟེན་པ་དག་བྱེད་པར་མཐོང་བའི་ཕྱིར།

[528] The third, a concluding summary of the refutation of self[41]

> *The base for conceiving of "I" is, thus, not a thing:*
> *Not different from the skandhas nor in essence the same,*
> *Not the support for the skandhas and not their possessor; (150a-c)*

[As we have seen], when examined, it proves to be untenable for the person to exist substantially, and this destroys the base, i.e., reference point, for conceiving of an "I." In not exhibiting sameness and difference, it does not have the substantial existence of a thing: it is not different from the skandhas, nor is it the same in essence as the skandhas; it is not a basis on which the skandhas rest, nor does this "self" possess the skandhas.

The third,[42] a presentation of what follows from this refutation, namely, that "self" is just an imputation relative to the person; this has three sections:

1) The brief presentation
2) The expanded explanation using an example and its point
3) That everything else of the same type is therefore a mere imputation as well

The first of these

> *This self is only established with reference to skandhas. (150d)*

Some may say, "If the person has been refuted through many logical arguments, does that mean it has never existed in any way?"

[In answer to that:] When we state, "This arises with reference to that," this is specified in order to avoid totally invalidating, or annihilating, what is set forth as the relative truth. It does not mean there is production without causes and so forth.

In the context of analyzing for a self, we [first] eliminate the possibility of there being a substantially existent person on the grounds of the errors involved in that position, as just delineated. As a result, the "self" proves to be a mere imputation applied with reference to the skandhas, since it is now evident that the term "self" is a mere linguistic device employed in the world in conformity with convention.

གཉིས་པ་ལ་མཚོན་བྱེད་ཀྱི་དཔེ་དང་། དཔེས་མཚོན་པའི་དོན་གཉིས། དང་པོ་ལ་བསྟན་བཤད་གཉིས།

དང་པོ་ནི།

ཤིང་རྟ་རང་ཡན་ལག་ལས་གཞན་འདོད་མིན།།
གཞན་མིན་མ་ཡིན་དེ་ལྡན་ཡང་མིན་ཞིང་།།
ཡན་ལག་ལ་མིན་ཡན་ལག་དག་དེར་མིན།།
འདུས་པ་ཙམ་མིན་དབྱིབས་མིན་ཇི་བཞིན་ནོ།། ༡༥༡

ཤིང་རྟ་རང་གི་ཡན་ལག་གཟེར་བུ་སོགས་ལས་གཞན་དུ་འདོད་པ་མ་ཡིན་ཏེ། དེ་དག་ལས་ལོགས་སུ་མ་མཐོང་བའི་ཕྱིར། གཞན་མིན་པའང་མ་ཡིན་ཏེ། དེ་ལྟར་ན་བྱ་བྱེད་གཅིག་ཏུ་འགྱུར་ཞིང་། ཡན་ལག་རེ་རེ་བ་ལ་ཤིང་རྟ་ཡོད་པར་ཐལ་བའི་ཕྱིར། ཡན་ལག་དེ་དག་དང་ལྡན་པ་ཡང་མིན་ཞིང་སྟེ། དེ་ཉིད་དང་གཞན་དུ་མེད་པས་ལྡན་པའི་དོན་མེད་པའི་ཕྱིར། ཡན་ལག་ལ་ཤིང་རྟ་བརྟེན་པའང་མིན་ལ། ཡན་ལག་དག་ཤིང་རྟ་དེར་བརྟེན་པ་ཡང་མིན་ཏེ་གཞན་དུ་མེད་པའི་ཕྱིར། ཡན་ལག་འདུས་པ་ཙམ་མིན་ཏེ་སྔོན་སྔར་བཤད་ཟིན་པའི་ཕྱིར། དབྱིབས་ཀྱང་ཤིང་རྟ་མིན་ཏེ་འཆད་འགྱུར་གྱི་རིགས་པས་གནོད་པའི་ཕྱིར། དེ་ལྟར་རྣམ་པ་བདུན་གྱིས་དཔྱད་ན་ཤིང་རྟ་མི་རྙེད་པ་ཇི་ལྟ་བ་བཞིན་ནོ།།

[529] The second, the expanded explanation of this, has two parts:
1) The illustrating example
2) The point illustrated by the example

The first of these, the illustrating example, has two parts:
1) The presentation
2) Its explanation

The first of these

A carriage cannot be considered distinct from its parts,
Nor is it identical with them. It does not possess them.
It does not depend on them or they on it.
It is not their mere assembly or their shape. (151)

A carriage cannot be asserted to be something different from its own parts, the bolts and so on, because no carriage is observed separate from its parts.

It is not identical with them, because, in that case, it would follow as an absurd consequence that the function[43] and the one performing it would be the same and each individual part would be the carriage.

It does not possess the parts either, since, in being neither identical with nor different from each other, the one could not objectively serve as the possessor of the other.

The carriage does not depend on its parts, nor do the parts depend on the carriage, because they are not different from each other.

It is not the mere assembly of its parts, since the faults mentioned above would apply.

The shape is not the carriage either, because that will be invalidated by a line of reasoning that will be explained below.

That is how it is that one cannot find the carriage, namely, when one examines it in these seven ways.

གཉིས་པ་ལ་ཡན་ལག་དགག ཡན་ལག་མེད་པའི་ཡན་ལག་ཅན་དགག་པ་གཉིས། དང་པོ་ལ་ཕྱོགས་ཕྱི་མ་གཉིས་ཐུན་མོང་དུ་དགག དཔེར་བྱེ་བྲག་ཏུ་དགག་པ་གཉིས། དང་པོ་ལ། ཚོགས་ཙམ་དགག དཔེར་ཐུན་མོང་དུ་དགག་པ་གཉིས།

དང་པོ་ནི།

གལ་ཏེ་ཚོགས་ཙམ་ཤིང་རྟར་འགྱུར་ན་ནི།།
སིལ་བུར་གནས་ལ་ཤིང་རྟ་ཉིད་ཡོད་འགྱུར།། ༡༥༢ ཀཁ

གལ་ཏེ་ཡན་ལག་ཚོགས་ཙམ་ཤིང་རྟ་ཡིན་པར་འགྱུར་ན་ནི་གཟེར་བུ་སོགས་ཡན་ལག་སིལ་བུར་གནས་པ་ལ་ཤིང་རྟ་ཉིད་ཡོད་པར་འགྱུར་ཏེ། ཚོགས་པ་ནི་ཚོགས་པ་ཅན་ལས་གཞན་མ་ཡིན་པའི་ཕྱིར།

གཉིས་པ་ནི།

གང་ཕྱིར་ཡན་ལག་ཅན་མེད་ཡན་ལག་དག།
མེད་པས་དབྱིབས་ཙམ་ཤིང་རྟར་རིགས་པའང་མིན།། ༡༥༢ གང

གང་ཕྱིར་ཡན་ལག་ཅན་མེད་ན་ཡན་ལག་མེད་པས་ཏེ་དེ་དག་བལྟོས་ནས་བཞག་པའི་ཕྱིར། ཡན་ལག་ཅན་མེད་ན་ཡན་ལག་མེད་པའི་ཕྱིར། ཡན་ལག་ཚོགས་པའི་དབྱིབས་ཙམ་ཤིང་རྟར་རིགས་པའང་མ་ཡིན་ནོ།། འང་གི་སྒྲས་ཚོགས་པ་ཙམ་པོའང་ཤིང་རྟར་མི་རིགས་སོ།།

The second, its explanation, has two parts:
1) The refutation of the parts
2) The refutation of the proposition that there could be a whole[44] without parts

The first of these, the refutation of the parts, has two sections:
1) The joint refutation of the two preceding points[45]
2) The specific refutation of the shape

The first of these, the joint refutation of the two preceding points, also has two parts:
1) The refutation of the mere collection[46]
2) The general refutation of the shape

The first of these

> *If the mere collection of parts could be the carriage,*
> *A heap of pieces, that would be a carriage! (152ab)*

If the mere collection of its parts were the carriage, a heap of bolts and other [unassembled] pieces would be the carriage, because the collection is not something other than the whole.[47]

[530] Second, the general refutation of the shape

> *Because there is no whole, there can be no parts;*
> *So, to call the shape the carriage is also nonsense. (152cd)*

Where there is no whole, there can be no parts, because the two rely on each other to be categorized in such a way. Because there are no parts where there is no whole, it would also be nonsense to call the bare shape of the collection of parts the carriage. The term "also" [in the root text here extends the application of the statement being made. In other words, any claim] that the mere collection of a carriage's components would be the carriage would also be nonsense.

གཉིས་པ་ལ། དབྱིབས་རྫས་སུ་ཡོད་པ་དགག བཏགས་ཡོད་ཡིན་ན་ཀུན་ལའང་མཚུངས། རང་ལ་ཐ་སྙད་དང་འགལ་བ་སྤང་བ་གསུམ། དང་པོ་ལ་ཡན་ལག་དང་ཚོགས་པའི་དབྱིབས་དགག་པ་གཉིས། དང་པོ་ལ་སྔར་གྱི་དབྱིབས་ཀྱི་ཁྱད་པར་མ་བཏང་བ་དང་། བཏང་བའི་དབྱིབས་ཡིན་པ་དགག་པ་གཉིས།

དང་པོ་ནི།

ཁྱོད་དབྱིབས་ཡན་ལག་རེ་རེ་སྔར་ཡོད་གྱུར།།
ཇི་བཞིན་ཤིང་རྟར་གཏོགས་ལའང་དེ་བཞིན་ན།།
བྱེ་བ་གྱུར་པ་དེ་དག་ལ་ཇི་ལྟར།།
དེ་ལྟར་ཡང་ནི་ཤིང་རྟ་ཡོད་མ་ཡིན།། ༡༥༣

གལ་ཏེ་ཁྱོད་ཤིང་རྟའི་ཡན་ལག་རེ་རེ་བ་འཕང་ལོ་ལ་སོགས་ཀྱི་དབྱིབས་ཤིང་རྟ་མ་བཅས་པའི་སྔར་ཡོད་པར་གྱུར་པ་ཇི་ལྟ་བ་བཞིན་ད་ལྟ་ཤིང་རྟར་རྟོགས་པ་ལའང་དབྱིབས་ཀྱི་ཁྱད་པར་དེ་བཞིན་ཡིན་ན། ཡན་ལག་དེ་དག་སོ་སོར་བྱེ་བར་གྱུར་པ་ལ་ཤིང་རྟ་མེད་པ་ཇི་ལྟ་བར་ད་ལྟ་ཤིང་རྟར་བཅས་པའི་སྐབས་སུ་ཡང་ཤིང་རྟ་ཡོད་པ་མིན་ཏེ། ཤིང་རྟ་བཅས་མ་བཅས་ཀྱི་སྐབས་ཀྱི་འཕང་ལོ་སོགས་ཀྱི་དབྱིབས་ལ་ཁྱད་པར་མེད་པའི་ཕྱིར།

The second, the specific refutation of the shape, has three parts:
1) The refutation of any substantial existence of the shape
2) That its existence as sheer imputation applies to every similar case as well
3) Dispelling the notion that we contradict common consensus

The first, the refutation of any substantial existence of the shape, has two parts:
1) The refutation of the shape of the parts
2) The refutation of the shape of the collection of parts

The first, the refutation of the shape of the parts, is twofold:
1) The refutation of the particular shape of the parts before assembly
2) The refutation of the shape of the parts after assembly

The first of these

> *If you say that each of the parts that belongs to the carriage*
> *Is the same in shape as before these were assembled,*
> *There would be no carriage now that they are assembled,*
> *Just as there wasn't before they were assembled. (153)*

If you say the specific shape of each of the parts included in the present carriage is the same as the shape of these parts, the wheels and all the rest, before they were assembled, there would be no carriage now they are assembled, just as there was no carriage when those separate parts had not yet been assembled, because there is no difference in the shape of the wheels and so on, whether these have been assembled as a carriage or not.

གཉིས་པ་ནི།

དཔེ་ལྷ་གལ་ཏེ་ཤིང་རྟ་ཉིད་དུས་འདིར།།
འཕང་ལོ་སོགས་ལ་དབྱིབས་ཐ་དད་ཡོད་ན།།
འདི་གཟུང་འགྱུར་ན་དེ་ཡང་ཡོད་མིན་ཏེ།།
དེ་ཕྱིར་དབྱིབས་ཙམ་ཤིང་རྟར་ཡོད་མ་ཡིན།། ༡༥༤

དབྱིབས་ཙམ་ཤིང་རྟར་ཡོད་པ་མིན་ཏེ། དཔེ་ལྷ་གལ་ཏེ་ཤིང་རྟ་བཅས་ཏེ་ཡོད་པ་ཉིད་ཀྱི་དུས་འདིར་འཕང་ལོ་དང་སྒྲོག་ཤིང་ལ་སོགས་པ་སོ་སོར་ལྷམ་པ་རིང་བ་སོགས་སྔར་ཤིང་རྟ་མ་བཅས་པའི་སྐབས་ལས་དབྱིབས་ཐ་དད་པ་གཞན་ཞིག་ཤིང་རྟ་ཉིད་ཀྱི་དུས་སུ་ཡོད་ན་ནི་དབྱིབས་འདི་བཟུང་དུ་འགྱུར་ན་དེ་ཡང་ཡོད་པ་མ་ཡིན་པའི་ཕྱིར་ཏེ་རྒྱུ་མཚན་དེའི་ཕྱིར་རོ།།

གཉིས་པ་ནི།

གང་ཕྱི་ཁྱོད་ཀྱི་ཚོགས་པ་ཅང་མེད་པས།།
དབྱིབས་དེ་ཡན་ལག་ཚོགས་ཀྱི་མ་ཡིན་ན།།
གང་ཞིག་ཅི་ཡང་མ་ཡིན་དེ་བརྟེན་ནས།།
འདིར་ནི་དབྱིབས་སུ་ལྟ་ཞིག་ཇི་ལྟར་འགྱུར།། ༡༥༥

འཕང་ལོ་སོགས་ཡན་ལག་ཚོགས་པ་རྣམས་ཀྱི་དབྱིབས་ཀྱི་ཁྱད་པར་ཤིང་རྟ་ཡིན་པར་ཞེན་ན་དེ་ཡང་མི་འགྲུབ་བོ་ཞེས་གང་ཞིག་ཅུང་ཟད་ཙམ་གྱི་ཅི་ཡང་ཡོད་པ་མ་ཡིན་པའི་ཚོགས་པ་དེ་ལ་བརྟེན་ནས་འདིར་ནི་དབྱིབས་སུ་གདགས་པར་ལྟ་ཞིག་ཇི་ལྟར་འགྱུར་ཏེ་མི་འགྱུར་བར་ཐལ། བཏགས་པ་ནི་རྫས་ཀྱི་རྟེན་ཅན་ཁོ་ནར་ཁས་བླངས་པ་ལས་རྫས་སུ་མ་གྲུབ་པའི་ཕྱིར། གྲུབ་བོ་སྙམ་ན་མ་གྲུབ་སྟེ། གང་ཕྱིར་ཁྱོད་ཀྱི་ཚོགས་པ་ཞེས་བྱ་བའི་རྫས་ཅང་གྲུབ་པ་མེད་པས་དབྱིབས་དེ་ཡན་ལག་ཚོགས་ཙམ་གྱི་རྟེན་ཅན་མ་ཡིན་ན་སྟེ། དེའི་ཕྱིར།

[531] Second, the refutation of the shape of the parts after assembly

If the wheels and so on had a different shape
Now, at this point in time when they are a carriage,
That would be perceptible, yet it is not;
And therefore the shape per se is not a carriage. (154)

The shape per se does not exist as a carriage, because, now they have been assembled as a carriage, the specific shapes—rectangular, elongated, and so on—of the wheels, axle, and other parts are no different than they were before the carriage was assembled. If they were, this would be perceptible, but it is not.

The second, the refutation of the shape of the collection of parts

Since your collection has no existence at all,
How could its shape be the shape of the parts' collection?
And how could something visible as a shape
Exist dependent on something that does not? (155)

If you say, "The carriage is the distinctive shape of the whole collection of parts, wheels and all," that is not conclusive either. How could something imputed to be a shape dependent on a collection which has no actual existence whatsoever [actually exist as a shape]? Clearly, it could not. An imputation is merely *claimed* to have substantial basis but has no substantial form of existence.

You might think, "It does exist"; but it doesn't, because that shape is not actually based on the mere collection of parts, since your so-called "mere collection" itself has no substantial existence whatsoever.

གཉིས་པ་ལ་དཔེར་དང་། བུམ་སོགས་དང་། གཟུགས་སོགས་ཀྱི་དབྱིབས་མི་རིགས་པ་གསུམ།

དང་པོ་ནི།

ཁྱོད་ཀྱི་འདི་ནི་ཇི་ལྟར་འདོད་དེ་ལྟར།།
མི་བདེན་པ་ཡི་རྒྱུ་ལ་བརྟེན་བྱས་ནས།།
འབྲས་བུའི་རྣམ་པ་མི་བདེན་རང་བཞིན་ཅན།།
ཐམས་ཅད་ཀྱང་ནི་སྐྱེ་བར་ཤེས་པར་གྱིས།། ༡༥༨

ཅི་སྟེ་ཚོགས་ཙམ་གྱི་དབྱིབས་མི་བདེན་དུ་ཟིན་ཀྱང་ཚོགས་པ་ལ་བརྟེན་ནས་མི་བདེན་པའི་དབྱིབས་སུ་འགྱུར་རོ།། ཞེས་འདོད་ན་ཁྱོད་ཀྱིས་འདི་ནི་ཇི་ལྟར་འདོད་པ་དེ་ལྟར་མ་རིག་པ་དང་ས་བོན་སོགས་མི་བདེན་པའི་རྒྱུ་ལ་བརྟེན་པར་བྱས་ནས་འདུ་བྱེད་དང་མྱུ་གུ་སོགས་འབྲས་བུའི་རྣམ་པ་མི་བདེན་པའི་རང་བཞིན་ཅན་ཐམས་ཅད་ཀྱང་ནི་སྐྱེ་བར་ཤེས་པར་གྱིས་ཤིག རི་དྭགས་ཀྱི་མིག་ཡོར་ལ་བཟའ་འདོད་ཀྱིས་སྲེད་པར་མི་རིགས་ཏེ་འབད་རྩོལ་བརྒྱ་ཕྲག་གིས་ཀྱང་ཤ་ཟ་བར་མི་ནུས་པ་བཞིན། དངོས་པོ་ལ་མངོན་པར་ཞེན་པས་ཅི་བྱ།

གཉིས་པ་ནི།

འདིས་ནི་གཟུགས་སོགས་དེ་ལྟར་གནས་རྣམས་ལ།།
བུམ་བློ་ཞེས་བྱ་འཐག་རིགས་པ་མ་ཡིན་ཉིད།། ༡༥༩ ཀ།ཁ

ཤིང་རྟའི་དཔེ་འདི་ནི་གཟུགས་སོགས་རྟུལ་རྫས་བརྒྱད་བཀོད་པ་དེ་ལྟར་གནས་པ་རྣམས་ལ་བུམ་པ་ཞེས་པའི་རྫས་སོགས་ཀྱི་དངོས་པོར་གྲུབ་པའི་བློ་ཞེས་བྱ་བ་འབྱུང་བའང་རིགས་པ་མ་ཡིན་པ་ཉིད་དེ། དེ་དག་ལ་ཤིང་རྟའི་རྣམ་དཔྱད་མཚུངས་པའི་ཕྱིར།

Second, that its existence as sheer imputation applies to every similar case as well; this has three parts:
1) The actual point of all this
2) That the shape of a vase or anything else is untenable
3) That the shape of a form or anything else is untenable

The first of these

In line with how you now assert it to be,
Basically unreal images of results
Appear on the basis of causes that are unreal.
Know the arising of all to be like that. (156)

[532] You might now come to the conclusion that, even though the shape of the mere collection is decidedly unreal, there would nevertheless be a shape based on that collection, albeit an unreal shape.

In line with how you now assert it to be, know for sure that the arising of all basically unreal images of results, such as karmic formations, sprouts, and so on occurs based on unreal causes such as ignorance, seeds, and so on. It makes no sense, driven by desire for food, to crave an optical illusion that seems to be a deer, since one will not be able to eat its flesh, even after hundreds of attempts. In the same way, what is the use of tenaciously clinging to things?

Secondly, that the shape of a vase or anything else is untenable

And this also shows your idea illogical
That there is a vase where there is a form and so on. (157ab)

The example of the carriage shows that the idea of there being a substantial existence of things and one's application of a name such as "vase" to the form and so on present in a particular way, namely, as an arrangement of eight-particle substances,[48] is unfounded, since one can apply the same analysis here that was applied to the carriage.

གསུམ་པ་ནི།

སྐྱེ་བ་མེད་པས་གཟུགས་སོགས་ཀྱང་ཡོད་མིན།།
དེ་ཡི་ཕྱིར་ཡང་དེ་དག་དཔེ་བས་མི་རིགས།། ༡༥༧ གང

རྫས་ཀྱི་ཉེར་ལེན་ཅན་དུ་འདོད་པའི་བུམ་སོགས་མི་རིགས་པས་བུམ་སོགས་དེ་དག་གཟུགས་དཔེ་བས་ཀྱི་ཁྱད་པར་ཅན་དུ་ཡང་མི་རིགས་ཏེ། གཟུགས་སོགས་ཀྱང་སྐྱེ་བ་མེད་པས་རང་བཞིན་གྱིས་ཡོད་པ་མིན་པར་བཤད་ཟིན་པས་བུམ་སོགས་གདགས་རྒྱུར་ཡང་མི་འཐད་པ་དེའི་ཕྱིར་ཡང་ངོ་།།

གསུམ་པ་ལ། བདེན་གཉིས་སུ་མ་རྙེད་ཀྱང་མ་དཔྱད་པར་བརྟེན་ནས་འདོགས་པ་དང་། དེའི་ཐ་སྙད་ཐམས་ཅད་ཀྱང་མ་དཔྱད་པར་གྲགས་པས་འདོད། དེས་དེ་ཁོ་ན་ཉིད་ཀྱི་གཏིང་དཔོགས་པར་འགྱུར་བ་དང་གསུམ།

དང་པོ་ནི།

དེ་ནི་དེ་ཉིད་དུའམ་འཇིག་རྟེན་དུ།།
རྣམ་པ་བདུན་གྱིས་འགྲུབ་འགྱུར་མིན་མོད་ཀྱི།།
རྣམ་དཔྱད་མེད་པར་འཇིག་རྟེན་ཉིད་ལས་འདིར།།
རང་གི་ཡན་ལག་བརྟེན་ནས་འདོགས་པ་ཡིན།། ༡༥༨

འོ་ན་དཔྱད་པ་བདུན་གྱིས་བཙལ་ན་ཤིང་རྟ་མེད་པས་འཇིག་རྟེན་ན་ཤིང་རྟའི་ཐ་སྙད་འདོགས་པ་རྒྱུན་ཆད་པར་འགྱུར་ན་ཤིང་རྟ་འོན་ཅིག་ཉོས་ཤིག་སོགས་མཐོང་བས་ཤིང་རྟ་ཡོད་དོ་ཞེ་ན། ཤིང་རྟའི་ཐ་སྙད་འཇིག་རྟེན་ན་ཆད་པ་འདི་ནི་ཁྱོད་ལ་འགྱུར་ཏེ། རྣམ་པ་

Thirdly, that the shape of a form or anything else is untenable

Since the form and so on are non-arisen, they do not exist either;
And thus, to say they have a shape is indefensible. (157cd)

Since there are no logical grounds for asserting that vases and so on are incorporators of substances, there are no logical grounds [for assuming any actual existence] of the distinctive shape of any form, such as a vase or whatever, because the form and so on are non-arisen and therefore do not exist with a makeup of their own, as already explained. It is, therefore, just as indefensible to think that these forms and so on are valid causes for imputing the names "vase" and so on.

[533] The third point, dispelling the notion that we contradict common consensus, has three parts:

1) That there is imputation based on no analysis, even though what is being imputed cannot be found in terms of the two truths
2) That conventions are asserted due to unanalyzed common consensus
3) That this is how the suchness is fathomed in depth

The first of these

In reality as well as in the world,
These seven approaches do not prove the carriage exists;
Nevertheless, we do not analyze it
But accept its imputed existence based on its parts
In full accord with consensus in the world. (158)

There are some who might say, "This seven-point investigation shows that the carriage does not exist. So that should put an end to the use of the term 'carriage' in the world. Yet we see people saying things like, 'Get the carriage'; or, 'Buy that carriage.' So the carriage must exist."

བདུན་གྱིས་དཔྱད་ན་ཤིང་རྟ་མི་རྙེད་ཅིང་། ཁྱོད་ཀྱིས་དཔྱད་ནས་ཤིང་རྟ་འཛོག་པ་ལས་གཞན་མི་སླ་བའི་ཕྱིར་ཤིང་རྟ་འོན་ཅིག་སོགས་ཁྱོད་ལ་ཇི་ལྟར་འགྲུབ། ཁོ་བོ་ལ་ཉེས་པ་མེད་དེ། ཤིང་རྟ་དེ་ནི་དམ་པའི་དོན་དང་ཀུན་རྫོབ་ཏུ་དཔྱད་ན་རིགས་པ་རྣམ་བདུན་གྱིས་འགྲུབ་འགྱུར་མ་ཡིན་མོད་ཀྱི། དེ་ལྟའི་རྣམ་དཔྱད་མེད་པར་འཇིག་རྟེན་གྲགས་པ་ཉིད་ལས་ཤིང་རྟ་འདིར་འཕང་ལོ་སོགས་རང་གི་ཡན་ལག་ལ་བརྟེན་ནས་འདོགས་པ་ཡིན་ནོ།། དེས་ན་རྟེན་འབྱུང་རྐྱེན་འདི་པ་ཙམ་ཁོ་བོས་ཁས་ལེན་པས་མ་དཔྱད་པར་ཐ་སྙད་རྒྱུན་མི་འཆད་ལ། ཁྱོད་ཀྱང་ཐ་སྙད་བརྗོད་ན་དེ་ལྟར་བརྗོད་པར་འོས་སོ།།

གཉིས་པ་ལ་དངོས་དང་། ཡན་ལག་སོགས་མེད་པ་མི་འཐད་པ་གཉིས།

དང་པོ་ནི།

དེ་ཉིད་ཡན་ལག་ཅན་དེ་ཆ་ཤས་ཅན།།
ཤིང་རྟ་དེ་ཉིད་བྱེད་པོ་ཞེས་འགྲོར་བསྙད།།
སྐྱེ་བོ་རྣམས་ལ་ལེན་པོ་ཉིད་དུ་འགྲུབ།། ༡༥༩ ཀཁག

ཁོ་བོ་ཅག་གྲགས་པའི་ཆ་ནས་ཤིང་རྟའི་ཐ་སྙད་འདོགས་པ་ཆེས་གསལ་བར་མ་ཟད་རྣམ་དཔྱད་མེད་པར་འདིའི་མིང་ཡང་ཐ་སྙད་ལ་འཇུག་པ་ན་གྲགས་པ་ལྟར་བརྗོད་དགོས་ཏེ།

[In response we Prasangikas would say,] "The term 'carriage' would indeed, as far as you are concerned, have to stop being used in the world, precisely because no carriage is to be found when this seven-point analysis is applied and you have no other way to posit it than through analysis. As a result, you could no longer [accept or employ any] talk about it [as if it were something actually present], so how could statements people make like, 'Get the carriage,' be a proof for you of its existence?"

But we do not fall into that dilemma. For us, it is indeed such that a carriage cannot be verified through the seven steps of this rational analysis to exist, either in genuine reality or in the relative world. Nevertheless, we do not apply such an analysis to it but accept that the carriage has an imputed existence with reference to its parts, the wheels and so on, in full accord with common consensus in the world.

And thus we accept precisely what it is, namely, a case of conditions arising in interrelation; consequently, we do not have to stop using the conventions stemming from the unexamined context. When you employ conventions, you would do well to use them like this.

The second, that conventions are asserted due to unanalyzed common consensus; this point has two parts:

1) The actual statement
2) That it is inappropriate [to proclaim indiscriminately] that the parts and so forth do not exist

The first of these

One says the carriage has parts and sections and functions
And exists for beings as an incorporator. (159a-c)

[534] We make it very clear that we use this term "carriage" as a mere imputation in accordance with common consensus. But we also stress that, even when the term is being used as a convention by those who have not examined it, its usage is necessarily determined by consensus, as can be seen by the following.

ཤིང་རྟ་དེ་ཉིད་འཕང་ལོ་སོགས་རང་གི་ཡན་ལག་ལ་བལྟོས་ནས་ཡན་ལག་ཅན་ཡང་ཡིན་ལ། ཤིང་རྟ་དེ་འཕང་ལོ་སོགས་ཆ་ཤས་ལ་བལྟོས་ནས་ཆ་ཤས་ཅན་དང་། ཤིང་རྟ་དེ་ཉིད་གཟེར་བུ་སོགས་བླང་བྱ་ལ་བལྟོས་ནས་བྱེད་པོ་ཉིད་དོ་ཞེས་འགྲོ་བ་འདི་དག་བསྟན་ཅིང་། རང་གི་ཉེར་ལེན་ལ་བལྟོས་ནས་སྐྱེ་བོ་རྣམས་ལ་གྲགས་པའི་ཡན་ལག་གི་ལེན་པོ་ཉིད་དུ་གྲུབ་བོ།།

གཉིས་པ་ནི།

འཇིག་རྟེན་གྲགས་པའི་ཀུན་རྫོབ་མ་བརྟག་ཅིག། ༡༥༩ ང

རང་སྡེ་ཁ་ཅིག་ཡན་ལག་ཚོགས་པ་ཙམ་ཞིག་ཡོད་ཀྱི། ཡན་ལག་ཅན་རྣམ་པ་ཐམས་ཅད་དུ་མེད་པ་དང་། ཆ་ཤས་དང་ལས་དང་ཉེ་བར་བླང་བྱ་འབའ་ཞིག་ཡོད་ཀྱི། ཆ་ཅན་དང་བྱེད་པོ་དང་ལེན་པོ་སོགས་མེད་དོ་ཞེས་འཇིག་རྟེན་ཀུན་རྫོབ་གྲགས་པ་ལས་ཕྱིན་ཅི་ལོག་ཏུ་སྨྲ་བ་དེ་དག་གི་ལྟར་ན་གཏན་ཚིགས་དེ་ཉིད་ཀྱིས་ཡན་ལག་སོགས་ཀྱང་མེད་པར་འགྱུར་ཏེ། ཡན་ལག་དང་ཡན་ལག་ཅན་སོགས་ཕན་ཚུན་བལྟོས་ནས་བཞག་པའི་ཕྱིར། དེས་ན་ཁྱོད་ལ་བཟློག་སྟེ་སྨྲ་ན་ཚད་པའི་ཉེས་པ་ནི་ཁྱོད་རང་གིས་ཁས་བླངས་པས་ཡན་ལག་དང་ཡན་ལག་ཅན་སོགས་འཇིག་རྟེན་ན་གྲགས་པའི་ཀུན་རྫོབ་མ་བརྟག་ཅིག ཁོ་བོ་ཅག་དེ་དག་ཐ་སྙད་དུ་ནི་བལྟོས་ནས་བཞག་པས་གཉིས་ཀའང་ཡོད་ལ། དཔྱད་ན་གཉིས་ཀའང་ཡོད་པ་མ་ཡིན་ནོ།།

People speak of a carriage as having parts; this is a matter of consensus relative to the wheels and other parts. They speak of it as having sections; this is also a matter of consensus relative to the wheels and so on [which are being imputed as comprising] sections of the carriage. They refer to it as performing functions; this is relative to the bolts and so on which are incorporated by it. And its being [spoken of as] an incorporator of its parts is a matter of consensus among beings relative to what is incorporated.

The second, that it is inappropriate [to proclaim indiscriminately] that the parts and so on do not exist

Don't ruin the relative context of common consensus. (159d)

Some in our own ranks say that the mere collection of parts exists, but that a whole, i.e., a bearer of those parts, does not exist in any way. They further say that only the sections, the functions, and what is incorporated exist; not the whole which is the bearer of these sections, a performer of the functions, or an incorporator, and so on. If such statements, which are incorrect in terms of relative worldly consensus, were true as stated, one would also have to logically conclude that the parts and all the rest would not exist either, because parts and a whole are posited with reference to each other.

Nevertheless, were we to go around speaking to you in the opposite [of the way terms are used in common consensus], that could lead to the fault of someone falling into nihilism.[49] Since you accept that [this indeed might happen], do not ruin the relative context, which is a matter of consensus in the world, where one speaks of parts, a whole, and so on. For us, speaking in a strictly conventional context, both exist, since they are posited with reference to each other; but, if examined, neither exists.

གསུམ་དཔ་ནི།

རྣམ་བདུན་གྱིས་མེད་གང་དེ་ཇི་ལྟ་བུར།།
ཡོད་ཅེས་རྣལ་འབྱོར་པས་འདིའི་ཡོད་མི་རྙེད།།
དེས་དེ་ཉིད་ལའང་བདེ་བླག་འཇུག་འགྱུར་བས།།
འདིར་དེའི་གྲུབ་པ་དེ་བཞིན་འདོད་པར་བྱ།། ༡༦༠

དེས་ན་དངོས་པོ་རྣམས་དཔྱད་ན་ཡོད་པ་མ་ཡིན་ཀྱང་མ་དཔྱད་ན་ཡོད་པས་དཔྱད་པ་ན་དེ་ཉིད་ཀྱི་གཉིང་དཔོག་པར་འགྱུར་བས་ཤིང་རྟ་རང་བཞིན་གྱིས་གྲུབ་པར་ཡོད་ན་དཔྱད་པའི་ཚེ། རྣམ་པ་བདུན་ལས་གང་ཡང་རུང་བ་ཞིག་གི་ངོ་བོར་རྙེད་པར་འགྱུར་ན་རྣམ་པ་བདུན་གྱིས་བཙལ་བ་ན་མེད་པའི་ཤིང་རྟ་གང་དེ་ཇི་ལྟ་བུར་ཡོད་ཅེས་རྣལ་འབྱོར་པས་དཔྱོད་ཚེ་ཤིང་རྟ་འདིའི་ཡོད་པ་མི་རྙེད་དེ། ཤིང་རྟ་ནི་མ་རིག་པའི་ལིང་ཏོག་གིས་ཉམས་པར་བྱས་པ་ཁོ་ནས་བཏགས་པར་ཟད་ཀྱི། རང་གི་ངོ་བོས་སྟོང་པར་རྟོགས་པ་དེས་དེ་ཉིད་ཀྱི་དོན་ལ་ཡང་བདེ་བླག་ཏུ་འཇུག་པར་འགྱུར་བས་སོ།། འང་གི་སྒྲས་ནི་ཀུན་རྫོབ་ལས་ཀྱང་མི་ཉམས་སོ།། མ་དཔྱད་པ་འདིར་ནི་ཀུན་རྫོབ་ཤིང་རྟ་དེའི་གྲུབ་པ་ནི་གྲགས་པའི་གྲུབ་པའི་སྒོ་ནས་དེ་བཞིན་འདོད་པར་བྱ་སྟེ། དེ་ལྟར་འདོད་པ་ལ་སྐྱོན་མེད་ཅིང་ཡོན་ཏན་དང་ལྡན་པའི་ཕྱིར།

The third, that this is how the suchness is fathomed in depth

How could that which does not exist in these seven different ways
Be said to exist? Yogis find no existence of such a thing.
Because of this, they easily penetrate how it actually is;
And that is why here we have to assert their existence the way we do. (160)

Thus, when examined, things do not exist; when not examined, they do. So, it is this examination that makes it possible to break through to the very crux of how things actually are. So, if a carriage were something verifiably existing with a solid nature, when examined, it would be found to actually exist in at least one of the seven ways.

How could that carriage, which does not exist in any of the seven ways when investigated, be said to exist?

When yogis analyze this, they do not find the existence of the carriage. The carriage is nothing but an imputation due solely to an impairment [of intelligence] caused by the veil of ignorance. Their realizing it is empty of an essence of its own is what makes it possible for them, among other things, to easily penetrate how it actually is. "Among other things" here means that [besides realizing the ultimate truth,] they would not lose sight of the relative [and fall into nihilism].

And that is why here, i.e., at the unexamined level, we have to assert the existence of the carriage the way we do, namely, as existing relatively in the context of common consensus, because such an assertion is free of error and replete with positive qualities.

གཉིས་པ་ལ་དོན་དངོས་དང་། དེ་དཔེས་གསལ་བར་བྱས་པ་གཉིས།

དང་པོ་ནི།

ཤིང་རྟ་ཡོད་ཉིད་མིན་ན་དེ་ཡི་ཚེ།།

ཡན་ལག་ཅན་མེད་དེའི་ཡན་ལག་ཀྱང་མེད།། ༡༤༡ ཀཁ

རྣལ་འབྱོར་པས་ཤིང་རྟ་མ་དམིགས་ལ་རག་མོད། དེའི་ཡན་ལག་ཚོགས་པ་ཙམ་ཞིག་ནི་ཡོད་དོ་ཞེ་ན། ཅི་སྐམ་བུ་ཆོག་ནས་ཐལ་བ་ལ་སྣལ་མ་ཚོལ་བ་ཁྱོད་ནི་བཞད་གད་དུ་བྱ་བ་ཞིག་སྟེ། ཤིང་རྟ་ཉིད་ཡོད་པ་མིན་ན་དེའི་ཚེ་དེའི་ཡན་ལག་ཀྱང་མེད་དེ། དེ་ལ་བལྟོས་པའི་ཡན་ལག་ཅན་མེད་པའི་ཕྱིར། གལ་ཏེ་ཤིང་རྟ་ཞིག་པ་ན་ཡང་འཕང་ལོ་སོགས་དམིགས་པའི་ཕྱིར། ཡན་ལག་ཅན་མེད་ཀྱང་ཡན་ལག་ཡོད་དོ་སྙམ་ན། ཡན་ལག་ཅན་མེད་པར་ཡན་ལག་ཡོད་པར་གྱུར་པ་མིན་ཏེ། སྔར་ཡན་ལག་ཅན་ཤིང་རྟ་མཐོང་བའི་རྟོགས་པ་པོ་ནས་འཕང་ལོ་སོགས་སིལ་བུར་མཐོང་བ་ན་འདི་དག་ནི་ཤིང་རྟའི་ཡན་ལག་གོ་ཞེས་རྟོགས་ཀྱི། གཞན་དུ་དེ་དང་འབྲེལ་བ་མི་ཤེས་པ་ལ་དེའི་ཡན་ལག་གོ་ཞེས་རྟོགས་པ་མེད་པའི་ཕྱིར།

གཉིས་པ་ནི།

ཤིང་རྟ་ཚིག་ན་ཡན་ལག་མེད་དཔེ་བཞིན།།

བློ་མེས་ཡན་ལག་ཅན་བསྲེགས་ཡན་ལག་གོ།། ༡༤༡ གང

དཔེར་ན་ཤིང་རྟ་མེས་ཚིག་ན་དེའི་ཡན་ལག་ཀྱང་ཚིག་ནས་མེད་པའི་དཔེ་བཞིན་རྣམ་དཔྱོད་ཀྱི་གཙུབ་ཤིང་གཙུབས་པ་ལས་བྱུང་བའི་བློ་གྲོས་ཀྱི་མེས་ཡན་ལག་ཅན་ཤིང་རྟ་མ་ལུས་པར་བསྲེགས་པ་ན་ཡན་ལག་ཀྱང་ཚིག་པར་འགྱུར་རོ།།

[535] The second, the refutation of the proposition that there could be a whole without parts; this has two sections:
1) The actual point
2) The illumination of that point through an example

The first of these

If the carriage itself does not exist, at the same time
There is no whole; so its parts could not exist either. (161ab)

You might say by way of objection, "We accept that yogis find no objectively observable carriage; nevertheless, the sheer collection of its parts exists."

You who search for yarn in the ashes of a burnt-up blanket are a ludicrous bunch. If the carriage itself does not exist, at the same time its parts will not exist either, because the whole, which [only exists] in relation to them, would not exist. And that is the case because, if there were a carriage, its wheels and so on would be detectable.[50]

If you are thinking by way of rebuttal that there could be parts but no whole, we would have to reply that without the sum of the parts[51] there would be no parts. This is because it is only by knowing what a carriage is by having seen a whole carriage previously that one knows, on seeing wheels and other components, that these are the parts of a carriage; otherwise, if one does not know what they relate to, one will not understand what they are the parts of.

The second, the illumination of that point through an example

Just as, when a fire burns up a carriage, its parts no longer exist,
When the fire of understanding burns up the whole, the parts are burned as well. (161cd)

To illustrate this, when a fire burns up a carriage, its parts are also burned up and no longer exist. And in the same way, when the fire of understanding—kindled by rubbing together the sticks of analysis—burns away the whole carriage leaving nothing behind, its parts will be burned away as well.

གཉིས་པ་ལ་བདག་བརྟེན་ནས་བཏགས་པར་བསྟན། དེའི་ཕན་ཡོན་ལྟ་བ་ཐམས་ཅད་བཟློག་པར་འགྱུར་བ། བདག་དང་བདག་གི་བ་མེད་པར་རྟོགས་པས་གྲོལ་བ་གསུམ། དང་པོ་ལ་ཐ་སྙད་དུ་ཕུང་སོགས་ལ་བརྟེན་ནས་བཏགས་ཚུལ། ལས་དང་བྱེད་པོའི་ཐ་སྙད་འཆད་ཚུལ་གཉིས།

དང་པོ་ནི།

དེ་བཞིན་འཇིག་རྟེན་གྲགས་པས་ཕུང་པོ་དང་།།
ཁམས་དང་དེ་བཞིན་སྐྱེ་མཆེད་དྲུག་བརྟེན་ནས།།
བདག་ཀྱང་ཉེ་བར་ལེན་པོ་ཉིད་དུ་འདོད།། ༡༦༢ ཀཁག

ཇི་ལྟར་འཕང་ལོ་ལ་སོགས་ལ་བརྟེན་ནས་ཤིང་རྟར་འདོགས་ཤིང་འཕང་ལོ་སོགས་ཉེ་བར་ལེན་པ་ཡིན་ལ། ཤིང་རྟ་ཉེ་བར་ལེན་པོ་ཡིན་པ་དེ་བཞིན་དུ་འཇིག་རྟེན་གྲགས་ངོར་ཀུན་རྫོབ་ཐ་སྙད་མི་གཙོད་པར་རྣམ་པར་བཞག་པས་དེའི་ཆེད་དུ་ཕུང་པོ་ལྔ་དང་། ནང་གི་ཁམས་དྲུག་དང་། དེ་བཞིན་གཟུགས་སོགས་སྐྱེ་མཆེད་དྲུག་ལ་བརྟེན་ནས་བདག་ཏུ་ཉེ་བར་འདོགས་པའི་ཕྱིར། ཕུང་པོ་སོགས་དེ་དག་བདག་གི་ཉེར་ལེན་ཡིན་ལ། བདག་ཀྱང་དེ་དག་གི་ཉེ་བར་ལེན་པ་པོ་ཉིད་དུ་འདོད་དོ།།

གཉིས་པ་ནི།

ཉེར་ལེན་ལས་ཡིན་འདི་ནི་བྱེད་པོའང་ཡིན།། ༡༦༢ ང

ཇི་ལྟར་ཉེ་བར་ལེན་པ་དང་ཉེ་བར་ལེན་པོའི་རྣམ་གཞག་ཤིང་རྟ་ལྟར་འཇིག་རྟེན་གྱི་གྲགས་བརྗོད་དུ་བདག་གི་ལས་དང་བྱེད་པོ་ལའང་དེ་ལྟར་བརྗོད་དེ། ཉེར་ལེན་ཕུང་སོགས་ནི་ལས་ཡིན་ཅིང་། བདག་འདི་ནི་དེ་དག་གི་བྱེད་པོའང་ཡིན་པར་མ་དཔྱད་པར་བཞག་སྟེ། བདག་གིས་བསོད་ནམས་ཡིན་མིན་དང་། མི་གྱོ་བའི་ལས་བསགས་པས་ཁམས་གསུམ་པའི་ཕུང་པོ་ལེན་པར་ཐ་སྙད་བྱེད་པའི་ཕྱིར།

[536] The second, the point illustrated by the example,[52] has three parts:
1) The presentation of the point that the self is a relative imputation
2) The benefits of this presentation, namely, that all views are overturned
3) Liberation through realizing that "I" and "mine" do not exist

The first of these, the presentation of the point that the self is a relative imputation, has two parts:
1) How the self is imputed with reference to the skandhas and so forth in a conventional context
2) How the terms "product" and "creator" are explained here

The first of these

And in the same way, in accordance with worldly consensus,
The self is also described as incorporator
With reference to skandhas and dhatus and six ayatanas. (162a-c)

Just as the imputation of a carriage is made with reference to the wheels and so on, while the wheels and so on are what are incorporated, with the carriage as the incorporator; in the same way, to be in keeping with the presentation that does not discard the conventions employed in the context of worldly consensus, a self is imputed with reference to the five skandhas, the six inner dhatus, and the six ayatanas of form and so on. Thus, the skandhas and so on are described as being what is incorporated within a self and a self is described as being the incorporator.

The second, how the terms "product" and "creator" are explained here

Products are the embodied; this, the creator. (162d)

Just as with the classifications "what is incorporated" and "the incorporator" in the case of the carriage, just so with "product" and "creator" in the context of a self—these expressions accord with common usage in the world. The products consist of the skandhas and so on, which are the incorporated factor; and this—namely, the self—is presented at the unexamined level as their creator, because "self" is the convention used for the one who gathers meritorious, nonmeritorious, and stable actions and, as a result, incorporates the skandhas typical of the three realms.

གཉིས་པ་ནི།

དངོས་ཡོད་མིན་ཕྱིར་འདི་ནི་བརྟན་མིན་ཞིང་།།
མི་བརྟན་ཉིད་མིན་འདི་ནི་སྐྱེ་འཇིག་མིན།།
འདི་ལ་རྟག་པ་ཉིད་ལ་སོགས་པ་ཡང་།།
ཡོད་མིན་དེ་ཉིད་དང་ནི་གཞན་ཉིད་མིན།། ༡༤༣

བརྟེན་ནས་བཏགས་པ་ལ་བརྟེན་པའི་ཆོས་ལ་བརྟེན་མི་བརྟེན་སོགས་རྟོག་པའི་རྟེན་མ་ཡིན་པ་རྟག་མི་རྟག་གི་རྟོག་པ་སོགས་ཀུང་བཟློག་སླ་བས། བདག་ཅེས་བརྟེན་ནས་བཏགས་པ་འདི་ནི་རང་བཞིན་གྱིས་ཡོད་པ་མ་ཡིན་པས་དངོས་པོར་ཡོད་པ་མིན་པའི་ཕྱིར་དང་། སྔོན་འདས་པའི་སྐྱེ་བར་བྱུང་བའི་བརྟེན་པ་མ་ཡིན་ཞིང་སྟེ།

བསྟན་བཅོས་ལས།

འདས་པའི་དུས་ན་བྱུང་གྱུར་ཅེས།།
བྱ་བ་དེ་ནི་མི་འཐད་དོ།།
སྔོན་ཚེ་རྣམས་སུ་གང་བྱུང་བ།།
དེ་ཉིད་འདི་ནི་མ་ཡིན་ནོ།།
དེ་ཉིད་བདག་ཏུ་འགྱུར་སྙམ་ན།།
ཉེ་བར་ལེན་པ་ཐ་དད་འགྱུར།།
ཉེ་བར་ལེན་ལས་མ་གཏོགས་པར།།
ཁྱོད་ཀྱི་བདག་ནི་གང་ཞིག་ཡིན།།

ཅེས་སོ།།

[547] The second, the benefits of this presentation, namely, that all views are overturned

Because this self does not exist as a thing,
It is neither supported nor unsupported; is not
Produced or destroyed; is not permanent and so forth;
It is neither the same as the skandhas nor different from them. (163)

Since phenomena that are supported on an imputation which [itself] is supported [on something else] do not comprise a solid foundation for thinking about what is supported and unsupported,[53] it is easy to counteract notions of their being permanent, impermanent, and so on. Since this referential imputation referred to as "self" does not exist with a solid nature, it does not exist as a thing. And, because of this, it is not supported on something that arose in the bygone past.[54] As explained in the treatise [*The Knowledge Fundamental to the Middle Way*[55]]:

To say it arose from something in the past[56]
Is not a viable explanation;
That which arose in bygone times
Is not the same as what's here now.
If you think it would be the same as itself,
It would differ from what it incorporates.
But, except for what it incorporates,
What could your self possibly be?

སྔོན་མ་བྱུང་བ་ལས་བྱུང་བའི་མི་བརྟེན་པ་ཉིད་ཀྱང་མིན་ཏེ། བསྟན་བཅོས་ལས།

མ་བྱུང་བ་ལས་བྱུང་མིན་ཏེ།།
འདི་ལ་སྐྱོན་དུ་ཐལ་བར་འགྱུར།།
བདག་ནི་བྱས་པར་གྱུར་པའམ།།
འབྱུང་བ་རྒྱུ་མེད་ཅན་དུ་འགྱུར།།

ཞེས་སོ།།

བདག་འདི་ནི་སྐྱེ་བ་དང་འཇིག་པ་ཡང་མིན་ཏེ།།
ཉེ་བར་ལེན་པ་བདག་མ་ཡིན།།
དེ་འབྱུང་བ་དང་འཇིག་པ་ཡིན།།
ཉེ་བར་བླང་བ་ཇི་ལྟ་བུར།།
ཉེ་བར་ལེན་པོ་ཡིན་པར་འགྱུར།།

ཞེས་སོ།། འདི་ལ་རྟག་པ་ཉིད་དང་མི་རྟག་པ་ལ་སོགས་པ་བཞི་ཡང་ཡོད་པ་མིན་ཏེ།

རྟག་དང་མི་རྟག་ལ་སོགས་པ།།
ཞི་བ་འདི་ལ་ག་ལ་ཡོད།།
མཐའ་དང་མཐའ་མེད་ལ་སོགས་པ།།
ཞི་བ་འདི་ལ་ག་ལ་ཡོད།།
གང་གིས་དེ་བཞིན་གཤེགས་ཡོད་ཅེས།།
འཛིན་པ་སྟུག་པོས་བཟུང་གྱུར་པ།།
དེ་ནི་མྱ་ངན་འདས་པ་ལ།།
མེད་ཅེས་རྣམ་རྟོག་རྟོག་པར་བྱེད།།

The self is not something unsupported[57] either, that arose from something that did not arise earlier. As explained in the treatise:

> No thing can arise from what's non-arisen,
> For this would have faulty consequences:
> The self would either be something created
> Or something arisen without a cause.

The self is not produced or destroyed either:

> The self is not what's incorporated,
> For that arises and disappears.
> How could what is incorporated
> Possibly be the incorporator?

Nor is it any of the four—permanent, impermanent, both, or neither:

> Permanent or not or both or neither,
> Where are the likes of these in the state of peace?
> Having an end or not or both or neither—
> Where are the likes of these in the state of peace?
> Whoever is in the grip of strong fixation,
> Claiming the tathagathas to exist,
> Generates thoughts that think those don't exist
> Who've passed into nirvana past all grief.

རང་བཞིན་གྱིས་ནི་སྟོང་དེ་ལ།།
སངས་རྒྱས་མྱ་ངན་འདས་ནས་ནི།།
ཡོད་དོ་ཞེའམ་མེད་དོ་ཞེས།།
བསམ་པ་འཐད་པར་མི་འགྱུར་རོ།།

ཞེས་སོ།། བདག་དེ་ཕུང་པོ་ལས་དེ་ཉིད་དང་ནི་གཞན་ཉིད་མིན་ཏེ།

གལ་ཏེ་ཕུང་པོ་བདག་ཡིན་ན།།
སྐྱེ་དང་འཇིག་པ་ཅན་དུ་འགྱུར།།
གལ་ཏེ་ཕུང་པོ་རྣམས་ལས་གཞན།།
ཕུང་པོའི་མཚན་ཉིད་མེད་པར་འགྱུར།།

ཞེས་སོ།།

གསུམ་པ་ལ། བདག་དང་བདག་གི་བ་མ་རིག་པ་ཙམ་གྱི་དབང་གིས་མ་དཔྱད་པར་བཏགས། དེ་གཉིས་མེད་པར་རྟོགས་པས་གྲོལ་བའི་ཚུལ་གཉིས།

དང་པོ་ནི།

གང་ཕྱིར་རྟག་ཏུ་འགྲོ་རྣམས་ངར་འཛིན་བློ།།
རབ་ཏུ་འབྱུང་ཞིང་དེ་ཡི་གང་ཡིན་དེར།།
ང་ཡིར་འཛིན་བློ་འབྱུང་བའི་བདག་དེ་ནི།།
མ་བརྟགས་གྲགས་པར་གཏི་མུག་ལས་ཡིན་ནོ།། ༡༤༩

རྣམ་པ་བདུན་གྱིས་བཙལ་ན་མི་རྙེད་ཀྱང་བདག་མེད་མ་རིག་པའི་དབང་གིས་འཇིག་ལྟས་འཁོར་བར་འགྱུར་བའི་བདག་དེ་གང་ཞེ་ན། ཕྱི་རོལ་པ་དག་ཕུང་པོ་ལས་གཞན་དུ་ཞེན་ལ། རང་སྡེ་དག་ཕུང་པོ་དེ་ཉིད་དམ། དེ་ཉིད་དང་གཞན་དུ་བརྗོད་མེད་དུ་འཛིན་ཅིང་། བཅོམ་ལྡན་འདས་ཀྱིས་ཇི་ལྟ་བར་བསྟན་པ་ཤེས་པ་དག་གི་ཕུང་པོ་ལ་བརྟེན་ནས་བཏགས་པ་ཙམ་ལས་རང་བཞིན་མེད་དོ་ཞེས་པ་དེ་ཙམ་ཞིག་ལ་བདག་གི་ཐ་སྙད་བྱེད་དེ།

It would not be defensible to think
That those who are empty by force of their very nature,
The Buddhas, those transcending misery,
Could be thought to exist or said to not exist.

The self is neither the same as nor different from the skandhas:

If it were such that the self were composed of the skandhas,
It would have to arise and then disintegrate.
If it were something other than the skandhas,
It would not possess the skandhas' characteristics.

[549] The third, liberation through realizing that "I" and "mine" do not exist, has two parts:

1) That "I" and "mine" are imputed without analysis, simply due to ignorance
2) How liberation occurs through realizing those two do not exist

The first of these

Beings always maintain the frame of mind
That conceives of an "I"; and, in conjunction with this,
They produce the mind frame conceiving of "mine"; this "self"
Is the work of stupidity that accompanies
The unexamined realm of common consensus. (164)

You might now exclaim, "What kind of a self is this? When searched for in all of the seven ways, you cannot find it, yet ignorance of its lack of existence forces you to circle in samsara entertaining transitory views!"

The Tirthikas take it to differ from the skandhas. In our own Buddhist systems, some say it is the same as the skandhas; some, that it is inexpressible as identical with or differing from them; and some, who have understood it just as the Transcendent Conqueror has taught it, say it is a mere imputation with reference to the skandhas but it has no makeup except that. These are the kinds of conventions associated with self.

གང་གི་ཕྱིར་ན་བདག་དེ་ལྷ་བུ་དུས་རྟག་ཏུ་མི་དང་དུད་འགྲོ་ལ་སོགས་པའི་འགྲོ་བ་མ་རིག་པ་དང་ལྡན་པ་རྣམས་ལ་ངར་འཛིན་གྱི་བློ་རབ་ཏུ་འབྱུང་བ་དེའི་ཞེན་ཡུལ་ནི་བདག་ཡིན་ཅིང་། བདག་དེའི་དབང་བསྒྱུར་བྱའམ་གདགས་པའི་རྟེན་མིག་ལ་སོགས་པ་ནང་དང་། ལོངས་སྤྱོད་བྱ་གཟུགས་སོགས་ཕྱི་རོལ་གང་ཡིན་དེར་ང་ཡིར་འཛིན་པའི་བློ་འབྱུང་བའི་བདག་དེ་ནི་མ་བརྟགས་གྲགས་པར་གཏི་མུག་གི་དབང་ལས་ཡིན་ནོ་སྙེ་རང་གི་ངོ་བོས་གྲུབ་པ་མ་ཡིན་ནོ།།

གཉིས་པ་ནི།

གང་ཕྱིར་བྱེད་པོ་མེད་ཅན་ལས་མེད་པ།།
དེ་ཕྱིར་བདག་གི་བདག་མེད་པར་ཡོད་མིན།།
དེ་ཕྱིར་བདག་དང་བདག་གི་སྟོང་ལྟ་ཞིང་།།
རྣལ་འབྱོར་པ་དེ་རྣམ་པར་གྲོལ་བར་འགྱུར།། ༡༦༥

བདག་མེད་ན་བདག་གི་བ་ཡང་མེད་དམ་ཞེ་ན། གང་གི་ཕྱིར་རྫ་མཁན་མེད་པར་བུམ་པ་མི་སྲིད་པ་བཞིན་བྱེད་པོ་མེད་པར་ལས་མེད་དེ། བྱེད་པོའི་བྱ་བ་འཇུག་ཡུལ་ཉིད་ལ་ལས་སུ་བཏགས་པའི་ཕྱིར། དེའི་ཕྱིར་བདག་གི་བ་ནི་ཡོད་པ་མ་ཡིན་ཏེ། བྱེད་པོའི་བདག་མེད་པར་གྱུར་པའི་ཕྱིར། དེའི་ཕྱིར་ཕུང་པོ་བདག་དང་བདག་གི་བས་སྟོང་པར་བལྟ་ཞིང་། འཁོར་བ་མ་གཟིགས་པ་ན་རྣལ་འབྱོར་པ་དེ་རྣམ་པར་གྲོལ་བར་འགྱུར་ཏེ། གཟུགས་སོགས་མ་དམིགས་པ་ན་དེ་ལ་ཆགས་སོགས་ཀྱི་རྟོག་པ་མི་འབྱུང་བས་ཉན་རང་དག་ལེན་པ་མེད་པར་མྱ་ངན་ལས་འདའ་ལ། བྱང་སེམས་ནི་བདག་མེད་རྟོགས་ཀྱང་སྙིང་རྗེའི་དབང་གིས་སྲིད་པའི་རྒྱུན་འཛིན་པར་བྱེད་པའོ།།

The referent object with respect to which beings under the influence of ignorance, whether human, animal or otherwise, continually produce the mind frame which conceives of "I" is a self. It is in relation to such a self that the mind frame conceiving of "mine" is produced. [This idea, "mine," is] applied to whatever comes under the jurisdiction of this "self" or serves as a focal referent with respect to which the imputation of the self is entertained. This includes the eyes and so forth as interior possessions [of a supposed self]. It also applies to whatever these experience, such as forms, sounds, and so forth, as the exterior [possessions]. This "self" is a by-product of the stupidity that accompanies unexamined common consensus. This being so, it is not something existing with an essential component of its own.

[550] The second, how liberation occurs through realizing those two do not exist

Without a creating agent, there is no creation;
So "mine" does not exist, since there is no "I."
Because of this, the emptiness of "I"
And "mine" can be seen and yogis gain full liberation. (165)

You might ask, "Why would it follow that, if there is no 'I,' there is no 'mine' either?" Without a potter, a vase is not possible; i.e., without a creating agent, there is no creation, because something is designated "a creation" where there is a creating agent producing a frame of reference.[58] And therefore "mine" does not exist, because there is no "I" as the creating agent.

Because of this, the skandhas can be seen to be empty of an "I" and "mine." When samsara is no longer what is seen, yogis and yoginis gain full liberation. When forms and so forth are no longer the focus, attachment to them and other kinds of thoughts will not occur, and because of this, Shravakas and Pratyekabuddhas attain nirvana, where there is no grasping. Bodhisattvas also realize that there is no self, but compassion empowers them to choose to continue in conditioned existence.

གསུམ་པ་ལ་དངོས་པོ་ཐམས་ཅད་བརྟེན་ནས་བཏགས་པར་བསྟན། རྒྱུ་འབྲས་བྱེ་བྲག་ཏུ་བཤད་པ་གཉིས། དང་པོ་ལ། དངོས་པོ་རྣམས་དཔྱད་ན་མི་རྙེད་ཀྱང་གྲགས་པ་ཙམ་ཀྱིས་བཞག ཐ་སྙད་ཐམས་ཅད་བདེན་པ་གཉིས་དང་མི་འགལ་བ་གཉིས།

དང་པོ་ནི།

བུམ་པ་སྣམ་བུ་རེ་ལྡེ་དམག་དང་ནགས་ཚལ་ཕྲེང་བ་ལྗོན་ཤིང་དང་།།
ཁང་ཁྱིམ་ཤིང་རྟ་ཕྲན་དང་འགྲོན་གནས་ལ་སོགས་དངོས་རྣམས་གང་དག་དང་།།
དེ་བཞིན་གང་དག་སྒོ་ནས་སྐྱེ་འདིས་བསྙད་པ་དེ་རྣམས་རྟོགས་བྱ་སྟེ།།
གང་ཕྱིར་ཐུབ་དབང་དེ་ནི་འཇིག་རྟེན་ལྷན་ཅིག་རྩོད་མི་མཛད་ཕྱིར་རོ།། ༡༦༦

བདག་དང་དེའི་ཉེར་ལེན་ཤིང་རྟ་དང་མཚུངས་པ་ལྟར་དངོས་པོ་ཐམས་ཅད་དེ་དང་འདྲ་བར་བསྒྲེ་བ་ནི། བུམ་པ་སྣམ་བུ་རེ་ལྡེ་དམག་དང་ནགས་ཚལ་ཕྲེང་བ་ལྗོན་ཤིང་དང་ཁང་ཁྱིམ་ཤིང་རྟ་ཕྲན་དང་འགྲོན་གནས་ལ་སོགས་དངོས་པོ་རྣམས་ཇི་སྙེད་པ་གང་དག་དེ་དག་ནི་ཤིང་རྟ་བཞིན་དུ་རྣམ་པ་བདུན་གྱིས་དཔྱད་ན་ཡོད་པ་མ་ཡིན་ཅིང་། དེ་ལས་གཞན་དུ་རང་གི་ཡན་ལག་ཚོགས་ལ་བརྟེན་ནས་གྲགས་པར་ཡོད་དོ་ཞེས་འཇོག་པ་དེ་བཞིན་དུ་དངོས་པོ་གང་དག་རྒྱུ་མཚན་འདི་ཙམ་གྱི་སྒོ་ནས་སྐྱེ་བོ་སྐྱེ་འགྲོ་བ་འདིས་བསྙད་དེ་ཐ་སྙད་བྱས་པ་དེ་རྣམས་མ་བརྟགས་གྲགས་པས་བཞག་པར་རྟོགས་པར་བྱ་སྟེ། གང་གི་ཕྱིར་ཞེ་ན། ཐུབ་དབང་དེ་ནི་འཇིག་རྟེན་དང་ལྷན་ཅིག་རྩོད་པ་མི་མཛད་པར་གསུངས་པའི་ཕྱིར་ཏེ། འཇིག་རྟེན་ནི་ང་དང་ལྷན་ཅིག་རྩོད། ང་ནི་འཇིག་རྟེན་དང་ལྷན་ཅིག་མི་རྩོད་ཅེས་འཇིག་རྟེན་གྱི་གྲགས་པ་ཐ་སྙད་དུ་མི་འགོག་པར་འཆད་དོ།།

[551] The third, that everything else of the same type is therefore a mere imputation as well; this has two parts:

1) The presentation of the point that all things are referential imputations
2) The specific explanation of causes and effects

The first of these, the presentation of the point that all things are referential imputations, has two parts:

1) That things are not found when analyzed but are simply inventions of common consensus
2) That conventions do not contradict the two truths

The first of these

Pots and blankets, armies, tents and pony carts,
Forests, trees, homes and garlands, inns and so forth—
Be understanding when beings use terms from their own perspective.
And why? Because the Sage did not dispute with the world. (166)

A self and what it incorporates are just like the carriage. Everything else is like that too. All things whatsoever, however many there be—pots, blankets, tents, armies, forests, and garlands, trees, homes, pony carts, inns, and so forth—are all like the case of the carriage, which, when analyzed in all seven ways, was discovered not to exist; and yet, in spite of that, common consensus insists that it exists by referring to its parts. In the same way, one should be understanding when beings speak of things as they do, because, when applying terms, they are speaking from their own perspective, namely, that of unexamined common consensus.

If you ask, "Why [should we be understanding and not dispute peoples' imputations]?" Because the Sage said he would not dispute with the world. He said, "The world disputes with me. I do not dispute with the world." This is a way of saying that common consensus as found in the world should not be refuted in a conventional context.

གཉིས་པ་ནི།

ཡན་ལག་ཡོན་ཏན་འདོད་ཆགས་མཚན་ཉིད་དང་ནི་བུད་ཤིང་ལ་སོགས་དང་།།
ཡོན་ཏན་ཅན་ཡན་ལག་ཅན་ཆགས་དང་མཚན་གཞི་མེ་ལ་སོགས་དོན་དག།
དེ་རྣམས་ཤིང་རྟའི་རྣམ་དཔྱད་བྱས་པས་རྣམ་བདུན་ཡོད་པ་མ་ཡིན་ཞིང་།།
དེ་ལས་གཞན་དུ་གྱུར་པར་འཇིག་རྟེན་གྲགས་པའི་སྒོ་ནས་ཡོད་པ་ཡིན།། ༡༤༧

འཇིག་རྟེན་ན་དངོས་པོ་གང་གིས་ཐ་སྙད་ཇི་ལྟར་འདོགས་ཞེ་ན། ཡན་ལག་ཡོན་ཏན་འདོད་ཆགས་མཚན་ཉིད་དང་ནི་བུད་ཤིང་ལ་སོགས་དང་ཞེས་པ་ལ་རིམ་པ་བཞིན་དུ་ཡན་ལག་ཅན་དང་ཡོན་ཏན་ཅན་དང་ཆགས་པ་དང་མཚན་གཞི་དང་མེ་ལ་སོགས་པའི་དོན་དེ་དག་སྔ་ཕྱི་སྦྱར་ནས་དེ་རྣམས་ཤིང་རྟ་ལྟར་རྣམ་པ་བདུན་གྱིས་རྣམ་དཔྱད་བྱས་པས་དེ་བཙལ་ཡོད་པ་མ་ཡིན་ཅིང་། དཔྱད་པ་དེ་ལས་གཞན་དུ་གྱུར་པར་མ་དཔྱད་འཇིག་རྟེན་གྲགས་པའི་སྒོ་ནས་ཆོས་དེ་དག་ཡོད་པ་ཡིན་ནོ།།

[552] The second, that conventions do not contradict the two truths

> *The parts, qualities, passion, defining characteristics, firewood,*
> *and so forth,*
> *And the whole, quality-bearer, passionate one, basis of traits, a fire,*
> *and so forth—*
> *When thoroughly analyzed in the seven ways like the carriage,*
> *are found not to exist.*
> *They only exist in quite a different way, namely, in terms of common*
> *consensus. (167)*

If you ask, "In what sense is the existence of things in the world imputed by terms?" The parts, qualities, passion, defining characteristics, firewood, and so forth, and the whole, the bearer of the qualities, the passionate one, the basis of characteristics, a fire, and so forth, which relate to the former in respective order, when analyzed thoroughly in the same seven ways as the carriage, turn out to not exist. That phenomena exist is something quite different than what examination indicates; they only exist in terms of common consensus in the world, which is unexamined.

གཉིས་པ་ལ་རྒྱུ་འབྲས་ཕན་ཚུན་བལྟོས་ཙམ་དུ་བསྟན། རྒྱུ་འབྲས་རྫས་སུ་གྲུབ་པ་དགག་པ་གཉིས། དང་པོ་ལ་དངོས་དང་། མིན་ན་མི་འཐད་པ་གཉིས།

དང་པོ་ནི།

གལ་ཏེ་རྒྱུ་ཡིས་བསྐྱེད་པར་བྱ་སྐྱེད་དེ་ལྟ་ན་དེ་རྒྱུ་ཡིན་ཞིང་།།

གལ་ཏེ་འབྲས་བུ་མི་སྐྱེད་ན་ནི་དེ་མེད་རྒྱུ་མེད་ཅན་དུ་འགྱུར།།

འབྲས་བུ་ཡང་ནི་རྒྱུ་ཡོད་གྱུར་ན་སྐྱེ་བར་འགྱུར་བ་དེ་ཡི་ཕྱིར།། ༡༤༢ ཀ།ཁག ཡན་ལག་སོགས་བལྟོས་བཞག་གིས་གྲུབ་པ་དེ་བཞིན་དུ་རྒྱུ་འབྲས་ཀྱང་བལྟོས་བཞག་གིས་གྲུབ་པ་ཡིན་ཏེ། གང་གི་ཕྱིར་གལ་ཏེ་རྒྱུ་ཡིས་བསྐྱེད་པར་བྱ་བ་འབྲས་བུ་བསྐྱེད་པ་དེ་ལྟར་ན་དེ་རྒྱུ་ཡིན་ཅིང་། གལ་ཏེ་རྒྱུ་དེས་འབྲས་བུ་མི་བསྐྱེད་ན་ནི་འབྲས་བུ་དེ་མེད་པས་རྒྱུའི་ཐ་སྙད་རྒྱུ་མེད་ཅན་དུ་འགྱུར་ཏེ། རྒྱུ་དེ་རྒྱུར་འདོག་པའི་རྒྱུ་མཚན་མེད་པར་རྒྱུ་ཡིན་ན་ཐམས་ཅད་རྒྱུ་ཉིད་དུ་ཐལ་བའི་ཕྱིར། དེས་ན་རྒྱུ་ཡིན་མིན་ནི་འབྲས་བུ་སྐྱེད་བྱེད་ཡིན་མིན་གྱི་རྗེས་སུ་འགྲོ་ལྡོག་ལས་འདོག་གོ།། འབྲས་བུ་ཡང་ནི་རྒྱུ་ཡོད་པར་གྱུར་ན་སྐྱེ་བར་འགྱུར་ཞིང་། མེད་ན་མི་སྐྱེ་བ་དེའི་ཕྱིར་རྒྱུ་འབྲས་བལྟོས་བཞག་ལས་རང་བཞིན་གྱིས་ཡོད་པ་ནི་མིན་ནོ།།

[553] The second, the specific explanation of causes and effects, has two sections:

1) The presentation of the point that causes and effects are simply mutually dependent
2) The refutation of the claim that causes and effects are substantially existent

The first, the presentation of the point that causes and effects are simply mutually dependent, has two parts:

1) The actual presentation
2) That it is untenable for this not to be the case

The first of these

If a cause produces something, that is what makes it a cause;
If no result is produced, there is nothing serving as cause.
And as for result, it can only occur if there is a cause. (168a-c)

Just as the existence [of the whole] is posited with respect to the parts, the existence of cause and the existence of result are posited with respect to each other. How does this [latter case] work?

If a cause produces something, i.e., a result, that is what makes it a cause. Let's say no result is produced by this cause; without a result, what is being termed the cause is not something constituting a cause, because, if that which has no reason for being called the cause could be the cause, it would follow that anything could be the cause. Whether something is a cause or not is therefore determined by whether or not there is a direct correspondence between there being or not being a result produced.

And as for the result, it too will only occur if there is a cause; otherwise, it will not.

Therefore, causes and results are classified with reference to each other and, for that very reason, do not exist with a makeup of their own.

གཉིས་པ་ནི།

གང་ལས་གང་ཞིག་འགྱུར་བ་གང་ཞིག་ལས་སྟར་གང་ཞིག་འགྱུར་བ་སྨྲོས།

༡༤༢ ང

ཁྱོད་རང་གི་ངོ་བོས་གྲུབ་པར་སེམས་ན་རྒྱུའམ་འབྲས་བུ་ཕྱིས་འབྱུང་རྒྱུའམ་འབྲས་བུ་སྔར་གྲུབ་པ་གང་ལས་གང་ཞིག་འགྲུབ་པར་འགྱུར་བ་བརྟེན་པ་གང་ཞིག་ལས་སྔར་བརྟེན་པ་གང་ཞིག་འགྲུབ་པར་འགྱུར་བ་དེ་སྨྲོས་ཤིག སྨྲ་མི་ནུས་པས་རྒྱུ་འབྲས་སུ་གདགས་པ་ཡང་ཤིང་རྟ་ལྟར་རྒྱུར་བྱས་ནས་འབྱུང་གི་རང་གི་ངོ་བོས་ནི་མ་ཡིན་ནོ།།

གཉིས་པ་ལ་དངོས་དང་། མཚུངས་པ་སྤང་བ་གཉིས། དང་པོ་ལ་ཕྲད་མ་ཕྲད་བརྟགས་ནས་དགག འཇོག་བྱེད་མེད་པའི་རྒྱུ་མི་འཐད། དབུ་མ་པ་ལྟར་ན་མི་འགལ་བ་གསུམ།

[554] The second, that it is untenable for this not to be the case

> *So kindly inform me here, which of these comes from which?*
> *Which of these was first, so the other could come from it? (168d)*

If you think these exist verifiably with an essential component of their own, kindly inform me which subsequently arisen cause or effect would exist due to which previously existent cause or effect, and which supported factor would exist relative to which preceding factor that itself was supported. You would not be able to say, because something is designated as a cause with reference to a result and, as with the carriage, the occurrence [of the result] is what makes [its producer] into a cause, but neither exists with an essential component of its own.

The second, the refutation of the claim that causes and effects are substantially existent, has two parts:
1) The actual refutation
2) Dispelling similarities

The first, the actual refutation, includes three points:
1) Refutation through an examination of contact and lack of contact
2) That a cause which cannot be validated is untenable
3) The lack of contradiction in the Madhyamikas' way of explaining this

དང་པོ་ནི།

གལ་ཏེ་ཁྱོད་ཀྱི་རྒྱུ་ཡིས་ཁྲད་ནས་འབྲས་སྐྱེད་བྱེད་ན་དེ་ཡི་ཚེ།།
དེ་དག་ནུས་པ་གཅིག་པས་སྐྱེད་བྱེད་འབྲས་བུ་ཐ་དད་མེད་འགྱུར་ཞིང་།།
སོ་སོར་ན་ནི་རྒྱུ་འདི་རྒྱུ་མིན་རྣམས་དང་ཁྱད་པར་མེད་འགྱུར་ལ།།
གཉིས་པོ་འདི་དག་སྤངས་ནས་རྟོག་པ་གཞན་ཡང་ཡོད་པར་འགྱུར་མ་ཡིན།།
༡༥༨

གཞན་ཡང་གལ་ཏེ་འབྲས་བུ་རང་བཞིན་གྱིས་བསྐྱེད་ན་ཕྲད་ནས་སམ་མ་ཕྲད་པར་བསྐྱེད། དང་པོ་ལྟར་ཁྱོད་ཀྱི་རྒྱུ་ཡིས་ཕྲད་ནས་འབྲས་བུ་སྐྱེད་པར་བྱེད་ན་དེའི་ཚེ་ཆུ་ཀླུང་དང་རྒྱ་མཚོ་ཕྲད་པ་ལྟར་རྒྱུ་འབྲས་དེ་དག་ནུས་པ་གཅིག་ཏུ་གྱུར་པས་འདི་སྐྱེད་བྱེད་རྒྱུ་དང་དེ་བསྐྱེད་བྱ་འབྲས་བུའོ་ཞེས་ཐ་དད་མེད་པར་འགྱུར་ཞིང་། དེ་ལྟར་ན་འབྲས་བུ་རྒྱུས་བསྐྱེད་པར་མི་འགྱུར་རོ།། མ་ཕྲད་པར་རྒྱུ་འབྲས་སོ་སོར་ཡོད་པ་ལས་བསྐྱེད་ན་ནི་སའ་ལུའི་རྒྱུས་མ་ཕྲད་པའི་ནས་ཀྱི་འབྲས་བུ་གཞན་མི་བསྐྱེད་པ་ལྟར་འབྲས་བུ་མི་བསྐྱེད་པའམ། ཡང་ན་འབྲས་བུ་ཡིན་མིན་ཀུན་རྒྱུ་ཡིན་མིན་ཀུན་གྱིས་བསྐྱེད་པར་འགྱུར་ཏེ། མ་ཕྲད་པར་མཚུངས་པའི་ཕྱིར། དེས་ན་རྒྱུ་འདི་རྒྱུ་མིན་རྣམས་དང་ཁྱད་པར་མེད་པར་འགྱུར་ན་དེ་ཡང་ཁྱེད་མི་འདོད་ལ། རང་བཞིན་གྱིས་གྲུབ་པའི་རྒྱུ་འབྲས་ཡོད་ན་བསྐྱེད་བྱ་སྐྱེད་བྱེད་ཕྲད་མ་ཕྲད་གཉིས་པོ་འདི་དག་སྤངས་ནས་རྟོག་པ་གཞན་ཡང་གསུམ་པ་ཡོད་པར་འགྱུར་བ་མ་ཡིན་པས་རང་བཞིན་གྱིས་གྲུབ་པའི་རྒྱུས་འབྲས་བུ་མི་བསྐྱེད་པ་ཁོ་ནའོ།།

The first of these

If cause gives result through contact, as you say,
The two, during contact, would share an identical factor,
So cause and effect would not be different;
If the two are discrete, what constitutes a cause
And what does not would not be different.
But both are ruled out and no other concept applies. (169)

If a result is inherently produced, is it produced through contact[59] [with its cause] or without contact with it?

The first possibility is, as suggested here, that a cause produces a result through merging with it. If that were the case, the cause and result would share an identical factor,[60] like a river meeting an ocean, so there would be no difference in what you were calling the producing cause and the produced result. And, if that were the case, the result would not be produced by the cause.

If, on the other hand, causes and results did not meet like this but existed as separate, discrete [entities], either a result would not be produced (just like the cause of rice, which has no connection with barley and does not produce it as a result); or anything—regardless of whether it were a result or not—could be produced by anything, regardless of whether it were its cause or not, because all would be equivalent in not linking up with each other. There would, therefore, be no difference between what is or is not a cause. But this is not what you were proposing.

But, were causes and results to exist with a makeup of their own, produced and producer would have to either meet or not. But both of these have been ruled out and there is no third conceptual model of how it happens. Thus the only possibility is that results are not produced by causes in a manner that verifiably exists with an inherent nature.

གཉིས་པ་ནི།

ཅི་སྟེ་ཁྱོད་ཀྱི་རྒྱུ་ཡིས་འབྲས་བུ་སྐྱེད་པར་མི་བྱེད་དེ་ཕྱིར་འབྲས།།
ཞེས་བྱ་ཡོད་མིན་འབྲས་བྲལ་རྒྱུ་ནི་རྒྱུ་མེད་ཅན་འགྱུར་ཡོད་པའང་མིན།།
༡༧༠ ཀ།ཁ

དེས་ན་ཅི་སྟེ་ཁྱོད་ཀྱི་རྒྱུ་ཡིས་འབྲས་བུ་བསྐྱེད་པར་མི་བྱེད་ན་དེའི་ཕྱིར་འབྲས་བུ་ཞེས་བྱ་ཡོད་པ་མིན་ལ། འབྲས་བུ་དང་བྲལ་བའི་རྒྱུ་ནི་རྒྱུའི་ཐ་སྙད་འཇུག་པའི་རྒྱུ་མེད་ཅན་དུ་འགྱུར་ཏེ། རྒྱུའི་ཐ་སྙད་འཇུག་པ་ནི་འབྲས་བུ་ལ་བལྟོས་པའི་ཕྱིར། རྒྱུ་རྒྱུར་འཇོག་པ་ལའང་རྒྱུ་མེད་པར་ཡོད་པའང་མ་ཡིན་པའི་ཕྱིར་རྒྱུ་འབྲས་རང་བཞིན་གྱིས་ཡོད་པ་མ་ཡིན་ནོ།།

གསུམ་པ་ནི།

གང་ཕྱིར་འདི་དག་གཉིས་ཆར་ཡང་ནི་སྒྱུ་མ་དང་འདྲ་དེ་ཡི་ཕྱིར།།
བདག་ལ་སྐྱོན་དུ་མི་འགྱུར་འཇིག་རྟེན་པ་ཡི་དངོས་པོ་རྣམས་ཀྱང་ཡོད།།
༡༧༠ གང

ཁྱོད་ཀྱི་ལུགས་ལ་རྒྱུས་འབྲས་བུ་ཇི་ལྟར་བསྐྱེད་ཅེ་ན། རྒྱུ་འབྲས་རང་བཞིན་གྱིས་གྲུབ་པར་སྨྲ་བ་ལ་དཔྱད་པ་འདི་འཇུག་གི། གང་གི་ཕྱིར་ཁོ་བོ་ཅག་ལྟར་ན་དངོས་པོ་ཐམས་ཅད་ལོག་པར་ཀུན་བརྟགས་པས་བསྐྱེད་པ་ཉིད་ཀྱིས་རྒྱུ་འབྲས་འདི་དག་གཉིས་ཅར་ཡང་ནི་སྒྱུ་མ་དང་འདྲ་བར་སྐྱེ་བ་མེད་ཀྱང་། རབ་རིབ་ཅན་གྱིས་དམིགས་པའི་སྐྲ་ཤད་ལྟར་རྟོག་པའི་ཡུལ་གྱི་དངོས་ཆོས་འདི་ལ་དཔྱད་དུ་མེད་དེ། དེའི་ཕྱིར་དབུ་མ་པ་བདག་ལ་རྒྱུ་འབྲས་ཕྲད་མ་ཕྲད་སོགས་བརྟགས་པའི་སྐྱོན་དུ་མི་འགྱུར་ཞིང་། འཇིག་རྟེན་པའི་དངོས་པོ་མ་དཔྱད་སྣང་བ་རྣམས་ཀྱང་གཞན་ངོར་ཡོད་པར་སྨྲ་བ་ལ་གནོད་པ་མེད་དོ།།

[555] The second, that a cause which cannot be validated is untenable

Now what? The cause you propose gives no result,
So nothing is there to call the result. A cause that lacks
A result could not be a cause; it would just not occur at all. (170ab)

So, now what [can you say to defend your position]? If the cause you propose does not produce a result, there is nothing there that could be called the result. And a cause that lacks a result could not be a cause or that to which the term "cause" could be applied, because the use of the term "cause" is with reference to a result. Specifying a cause as a cause would just not occur at all with respect to what is not a cause; so, neither cause nor result exists with a makeup of its own.

The third, the lack of contradiction in the Madhyamikas' way of explaining this

And thus we conclude that both are like illusions;
And that is why we do not fall into error,
And the things experienced by beings in the world exist! (170cd)

If someone then said, "How does your system account for causes producing results?," we would reply that we apply analysis to any claim that causes and results exist verifiably with a makeup of their own, and thus we conclude that all things are produced by nothing other than mistaken imputation and that both causes and results are, therefore, non-arisen like illusions; but that phenomena, which are the objects of thoughts and are like the hairs observed by someone with an eye disorder, are not to be analyzed [such that common consensus, upon which the conventional level rests, would be completely invalidated].

That is why we Madhyamikas do not fall into the error of supposing cause and result to meet or not meet. And it is why we avoid invalidating the claim that the appearances of unexamined things experienced by beings in the world exist in their eyes.

གཉིས་པ་ལ་ཕྱོགས་སྔ་མ་དང་ལན་གཉིས། དང་པོ་ལ་མཚུངས་པ་འགོད་པ། དེས་ན་སྨུན་འབྱིན་དུ་མི་འགྱུར་བ། སྐྱོན་གཞན་ཡང་བསྟན་པ་གསུམ།

དང་པོ་ནི།

སྨུན་འབྱིན་འདིས་སྨུན་དབྱུང་བྱ་ཕྲད་ནས་འབྱིན་ནམ་མ་ཕྲད་པར།།

ཡིན་ཞེས་ཉེས་པ་འདིར་ནི་ཁྱོད་ལའང་འགྱུར་བ་མ་ཡིན་ནམ།། ༡༧༡ གཁ

རྒྱུ་འབྲས་ཕྲད་པ་དང་མ་ཕྲད་པ་གང་ལས་སྐྱེ་ཞེས་སྨྲས་པ་དེ་ཁྱོད་ལའང་མཚུངས་སོ་ཞེས་རྒྱུ་འབྲས་ངོ་བོ་ཉིད་ཀྱིས་གྲུབ་པ་འགོག་པའི་སྨུན་འབྱིན་འདིས་སྨུན་དབྱུང་བྱ་དང་ཕྲད་ནས་སྨུན་འབྱིན་ནམ་མ་ཕྲད་པར་འབྱིན། ཕྲད་ནས་ཡིན་ན་དེ་དག་ནུས་པ་གཅིག་པས་ཐ་དད་མེད་པར་འགྱུར། མ་ཕྲད་པས་ཡིན་ན་སྨུན་འབྱིན་མི་ནུས་པའམ་ཡང་ན་ཐམས་ཅད་སྨུན་འབྱིན་པར་འགྱུར་ཞེས་སྔར་བཤད་པའི་ཉེས་པ་འདིར་ནི་ཁྱོད་ལའང་འགྱུར་བ་མ་ཡིན་ནམ། རྟོག་པ་གཉིས་པོ་སྤངས་ནས་རྟོག་པ་གསུམ་པའང་ཡོད་པ་མ་ཡིན་ནོ།།

གཉིས་པ་ནི།

གང་ཚེ་དེ་སྐད་སྨྲ་ཞིང་རང་ཕྱོགས་ཁོ་ན་རྣམ་འཇོམས་པ།།

དེ་ཚེ་ཁྱོད་ཀྱིས་སྨུན་དབྱུང་སྨུན་ནི་འབྱིན་པར་ནུས་མ་ཡིན།། ༡༧༡ གང་

གང་གི་ཚེ་རྒྱུ་འབྲས་ཕྲད་པ་དང་མ་ཕྲད་པར་བསྐྱེད་ཅེས་དེ་སྐད་སྨྲ་ཞིང་རྩོད་པ་དེ་ལ་བརྟགས་པ་འདི་མཚུངས་པས་རང་གི་སྨུན་དབྱུང་བྱ་འབྱིན་བྱེད་ཀྱི་ཕྱོགས་ཁོ་ན་རྣམ་པར་འཇོམས་པ་དེའི་ཚེ་དབུ་མ་པ་ཁྱོད་ཀྱིས་སྨུན་འབྱིན་གྱིས་སྨུན་དབྱུང་བྱ་རྒྱུ་འབྲས་རང་

The second, dispelling similarities, has two parts:
1) The position of the opponent
2) The rebuttal

The first, the position of the opponent, has three parts:
1) Stating the similarities
2) That there is therefore no refutation
3) The presentation of other faults

The first of these

> *They counter, "Does this refutation refute the case in question*
> *By making contact with the point refuted or not?*
> *Whichever you answer, wouldn't your own objection apply?" (171ab)*

[The Realists] may say, "[The analysis using] the statement, 'The result arises either through contact with its cause or without such contact' applies just as much to you Madhyamikas too. Does your refutation of the inherent existence of cause and result refute that by making contact with the point refuted or by not meeting it thus? If you answer that they meet, both would share an identical factor and would, therefore, be indistinguishable; and, if they do not meet, there would either be no refutation possible or everything would be refuted. Would such fallacies to which you previously objected [in our case] not apply to you as well? And, except these two ways of thinking about [how the refutation could occur], there is no third possibility."

[556] The second, that there is therefore no refutation

> *"To argue like this only defeats your own position.*
> *This refutation of yours is useless; it cannot refute." (171cd)*

[The opponent continues:] When you formulate your refutation and debate by saying, "Is a result produced by meeting its cause or not?," this examination applies equally to yourselves and thus you only defeat your own position. And so, you Madhyamikas cannot refute the point to be refuted, namely, the inherent existence of

བཞིན་གྱིས་གྲུབ་པ་སུན་འབྱིན་པར་ནུས་པ་མ་ཡིན་ཏེ། ཁྱོད་ཀྱི་སུན་འབྱིན་ཉིད་སུན་ཕྱུང་བའི་ཤུགས་ཀྱིས་ན་རྒྱུ་འབྲས་རང་བཞིན་གྱིས་གྲུབ་པར་འགྱུར་རོ།།

གསུམ་པ་ནི།

གང་ཕྱིར་རང་གི་ཚིག་ལའང་ཐལ་བ་མཚུངས་པའི་ལྟག་ཆོད་ཀྱིས།།
རིགས་པ་མེད་པར་དངོས་མཐའ་དག་ལ་སྐུར་འདེབས་དེ་ཡི་ཕྱིར།།
ཁྱོད་ནི་སྐྱེ་བོ་དམ་པས་བཞེད་མི་འགྱུར་ཞིང་གང་གི་ཕྱིར།།
ཁྱོད་ལ་རང་ཕྱོགས་མེད་པས་སུན་ཅི་ཕྱིན་དུ་རྒོལ་བའང་ཡིན།། ༡༧༢

ཡང་སྐྱོན་འདི་ལྟར་ཡོད་དེ། གང་གི་ཕྱིར་དབུ་མ་པ་ཁྱོད་རང་གི་སུན་འབྱིན་གྱི་ཚིག་ལའང་ཕྲད་མ་ཕྲད་ཀྱི་ཐལ་བ་མཚུངས་པའི་ལྟག་ཆོད་སུན་འབྱིན་ལྟར་སྣང་གིས་རིགས་པ་མེད་པར་དངོས་པོ་གནས་པའི་རྒྱུ་འབྲས་ལ་ཕྲད་མ་ཕྲད་བརྟགས་པའི་སྒོ་ནས་དངོས་པོ་མཐའ་དག་ལ་སྐུར་པ་འདེབས་པར་བྱེད་པ་ཡིན་ཏེ། མ་ཕྲད་པར་མཚུངས་པས་མ་ཕྲད་པ་ཐམས་ཅད་བསྐྱེད་པར་འགྱུར་ཞེས་པ་འདི་རིགས་པ་འཐད་ལྡན་མིན་པའི་ཕྱིར་ཏེ། མ་ཕྲད་པར་མཚུངས་ཀྱང་མ་ཕྲད་པར་ཁབ་ལེན་གྱིས་རྒྱང་ཡུལ་ན་གནས་པའི་ལྕགས་འདྲེན་པ་དང་། མ་ཕྲད་པར་མིག་གིས་རྒྱང་ཡུལ་ན་གནས་པའི་གཟུགས་བཟུང་བས་མ་ཕྲད་པ་ཐམས་ཅད་ཀྱིས་འབྲས་བུ་མི་བསྐྱེད་པ་མིན་པ་ལྟར་རྒྱུས་ཀྱང་མ་ཕྲད་པར་འབྲས་བུ་བསྐྱེད་དུ་ཟིན་ཀྱང་། མ་ཕྲད་པ་ཐམས་ཅད་མི་བསྐྱེད་ཀྱི། འབྲས་བུ་རུང་བ་ཁོ་ན་སྐྱེད་པར་བྱེད་པའི་ཕྱིར་དང་། དེའི་ཕྱིར་ཁྱོད་ནི་སྐྱེ་བོ་དམ་པས་བཞེད་པར་མི་འགྱུར་བ་ཁས་ལེན་པར་བྱེད་ཅིང་། དེར་མ་ཟད་ཁྱོད་ནི་སུན་ཅི་ཕྱིན་དུ་རྒོལ་བའང་ཡིན་ཏེ། གང་ཕྱིར་ཁྱོད་ལའང་ཕྱོགས་གཏན་མེད་ཅིང་། གཞན་ཕྱོགས་སེལ་བར་བྱེད་པས་དེའི་ཕྱིར་སུན་ཅི་ཕྱིན་དུ་རྒོལ་བ་པ་བཞད་གད་ཀྱི་ཆེད་ཙམ་ལས་ངལ་བ་འབྲས་བུ་མེད་པའི་རྒོལ་བར་ཟད་དོ།།

causes and results. Implicit in our refutation of your refutation is that causes and results do exist inherently.

The third, the presentation of other faults

> *"Through spurious arguments whose consequences apply to your own words*
> *You deny everything there is without any logical credence to what you say;*
> *And that is the reason no credible being would ever agree with what you say.*
> *And because you take no stance of your own at all, you are nothing at all but sophists." (172)*

[The opponent continues:] There are also other faults. Through spurious arguments, i.e., pseudo-refutations, whose consequences concerning meeting or not meeting are equally applicable to your own words of refutation, you deny everything there is by examining the meeting or lack of any meeting between results and their actual causes, but there is no logical necessity to what you say. This is because your statement, "Since everything would be equivalent in not meeting, anything could be produced without a meeting [between itself as result and something else as its cause]" is not a tenable argument. This is because, even though [everything] would be similar in not meeting, some things that do not meet do produce results. A magnet can attract its proper object, a piece of metal, without touching it. And the eye can perceive its proper object, forms, without eye and form touching each other. And in the same way, causes produce results without the two meeting, but they do not produce everything they do not meet, only their proper results.

For these reasons, credible beings would never agree with you or accept your conclusions. Not only that, you are also sophists. Since you take no stance of your own but just destroy the positions of others, you are nothing but sophists whose tiring and fruitless arguments have no other purpose than to provide you with some amusement.

གཉིས་པ་ལ་ཐལ་བ་མཚུངས་པའི་རྒྱུ་མཚན་བསྟན། རང་བཞིན་མེད་ཀྱང་སུན་འབྱིན་གྱིས་སུན་འབྱིན་ནུས་པར་དཔེས་སྒྲུབ། གཞན་གྱི་འདོད་པ་མ་རྟོགས་པར་དགག་པ་བྱེད་པ་མི་རིགས། ལམ་བཟང་བཏང་ནས་ལམ་ངན་གྱི་འཇིག་རྟེན་ལ་གནོད་པར་མི་རིགས། སུན་འབྱིན་གྱི་ལམ་གཞན་ཡང་རྒྱ་ཆེར་རྟོགས་པར་བྱ་བ་དང་ལྔ།

དང་པོ་ནི།

སུན་འབྱིན་པས་སུན་དབྱུང་བྱ་མ་ཕྲད་སུན་ནི་འབྱིན་བྱེད་དམ།།
འོན་ཏེ་ཕྲད་ནས་ཡིན་ཞེས་སྨྲས་ཟིན་ཉེས་པ་འདིར་གང་ལ།།
ངེས་པར་ཕྱོགས་ཡོད་དེ་ལ་འགྱུར་གྱི་བདག་ལ་ཕྱོགས་འདི་ནི།།
ཡོད་པ་མིན་པས་ཐལ་བར་འགྱུར་བ་འདི་ནི་སྲིད་མ་ཡིན།། ༡༧༣

སུན་འབྱིན་པས་སུན་དབྱུང་བྱ་མ་ཕྲད་པར་སུན་འབྱིན་བྱེད་དམ། འོན་ཏེ་ཕྲད་ནས་ཡིན་ཅེས་རང་ཚིག་ལའང་ཐལ་བ་མཚུངས་པའི་ལྟག་ཆོད་ཡིན་པར་སྨྲས་ཟིན་པའི་ཉེས་པ་འདིར་གང་ལ་སུན་འབྱིན་དབྱུང་རང་བཞིན་གྱིས་གྲུབ་པར་སྨྲ་བའི་ངེས་པར་ཕྱོགས་ཡོད་དེ་ལ་འགྱུར་གྱི། དབུ་མ་པ་བདག་ལ་སུན་འབྱིན་དབྱུང་གདོད་ནས་གྲུབ་པའི་ཕྱོགས་འདི་ནི་ཡོད་པ་མིན་པས་རང་ཚིག་ལ་ཐལ་བར་འགྱུར་བ་མཚུངས་པ་འདི་ནི་སྲིད་པ་མ་ཡིན་ཏེ། སུན་འབྱིན་དབྱུང་ཕྲད་མ་ཕྲད་གང་ལས་ཀྱང་སུན་ཕྱུང་བར་སྨྲ་བསམ་མི་བྱེད་པའི་ཕྱིར།

[557] The second, the rebuttal, has five parts:
1) The grounds on which the equivalency of the consequences is based
2) The proof using an example to show that a refutation is able to refute although it lacks inherent nature
3) That it is unreasonable to seek to refute others without understanding their assertions
4) That it is unreasonable to discard a positive approach and take the ill-advised route of invalidating common consensus
5) That our other forms of refutation should be understood extensively

The first of these

Our query, "Does this refutation refute the point
By making contact with the point refuted or not?"
Does, as you say, involve the fault you mention above
But would only apply to those who take an entrenched position;
Since we do no such thing, this consequence could not apply. (173)

[Our worthy opponent's] statement, "[Madhyamikas,] does your refutation refute what is to be refuted by making contact with it or by not making contact with it?" does indeed point to the fault mentioned above [where you call our words] "spurious arguments whose consequences equally apply to your own words," but this fault would apply to those who take the entrenched position of claiming the refutation and what is to be refuted to exist with an inherent nature. Since, however, we Madhyamikas do not take any position which would claim the refutation and what is to be refuted to have objective existence, we neither think nor state refutations involving either contact or lack of contact between the refutation and what is being refuted; so the consequence of which you speak could not possibly apply to our words.[61]

གཉིས་པ་ནི།

ཇི་ལྟར་ཁྱོད་ཀྱིས་ཉི་མའི་དཀྱིལ་འཁོར་ལ་ཡོད་ཁྱད་པར་རྣམས།།
གཟུགས་བརྙན་ལ་ཡང་གཟས་བཟུང་ལ་སོགས་རྣམས་ཚེ་མཐོང་འགྱུར་ལ།།
ཉི་མ་དང་ནི་གཟུགས་བརྙན་རྣམ་པར་ཕྲད་དང་མ་ཕྲད་པར།།
མི་རིགས་མོད་ཀྱི་བརྟེན་ནས་ཐ་སྙད་ཙམ་ཞིག་འབྱུང་འགྱུར་ཞིང་།། ༡༧༨
མི་བདེན་བཞིན་དུའང་རང་གི་བྱད་བཞིན་མཛེས་པར་བསྒྲུབ་བྱའི་ཕྱིར།།
དེ་ནི་ཡོད་པ་ཇི་ལྟར་དེ་བཞིན་འདིར་ཡང་ཤེས་རབ་གདོང་།།
སྦྱང་བར་བྱ་ལ་ནུས་པ་མཐོང་བར་འགྱུར་བའི་གཏན་ཚིགས་ནི།།
འཐད་པ་དང་བྲལ་ལས་ཀྱང་བསྒྲུབ་བྱ་རྟོགས་ཞེས་ཤེས་པར་བྱ།། ༡༧༩

ཇི་ལྟར་ཁྱོད་ཀྱིས་ཉི་མའི་དཀྱིལ་འཁོར་ལ་ཡོད་པའི་གཟས་བཟུང་བའི་ཁྱད་པར་རྣམས་ཀྱུ་དྭངས་པར་ཤར་བའི་ཉི་མའི་གཟུགས་བརྙན་ལ་ཡང་གཟས་བཟུང་བ་ལ་སོགས་པ་རྣམས་དེའི་ཚེ་མཐོང་བར་འགྱུར་ལ། དེའི་ཚེ་ཉི་མ་དང་ནི་གཟུགས་བརྙན་བརྟེན་པའི་ཆུ་རྣམ་པར་ཕྲད་ནས་གཟུགས་བརྙན་འཆར་ན་ནམ་མཁར་ཉི་མ་མེད་པར་འགྱུར་བ་དང་། མ་ཕྲད་པར་འབྲེལ་མེད་དུ་འཆར་ན་དེ་གཉིས་བར་རྫས་གཞན་གྱིས་ཆོད་པར་ཡང་འཆར་བས་དཔྱད་ན་གཟུགས་བརྙན་བྱ་བ་ཙུང་ཟད་ཀྱང་མི་རིགས་མོད་ཀྱི། མ་དཔྱད་ན་ཆུ་དྭངས་པ་དང་ཉི་མའི་རྐྱེན་ལ་བརྟེན་ནས་གཟུགས་བརྙན་དུ་དམིགས་པ་ཐ་སྙད་ཙམ་ཞིག་འབྱུང་བར་འགྱུར་ཞིང་། ཉི་མའི་གཟུགས་བརྙན་ལ་ཉི་མའི་རང་བཞིན་མེད་ཀྱང་ཉི་མ་གཟས་ཇི་ཙམ་དུ་ཟ་བར་རྟོགས་པ་ངེས་བྱེད་དུ་འགྱུར་བ་བཞིན་ནོ།། དེས་ན་སྨན་འབྱིན་དབྱུང་ཕྲད་མ་ཕྲད་ཀྱི་རང་བཞིན་གང་དུ་ཡང་མ་གྲུབ་བཞིན་སྨན་འབྱིན་གྱིས་དབྱུང་བྱ་ཕྱུང་བར་འདེག་རྟེན་དུ་ཐ་སྙད་འབྱུང་བའི་དཔེ་བཤད་མ་ཐག་པ་ཉིད་དང་། སླར་ཡང་མེ་ལོང་

[563] The second, the proof using an example to show that a refutation is able to refute although it lacks inherent nature

> *It is just as, during eclipse and its aftermath,*
> *You can see the changes happening to the sun,*
> *Even in a reflection, although indeed*
> *It is not feasible for this to happen*
> *Through the sun and reflection meeting or not, and yet*
> *The mere convention applies due to dependence. (174)*
>
> *Although not real, [the reflection] exists and is used*
> *To beautify the face; in a similar way,*
> *We can see that logical reasoning can be used*
> *To purify prajna's face and should be acknowledged*
> *To be that which brings understanding of a thesis,*
> *Although the process involved is untenable. (175)*

You can see the changes happening to the sun due to an eclipse, and these are visible even in the sun's reflection appearing in clear water during the eclipse and its aftermath. If the reflection were appearing due to an actual meeting[62] between the sun, the reflection, and the water serving as the basis, the sun would not have been in the sky at the time. If the reflection were appearing without any meeting or connection [between sun and water], it would be able to appear even when they were completely out of touch due to some other substance.[63] So, if analyzed, it is, indeed, in no way feasible for a reflection to actually happen; and yet, when not analyzed, the mere convention, which is experienced as a reflection, applies in dependence on the conditions of clear water and the sun. And the sun's reflection, though not the sun, definitely conveys the message that a solar eclipse of determinate dimensions has apparently taken place.

Therefore, while the refutation and what is being refuted do not inherently exist at all by virtue of [the former] actually meeting [the latter] or not, the example just presented illustrates how the convention of a refutation refuting what is to be refuted occurs in the world.

ནང་དུ་ཤར་བའི་བྱད་བཞིན་གྱི་གཟུགས་བརྙན་བྱད་བཞིན་ཉིད་དུ་མི་བདེན་བཞིན་དུའང་དེ་ལ་བརྟེན་ནས་རང་གི་བྱད་བཞིན་མཛེས་པར་བསྒྲུབ་པར་བྱ་བའི་ཕྱིར་དུ་གཟུགས་བརྙན་དེ་ནི་བྱད་བཞིན་མཛེས་པར་བྱ་བའི་རྟེན་དུ་མ་དཔྱད་པར་ཡོད་པ་ཇི་ལྟར་དེ་བཞིན་དུ་གཞན་འཇིག་རྟེན་ལ་གྲགས་པ་འཇིག་རྟེན་གྱིས་ཁས་བླངས་པའི་རིགས་པས་དེ་ཉིད་ཀྱི་འདོད་པ་དགག་པའི་སྐབས་འདིར་ཡང་གྲོལ་བ་གང་གིས་ཤེས་རབ་ཀྱི་གདོང་མི་ཤེས་པའི་དྲི་མ་སྦྱང་བར་བྱ་བ་ལ་རང་བཞིན་གྱིས་སྟོང་པའི་སུན་འབྱིན་གྱིས་གཞན་ངོར་སུན་དབྱུང་བྱ་སུན་འབྱིན་པ་དང་བསྒྲུབ་བྱ་སྒྲུབ་པའི་ནུས་པ་མཐོང་བར་གྱུར་པའི་ཕྱིར། གཞན་གྲགས་ཀྱི་གཏན་ཚིགས་ནི་རང་བཞིན་གྱིས་གྲུབ་པའི་རྟགས་ཚུལ་གྱི་འཐད་པ་དང་བྲལ་བ་ལས་ཀྱང་བསྒྲུབ་བྱ་རྟོགས་པར་བྱེད་དོ་ཞེས་ཤེས་པར་བྱའོ།།

གསུམ་པ་ནི།

གལ་ཏེ་རང་གི་བསྒྲུབ་བྱ་གོ་བྱེད་གཏན་ཚིགས་དངོས་གྲུབ་དང་།།
དངོས་སུ་གོ་བྱ་ཉིད་འགྱུར་བསྒྲུབ་བྱའི་ངོ་བོའང་ཡོད་འགྱུར་ན།།
ཁྱད་པ་ལ་སོགས་རིགས་པ་ཉེ་བར་སྦྱོར་བར་འགྱུར་ཞིག་ན།།
དེ་ཡང་ཡོད་པ་མིན་པས་ཁྱེད་ཀྱི་ཡི་ཚད་འབའ་ཞིག་ཡིན།། ༡༧༨

གཞན་ཡང་གལ་ཏེ་དབུ་མ་པ་ལ་རང་ལུགས་ཀྱི་བསྒྲུབ་བྱ་གོ་བྱེད་ཀྱི་གཏན་ཚིགས་དངོས་པོར་གྲུབ་པ་དང་། གཏན་ཚིགས་ཀྱིས་དངོས་སུ་གོ་བྱ་ཉིད་དུ་འགྱུར་བའི་ནུས་ཡུལ་གྱི་བསྒྲུབ་བྱའི་ངོ་བོ་ཉིད་ཀྱི་གྲུབ་པའང་ཡོད་པར་འགྱུར་ན། བསྒྲུབ་བྱ་སྒྲུབ་བྱེད་ཁྱད་པ་དང་མ་ཁྱད་པ་ལ་སོགས་ཀྱི་རིགས་པ་ཉེ་བར་སྦྱོར་ཞིང་སྦྱར་བ་དེས་སུན་འབྱིན་པར་འགྱུར་བ་

Although the reflection of a face appearing in a mirror is not the real face, that reflection, when not analyzed, exists as a support for beautifying your face and can be used that way. Similarly, here—in the context of refuting whatever is asserted using reasoning commonly known and accepted by others in the world—it is evident that arguments can be used to purify the ignorance staining the face of prajna by refuting what is to be refuted and proving what is to be proven in the eyes of others through refutations that are empty of an inherent nature. And thus, logical reasoning relying on common consensus should be acknowledged to be that which brings [correct] understanding of a thesis,[64] although the process involved is untenable as a system of proof having an inherent nature.

[568] The third, that it is unreasonable to seek to refute others[65] without understanding their assertions

If, in our system, reasons which bring understanding
Of a given thesis actually existed,
And the contents of the thesis to be understood,
If these existed actually as well,
The need for these to meet or not would apply.
Since that is not so, your statement is utterly futile. (176)

To look at this even more closely, in our system, the Madhyamaka, if the reason(s) enabling understanding of a given thesis actually existed, and, if the contents of the thesis—that is, the points capable of being understood by virtue of the reason(s) given—existed actually as well, the requirement that thesis and proof either met or did not would strictly apply to the reasoning, for that to comprise a refutation.

ཞིག་ན། ཁོ་བོ་ཅག་ལ་ངོ་བོ་ཉིད་ཀྱིས་གྲུབ་པའི་རྟགས་སོགས་དེ་ཡང་ཡོད་པ་མིན་པས་ཁྱོད་ཀྱི་རང་གི་ལུགས་མི་རིགས་པས་ཕྱི་མར་བྱས་པ་དེ་ཉིད་ཀྱིས་གཞན་གྱི་རིགས་པར་བརྗོད་པ་ལ་མི་རིགས་སོ་ཞེས་འགོད་པ་ནི་ཁོ་བོ་ཅག་ལ་སྐྱོན་བརྗོད་རྒྱུ་ཟད་དེ་ཡི་ཚད་འབའ་ཞིག་གིས་སླུ་བ་ཡིན་ཏེ། དཔེར་ན་རབ་རིབ་ཅན་གྱི་སྐྲ་ཤད་ཀྱིས་རབ་རིབ་ཅན་མིན་པ་ལ་མ་གནོད་པ་བཞིན་རང་བཞིན་མེད་པ་ལ་མ་དཔྱད་པར་རྒྱུ་འབྲས་འཇོག་པ་ན་རང་བཞིན་དང་བཅས་པའི་རྒྱུ་འབྲས་ལ་བརྗོད་པའི་སྐྱོན་བགོད་པས་ག་ལ་གནོད།

བཞི་པ་ནི།

དངོས་རྣམས་མཐའ་དག་དངོས་པོ་མེད་པར་རྟོགས་སུ་གཞུག་པར་ནི།།
ནུས་པར་ཆེས་སླ་ཇི་ལྟ་དེ་ལྟར་རང་བཞིན་གཞན་དག་ལ།།
ཁོང་དུ་ཆུད་པར་བདེ་བླག་ཏུ་ནི་ནུས་པ་མ་ཡིན་ནོ།།
རྟོག་གེ་ངན་པའི་དྲ་བས་འཇིག་རྟེན་ཅི་སྟེ་འདིར་བཅོལ་བྱེད།། ༡༧༧

སྒྱུ་མ་དང་རྨི་ལམ་གཟུགས་བརྙན་སོགས་འཇིག་རྟེན་རང་ལ་གྲུབ་པའི་དཔེས་འཁོར་འདས་ཀྱི་དངོས་པོ་རྣམས་མཐའ་དག་དངོས་པོ་མེད་པར་རྟོགས་སུ་གཞུག་པར་ནི་ནུས་པར་ཆེས་སླ་བ་ཇི་ལྟ་བ་དེ་ལྟར་དངོས་པོ་རྣམས་རང་བཞིན་ཡོད་པར་གཞན་དག་ལ་ཁོང་དུ་ཆུད་པར་བདེ་བླག་ཏུ་ནི་འཛིན་པར་ནུས་པའི་ཐབས་ཡོད་པ་མ་ཡིན་ནོ་སྟེ། དེ་ལྟར་སྒྲུབ་པ་ལ་གཉིས་ཀ་ལ་གྲགས་པའི་དཔེ་མེད་པའི་ཕྱིར། དེས་ན་ཁྱོད་ནི་འཇིག་རྟེན་གྱི་གྲགས་པ་ལ་གནོད་པའི་ཆེད་དུ་སུ་ཞིག་གིས་བཏད་པ་ཡིན་ཀྱང་ཁྱོད་རང་ལྷན་སྐྱེས་ཀྱི་ཉོན་མོངས་པ་དར་སྲིན་ལྟར་རྟོག་པའི་སྦུབས་ཀྱིས་གཏུམས་པའི་ཁར་ཀུན་ཏུ་བརྟགས་པའི་

Since, however, it is not the case that we think the evidence and so on[66] exist with an essential component, your system is the one that has been defeated, because it is illogical. So, your statement, "The formulations in *your* reasoning are illogical," is utterly futile. And now you have exhausted all avenues of accusation as to our [supposed] faults.

To illustrate this, the hairs seen by someone with an eye disorder do not invalidate [what is seen by] someone without this disorder. And similarly, if one posits causes and results without analyzing their lack of substantial nature, one's presentation will involve the fault of speaking of causes and results as being substantial in nature; so how could this invalidate [our reasoning]?

[570] The fourth, that it is unreasonable to discard a positive approach and take the ill-advised route of invalidating common consensus

You can very easily come to understand
That there is nothing at all that exists as a thing.
But it's not just as easy to get someone else to see
That things have inherent makeup; it cannot be done!
Why go about confusing the world like this,
Using a web of misguided speculation? (177)

It is very easy to arrive at an understanding of how nothing at all in samsara or nirvana exists as a thing. Just use examples that are valid in the world itself and that illustrate that all of these are just like illusions, dreams, and reflections and so forth.

But it's not just as easy to get someone else to see that things exist with an inherent makeup. In fact, there is no way to prove such a viewpoint. It cannot be done, because common consensus provides no examples that would prove it to either [oneself or others].

So, who has given you the task of invalidating common consensus in the world? And why confuse the world still further like this, with notions of true existence? It already has plenty of wrong ideas about things! Why go about ensnaring beings in a trap, using a web of misguided speculation, complete imputation that only adds to their silkworm-like instinctive states of affliction and the enclosure of thoughts in which they are enveloped. Even if you do not succeed in confusing them further, they have

རྟོག་གེ་ངན་པའི་དྲ་བའི་རྒྱ་ལ་ཚུད་པས་འཇིག་རྟེན་འདི་སྣར་དངོས་པོ་ལ་ལོག་པར་རྟོག་པ་ལས་དད་དུང་ཡང་ཅི་སྟེ་འདིར་བདེན་འཛིན་གྱིས་བཅིལ་བར་བྱེད་དེ་མ་བཅིལ་ཀྱང་ཐོག་མེད་ནས་སྦྲོས་འཛིན་གྱིས་བཅིལ་ཏེ། བཅིལ་ནས་སློ་བས་འཁོར་བ་སྡུག་བསྔལ་གྱི་རྒྱ་མཚོའི་ཐ་གློང་དྲག་པོར་འཁོར་འདུག་པ་རེ་སྙིང་རྗེ་བའི་ཕྱིར།

ལྔ་པ་ནི།

སུན་འབྱིན་ལྷག་མ་གོང་དུ་བསྟན་པ་ཡང་ནི་ཤེས་བྱས་ནས།།
ཕྲད་པ་ལ་སོགས་ཕྱོགས་ཀྱི་ལན་གྱི་ཆེད་དུ་འདིར་གཏང་བྱ།།
སུན་ཅི་ཕྱིན་དུ་རྒོལ་བ་པ་ཡང་ཇི་ལྟར་ཡོད་མིན་པ།།
དེ་སྐད་སྦྱར་བཤད་ལྷག་མ་ཕྱོགས་འདི་ཉིད་ཀྱིས་རྟོགས་པར་བྱ།། ༡༧༨

དེས་ན་དངོས་པོ་རང་བཞིན་གྱིས་གྲུབ་པར་འདོད་པ་ལ་ཆོས་ཀྱི་བདག་མེད་སྟོན་པ་རྟེན་འབྱུང་རྣམ་པར་བཞག་པ་དང་། གང་ཟག་གིས་བདག་མེད་སྟོན་པ་བརྟེན་ནས་གདགས་པ་རྣམ་པར་བཞག་པ་དང་། མཐའ་བཞིའི་སྐྱེ་བ་བཀག་པ་དང་། རྣམ་བདུན་གྱིས་དཔྱད་པ་སོགས་སུན་འབྱིན་ལྷག་མ་གོང་དུ་བསྟན་པ་ཡང་ནི་ཤེས་བྱས་ནས་ཏེ་དྲན་པར་བྱས་ནས་ཅི་རྒྱུ་འབྲས་ཕྲད་ནས་སྐྱེད་པར་བྱེད་དམ། མ་ཕྲད་པར་སྐྱེད་པར་བྱེད་ཅེས་པ་ལ་སོགས་པའི་ཕྱོགས་ཀྱི་ལན་གྱི་ཆེད་དུ་སུན་འབྱིན་དབྱུང་སོགས་མཐའ་བཞིར་མི་སྐྱེ་ཞིང་། རིགས་པ་རྣམ་བདུན་གྱིས་མི་རྙེད་པས་ཕྲད་མ་ཕྲད་བརྟགས་ནས་སུན་མི་འབྱིན་ཀྱང་། མ་དཔྱད་པར་གཞན་གྱི་ལོག་རྟོག་སེལ་བྱེད་དུ་སུན་འབྱིན་ནོ་ཞེས་འདིར་ཡང་སུན་འབྱིན་པའང་ཕྱེ་སྟེ་བརྗོད་པར་བྱའོ།།

been confused from beginningless time by fixation on conceptual elaborations. Since they are crazed by confusion, one should develop compassion for those caught up in the vicious circle of samsara and tossed around in the violent waves of the ocean of its suffering.

[572] The fifth, that our other forms of refutation should be understood extensively

Once the above refutations have been understood,
They are meant to be used to answer objections raised
Regarding there being a meeting and so on and so forth.
This is not a form of sophistry at all.
The other previous statements we have made
Should be understood in light of this position. (178)

Thus, those who claim things exist with an inherent makeup should develop an understanding of our other refutations presented above and bear them well in mind. They include the teaching on interdependent origination that demonstrates the lack of existence of self-entity in phenomena; the teaching on the lack of existence of a personal self presented through our treatment of referential imputation; the refutation of the four possible cases of arising; and the sevenfold analysis.

Once these are understood, they are meant to be used to answer objections like those raised [above by the opponents' challenge, "Does your refutation meet what is refuted or not?," which in turn is related to the question], "Are results produced through meeting their causes or without meeting them?"

Because the refutation, what is refuted, and so forth do not arise in any of the four possible ways and are not found through the seven-point analysis, examining them to determine whether they meet or not will result in excluding the very existence of a refutation! If, however, these are not analyzed, a refutation can be formulated to dispel the incorrect thinking of others. When we present refutations, this is the point.

མཐའ་བཞི་དང་རྣམ་པ་བདུན་དང་ཕྲད་མ་ཕྲད་སོགས་བརྟགས་ན་སྐྱེ་བ་དང་རྟེན་པ་དང་སྒྲུན་འབྱིན་པ་མི་འགྲུབ་ཀྱང་། མ་དཔྱད་པའི་ཐ་སྙད་དུ་སྐྱེ་རྟེན་སྒྲུན་འབྱིན་པ་མི་འགལ་ལོ།། སྒྲུན་ཅི་ཕྱིན་དུ་རྒོལ་བ་པ་ཡང་ཇི་ལྟར་ཡོད་པ་མ་ཡིན་པ་སྟེ། གཞན་གྱི་རྟོག་པ་ངོན་ལ་མི་གནས་པར་བཟློག་པ་ཙམ་ལས་རང་ཕྱོགས་བཞག་ནས་གཞན་ཕྱོགས་སེལ་བར་བྱེད་པ་མ་ཡིན་ཏེ། བསལ་བྱའི་དངོས་པོ་ཅུང་ཟད་ཀྱང་མ་དམིགས་པའི་ཕྱིར། དེ་ལྟ་བུ་དེ་སྐད་སོགས་སྔར་བཤད་ཀྱི་སྒྲུན་འབྱིན་ལྷག་མ་རྣམས་ནི། བདག་ལ་ཕྱོགས་འདི་ནི་ཡོད་པ་མ་ཡིན་པས་ཐལ་བར་འགྱུར་བ་འདི་ནི་སྲིད་པ་མ་ཡིན། ཞེས་སོགས་ཕྱོགས་འདི་ཉིད་ཀྱིས་རྟོགས་པར་བྱའོ།།

If the four possible ways things could arise are examined, [one sees that] arising does not occur at all. If one examines things in terms of the seven points, they cannot be found. If one examines whether a refutation meets what is being refuted or not, no refutation exists. But there is no contradiction involved [in saying that], as conventions, things arise, they are detectable, and there are refutations.

This is not a form of sophistry at all, but simply a matter of correcting those ideas of others which are not founded on fact. It is not a matter of toppling the positions of others and setting up our own. This is because there is not even the slightest thing observable that could serve as the matter to be toppled.

Our other previous statements comprising the refutations given should be understood in light of this position, namely, that we have no position, so whatever absurd consequence someone might try to draw [on the basis of our assumed position] could not possibly apply.

Based on the explanations and guidance of Khenpo Tsültrim Gyamtso Rinpoche and Dzogchen Ponlop Rinpoche, translated by Jim Scott with the previous translations of this section by Elizabeth Callahan and Ari Goldfield as a working basis. 4th of July, 2002. Latest revision, Spring, 2005.

གཉིས་པ་ནི།

བདག་མེད་འདི་ནི་འགྲོ་བ་རྣམས་དགྲོལ་ཕྱིར།།

ཆོས་དང་གང་ཟག་དབྱེ་བ་རྣམ་གཉིས་གསུངས།། ༡༧༨ ཀཁ

དེས་ན་བདག་མེད་པ་སྟོན་ཅིང་སྟོང་པ་ཉིད་ཀྱི་དབྱེ་བ་བརྗོད་ན། བདག་མེད་འདི་ནི་མདོར་བསྡུ་ན་བཅོམ་ལྡན་འདས་ཀྱིས་ཆོས་དང་གང་ཟག་གི་བདག་མེད་པའི་དབྱེ་བས་རྣམ་པ་གཉིས་སུ་གསུངས་ཏེ། གདུལ་བྱའི་འགྲོ་བ་རྣམས་ཉོན་མོངས་པ་དང་ཤེས་སྒྲིབ་ལས་རྣམ་པར་དགྲོལ་བར་བྱ་བའི་ཆེད་ཀྱི་ཕྱིར་རོ།།

གཉིས་པ་ལ་མཚམས་སྦྱོར་བ་དང་། དོན་བཤད་པ་གཉིས།

དང་པོ་ནི།

དེ་ལྟར་སྟོན་པས་སླར་ཡང་འདི་ཉིད་ནི།།

གདུལ་བྱ་རྣམས་ལ་ཕྱེ་སྟེ་རྣམ་མང་གསུངས།། ༡༧༨ གང

དེ་ལྟར་སྟོན་པས་སླར་ཡང་བདག་མེད་གཉིས་པ་འདི་ཉིད་ནི་གདུལ་བྱ་རྣམས་ལ་ཕྱེ་སྟེ་བཞི་དང་། བཅུ་དྲུག་སོགས་རྣམ་པ་མང་པོར་གསུངས་སོ།།

Part V:
The Sixteen Types of Emptiness

The second,[1] the summary of the topic

> *In order to liberate beings, this lack of self-entity*
> *Is taught to have two classifications, that of phenomena and of individuals. (179ab)*

To teach the absence of a self-entity, in other words to formulate the classifications of emptiness, the Bhagavan *taught this lack of self-entity* in its briefest form *to be of two types,* namely the nonexistence of a personal self and the lack of self-entity in phenomena, *because* this enables sentient *beings* who are to be tamed to become fully *liberated* from the afflictive and cognitive veils.

The second,[2] the explanation treating of the sixteen types of emptiness

1) Connecting the previous point to the present topic
2) The actual explanation

1) Connecting the previous point to the present topic

> *Having presented this, the Buddha further taught his students*
> *By subdividing this subject matter into many categories. (179cd)*

Having presented this, the Buddha further taught his students by subdividing this subject matter, i.e., the two types of lack of self-entity, *into many categories*, four, sixteen and so on.

གཉིས་པ་ལ་མདོར་བསྟན། རྒྱས་པར་བཤད། དོན་བསྡུ་བ་གསུམ།

དང་པོ་ནི།

སྤྲོས་དང་བཅས་པར་སྟོང་པ་ཉིད།།
བཅུ་དྲུག་བཤད་ནས་མདོར་བསྡུས་ཏེ།།
སླར་ཡང་བཞིར་བཤད་དེ་དག་ནི།།
ཐེག་ཆེན་དུ་ཡང་བཞེད་པ་ཡིན།། ༡༥༠

འདིར་སྟོང་ཉིད་ཉི་ཤུ་ལ་མདོ་ལེ་བརྒྱད་མར་ཉི་ཤུ་དགུས་གཅིག་ལ་གསུངས་ཤིང་། དེ་ལ་བརྟེན་ནས་འཕགས་སེང་གེས་ཉི་ཤུའི་གྲངས་ངེས་མཛད་ལ། བརྒྱད་སྟོང་པ་དང་རྒྱུད་སྡེ་རྣམས་ལས་སྟོང་ཉིད་བཅུ་དྲུག་ཏུ་གསུངས་ཤིང་། དེ་ལ་བརྟེན་ནས་དབུས་མཐའ་དང་། བརྒྱད་སྟོང་དོན་བསྡུ་སོགས་ལས་བཅུ་དྲུག་ཏུ་གྲངས་ངེས་མཛད་ཅིང་། མདོ་ལེ་མང་ལས། ཐོ་མར་སྟོང་ཉིད་བཅུ་དྲུག་དང་། ཡང་གུད་དུ་སྟོང་ཉིད་བཞི་གསུངས་ཤིང་། དེའི་དོན་བཞི་པོ་བཅུ་དྲུག་ཏུ་འདུ་བར་དགོངས་ཏེ། འཕགས་པ་གྲོལ་སྡེ་དང་། གནོད་འཇོམས་མཁན་པོ་སོགས་ཀྱིས་ཐ་མ་བཞི་དངོས་པོ་མེད་པའི་ངོ་བོ་ཉིད་སྟོང་པ་ཉིད་དུ་སྡུད་ཀྱང་། འདིར་སློབ་དཔོན་གྱིས་དང་པོར་བཅུ་དྲུག་དང་། ཡང་བཞི་བཤད་པའི་མདོའི་དོན་བཅུ་དྲུག་རྒྱས་པར་བཤད་པ་དང་། བཞི་ནི་མདོར་བསྡུས་པར་དགོངས་ཏེ།

2) The actual explanation

1) A brief presentation
2) An expanded explanation
3) A summary

1) A brief presentation

Having taught sixteen types of emptiness
As the elaborate presentation, [the Buddha] further gave
A concise explanation mentioning four;
These are the purport of the Mahayana. (180)

The twenty types of emptiness mentioned here are all taught in the *Sutra of Eight Chapters*. Relying on that, Vimuktasena and the master Haribhadra list the types of emptiness as twenty. However, the *Eight Thousand Verse* [*Prajnaparamita*] and the tantras teach sixteen types of emptiness. Based on that, *Distinguishing the Middle from the Extremes* and [Haribhadra's] *Digest of the Eight Thousand Verse Prajnaparamita* set the number of types of emptiness at sixteen. In the *Sutra of Many Chapters*, [the Buddha] initially teaches sixteen types of emptiness and again, separately, teaches four. According to Vimuktasena, Nodjom Khenpo, and others, these four are to be included within the sixteen. They consider them to be contained within the emptiness of an inherent essence in the nonexistence of entities. Here, however, the master [Chandrakirti] sees the Buddha's intention in first explaining sixteen and then again four in the sutras as a way of first giving an expanded explanation and then a concise.

> རབ་འབྱོར་གཞན་ཡང་བྱང་ཆུབ་སེམས་དཔའི་ཐེག་པ་ཆེན་པོ་ནི་འདི་ལྟ་སྟེ། ནང་སྟོང་པ་ཉིད་དང་། ཕྱི་སྟོང་པ་ཉིད་དང་། ཕྱི་ནང་སྟོང་པ་ཉིད་དང་། སྟོང་པ་ཉིད་སྟོང་པ་ཉིད་དང་། ཆེན་པོ་སྟོང་པ་ཉིད་དང་། དོན་དམ་པ་སྟོང་པ་ཉིད་དང་། འདུས་བྱས་སྟོང་པ་ཉིད་དང་། འདུས་མ་བྱས་སྟོང་པ་ཉིད་དང་། མཐའ་ལས་འདས་པ་སྟོང་པ་ཉིད་དང་། ཐོག་མ་དང་ཐ་མ་མེད་པ་སྟོང་པ་ཉིད་དང་། དོར་བ་མེད་པ་སྟོང་པ་ཉིད་དང་། རང་བཞིན་སྟོང་པ་ཉིད་དང་། ཆོས་ཐམས་ཅད་སྟོང་པ་ཉིད་དང་། རང་གི་མཚན་ཉིད་སྟོང་པ་ཉིད་དང་། མི་དམིགས་པ་སྟོང་པ་ཉིད་དང་། དངོས་པོ་མེད་པའི་ངོ་བོ་ཉིད་སྟོང་པ་ཉིད་དོ།

ཞེས་སྤྲོས་པ་དང་བཅས་པར་སྟོང་པ་ཉིད་བཅུ་དྲུག་ཏུ་བཤད་ནས།

> རབ་འབྱོར་གཞན་ཡང་དངོས་པོ་ནི་དངོས་པོས་སྟོང་ངོ་། དངོས་པོ་མེད་པ་ནི་དངོས་པོ་མེད་པས་སྟོང་ངོ་། རང་བཞིན་ནི་རང་བཞིན་གྱིས་སྟོང་ངོ་། གཞན་གྱི་དངོས་པོ་ནི་གཞན་གྱི་དངོས་པོས་སྟོང་ངོ་།

ཞེས་མདོར་བསྡུས་ཏེ་སླར་ཡང་སྟོང་ཉིད་བཞིར་བཤད་ཅིང་། སྟོང་ཉིད་ཉི་ཤུ་པོ་དེ་དག་ནི་ཐེག་ཆེན་གྱི་ལམ་དུ་བཞེད་པ་ཡིན་ཏེ། ཤེས་སྒྲིབ་ཀྱི་གཉེན་པོར་ཆོས་ཀྱི་བདག་མེད་རྒྱས་པར་བསྟན་པ་ཡིན་པའི་ཕྱིར།

The following is presented in the *Ashtadashasahasrikaprajnaparamita-sutra*:

> Subhuti, you of perfect resources! What is the great vehicle of the bodhisattvas? It is this. It is the emptiness of the inner, the emptiness of the outer, the emptiness of the outer and inner, the emptiness of emptiness, the emptiness of the vast, the emptiness of genuine reality, the emptiness of the composite, the emptiness of the noncomposite, the emptiness of that which transcends extremes, the emptiness of that which lacks beginning and end, the emptiness of that which should not be rejected, the emptiness of the true nature, the emptiness of all phenomena, the emptiness of defining characteristics, the emptiness of the imperceptible, and the emptiness of an inherent essence in the nonexistence of entities.

Having taught sixteen types of emptiness as the elaborate presentation, [the Buddha] further gave a concise explanation mentioning four types of emptiness:

> Subhuti, furthermore, entities are empty of entities; nonentities are empty of nonentities; the true nature is empty of the true nature; and the entity that is otherwise is empty of the entity that is otherwise.

These twenty types of emptiness *are the purport of* the path of *the Mahayana*, because they present in an expanded fashion the lack of a self-entity in phenomena, the remedy for the cognitive obscurations.

གཉིས་པ་ལ་སྦྱོར་པ་དང་བཅས་པས་བཅུ་དྲུག་ཏུ་བཤད་པ་དང་། མདོར་བསྡུས་ཏེ་བཞིར་བཤད་པ་གཉིས། དང་པོ་ལ་ནང་དང་། ཕྱི་དང་། ཕྱི་ནང་དང་། སྟོང་པ་ཉིད་དང་། ཆེན་པོ་དང་། དོན་དམ་པ་དང་། འདུས་བྱས་དང་། འདུས་མ་བྱས་དང་། མཐའ་ལས་འདས་པ་དང་། ཐོག་མ་དང་། ཐ་མ་མེད་པ་དང་། དོར་བ་མེད་པ་དང་། རང་བཞིན་དང་། ཆོས་ཐམས་ཅད་དང་། རང་གི་མཚན་ཉིད་དང་། མི་དམིགས་པ་དང་། དངོས་པོ་མེད་པའི་ངོ་བོ་ཉིད་སྟོང་པ་ཉིད་རྒྱས་པར་བཤད་པ་དང་བཅུ་དྲུག་གི་དང་པོ་ནི།

2) An expanded explanation

1) The elaborate explanation treating of the sixteen types of emptiness
2) The concise explanation treating of the four

1) The elaborate explanation treating of the sixteen types of emptiness

1) The emptiness of the inner
2) The emptiness of the outer
3) The emptiness of the outer and inner
4) The emptiness of emptiness
5) The emptiness of the vast
6) The emptiness of genuine reality
7) The emptiness of the composite
8) The emptiness of the noncomposite
9) The emptiness of that which transcends extremes
10) The emptiness of that which lacks beginning and end
11) The emptiness of that which should not be rejected
12) The emptiness of the true nature
13) The emptiness of all phenomena
14) The emptiness of defining characteristics
15) The emptiness of the imperceptible
16) The emptiness of an inherent essence in the nonexistence of entities

གང་ཕྱིར་དེ་ཡི་རང་བཞིན་དེ།།
ཡིན་ཕྱིར་མིག་ནི་མིག་གིས་སྟོང་།།
དེ་བཞིན་རྣ་བ་སྣ་དང་ལྕེ།།
ལུས་དང་ཡིད་ཀྱང་བསྙད་པར་བྱ།། ༡༨༡
ཐེར་ཟུག་གནས་པ་མ་ཡིན་དང་།།
འཇིག་པ་མ་ཡིན་ཉིད་ཀྱི་ཕྱིར།།
མིག་ལ་སོགས་པ་དྲུག་པོ་ཡི།།
རང་བཞིན་མེད་ཉིད་གང་ཡིན་པ།།
དེ་ནི་ནང་སྟོང་ཉིད་དུ་འདོད།། ༡༨༢

མདོ་ལས། གང་དག་ནང་སྟོང་པ་ཉིད་དུ་འགྱུར་བ་ནང་གི་ཆོས་རྣམས་གང་དག་ཡིན་ཅེ་ན། ནང་གི་ཆོས་རྣམས་ཞེས་བྱ་བ་ནི་མིག་དང་རྣ་བ་དང་སྣ་དང་ལྕེ་དང་ལུས་དང་ཡིད་དེ། དེ་ལ་ཐེར་ཟུག་ཏུ་གནས་པ་མ་ཡིན་པ་དང་། འཇིག་པ་མ་ཡིན་པ་ཉིད་ཀྱི་ཕྱིར་མིག་ནི་མིག་གིས་སྟོང་སྟེ། དེ་ཅིའི་ཕྱིར་ཞེ་ན། དེའི་རང་བཞིན་དེ་ཡིན་པའི་ཕྱིར་ཞེས་སོགས་ཀྱི་དོན་གང་གི་ཕྱིར་མིག་དེའི་རང་བཞིན་སྟོང་པ་ཉིད་དེ་ཡིན་པའི་ཕྱིར་མིག་ནི་མིག་གི་རང་གི་ངོ་བོས་སྟོང་ལ། དེ་བཞིན་དུ་རྣ་བ་དང་སྣ་དང་ལྕེ་དང་ལུས་དང་ཡིད་ཀྱང་སྟོང་ཉིད་དུ་བསྙད་པར་བྱའོ།། དེ་ལྟར་ན་མིག་ལ་སོགས་པ་སྐྱེ་མཆེད་དྲུག་པོ་ཡི་རང་གི་ངོ་བོ་གདོད་ནས་སྟོང་པའི་རང་བཞིན་མེད་པ་ཉིད་གང་ཡིན་པ་དེ་ནི་ཆོས་ཅན། ནང་སྟོང་པ་ཉིད་ཀྱི་རང་བཞིན་དུ་མ་དཔྱད་འཇིག་རྟེན་གྲགས་པར་བདེན་གཉིས་བཞག་ནས་འཇོག་སྐབས་དེར་འདོད་དགོས་ཏེ། རྟེན་ཅིང་འབྲེལ་བར་འབྱུང་བ་ཇི་བཞིན་པར་སྨྲ་བའི་འཇིག་རྟེན་གྲགས་སྡེ་སྤྱོད་པའི་དབུ་མ་པ་དག་མ་དཔྱད་པར་བདེན་གཉིས་ལ་རང་བཞིན་ཡོད་མེད་ཐ་སྙད་ཀྱི་གྲགས་པ་ཕྱིན་ཅི་མ་ལོག་པའི་རྗེས་སུ་འབྲངས་ནས་འཇོག་པ་ན་མིག་སོགས་དྲུག་གི་རང་ངོས་སྟོང་པའི་རང་བཞིན་མེད་པ་ལ་རང་བཞིན་དུ་འཇོག་པར་མཐོང་བའི་ཕྱིར།

1) The emptiness of the inner

Because this is its nature,
The eye is empty of the eye.
The same is valid for the ears and the nose,
For the tongue and body and also for mind. (181)

Because it is not present in a lasting fashion
And because it does not perish,
The nature of the eye or any other of the six
Does not have an essential existence.
This is asserted to be the emptiness of the inner. (182)

In the sutras, the following questions are presented:

> One could ask, "Which inner phenomena are included within the emptiness of the inner?" "Inner phenomena" are the eyes, the ears, the nose, the tongue, the body, and the mind. Because an eye does not last forever and because it does not perish, it is empty of being an eye. Why is that? Because its nature is this [emptiness].

The meaning of this is as follows:

Because the eye's *nature is this* emptiness, *the eye is empty of* essentially being an *eye. The same* empty nature *is valid for the ears and the nose, for the tongue and body and also for mind.* We can therefore say:

(subject): Given that *the six* ayatanas, *the eye and so on*, lack an inherently existing essence, that their nature is empty from the very outset,

(predicate): it is necessary *to assert* that *this* nature is *the emptiness of the inner,* when posited in relation to the two truths at the unexamined level common in the world,

(reason): because it is evident that the Madhyamikas—who explain interdependent origination just as it is and who conduct themselves in accord with worldly consensus—in making their presentation correctly use well-renowned terminology to describe the existence or nonexistence of a nature in the context of the two truths at the unexamined level, and in doing so, they posit that the true nature for any of the six [inner ayatanas] is a lack of inherent nature, i.e., that the eye and so on lack an inherent essence of their own.

གཉིས་པ་ནི།

གང་ཕྱིར་དེ་ཡི་རང་བཞིན་དེ།།
ཡིན་ཕྱིར་གཟུགས་ནི་གཟུགས་ཀྱིས་སྟོང་།།
སྒྲ་དང་དྲི་རོ་རེག་བྱ་དང་།།
ཆོས་རྣམས་ཉིད་ཀྱང་དེ་བཞིན་ནོ།། ༡༨༣
གཟུགས་སོགས་རང་བཞིན་མེད་པ་ཉིད།།
ཕྱི་རོལ་སྟོང་པ་ཉིད་དུ་འདོད།། ༡༨༤ ཀ།ཁ

གཟུགས་སོགས་ཕྱིའི་ཆོས་རྣམས་རང་རང་ངོ་བོས་སྟོང་སྟེ། གང་གི་ཕྱིར་གཟུགས་དེའི་རང་བཞིན་སྟོང་པ་ཉིད་དེ་ཡིན་པའི་ཕྱིར་གཟུགས་ནི་གཟུགས་ཀྱི་རང་རང་གི་ངོ་བོས་སྟོང་ལ། དེ་བཞིན་དུ་སྒྲ་དང་དྲི་རོ་རེག་བྱ་དང་ཆོས་རྣམས་ཉིད་ཀྱང་རང་རང་ངོ་བོས་སྟོང་པ་དེ་བཞིན་ནོ།། དེས་ན་གཟུགས་སོགས་ཕྱིའི་སྐྱེ་མཆེད་དྲུག་གི་རང་བཞིན་མེད་ཉིད་ནི་ཕྱི་རོལ་སྟོང་པ་ཉིད་དུ་འདོད་དོ།།

གསུམ་པ་ནི།

གཉིས་ཆར་རང་བཞིན་མེད་ཉིད་ནི།།
ཕྱི་ནང་སྟོང་པ་ཉིད་ཡིན་ནོ།། ༡༨༤ གང

ཕྱི་ནང་གི་སྐྱེད་བྱེད་གཉིས་ཅར་རང་རང་ངོ་བོས་སྟོང་པའི་རང་བཞིན་མེད་པ་ཉིད་ནི་ཕྱི་ནང་སྟོང་པ་ཉིད་ཡིན་ནོ།།

2) The emptiness of the outer

Because this is its nature,
Form is empty of form.
The same goes for sound, odor, taste, bodily sensation,
And all mental phenomena. (183)

The very lack of a true nature in form and so on
Is asserted to be the emptiness of the outer. (184ab)

Outer phenomena, forms and so on, are empty of an essential makeup. *Because* form's *nature is this* emptiness, *form is empty of* an essential component constituting it as a *form. The same is valid for sounds, odors, tastes, bodily sensations, and mental phenomena*—they are all empty of an essential component of their own. Thus, *the very lack of a true nature in* the six outer ayatanas, *form* and so on, *is asserted to be the emptiness of the outer.*

3) The emptiness of the outer and inner

The very lack of a true nature for both combined
Is the emptiness of outer and inner. (184cd)

Both, i.e., the inner and outer ayatanas *combined*, are empty of an essential component of their own. *This very lack of a true nature is the emptiness of outer and inner.*

བཞི་པ་ནི།

ཆོས་རྣམས་རང་བཞིན་མེད་པ་ཉིད།།
མཁས་པས་སྟོང་པ་ཉིད་ཅེས་བསྙད།།
སྟོང་ཉིད་དེ་ཡང་སྟོང་ཉིད་ཀྱི།།
ངོ་བོས་སྟོང་པར་འདོད་པ་ཡིན།། ༡༨༥
སྟོང་ཉིད་ཅེས་བྱའི་སྟོང་ཉིད་གང་།།
སྟོང་ཉིད་སྟོང་ཉིད་དུ་འདོད་དེ།།
སྟོང་ཉིད་དངོས་པོའི་བློ་ཅན་གྱི།།
འཛིན་པ་བཟློག་ཕྱིར་གསུངས་པ་ཡིན།། ༡༨༦

སྟོང་ཉིད་འདི་ནི་དབུས་མཐའ་དང་། རྒྱུད་སྡེ་དང་། འཕགས་སེང་སོགས་ཀྱིས་ཆོས་ཐམས་ཅད་ལ་བཤད་ཀྱང་། འདི་སློབ་དཔོན་གྱིས་མདོ་ཇི་ལྟ་བར་འདུས་བྱས་མ་བྱས་སོགས་ཀྱི་ཆོས་རྣམས་རང་རང་ངོ་བོས་སྟོང་པའི་རང་བཞིན་མེད་པ་ཉིད་ལ་མཁས་པས་སྟོང་པ་ཉིད་ཅེས་བསྙད་དེ།

སེམས་འགྲེལ་ལས།

ཆོས་རྣམས་ཐམས་ཅད་སྐྱེ་མེད་པ།།
སྟོང་ཉིད་ཡིན་པར་རབ་ཏུ་བཤད།།

ཅེས་སོ།།

སྟོང་ཉིད་དེ་ཡང་སྟོང་ཉིད་ཀྱི་རང་གི་ངོ་བོས་སྟོང་པར་འདོད་པ་ཡིན་ཏེ། ཆོས་ཅན་ནམ་དགག་གཞི་མི་སྟོང་པའི་ཆོས་ཅུང་ཟད་ཅིག་ཡོད་ན་དེའི་སྟེང་དུ་དགག་བྱ་བཀག་པའི་སྟོང་ཉིད་ཇོ་ནང་པ་དང་དགེ་ལྡན་པ་བཞེད་པ་ལྟར་ཡོད་པར་འགྱུར་ནའང་། འདིར་མི་སྟོང་པའི་ཆོས་ཅུང་ཟད་ཙམ་ཡང་མེད་པས་སྟོང་ཉིད་ཀྱི་ཡོད་ཙམ་དང་གཞི་གྲུབ་ཙམ་དུའང་ག་ལ་

4) The emptiness of emptiness

Phenomena's lack of true nature
Is called "emptiness" by the learned ones.
This emptiness is also asserted to be empty
Of an emptiness having an essential makeup. (185)

The emptiness of what is called "emptiness"
Is asserted to be the emptiness of emptiness.
It was taught to counteract the clinging of beings
With an inclination to think of emptiness as an entity. (186)

Distinguishing the Middle from the Extremes, the tantras, Vimuktasena, Haribhadra, and so forth explain that [in the phrase "the emptiness of emptiness," the latter] "emptiness" refers to all phenomena, [i.e., "the emptiness of emptiness" means the emptiness of all phenomena.] The acharya [Chandrakirti, however, teaches] that [this latter emptiness] refers to the emptiness of an essential component in *phenomena*—composite, noncomposite, and so on. It is *this very lack of true nature* that *the learned ones* in accordance with the sutras call *"emptiness."* As is stated in the *Essay on Bodhichitta*:

> That all phenomena without exception are unborn
> Is perfectly taught to be emptiness.

This emptiness is also asserted to be empty of an actual *emptiness having an essential makeup*. If a phenomenon—no matter how small—which was not empty could be found, then based on such an item or basis for refutation, an emptinesses that would refute the object of refutation, like [the emptinesses] that the Jonangpas and Gedenpas assert to exist,[3] could also be found. However, since there is not even the smallest phenomenon that is not empty, where could one find justification for any existence of emptiness or a verifiable basis for it?

འཐད། སྟོང་ཉིད་ཅེས་བྱའི་སྟོང་ཉིད་གང་དེ་ནི་སྟོང་ཉིད་སྟོང་ཉིད་དུ་འདོད་དེ། འདི་ལས་གཞན་དུ་ཁ་ཅིག་སྟོང་ཉིད་ལ་དངོས་པོ་བདེན་པ་བའམ་བདེན་པར་མེད་པའི་དོན་བྱེད་པ་ཅན་གྱི་དངོས་པོ་དང་དངོས་མེད་དུ་གཞི་གྲུབ་པར་རྟོག་པའི་བློ་ཅན་གྱི་འཛིན་པ་བཟློག་ཆེད་དུ་གསུངས་པ་ཡིན་ཏེ།

འཇིག་རྟེན་འདས་བསྟོད་ལས།

ཀུན་རྟོག་ཐམས་ཅད་གཞོམ་པའི་ཕྱིར།།
སྟོང་ཉིད་བདུད་རྩི་བསྟན་པར་མཛད།།
གང་ལ་འདང་དེ་ལ་འཛིན་ཡོད་པ།།
དེ་ནི་ཁྱོད་ཀྱིས་སྨད་པར་མཛད།།

ཅེས་སོ།།

ལྔ་པ་ལ་རྟེན་ཆོས་ཅན་དང་། སྟོང་ཚུལ་དང་དགོས་པ་བཤད་པ་གཉིས།

དང་པོ་ནི།

སེམས་ཅན་སྣོད་ཀྱི་འཇིག་རྟེན་ནི།།
མ་ལུས་ཁྱབ་བྱེད་ཉིད་ཕྱིར་དང་།།
ཚད་མེད་དཔེ་ཡིས་མུ་མཐའ་ནི།།
མེད་ཕྱིར་ཕྱོགས་རྣམས་ཆེན་པོ་ཉིད།། ༡༤༧

ཕྱོགས་བཅུ་རྣམས་ཆེན་པོ་དེ་ཉིད་དོ་སྐེ། ཕྱོགས་ལས་ལོགས་སུ་སྣོད་བཅུད་ཀྱི་འཇིག་རྟེན་མེད་པས་སེམས་ཅན་ཏེ་འགྲོ་བ་དང་སྣོད་ཀྱི་འཇིག་རྟེན་ནི་མ་ལུས་ཁྱབ་པར་བྱེད་པ་ཉིད་ཀྱི་ཕྱིར་དང་། ཕྱོགས་བཅུ་པོ་རེར་ཡང་བྱམས་སོགས་བསྒོམ་ན་ཕྱོགས་ཡོངས་སུ་བཅད་ནས་བསྒོམས་པས་ཚད་མེད་པའི་དཔེ་ཡིས་གནས་པས་མུ་མཐའ་ནི་མེད་པའི་ཕྱིར་རོ།།

The emptiness of what is called "emptiness" is asserted to be the emptiness of emptiness. It was taught in order *to counteract the clinging* that some *beings* would otherwise entertain, namely *beings with an inclination to think of emptiness as* a verifiable basis, i.e., as *an entity* or nonentity which would perform the function of a truly existent or non-truly existent entity.

From the *Praise of the Transcendence of the World*:

In order to subdue all conceptuality,
You teach the nectar of emptiness.
To cling to it as being this or that
Is something you denounce.

5) The emptiness of the vast

1) Explanation of the basis, that which contains the quality
2) Explanation of the way in which it is empty and the purpose

1) Explanation of the basis, that which contains the quality

Because they completely pervade
Sentient beings as well as their vessel-like worlds
And because the immeasurables exemplify their limitlessness,
The directions are that which is vast. (187)

The ten *directions are that which is vast.* This is *because* we look at the directions with reference to

- the universe and all sentient beings: The directions *pervade all sentient beings*, the wanderers, *and the entire world, the vessel.* There are no worlds or any sentient being to be found outside the directions.
- love and so on: When meditating on love and so on, one repeatedly concentrates on each of the ten directions, meditating on love and so on as reaching out through all of them. The directions are thus *exemplified* by the [four] *immeasurables*, and therefore there is no end to them.

གཉིས་པ་ནི།

འདི་དག་བཅུ་ཆར་ཕྱོགས་རྣམས་ཀྱིས།།
སྟོང་པ་ཉིད་ནི་གང་ཡིན་དེ།།
ཆེན་པོ་སྟོང་པ་ཉིད་ཡིན་དེ།།
ཆེན་པོར་འཛིན་པ་བཟློག་ཕྱིར་གསུངས།། ༡༨༨

ཕྱོགས་འདི་དག་བཅུ་ཆར་ཕྱོགས་རྣམས་ཀྱི་རང་གི་ངོ་བོས་སྟོང་པ་ཉིད་ནི་གང་ཡིན་པ་དེ་ཆེན་པོ་དེ་སྟོང་པ་ཉིད་ཡིན་པར་ཏེ་བྱེ་བྲག་པ་སོགས་ཕྱོགས་རྣམས་ཚད་མེད་པར་ཐམས་ཅད་ལ་ཁྱབ་པའི་རྫས་སོ་སྙམ་དུ་ཆེན་པོར་འཛིན་པ་དག་གི་འཛིན་པ་ཟློག་པའི་ཆེད་དུ་གསུངས་པའི་ཕྱིར།

དྲུག་པ་ནི།

དེ་ནི་དགོས་པ་མཆོག་ཡིན་པས།།
དོན་དམ་མྱ་ངན་འདས་པ་ཡིན།།
དེ་ནི་དེ་ཡིས་སྟོང་ཉིད་གང་།།
དེ་ནི་དོན་དམ་སྟོང་ཉིད་དེ།། ༡༨༩
མྱ་འདས་དངོས་པོའི་བློ་ཅན་གྱི།།
འཛིན་པ་བཟློག་པར་བྱ་བའི་ཕྱིར།།
དོན་དམ་མཁྱེན་པས་དོན་དམ་པ།།
སྟོང་པ་ཉིད་ནི་བསྟན་པར་མཛད།། ༡༩༠

མྱང་འདས་དེ་ནི་དོན་མྱ་ངན་ལས་འདས་པ་ཡིན་ཏེ། པ་ར་མ་ཨརྠ་ཞེས་པ་ར་མ་ནི་དམ་པའམ་མཆོག་ལ་འཇུག་གི། ཨརྠ་ནི་དོན་ཏེ་འབྲས་བུ་དང་དགོས་པ་དང་ཡུལ་སོགས་ལ་འཇུག་པས། མྱང་འདས་དེ་སྐྱེས་བུའི་དགོས་པ་ཐམས་ཅད་ཀྱི་མཆོག་ཡིན་པས་དེ་ཉིད་ཀྱི་

2) EXPLANATION OF THE WAY IN WHICH IT IS EMPTY AND THE PURPOSE

These directions, all ten of them,
Are empty, and this is
The emptiness of the vast.
It was taught in order to counteract clinging to vastness. (188)

These directions, all ten of them, are empty of an essential component constituting them as directions. *This* emptiness *is* taught to be *the emptiness of the vast,* because this enables beings, such as the Vaisheshikas, *to counteract* their *clinging to vastness,* where they think, "The directions are limitless and are a substance that pervades everything."

6) THE EMPTINESS OF GENUINE REALITY

Since it is the supreme aim,
Genuine reality is the transcendence of misery.
That this is empty of itself
Is the emptiness of genuine reality. (189)

In order to counteract the clinging
Of beings with an inclination to think of nirvana as an entity,
The one who knows genuine reality
Has presented this as the emptiness of genuine reality. (190)

Nirvana (Tib. *myang 'das*) means *transcendence of misery*. [Genuine reality] is in Sanskrit "paramartha," where "parama" means *genuine* or "supreme" and "artha" means *reality* (Tib. *don*). "Don" can also have the sense of fruition, purpose or aim, object, and so on. *Hence,* "nirvana" *is the supreme* of all *aims* of beings.

ཕྱིར། མྱང་འདས་དེ་ནི་དེས་སྟོང་པ་ཉིད་གང་ཡིན་པ་དེ་ནི་དོན་དམ་པ་སྟོང་པ་ཉིད་དེ། དངོས་པོ་དང་། དངོས་མེད་དང་། གཉིས་ཀ་ཡིན་མིན་གྱི་མུ་བཞི་དང་བྲལ་བའི་ཕྱིར། དོན་དམ་མཁྱེན་པ་སངས་རྒྱས་ཀྱིས་དོན་དམ་པ་སྟོང་པ་ཉིད་ནི་བསྟན་པར་མཛད་དེ། བྱེ་སྨྲས། སོ་སོར་བརྟགས་པས་འགོག་པ་གང་། བྲལ་བའོ་སོ་སོ་སོ་སོ་ཡིན། ཅེས་ལྷན་རྫས་ཧེ་སྐྱེད་ཀྱི་བྲལ་རྫས་དེ་སྐྱེད་དུ་གྲུབ་པར་འདོད་པ་དང་། རྣལ་འབྱོར་སྤྱོད་པ་མྱང་འདས་འགོག་བདེན་བདེན་གྲུབ་པའི་དངོས་པོར་མངོན་པར་ཞེན་པའི་བློ་ཅན་རྣམས་ཀྱི་ལྟ་བ་ངན་པའི་འཛིན་པ་བཟློག་པར་བྱ་བའི་ཕྱིར།

བདུན་པ་ནི།

རྐྱེན་ལས་བྱུང་ཕྱིར་ཁམས་གསུམ་པོ།།
འདུས་བྱས་ཡིན་པར་ངེས་པར་བཤད།།
དེ་ནི་དེ་ཡིས་སྟོང་ཉིད་གང་།།
དེ་ནི་འདུས་བྱས་སྟོང་ཉིད་གསུངས།། ༡༩༡

ཁམས་གསུམ་པོ་རྣམས་འདུས་བྱས་ཡིན་པར་ངེས་པར་མདོ་ལས་བསྟན་དེ། རྒྱུ་རྐྱེན་ལས་བྱུང་བའི་ཕྱིར་ཁམས་གསུམ་པོ་དེ་ནི་དེའི་རང་གི་ངོ་བོས་སྟོང་ཉིད་གང་དེ་ནི་འདུས་བྱས་སྟོང་ཉིད་དུ་གསུངས་སོ།།

Because it is beyond any of the four limits—entity, nonentity, both, or neither—*this* nirvana *is empty of itself,* and this *is the emptiness of genuine reality. The Buddha, who knows genuine reality, has presented this emptiness of genuine reality in order to counteract the clinging* which *beings* with lesser views entertain, such as

- the Vaibhashikas, who assert that there are as many separation substances as there are [individual non-] associated [compositional] substances [of cessation] by stating, "For each [substance] of cessation found through individual investigation there is a [substance] of separation."
- the Yogacharins who cling strongly *to nirvana*, the truth of cessation, *as an entity* which is truly existent.

7) The emptiness of the composite

Because they come about due to conditions, the three realms
Are clearly described as being composite.
They are empty of themselves
And this is taught to be the emptiness of the composite. (191)

In the sutras, the three realms *are clearly described as being composite. Because they come about due to* causes and *conditions, the three realms are empty of themselves,* i.e., empty of an essential makeup. *This is taught to be the emptiness of the composite.*

བརྒྱད་པ་ནི།

གང་ལ་སྐྱེ་གནས་མི་རྟག་ཉིད།།
དེ་དག་མེད་པ་འདུས་མ་བྱས།།
དེ་ནི་དེ་ཡིས་སྟོང་ཉིད་གང་།།
དེ་ནི་འདུས་མ་བྱས་སྟོང་ཉིད།། ༡༩༢

གང་ལ་ཐོག་མར་སྐྱེ་བ་དང་། བར་དུ་གནས་པ་དང་། ཐ་མར་མི་རྟག་པ་ཉིད་དེ་འདུས་བྱས་ཀྱི་མཚན་ཉིད་གསུམ་པོ་དེ་དག་མེད་པ་ནི་འདུས་མ་བྱས་ཡིན་ལ། དེ་ནི་འདུས་མ་བྱས་དེ་ཡིས་སྟོང་ཉིད་གང་དེ་ནི་འདུས་མ་བྱས་སྟོང་ཉིད་དོ།། འདི་ནི་ནམ་མཁའ་སོགས་འདུས་མ་བྱས་ལ་རྟག་འཛིན་བཟློག་པའོ།།

དགུ་པ་ནི།

གང་ལ་མཐའ་ནི་ཡོད་མིན་པ།།
དེ་ནི་མཐའ་ལས་འདས་པར་བརྗོད།།
དེ་དེ་ཁོ་ནས་སྟོང་པ་ཉིད།།
མཐའ་ལས་འདས་པ་སྟོང་ཉིད་བཤད།། ༡༩༣

གང་ལ་རྟག་ཆད་ཀྱི་མཐའ་ནི་ཡོད་པ་མིན་པ་མཐའ་གཉིས་དང་བྲལ་བ་དབུ་མའི་ལམ་དེ་ནི་མཐའ་ལས་འདས་པར་བརྗོད་དོ།། མཐའ་ལས་འདས་པ་དེ་མཐའ་ལས་འདས་པ་དེ་ཁོ་ནས་སྟོང་པ་ཉིད་ནི་མཐའ་ལས་འདས་པ་སྟོང་པ་ཉིད་དུ་བཤད་དོ།། ཁ་ཅིག་མཐའ་ལས་འདས་པའི་དབུ་མའི་ལམ་རྟག་དངོས་སུ་འདོད་པའང་གཞུང་འདི་ཉིད་ཀྱིས་བཀག་གོ།།

8) The emptiness of the noncomposite

Anything that lacks arising, remaining and being impermanent
Is a noncomposite phenomenon.
That this is empty of itself
Is the emptiness of the noncomposite. (192)

Anything that lacks the three defining characteristics of a composite phenomenon—*to arise* in the beginning, *to remain* in the interim, *and to be impermanent* in the end—*is a noncomposite phenomenon. That such* [noncomposite phenomena] *are empty of* [a truly existent] noncompositeness *is the emptiness of the noncomposite.* It counteracts clinging to noncomposite phenomena, the sky and so on, as being permanent.

9) The emptiness of that which transcends extremes

That which is without extremes
Is described as the transcendence of extremes.
That this is empty of just that
Is named "the emptiness of that which transcends extremes." (193)

That which is without the *extremes* of permanence and annihilation—the Middle Way free from the two extremes—*is described as the transcendence of extremes. This* transcendence of extremes *is empty of just that* transcendence and *is named "the emptiness of the transcendence of extremes."* Some assert that the Middle Way, which goes beyond extremes, is a permanent entity, but such assertions are also refuted here in this text.

བཅུ་པ་ནི།

ཐོག་མ་དང་པོ་ཐ་མ་མཐའ།།
དེ་དག་མེད་པས་འཁོར་བ་ནི།།
ཐོག་མ་ཐ་མ་མེད་པར་བརྗོད།།
འགྲོ་འོང་བྲལ་ཕྱིར་རྨི་ལམ་ལྟའི།། ༡༩༤
སྲིད་འདི་དེ་ཡིས་དབེན་ཉིད་གང་།།
དེ་ནི་ཐོག་མ་དང་ཐ་མ།།
མེད་པ་སྟོང་པ་ཉིད་དོ་ཞེས།།
བསྟན་བཅོས་ལས་ནི་ངེས་པར་བཤད།། ༡༩༥

འཁོར་བ་ནི་ཐོག་མ་ཐ་མ་མེད་པར་བརྗོད་དེ། ཐོག་མ་དང་པོ་དང་ཐ་མ་ནི་མཐའ་སྟེ་དེ་དག་མེད་པས་སོ།། ཐོག་མཐའ་དབུས་གསུམ་མེད་པའི་དོན་ཡང་ཀུན་རྫོབ་འཁྲུལ་ངོར་ཐོག་མཐའ་མེད་པའི་དོན་ལ་མི་བཟུང་གི། འཁོར་བ་རང་བཞིན་མེད་པ་སྐྱེ་འཇིག་གནས་པ་དང་བྲལ་བ་ལ་འཇོག་གོ།། རྨི་ལམ་ལྟ་བུའི་སྲིད་པ་འདི་དེའི་ངོ་བོས་དབེན་པ་ཉིད་གང་དེ་ནི་ཐོག་མ་དང་ཐ་མ་མེད་པ་སྟོང་པ་ཉིད་དོ་ཞེས་འཚོས་སྐྱོབ་ཀྱི་ཡོན་ཏན་དང་ལྡན་པའི་ཞེར་ཕྱིན་གྱི་བསྟན་བཅོས་ལས་ནི་ངེས་པར་བཤད་དོ།། ཐོག་མཐའ་དབུས་གསུམ་བྲལ་བ་ལ་སྨྲ་མ་ནས་འདིར་འོང་བ་དང་འདི་ནས་གཞན་དུ་འགྲོ་བ་དང་བྲལ་བའི་ཕྱིར་རོ།།

10) The emptiness of that which lacks beginning and end

Since the wheel of samsara
Has no initial beginning and no final end,
It is described as lacking beginning and end.
Because it lacks coming or going, like a dream, (194)

Existence is devoid of itself.
This is called "the emptiness
Of that which lacks beginning and end"
As clearly described in the treatises. (195)

The wheel of samsara is described to be without beginning and end, because it has no initial beginning and no final end. This lack of a beginning, middle, and end does not apply to the delusive appearances of apparent reality, but refers to samsara's being without inherent nature, i.e., its being free of arising, abiding, and ceasing. Since *that* which is free of beginning, middle, and end *is free of coming* here from a previous state *and going* from here to another, *existence is devoid of* an essential component *of its own, like a dream. This is called "the emptiness of that which lacks beginning and end" as clearly described in the treatises* on the Prajnaparamita, which are endowed with the virtuous qualities of curing and protecting.

བཅུ་གཅིག་པ་ནི།

དོར་བ་ཞེས་བྱ་འཕོར་བ་དང་།།
འབོར་བ་ལ་ནི་ངེས་པར་བརྗོད།།
དོར་མེད་གཏོང་བ་མེད་པ་སྟེ།།
འགའ་ཡང་དོར་མེད་གང་ཡིན་པའོ།། ༡༩༦
དོར་བ་མེད་པ་དེ་ཉིད་ཀྱིས།།
དེ་ཉིད་སྟོང་པ་ཉིད་གང་ཡིན།།
དེ་དེའི་ཕྱིར་ན་དོར་མེད་པ།།
སྟོང་པ་ཉིད་ཅེས་བྱ་བར་བརྗོད།། ༡༩༧

དོར་བ་ཞེས་བྱ་བ་ནི་འཕོར་བ་དང་འབོར་བ་ལ་ནི་ངེས་པར་བརྗོད་ཅིང་། དོར་མེད་ནི་ཐ་སྙད་དུ་གཏོང་བ་མེད་པ་སྟེ་དོར་བྱ་མིན་ཅིང་འགར་ཡང་འབོར་བ་མེད་པ་བླང་བྱ་ཚོགས་གཉིས་ཀྱི་དགེ་བ་གང་ཡིན་པའོ།། དོར་བ་མེད་པ་དེ་ཉིད་ཀྱིས་དོར་བ་མེད་པ་དེ་ཉིད་སྟོང་པ་ཉིད་གང་ཡིན་པ་དེ་ནི་རྒྱུ་མཚན་དེའི་ཕྱིར་ན་དོར་བ་མེད་པ་སྟོང་པ་ཉིད་ཅེས་བྱ་བར་བརྗོད་དོ།།

11) The emptiness of that which should not be rejected

"To reject" is clearly described as
"To eliminate" and "to throw away."
The "not-to-be-rejected" is that which should not be given up.
It is that which should not be rejected in any situation at all. (196)

That which should not be rejected
Is empty of being inherently that;
This emptiness is therefore described as
The emptiness of that which should not be rejected. (197)

"To reject" is clearly described as "to eliminate" and "to throw away." Conventionally, *the "not-to-be-rejected" is that which should not be given up; it is that which should not be rejected* and should not be thrown away *in any situation at all*; on the contrary, it is that which should be adopted, namely, the virtuous actions of the two accumulations.

That which should not be rejected is empty of being inherently that, i.e., it is empty of being something [truly existent] that should not be rejected, and *this emptiness is therefore described as the emptiness of that which should not be rejected.*

བཅུ་གཉིས་པ་ནི།

འདུས་བྱས་ལ་སོགས་ངོ་བོ་ཉིད།།
གང་ཕྱིར་སློབ་མ་རང་སངས་རྒྱས།།
རྒྱལ་སྲས་དེ་བཞིན་གཤེགས་རྣམས་ཀྱིས།།
མ་མཛད་དེའི་ཕྱིར་འདུས་བྱས་ལ།། ༡༩༢
སོགས་པ་རྣམས་ཀྱི་ངོ་བོ་ཉིད།།
རང་བཞིན་ཉིད་དུ་བསྙད་པ་སྟེ།།
དེ་ཉིད་ཀྱིས་དེ་སྟོང་ཉིད་གང་།།
དེ་ནི་རང་བཞིན་སྟོང་པ་ཉིད།། ༡༩༣

འདུས་བྱས་མ་བྱས་ལ་སོགས་ཀྱི་ཆོས་རྣམས་ཀྱི་ངོ་བོ་ཉིད་དེ་ནི་གང་ཕྱིར་སློབ་དང་། རང་སངས་རྒྱས་དང་། རྒྱལ་སྲས་དང་། དེ་བཞིན་གཤེགས་པ་རྣམས་ཀྱིས་ཤེས་མཐོང་གིས་མ་མཛད་དེ། དེ་དག་བྱོན་ཀྱང་མ་བྱོན་ཀྱང་ཆོས་ཐམས་ཅད་ཀྱི་རང་བཞིན་གདོད་ནས་སྟོང་པའི་སྟོང་ཉིད་ཡིན་པའི་ཕྱིར། མ་མཛད་པ་དེའི་ཕྱིར་འདུས་བྱས་ལ་སོགས་པ་རྣམས་ཀྱི་ངོ་བོ་སྟོང་པ་ཉིད་དེ་ནི་རང་བཞིན་ཉིད་དུ་བསྙད་པ་སྟེ། རང་བཞིན་མེད་པ་ལ་རང་བཞིན་དུ་མིང་བཏགས་པའོ།། འོ་ན་དབུ་མའི་གསུང་རབ་ཀྱི་བརྡ་འདིར་མེའི་རང་བཞིན་ཚ་བ་སོགས་ལའང་རང་བཞིན་དུ་བརྗོད་རིགས་པར་འགྱུར་ཏེ། དེ་འཕགས་སོགས་ཀྱིས་མ་བྱས་པའི་ཕྱིར་སྙམ་ན། མ་དཔྱད་པ་དེར་བརྗོད་པ་མི་འགོག་མོད། འོན་ཏེ་ཚ་སོགས་འཕགས་པས་མ་བྱས་ཀྱང་གཞན་གྲགས་ཀྱི་རིགས་པས་རང་བཞིན་ཡིན་པར་མི་རིགས་ཏེ། རང་བཞིན་ནི་བཅོས་མིན་བལྟོས་མིན་ཡིན་དགོས་པས་ཚ་སོགས་ནི་མ་རིག་པ་སོགས་ཀྱིས་བྱས་པའི་ཕྱིར།

12) The emptiness of the true nature

Because it is the very essence of the composite and so on
It is not created by trainees, solitary realizers,
The heirs of the Victor or the tathagatas;
Therefore, the very essence (198)

Of the composite and so on
Is described as the nature itself.
That this is empty in itself
Is the emptiness of the true nature. (199)

Because it is the very essence of all phenomena—*composite,* noncomposite *and so on—it is not created by the* knowledge and vision of *trainees* (shravakas), *solitary realizers* (pratyekabuddhas), *the heirs of the Victor* (bodhisattvas) *or the tathagatas.* Whether these [tathagatas and so forth] manifest themselves or not, the nature of all phenomena is emptiness empty from the very outset. In this way, this emptiness, which is *the very essence of* all *composite and so on,* is not created; and therefore it *is described as the nature itself.* One applies the name "nature" to a lack of nature.

One might think, "Well then, it is also justifiable to use this term ['nature' which is defined] in the supreme teachings of the Middle Way [as meaning 'not created'] to describe the nature of fire, heat, and so on, because such a nature is not created by any noble being either."

In the context where no analysis is being conducted, expressions are indeed not refuted. Even though it is the case that heat and the other characteristics of fire are not created by noble beings, it is not justifiable to use the logic of common parlance to define heat as being the [true] nature [of fire]. This is because the [true] nature of things cannot be contrived and is not contingent upon anything else—whereas heat and so forth are compounded, created by ignorance and other such factors.

སྟོང་པ་ཉིད་ནི་འཕགས་པས་བྱས་སམ་སྙམ་པར་དོགས་གཞི་ཡོད་དེ། དེས་ཡིན་པའི་དུས་མ་རྟོགས་ལ་འཕགས་པས་མངོན་སུམ་དུ་གཟིགས་པའི་ཕྱིར་ཞེས་པ་ལ། དེ་འཕགས་པས་མ་མཛད་པས་མ་བྱས་པ་དང་བཅོས་མིན་དང་གཞན་ལ་མི་བལྟོས་པའི་རང་བཞིན་ནོ་ཞེས་བཅོས་མའི་རང་བཞིན་མིན་པའི་རང་བཞིན་ནོ་ཞེས་པ་དེ་ཙམ་ཞིག་བསྟན་གྱི། དེ་ལྟར་བསྟན་པ་ནི་དེ་ལྟའི་རང་བཞིན་དེ་མ་བཅོས་པའི་རང་བཞིན་དུ་གྲུབ་པ་དང་། མ་བཅོས་པའི་ངོ་བོ་དང་བདག་ཉིད་ཅན་དུ་བསྟན་པ་མ་ཡིན་པས་དེ་ལྟའི་རང་བཞིན་དེ་ཉིད་ཀྱིས་རང་བཞིན་དེ་སྟོང་ཉིད་གང་ཡིན་པ་དེ་ནི་རང་བཞིན་སྟོང་པ་ཉིད་དོ།།

བཅུ་གསུམ་པ་ནི།

ཁམས་བཅོ་བརྒྱད་དང་རེག་དྲུག་དང་།།
དེ་ལས་བྱུང་བའི་ཚོར་དྲུག་དང་།།
གཟུགས་ཅན་གཟུགས་ཅན་མིན་དེ་བཞིན།།
འདུས་བྱས་འདུས་མ་བྱས་ཆོས་རྣམས།། ༢༠༠
ཆོས་དེ་དག་ནི་ཐམས་ཅད་ཀྱི།།
དེ་དག་གིས་དབེན་སྟོང་ཉིད་གང་།། ༢༠༡ ཀཁ

མིག་སོགས་ནང་གི་ཁམས་དང་གཟུགས་སོགས་ཕྱིའི་ཁམས་དང་མིག་གི་རྣམ་ཤེས་སོགས་ཁམས་བཅོ་བརྒྱད་མིག་གི་འདུས་ཏེ་རེག་པ་ནས་ཡིད་ཀྱི་འདུས་ཏེ་རེག་པའི་བར་རེག་པ་དྲུག་དང་། རེག་པ་དེ་དག་ལས་བྱུང་བའི་ཚོར་བ་དྲུག་དང་། གཟུགས་ཅན་དང་གཟུགས་ཅན་མ་ཡིན་པ་དང་དེ་བཞིན་འདུས་བྱས་འདུས་མ་བྱས་ཀྱི་ཆོས་རྣམས་ནི་ཆོས་ཐམས་ཅད་ཅེས་བསྟན་ཏོ།། ཆོས་དེ་དག་རྣམས་ནི་ཐམས་ཅད་ཀྱི་རང་རང་གི་ངོ་བོ་དེ་དག་གིས་དབེན་ཞིང་སྟོང་ཉིད་གང་ཡིན་པ་དེ་ནི་ཆོས་ཐམས་ཅད་ཀྱི་སྟོང་པ་ཉིད་དོ།།

It is possible that one could have doubts as to whether or not emptiness is created by noble beings. Here one might think, "As long as one is a naive being, there is no realization of emptiness, whereas noble beings see it directly."

Stating that the nature is not artificial, i.e., not created by noble beings; that it is not contrived; and that it is not contingent upon anything else is merely describing it in terms of what it is not. By doing so, one avoids making any affirmations regarding such a nature. One does not state that it is **inherently** uncontrived, one does not say that it has an inherent essence or an intrinsic quality of being uncontrived. *This* nature *is*, therefore, *empty of a nature of its own*, and *this is the emptiness of the true nature.*

13) The emptiness of all phenomena

The eighteen capacities, the six types of contact,
And the six types of sensation that occur due to that;
All that has form, all that does not;
And, likewise, phenomena that are composite and those that are not– (200)

All these phenomena, each and every one,
Are devoid of, or empty of, themselves. (201ab)

The expression "all phenomena" covers the following:

- *The eighteen capacities,* consisting of the inner capacities: the eyes and so on; the outer capacities: forms and so on; and the consciousnesses: that of the eye and so on
- *The six types of contact* ranging from contact associated with the eye up to contact associated with rational mind
- *The six types of sensation occurring due to these* types of contact
- *Everything that has form and everything that does not*
- *Composite phenomena and those that are noncomposite.*

All *these phenomena, each and every one, are devoid of* having an essential component of *their own*—they are *empty.* This emptiness is the emptiness of all phenomena.

བཅུ་བཞི་པ་ལ་ངོ་བོས་མདོར་བསྟན། ཆོས་ཅན་གྱིས་རྒྱས་པར་བཤད། རྟེན་བསྡུ་ཞིང་སྟོང་ཚུལ་གྱིས་དོན་བསྡུ་བ་གསུམ།

དང་པོ་ནི།

གཟུགས་རུང་ལ་སོགས་དངོས་མེད་གང་།།
དེ་ནི་རང་མཚན་སྟོང་པ་ཉིད།། ༢༠༡ གང

གཟུགས་ཀྱི་མཚན་ཉིད་གཟུགས་སུ་རུང་བ་ལ་སོགས་པ་རྣམ་མཁྱེན་གྱི་མཚན་ཉིད་རྣམ་པ་ཐམས་ཅད་མངོན་སུམ་བྱེད་པའི་བར་དེ་དག་དངོས་པོ་མེད་པ་གང་ཡིན་པ་དེ་ནི་རང་གི་མཚན་ཉིད་སྟོང་པ་ཉིད་དོ།།

14) The emptiness of defining characteristics
   1) A brief presentation stating the essential point
   2) An expanded explanation of the phenomena that bear the quality [of emptiness]
   3) A summary which briefly states the bases and their mode of being empty

1) A brief presentation stating the essential point

The lack of entity within "anything suitable to be form" and so on
Is the emptiness of defining characteristics. (201cd)

Defining characteristics range from the characteristic of form up to and including the characteristic of omniscience. *"Anything suitable to be form"* is the defining characteristic of form; "the direct access to everything possible[4]" is the defining characteristic of omniscience. *The lack of entity within* any defining characteristic *is the emptiness of defining characteristics.*

གཉིས་པ་ལ་ཀུན་ནས་ཉོན་མོངས་དང༌། རྣམ་བྱང་གི་རང་གི་མཚན་ཉིད་བཤད་པ་གཉིས། དང་པོ་ལ། ཕུང་པོ་དང་ཁམས་དང༌། སྐྱེ་མཆེད་དང༌། རྟེན་འབྲེལ་གྱི་རང་མཚན་གསུམ། དང་པོ་ནི།

གཟུགས་ནི་གཟུགས་རུང་མཚན་ཉིད་ཅན།།
ཚོར་བ་མྱོང་བའི་བདག་ཉིད་ཅན།།
འདུ་ཤེས་མཚན་མར་འཛིན་པ་སྟེ།།
འདུ་བྱེད་མངོན་པར་འདུ་བྱེད་པའོ།། ༢༠༢
ཡུལ་ལ་སོ་སོར་རྣམ་རིག་པ།།
རྣམ་ཤེས་རང་གི་མཚན་ཉིད་དོ།།
ཕུང་པོ་སྡུག་བསྔལ་རང་མཚན་ཉིད།།
ཁམས་ཀྱི་བདག་ཉིད་སྦྲུལ་གདུག་འདྲ།། ༢༠༣

གཟུགས་ནི་ གཟུགས་ ཅན་ ནང་ ཕན་ ཚུན་ ཕྲད་ པ་ ན་ འགྱུར་ བ་ བསྐྱེད་ དུ་ རུང་ བའི་ ཕྱིར་ གཟུགས་སུ་རུང་བའི་མཚན་ཉིད་ཅན་ནོ།། ཚོར་བ་ནི་དགེ་སྡིག་གི་རྣམ་སྨིན་སིམ་གདུང་སོགས་མྱོང་བའི་མཚན་ཉིད་ཅན་ནོ།། འདུ་ཤེས་ནི་ཆོས་རྣམས་ཀྱི་ཐུན་མོང་མ་ཡིན་པའི་མཚན་མར་འཛིན་པ་སྟེ། འདུ་བྱེད་ནི་སེམས་ཡུལ་ལ་མངོན་པར་འདུ་བྱེད་ཅིང་གཡོ་བར་བྱེད་པའོ།། གཟུགས་སོགས་ཡུལ་རྣམས་ལ་སོ་སོར་རྣམ་པར་རིག་པ་ནི་རྣམ་ཤེས་རང་གི་མཚན་ཉིད་དོ།། ཉེར་ལེན་གྱི་ཕུང་པོ་རྣམས་ནི་སྡུག་བསྔལ་གསུམ་གང་རུང་གི་རང་གི་མཚན་ཉིད་དོ།། ཁམས་རྣམས་ཀྱི་བདག་ཉིད་འཛིན་པར་ཆོས་མཐུན་པའི་སྒོ་ནས་སྦྲུལ་གདུག་པའི་མཚན་ཉིད་ཅན་དུ་འདོད་དོ།།

2) AN EXPANDED EXPLANATION OF THE PHENOMENA THAT BEAR THE QUALITY [OF EMPTINESS]

1) The defining characteristics of affliction
2) The defining characteristics of refinement

1) THE DEFINING CHARACTERISTICS OF AFFLICTION

1) The aggregates [skandhas] and capacities [dhatus]
2) The doors of perception [ayatanas]
3) Interdependence

1) THE AGGREGATES [SKANDHAS] AND CAPACITIES [DHATUS]

Form is defined as anything suitable to be form,
Feeling as having the nature of experience,
Discrimination as conceiving attributes,
Formation, assuming a relation. (202)

Awareness of objects
Is the defining characteristic of consciousness;
The aggregates are defined as suffering,
And the capacities are asserted to be of the nature of
a poisonous snake. (203)

- F*orm is defined as anything suitable to be form,*[5] because forms are able to produce alteration on mutual impact.
- *Feeling is defined as experience,* i.e., experiencing the fully ripened results of virtue and nonvirtue, which are well-being and torment respectively.
- *Discrimination* has the defining characteristic of *conceiving* the particular *attributes* of phenomena.
- *Formation* is defined as the mind *assuming a relation* to its object, i.e., the mind positioning itself with respect to an object.
- *Consciousness is defined as awareness of* various *objects*, forms and so on.
- *The* compulsory *aggregates are defined as* any of the three types of *suffering.*
- *The capacities are asserted to have the defining characteristics of a poisonous snake*, since they have the capacity to maintain their own state, [meaning they have the capacity to hold sentient beings in samsara] and in this way correspond [to the poisonous snake's ability to produce poison without poisoning itself].

གཉིས་པ་ནི།

སྐྱེ་མཆེད་རྣམས་ནི་སངས་རྒྱས་ཀྱིས།།
སྐྱེ་བའི་སྒོར་གྱུར་ཉིད་དུ་གསུངས།། ༢༠༩ཀཁ

སྐྱེ་མཆེད་བཅུ་གཉིས་པོ་རྣམས་ནི་སངས་རྒྱས་ཀྱིས་སྡུག་བསྔལ་འབྱུང་ཞིང་སྐྱེ་བའི་སྒོར་གྱུར་པ་ཉིད་དུ་གསུངས་སོ།།

གསུམ་པ་ནི།

རྟེན་ཅིང་འབྲེལ་པར་འབྱུང་བ་གང་།།
དེ་ནི་འདུ་འཕྲོད་མཚན་ཉིད་དོ།། ༢༠༩ གང

རྟེན་ཅིང་འབྲེལ་བར་འབྱུང་བ་གང་དེ་ནི་འདུ་འཕྲོད་ཀྱི་མཚན་ཉིད་དོ་སྙེ། རྒྱུ་རྐྱེན་འདུས་ཤིང་ཚོགས་པ་ལས་བྱུང་བའི་ཕྱིར།

2) The doors of perception [ayatanas]

The ayatanas are taught by the Buddha
To be doors for arising. (204ab)

The twelve *ayatanas are taught by the Buddha to be* those which serve as *doors for* the occurrence and the *arising* of suffering.

3) Interdependence

Interdependent origination
Is defined as interrelated occurrence. (204cd)

Interdependent origination is defined as interrelated occurrence, since it is an occurrence resulting from the coming together and assembly of causes and conditions.

གཉིས་པ་ལ། ལམ་དང་འབྲས་བུའི་རང་གི་མཚན་ཉིད་གཉིས། དང་པོ་ལ། ཕར་ཕྱིན་དང་། བསམ་གཏན་སོགས་དང་། བྱང་ཕྱོགས་དང་། རྣམ་ཐར་སྒོ་གསུམ་དང་། རྣམ་ཐར་བརྒྱད་ཀྱི་མཚན་ཉིད་བཤད་པ་བཞིའི།

དང་པོ་ནི།

གཏོང་བ་སྦྱིན་པའི་ཕ་རོལ་ཕྱིན།།
ཚུལ་ཁྲིམས་གདུང་མེད་མཚན་ཉིད་བཟོད།།
ཁྲོ་མེད་མཚན་ཉིད་བརྩོན་འགྲུས་ཀྱི།།
ཁ་ན་མ་ཐོ་མེད་ཉིད་དོ།། ༢༠༥
བསམ་གཏན་སྡུད་པའི་མཚན་ཉིད་ཅན།།
ཤེས་རབ་ཆགས་མེད་མཚན་ཉིད་དེ།།
ཕ་རོལ་ཕྱིན་པ་དྲུག་རྣམས་ཀྱི།།
མཚན་ཉིད་འདི་དག་ཡིན་པར་བརྗོད།། ༢༠༦
བསམ་གཏན་རྣམས་དང་ཚད་མེད་དང་།།
དེ་བཞིན་གཞན་གང་གཟུགས་མེད་པ།།
དེ་དག་ཡང་དག་མཁྱེན་པ་ཡིས།།
མི་འཁྲུགས་མཚན་ཉིད་ཅན་དུ་གསུངས།། ༢༠༧

སྦྱིན་པ་ནི་རང་གི་ལུས་ལོངས་སྤྱོད་སོགས་གཏོང་བ་སྦྱིན་པའི་ཕ་རོལ་ཏུ་ཕྱིན་པ་དང་། ཚུལ་ཁྲིམས་ནི་གནོད་འཚེ་སྤོང་ཞིང་ཕན་འདོགས་པས་ཉོན་མོངས་པས་གདུང་མེད་ཀྱི་མཚན་ཉིད་ཅན་ནོ།། བཟོད་པ་ནི་གནོད་བྱེད་ལ་ཁྲོ་མེད་ཀྱི་མཚན་ཉིད་ཅན་නོ།། བརྩོན་འགྲུས་ནི་དགེ་བ་ཡོངས་སུ་འཛིན་པའི་མཚན་ཉིད་ཅན་ཡིན་པས་ཁ་ན་མ་ཐོ་བ་མེད་པ་ཉིད་དོ།། བསམ་གཏན་ནི་དགེ་བའི་ཆོས་ཐམས་ཅད་སྡུད་པའི་མཚན་ཉིད་ཅན་ནོ།། ཤེས་རབ་ནི་འགའ་ལ་ཡང་ཆགས་པ་མེད་པའི་མཚན་ཉིད་ཅན་ཇི་སྐད་དུ། ལས་འདས་པར

2) The defining characteristics of refinement

1) The defining characteristics of the path
2) The defining characteristics of the result

1) The defining characteristics of the path

1) The paramitas, the concentrations, and so on
2) The factors inducing enlightenment
3) The three doors to full liberation
4) The eight forms of full liberation

1) The paramitas, the concentrations, and so on

To give is the definition of the paramita of generosity;
Ethics is defined as freedom from torment;
Patience is the absence of anger;
And joyous effort is the absence of wrongdoing; (205)

Meditative concentration is magnetizing;
Precise knowledge is defined as lack of attachment.
These are the defining characteristics
Which describe the six paramitas. (206)

The concentrations, the immeasurables,
And, likewise, those which are otherwise, i.e., the formless states,
Are defined as undisturbed states,
As taught by the one with authentic knowledge. (207)

The paramita of generosity is defined as giving away one's own body, one's enjoyments and so on. *Ethics is defined as* giving up harmful factors and instead performing benefit which results in *freedom from* the *torment* of disturbing emotions. *Patience* has the defining characteristic of *absence of anger* towards any harmful factor. *Joyous effort is the very absence of wrongdoing,* since it is defined as perfectly upholding virtue. *Meditative concentration* has the defining characteristic of *magnetizing* all positive qualities of virtue. *Precise knowledge is defined as lack of attachment* to anything what-

བསྒྲོད་པའི་ཕྱིར། དེས་ན་ཕ་རོལ་ཏུ་ཕྱིན་པ་དྲུག་པོ་རྣམས་ཀྱི་རང་གི་མཚན་ཉིད་འདི་དག་ཡིན་པར་བརྗོད་དོ།། བསམ་གཏན་བཞི་པོ་རྣམས་དང་། ཚད་མེད་པ་བཞི་དང་། དེ་བཞིན་དུ་གཞན་གང་གཟུགས་མེད་པ་བཞི་པོ་དེ་དག་ནི་ཡང་དག་མཁྱེན་པས་སངས་རྒྱས་ཀྱིས་མི་འཁྲུགས་པ་ཁྲོ་བ་མེད་པའི་མཚན་ཉིད་ཅན་གསུངས་ཏེ། དེ་དག་ནི་འདོད་པ་ལ་འདོད་ཆགས་དང་བྲལ་ཏེ་ཁོང་ཁྲོ་སྤངས་པས་ཐོབ་པའི་ཕྱིར།

གཉིས་པ་ནི།

བྱང་ཆུབ་ཕྱོགས་ཆོས་སུམ་ཅུ་བདུན།།
ངེས་པར་འབྱུང་བྱེད་རང་མཚན་ཉིད།། ༢༠༨ ཀཁ

བྱང་ཆུབ་ཀྱི་ཕྱོགས་ཀྱི་ཆོས་ནི་སུམ་ཅུ་རྩ་བདུན་པོ་རྣམས་འཁོར་བ་ལས་འདའ་བའི་རྒྱུ་ཡིན་པས་ཐར་པར་ངེས་པར་འབྱུང་བར་བྱེད་ནུས་ཀྱི་རང་གི་མཚན་ཉིད་ཅན་ནོ།།

soever. Since they lead to nirvana, *they are defined as the six paramitas* (para: the other shore; mita: gone).

The Buddha who has authentic knowledge has taught that the four *concentrations, the* four *immeasurables, and likewise those which are otherwise,* i.e., the four *formless states, are defined as undisturbed states,* since they are attained due to ridding oneself of attachment to sensory objects and abandoning anger and aversion.

2) The factors inducing enlightenment

The thirty-seven factors inducing enlightenment
Have the defining characteristic of enabling definite emergence. (208ab)

The thirty-seven factors inducing enlightenment have the defining characteristic of enabling definite emergence, i.e., liberation, because they are the causes for transcending samsara.

གསུམ་པ་ནི།

སྟོང་པ་ཉིད་ཀྱི་མཚན་ཉིད་ནི།།
དམིགས་པ་མེད་པས་རྣམ་དབེན་ཉིད།། ༢༠༧ ག
མཚན་མ་མེད་པ་ཞི་ཉིད་དེ།།
གསུམ་པའི་མཚན་ཉིད་སྡུག་བསྔལ་དང་།།
གཏི་མུག་མེད་ ༢༠༨ ཀ།ཁག

རྣམ་པར་ཐར་པའི་སྒོ་སྟོང་པ་ཉིད་ཀྱི་མཚན་ཉིད་ནི་དངོས་པོ་དམིགས་པ་མེད་པས་རྣམ་པར་རྟོག་པའི་དྲི་མས་ཉེ་བར་མ་སྣགས་པའི་ཕྱིར་རྣམ་པར་དབེན་པའི་མཚན་ཉིད་ཅན་ནོ།། རྣམ་པར་ཐར་པའི་སྒོ་མཚན་མ་མེད་པའི་མཚན་ཉིད་ནི་མཚན་མ་མ་དམིགས་པའི་སྒོ་ནས་ཞི་བའི་མཚན་ཉིད་དེ་རྣམ་ཐར་སྒོ་གསུམ་པ་སྨོན་པ་མེད་པའི་མཚན་ཉིད་ནི་སྡུག་བསྔལ་དང་གཏི་མུག་མེད་པའི་མཚན་ཉིད་ཅན་ཏེ། འདུ་བྱེད་སྡུག་བསྔལ་གྱི་བདག་ཉིད་ཅན་རྣམས་ལ་ཡང་དག་པར་རྗེས་སུ་ལྟ་ཞིང་ཤེས་རབ་ཀྱིས་འདུ་བྱེད་ཀྱི་རང་བཞིན་ལ་ལྟ་བ་ན་སྨོན་པར་མི་བྱེད་པའི་ཕྱིར་རོ།།

བཞི་པ་ནི།

རྣམ་ཐར་རྣམས་ཀྱི།།
མཚན་ཉིད་རྣམ་པར་གྲོལ་བྱེད་པའོ།། ༢༠༨ ག

རྣམ་ཐར་བརྒྱད་པོ་རྣམས་ཀྱི་མཚན་ཉིད་ནི། སྙོམས་འཇུག་གི་སྒྲིབ་པ་ལས་གྲོལ་བྱེད་ཀྱི་ཕྱིར་རྣམ་པར་གྲོལ་བར་བྱེད་པའི་མཚན་ཉིད་ཅན་ནོ།།

3) THE THREE DOORS TO FULL LIBERATION

The definition of emptiness
Is voidness, because reference points are gone; (208cd)

Absence of attributes is peace;
The definition of the third is absence of suffering
And stupidity; . . . [Tibetan line continues] (209a-c)

The door to full liberation referred to as *emptiness is defined as voidness. Because* all *reference* to [supposed] true entities *has disappeared*, there is absolutely no stain of conceptual pollution. The door to full liberation referred to as *absence of attributes* is defined as *peace* in that there is no focus on attributes. *The third* door to full liberation, namely freedom from expectations, has the defining characteristic of *absence of suffering and stupidity.*

Since proper regard is exercised with respect to beings overwhelmed by the suffering of existence and since the nature of existence is seen with precise knowledge, expectation no longer takes place.

4) THE EIGHT FORMS OF FULL LIBERATION

... The definition of the eight types of full liberation
Is that they completely free. (209cd)

The definition of the eight types of full liberation is that they completely free, because they completely liberate a practitioner from the obscuration related to meditative equanimity (Skt. *samapatti*).

གཉིས་པ་ལ། སྟོབས་དང་། མི་འཇིགས་པ་དང་། སོ་སོ་ཡང་དག་པར་རིག་པ་དང་། བྱམས་པ་ཆེན་པོ་སོགས་དང་། སངས་རྒྱས་ཀྱི་ཆོས་མ་འདྲེས་པ་དང་། རྣམ་མཁྱེན་གྱི་རང་གི་མཚན་ཉིད་དྲུག་གི།

དང་པོ་ནི།

སྟོབས་རྣམས་ཤིན་ཏུ་རྣམ་པར་ནི།།
གཏན་ལ་འབེབས་པའི་རང་བཞིན་གསུངས།། ༢༡༠ ཀཁ

འཆད་འགྱུར་གྱི་སྟོབས་བཅུ་པོ་རྣམས་ནི་ཤིན་ཏུ་རྣམ་པར་ནི་གཏན་ལ་འབེབས་པའི་རང་བཞིན་ཅན་དུ་གསུངས་ཏེ། ཤིན་ཏུ་གཏན་ལ་འབེབས་པ་ཉིད་ཀྱིས་ཐོགས་པ་མེད་པའི་ཕྱིར་རོ།།

གཉིས་པ་ནི།

སྐྱོབ་པའི་མི་འཇིགས་པ་རྣམས་ནི།།
ཤིན་ཏུ་བརྟན་པའི་ངོ་བོ་ཡིན།། ༢༡༠ གང

སྐྱོབ་པའི་མི་འཇིགས་པ་རྣམས་ནི་ཤིན་ཏུ་བརྟན་པའི་ངོ་བོ་ཡིན་ཏེ་སུས་ཀྱང་གཞན་དུ་བསྒྱུར་བར་བྱ་མི་ནུས་པའི་ཕྱིར།

གསུམ་པ་ནི།

སོ་སོར་ཡང་དག་རིག་རྣམས་ནི།།
སྤོབས་སོགས་ཚད་མེད་མཚན་ཉིད་ཅན།། ༢༡༡ ཀཁ

འཆད་འགྱུར་གྱི་སོ་སོ་ཡང་དག་རིག་པ་བཞི་པོ་རྣམས་ནི་སྤོབས་པ་ལ་སོགས་གང་ལ་ཡང་ཚད་མེད་པའམ་མེད་པའི་མཚན་ཉིད་ཅན་ཏེ། ཡུལ་བཞི་པོ་རྣམས་ལ་ཐགས་ཐོགས་མེད་པའི་ཕྱིར།

2) The defining characteristics of the result

1) The powers
2) Fearlessness
3) Correct individual awareness
4) Great love and so on
5) The unparalleled qualities
6) The omniscience of a buddha

1) The powers

The powers are taught to be
Of the nature of perfect ascertainment. (210ab)

The ten *powers* that will be explained [in the last chapter of the text] *are taught to be of the nature of perfect ascertainment,* because the [ability] to perfectly ascertain [the true nature of phenomena] gives [the noble ones] unhindered [power].

2) Fearlessness

Perfect stability is the essence
Of the protector's types of fearlessness. (210cd)

The essence of the protector's [four] *types of fearlessness is perfect stability,* because no one at all is capable of undermining them.

3) Correct individual awareness

The [four types of] correct individual awareness, confidence and so on,
Are defined as being immeasurable. (211ab)

The four types of correct individual awareness that will be explained [in the last chapter of the text] *have the defining characteristic of not being measurable* by any means—i.e., the *confidence and so on* they involve go beyond any measure. This is because they are unimpeded with respect to their four spheres.

བཞི་པ་ནི།

འགྲོ་ལ་ཕན་པ་ཉེར་སྒྲུབ་པ།།
བྱམས་པ་ཆེན་པོ་ཞེས་བྱའོ།། ༢༡༡ གང
སྡུག་བསྔལ་ཅན་རྣམས་ཡོངས་སྐྱོབ་པ།།
ཐུགས་རྗེ་ཆེན་པོའོ་དགའ་བ་ནི།།
རབ་དགའི་མཚན་ཉིད་བཏང་སྙོམས་ནི།།
མ་འདྲེས་མཚན་ཉིད་ཅན་ཞེས་བྱ།། ༢༡༢

འགྲོ་བ་ལ་གནས་སྐབས་དང་མཐར་ཐུག་གི་ཕན་པ་ཉེ་བར་བསྒྲུབ་པའི་མཚན་ཉིད་ཅན་ནི་སངས་རྒྱས་ཀྱི་བྱམས་པ་ཆེན་པོ་ཞེས་བྱའོ།། སེམས་ཅན་སྡུག་བསྔལ་ཅན་རྣམས་ཡོངས་སུ་སྐྱོབ་པ་ནི་སངས་རྒྱས་ཀྱི་ཐུགས་རྗེ་ཆེན་པོའོ།། སངས་རྒྱས་ཀྱི་དགའ་བ་ཆེན་པོ་ནི། སེམས་ཅན་ཀུན་དུས་ཐམས་ཅད་པར་བདེ་བ་དང་མི་འབྲལ་བར་རབ་དགའི་མཚན་ཉིད་ཅན་ནོ།། བཏང་སྙོམས་ཆེན་པོ་ནི་རྗེས་ཆགས་དང་ཁོང་ཁྲོ་སོགས་དང་བྲལ་བའི་ཕྱིར་མ་འདྲེས་པའི་མཚན་ཉིད་ཅན་དུ་ཤེས་པར་བྱའོ།།

ལྔ་པ་ནི།

སངས་རྒྱས་ཆོས་ནི་མ་འདྲེས་པ།།
བཅུ་དང་བརྒྱད་དུ་གང་འདོད་དག།
གང་ཕྱིར་སྟོན་དེས་མི་འཕྲོགས་པ།།
དེ་ཕྱིར་མི་འཕྲོགས་རང་མཚན་ཉིད།། ༢༡༣

སངས་ རྒྱས་ ཀྱི་ ཆོས་ རྣམས་ ནི་ མ་ འདྲེས་ པ་ བཅུ་ དང་ བརྒྱད་ དུ་ གང་ འདོད་ པ་ དག་ བཅོ་བརྒྱད་དེ། དེ་དག་ནི་གང་གི་ཕྱིར་སྟོན་པ་སངས་རྒྱས་འཕྲུལ་པ་ལ་སོགས་པ་མི་མངའ་བས་ གླགས་ མེད་ པ་ དེ་ ཉིད་ ཀྱིས་ མ་ འཕྲོགས་ ཤིང་ ཐུབ་ པར་ མི་ ནུས་ པ་ དེའི་ ཕྱིར་ མི་འཕྲོགས་པའི་རང་གི་མཚན་ཉིད་ཅན་ནོ།།

4) Great love and so on

To thoroughly accomplish the benefit of beings
Is called "great love"; (211cd)

To perfectly protect those who suffer
Is "great compassion";
"Joy" is defined as being completely happy;
"Equanimity" as being unaffected. (212)

That which has the defining characteristic of *thoroughly accomplishing the* temporary and ultimate types of *benefit for sentient beings is called* "the *great love* of a buddha." *To perfectly protect* sentient beings *who* are all *suffer*ing *is* "the *great compassion* of a buddha." The great *joy* of a buddha *is defined as being completely happy* about the fact that any sentient being is never separated from bliss. "Great *equanimity*" should be known to have the defining characteristic *of being unaffected*, since [a buddha] is free from attachment, anger, and so on.

5) The unparalleled qualities

The unparalleled buddha qualities
Are asserted to be eighteen in number.
Since nothing can deprive the Teacher of them,
They are defined as being irremovable. (213)

The unparalleled buddha qualities are asserted to be eighteen in number. Since the Teacher is not enslaved by any delusion or any other such factor, there is absolutely no opportunity for anything to deprive him of *these qualities; they are* therefore *defined as being irremovable.*

དྲུག་པ་ནི།

རྣམ་ཀུན་མཁྱེན་ཉིད་ཡེ་ཤེས་ནི།།
མངོན་སུམ་མཚན་ཉིད་ཅན་དུ་འདོད།།
གཞན་ནི་ཉི་ཚེ་བ་ཉིད་ཀྱིས།།
མངོན་སུམ་ཞེས་བྱར་མི་འདོད་དོ།། ༢༡༨

རྣམ་པ་ཀུན་མཁྱེན་ཉིད་ཀྱི་ཡེ་ཤེས་ནི་ཕུང་ཁམས་སྐྱེ་མཆེད་ཀྱིས་བསྡུས་པའི་ཆོས་ཐམས་ཅད་ལ་མངོན་སུམ་དུ་གྱུར་པའི་མཚན་ཉིད་ཅན་དུ་འདོད་དོ།། གཞན་ཉན་རང་གི་མཁྱེན་པ་ནི་ཤེས་བྱ་ཉི་ཚེ་བ་ཤེས་པ་ཉིད་ཀྱིས་རྣམ་པ་ཐམས་ཅད་མངོན་སུམ་དུ་མཁྱེན་པ་ཞེས་བྱར་མི་འདོད་དོ།།

གསུམ་པ་ནི།

གང་ཞིག་འདུས་བྱས་མཚན་ཉིད་དང་།།
འདུས་མ་བྱས་པའི་མཚན་ཉིད་གང་།།
དེ་དེ་ཁོ་ནས་སྟོང་པ་ཉིད།།
དེ་ནི་རང་མཚན་སྟོང་པ་ཉིད།། ༢༡༥

གང་ཞིག་འདུས་བྱས་ཀྱི་མཚན་ཉིད་དང་འདུས་མ་བྱས་ཀྱི་མཚན་ཉིད་གང་ཡིན་པ་དེ་རང་རང་གི་ངོ་བོ་དེ་ཁོ་ནས་སྟོང་པ་ཉིད་དེ་ནི་རང་གི་མཚན་ཉིད་སྟོང་པ་ཉིད་དོ།།

6) The omniscience of a buddha

It is asserted that the defining characteristic
Of the wisdom, which is omniscience itself, is directness—
Others are temporary
And are therefore not asserted to be direct. (214)

The wisdom which is omniscience itself is asserted to have the defining characteristic of direct [cognition] of all phenomena which, in brief, are the skandhas, dhatus, and ayatanas. *Other* types of knowledge, i.e., the knowledge acquired by shravakas and pratyekabuddhas, *are temporary and are not considered to be direct* and all-knowing.

3) A summary which briefly states the bases and their mode of being empty

Any phenomenon—whether defined as composite
Or defined as something noncomposite—
Is empty of being just that.
This is the emptiness of defining characteristics. (215)

Any phenomenon—whether defined as composite or noncomposite—is empty of an esssential component constituting it as being either. *This is the emptiness of defining characteristics.*

བཅོ་ལྔ་པ་ནི།

ད་ལྟ་བ་འདི་མི་གནས་ཤིང་།།
འདས་དང་མ་འོངས་ཡོད་མ་ཡིན།།
གང་དུ་དེ་དག་མི་དམིགས་པ།།
དེ་ལ་མི་དམིགས་པ་ཞེས་བརྗོད།། ༢༡༨
མི་དམིགས་པ་དེ་རང་ངོ་བོ།།
དེ་ཡིས་དབེན་པ་ཉིད་གང་དེ།།
ཐེར་ཟུག་གནས་མིན་འཇིག་མིན་པས།།
མི་དམིགས་ཞེས་བྱའི་སྟོང་ཉིད་དོ།། ༢༡༩

ད་ལྟར་བ་འདི་སྐད་ཅིག་མ་ཡིན་ཅིང་། སྐད་ཅིག་མའང་ཐོག་མཐའ་དབུས་གསུམ་གྱིས་དཔྱད་ན་སྐད་ཅིག་ཏུ་ཡང་མི་གནས་ཤིང་། འདས་པ་ཞིག་པ་དང་། མ་འོངས་པ་མ་སྐྱེས་པའི་ཕྱིར་ཡོད་པ་མ་ཡིན་པས་དུས་གསུམ་གང་ལ་དུས་གསུམ་དེ་དག་མི་དམིགས་པ་དེ་ལ་མི་དམིགས་པ་ཞེས་བརྗོད་ལ། མི་དམིགས་པ་དེ་རང་གི་ངོ་བོ་དེ་ཡིས་དབེན་པ་ཉིད་གང་ཡིན་པ་དེ་ནི་ཐེར་ཟུག་གནས་པ་མིན་པ་དང་འཇིག་པ་མིན་པས་མི་དམིགས་ཞེས་བྱའི་སྟོང་ཉིད་དོ།།

15) The emptiness of the imperceptible

The present does not last,
The past and future do not exist.
Not finding any of the [three times] in any of them
They are called "imperceptible." (216)

This imperceptibility
Is devoid of having an essential makeup.
Because it is neither present in a lasting fashion nor does it perish,
It is the emptiness of what is called the imperceptible. (217)

The present is an instant. This instant, when analyzed for a beginning, middle, and end, *does not* even *last* for that instant. *The past* has gone *and* the *future* has not arisen; therefore, the three times *do not exist.* Since *none* of *the three times can be seen* in any of the three times, *they are called "imperceptible." This imperceptibility is devoid of having an essential makeup. It is neither present in a lasting fashion nor does it perish* and, *therefore, it is the emptiness of what is called the imperceptible.*

བཅུ་དྲུག་པ་ནི།

ཀྱེན་ལས་བྱུང་ཕྱིར་དངོས་རྣམས་ལ།།
འདུས་པ་པ་ཡི་ངོ་བོ་མེད།།
འདུས་པ་པ་ནི་དེ་ཉིད་ཀྱིས།།
སྟོང་ཉིད་དངོས་མེད་སྟོང་ཉིད་དོ།། ༢༡༨

རྒྱུ་དང་ཀྱེན་ལས་བྱུང་བའི་ཕྱིར་དངོས་པོ་རྣམས་ལ་འདུས་པ་ལས་བྱུང་བའི་ཚོགས་པའི་ངོ་བོ་མེད་ལ། འདུས་པ་ལས་བྱུང་བ་དེ་ནི་ཉིད་ཀྱི་རང་ངོས་སྟོང་པ་ཉིད་ནི་དངོས་པོ་མེད་པའི་ངོ་བོ་ཉིད་སྟོང་ཉིད་དོ།།

གཉིས་པ་ལ་དངོས་པོ་དང་། དངོས་པོ་མེད་པ་དང་། རང་གི་ངོ་བོ་དང་། གཞན་གྱི་ངོ་བོ་སྟོང་པ་ཉིད་དང་བཞིའི།

དང་པོ་ནི།

དངོས་པོའི་སྒྲས་ནི་མདོར་བསྡུས་ན།།
ཕུང་པོ་ལྔ་རྣམས་བརྗོད་པ་ཡིན།།
དེ་རྣམས་དེ་ཡིས་སྟོང་ཉིད་གང་།།
དེ་དངོས་སྟོང་པ་ཉིད་དུ་བཤད།། ༢༡༩

དངོས་པོ་ཞེས་བྱ་བའི་སྒྲ་ནི་མདོར་བསྡུ་ན་ཕུང་པོ་ལྔ་པོ་རྣམས་ལ་བརྗོད་པ་ཡིན་གྱི། དེ་རྣམས་དེའི་སྟོང་ཉིད་གང་ཡིན་པ་དེ་ནི་དངོས་པོ་སྟོང་པ་ཉིད་དུ་བཤད་དོ།།

16) The emptiness of an inherent essence in the nonexistence of entities

Since entities arise from causes and conditions,
They are assembled and lack essential makeup.
That which is assembled is empty of being just that
And this is the emptiness of the nonexistence of entities. (218)

Since entities arise from causes and conditions, they are collections that have been *assembled and lack essential makeup. That which is assembled is empty of being so* in an inherent fashion *and this is the emptiness of* an inherent essence in *the nonexistence of entities.*

2) The concise explanation treating of the four

1) The emptiness of entities
2) The emptiness of nonentities
3) The emptiness of the true nature
4) The emptiness of the entity that is otherwise

1) The emptiness of entities

The term "entity" is an expression which in brief
Refers to the five skandhas.
That these are empty of themselves
Is the emptiness of entities. (219)

The term "entity" is an expression which in brief refers to the five skandhas. That these are empty of themselves is explained to be *the emptiness of entities.*

གཉིས་པ་ནི།

མདོར་བསྡུས་ན་ནི་དངོས་མེད་པ།།
འདུས་མ་བྱས་ཆོས་རྣམས་ལ་བརྗོད།།
དེ་ཉིད་དངོས་མེད་དེས་སྟོང་ཉིད།།
དངོས་པོ་མེད་པ་སྟོང་ཉིད་དོ།། ༢༢༠

དངོས་པོ་མེད་པར་བརྗོད་པ་ནི་མདོར་བསྡུ་ན་ནི་ནམ་མཁའ་དང་མྱ་ངན་ལས་འདས་པ་སོགས་འདུས་མ་བྱས་ཀྱི་ཆོས་རྣམས་ལ་བརྗོད་ལ། དངོས་མེད་དེ་ཉིད་དང་དངོས་མེད་དེ་ཉིད་ཀྱིས་སྟོང་ཉིད་ནི་དངོས་པོ་མེད་པ་སྟོང་པ་ཉིད་བཅས་བརྗོད་དོ།།

གསུམ་པ་ནི།

རང་བཞིན་ངོ་བོ་ཉིད་མེད་ནི།།
རང་བཞིན་ཞེས་བྱའི་སྟོང་ཉིད་དེ།།
འདི་ལྟར་རང་བཞིན་མ་བྱས་པས།།
རང་བཞིན་ཞེས་ནི་བྱ་བར་བཤད།། ༢༢༡

ཆོས་རྣམས་ཀྱི་རང་བཞིན་ཆོས་ཉིད་རང་གི་ངོ་བོ་ཉིད་མེད་པ་ནི་རང་བཞིན་ཅེས་བྱ་བའི་སྟོང་པ་ཉིད་དེ་འདི་ལྟར་ཆོས་རྣམས་ཀྱི་རང་བཞིན་ཉན་ཐོས་སོགས་ཀྱི་ཤེས་མཐོང་གིས་མ་བྱས་པས་ན་རང་བཞིན་ཅེས་ནི་བྱ་བར་བཤད་དོ།།

2) The emptiness of nonentities

"Nonentity" expresses in brief
All phenomena that are noncomposite;
These are empty of being nonentities.
This is the emptiness of nonentities. (220)

The term *"nonentity" expresses in brief all phenomena that are noncomposite:* the sky, nirvana, and so on. The precise nature of nonentities, that *they are empty of their nonentityness, is* expressed by the term *"the emptiness of nonentities."*

3) The emptiness of the true nature

The true nature has no inherent essence—
This is the emptiness of the true nature.
Since it was not made into such a nature
It is referred to as natural. (221)

The true nature of all phenomena, dharmata, *has no inherent essence* of its own. *This is the emptiness of the true nature. Since* the true nature of all phenomena *was not made into such a nature* by the knowledge and vision of shravakas and so on, *it is referred to as natural.*

བཞི་པ་ནི།

སངས་རྒྱས་རྣམས་ནི་འབྱུང་བའམ།།
མ་བྱུང་ཡང་རུང་དངོས་སུ་ན།།
དངོས་པོ་ཀུན་གྱི་སྟོང་པ་ཉིད།།
གཞན་གྱི་དངོས་པོར་རབ་ཏུ་བསྒྲགས།། ༢༢༢
ཡང་དག་མཐའ་དང་དེ་བཞིན་ཉིད།།
དེ་གཞན་དངོས་པོའི་སྟོང་ཉིད་དོ།། ༢༢༣ ཀཁ

སངས་ རྒྱས་ རྣམས་ ནི་ འབྱུང་ བའམ་ མ་ བྱུང་ ཡང་ རུང་ སྟེ་ དངོས་ སུ་ ན་ དངོས་ པོ་ ཀུན་ གྱི་ གནས་ ལུགས་ དང་ དེ་ ཁོ་ ན་ ཉིད་ སྟོང་ པ་ ཉིད་ ནི་ ཐ་ སྙད་ དུ་ ཅིའི་ ངོ་ བོར་ ཡང་ མ་ གྲུབ་ པར་ རྟག་ཏུ་ཡོད་པས་མཆོག་ཏུ་བྱུང་བའི་དེ་ཁོ་ན་ཉིད་ཡིན་པས་སམ། ཡེ་ཤེས་ཡུལ་དུ་བྱུང་བས་རྟོག་བྱ་ཡིན་པའི་ཕྱིར་གཞན་གྱི་དངོས་པོར་རབ་ཏུ་བསྒྲགས་ཞེས། ཡང་ན་འཁོར་བ་ལས་འདས་པའི་ཕྱིར་ཕ་རོལ་ན་ཡོད་པ་ནི་གཞན་གྱི་དངོས་པོ་སྟེ་ཡང་དག་མཐའ་དང་། རྣམ་པར་འགྱུར་བ་མེད་པས་དེ་བཞིན་ཉིད་སྟོང་པ་ཉིད་ཀྱི་མཚན་ཉིད་ཅན་དེ་ནི་གཞན་གྱི་དངོས་པོའི་སྟོང་ཉིད་དོ།།

གསུམ་པ་ནི།

ཤེས་རབ་ཕ་རོལ་ཕྱིན་ཚུལ་ལས།།
དེ་དག་དེ་སྐད་རབ་ཏུ་བསྒྲགས།། ༢༢༣ གང

ཤེས་ རབ་ ཕ་ རོལ་ ཕྱིན་ ཚུལ་ མདོ་ རྒྱལ་ བའི་ ཡུམ་ ལས་ རབ་ ཏུ་ སྤྲོས་ ནས་ བཅུ་ དྲུག་ དང་། བཞི་པོ་དེ་དག་བཤད་མ་ཐག་པ་དེ་སྐད་དུ་རབ་ཏུ་བསྒྲགས་སོ།།

4) The emptiness of the entity that is otherwise

Whether the buddhas appear in the world
Or whether they do not, in actual fact
The emptiness of all things,
Which is well proclaimed to be "the entity that is otherwise," (222)

"Ultimate authenticity," and "suchness,"
Is the emptiness of the entity that is otherwise. (223ab)

In actual fact, whether the buddhas appear in the world or not, the precise nature, *the emptiness,* which is the fundamental nature *of all things,* can be said to be the supreme of all, because, while not being present with an essential makeup in any way whatsoever, it always exists. It *is* also *well proclaimed to be the entity that is otherwise,* because it is that which is realized by outstanding wisdom; and thirdly, it is "that which is found on the other shore," because it transcends [the ocean of] samsara.[6]

This entity that is otherwise is also called "*ultimate authenticity*" *and* "*suchness.*" [This latter term is used] to indicate that it does not undergo change. It has the defining characteristic of emptiness, and this *is the emptiness of the entity that is otherwise.*

3) A summary

These were taught in the Prajnaparamita
And they became widely known under these names. (223cd)

These sixteen types of emptiness as well as the four *were taught* in great detail *in the Prajnaparamita* sutras, the Mother of all Victorious Ones, and subsequently *became widely known under these names.*

གསུམ་པ་ལ། བདེན་གཉིས་རྟོགས་པའི་ཤེས་རབ་ཀྱིས་འགོག་པ་ལ་འཇུག སྙིང་རྗེས་སེམས་ཅན་མི་འདོར་བའི་ཚུལ། ས་གོང་མར་འཕགས་པ་གཞན་ཟིལ་གྱིས་གནོན། བདེན་གཉིས་རྟོགས་པས་དོན་གཉིས་མཐར་ཕྱིན་པར་འགྱུར་ཚུལ་དང་བཞི།

དང་པོ་ནི།

དེ་ལྟར་བློ་གྲོས་ཟེར་གྱིས་སྣང་བ་གསལ་བྱས་པའི།།
རང་གི་ལག་ན་གནས་པའི་སྐྱུ་རུ་ར་བཞིན་དུ།།
སྲིད་གསུམ་འདི་དག་མ་ལུས་གདོད་ནས་སྐྱེ་མེད་པར།།
རྟོགས་ཏེ་ཐ་སྙད་བདེན་པའི་སྟོབས་ཀྱིས་འགོག་པར་འགྲོ།། ༢༢༩

ཤེར་ཕྱིན་ལ་ལྷག་པར་གནས་པའི་སེམས་དཔའི་ཐུན་མོང་མིན་པའི་ཡོན་ཏན་ཕུལ་བྱུང་བརྗོད་ནས་ཤེས་རབ་ཀྱི་སྐབས་རྫོགས་པར་བསྟན་པ་ནི། གོང་དུ་བཤད་པའི་ཚུལ་དེ་ལྟར་དཔྱད་པ་ལས་བྱུང་བའི་བློ་གྲོས་ཀྱི་ཟེར་གྱིས་དེ་ཉིད་མཐོང་བའི་གེགས་ཀྱི་མུན་པ་བཅོམ་ནས་དེ་ཉིད་ཀྱི་སྣང་བ་གསལ་བར་བྱས་པའི་སེམས་དཔའ་ནི་རང་གི་ལག་ན་གནས་པའི་སྐྱུ་རུ་ར་ཕྱི་ནང་སྒྲིབ་མེད་དུ་མཐོང་བ་ནི་དེ་བཞིན་དུ་སྲིད་གསུམ་འདི་དག་མ་ལུས་གདོད་ནས་སྐྱེ་བ་མེད་པར་རྟོགས་ཏེ། དོན་དམ་པར་འགོག་སྙོམས་ལ་འཇུག་པ་མེད་ཀྱང་འཇིག་རྟེན་ཐ་སྙད་བདེན་པ་ལ་འཇུག་པའི་ཚེ་དེའི་སྟོབས་ཀྱིས་སྦྱོར་བྲལ་འགོག་པ་ལ་སྙོམས་པར་འཇུག་པར་འགྱུར་རོ།།

3) A CONCLUDING SUMMARY EXPRESSING THE QUALITIES OF THE [SIXTH] BHUMI[7]

The manner in which

1) cessation is entered by means of the precise knowledge that realizes the two truths
2) compassion does not forsake sentient beings
3) higher level bodhisattvas outshine other noble beings
4) the two types of benefit are fulfilled by realizing the two truths

1) THE MANNER IN WHICH CESSATION IS ENTERED BY MEANS OF THE PRECISE KNOWLEDGE THAT REALIZES THE TWO TRUTHS

The light of such intelligence illuminates the presence [of the precise nature].
As if they were the kyurura fruit lying in the palm of one's own hand,
The three types of existence are realized to be unborn from the very outset
And [the bodhisattva] begins to enter cessation through the power of conventional truth. (224)

The qualities related to the perfected stage of prajna are presented by expressing the outstanding, excellent qualitites of the bodhisattvas who live by prajnaparamita to an extraordinary degree.

The light of the intelligence that arises from a bodhisattva conducting *such* analyses as explained above eradicates the darkness that prevents the seeing of the precise nature and *illuminates its presence. The bodhisattva realizes that all three types of existence* without exception *are unborn from the very outset.* [He sees them] *as if they were the kyurura fruit lying in the palm of his own hand,* a fruit in which everything in- and outside of it can be seen without hindrance. Even though, ultimately speaking, there is no entering into an absorption which is cessation, *through the power of* engaging in the worldly *conventional truth,* he *begins to enter* that absorption which is a *cessation* [defined as] freedom from elaboration.

གཉིས་པ་ནི།

རྟག་ཏུ་འགོག་པར་གཏོགས་པའི་བསམ་ལྡན་ཡིན་མོད་ཀྱི།།
འགྲོ་བ་མགོན་མེད་པ་ལ་སྙིང་རྗེའང་སྐྱེད་པར་བྱེད།། ༢༢༥ ཀ།ཁ

འགོག་པ་མངོན་དུ་བྱས་ཏེ་གཞན་དོན་ཡལ་བར་འདོར་རམ་ཞེ་ན། མ་ཡིན་ཏེ། དེས་ནི་རྟག་ཏུ་འགོག་པ་ལ་སྙོམས་འཇུག་གི་ནུས་པ་ཐོབ་པས་དངོས་གཞིའི་དུས་ན་མྱུ་ངན་ལས་འདས་པར་གཏོགས་པའི་བསམ་པ་དང་ལྡན་པ་ཡིན་མོད་ཀྱི། སྦྱོར་བ་དང་རྗེས་ཀྱི་དུས་ན་འཁོར་བར་གཏོགས་པའི་བརྩེ་བའི་བསམ་པ་ཅན་ཡིན་པས་འགྲོ་བ་མགོན་མེད་ལ་སྙིང་རྗེ་ཆེན་པོ་ཡང་སྐྱེད་པར་བྱེད་དོ།།

གསུམ་པ་ནི།

དེ་གོང་བདེ་གཤེགས་གསུང་སྐྱེས་སངས་རྒྱས་འབྲིང་བཅས་ནི།།
མ་ལུས་པ་རྣམས་བློ་ཡིས་ཟིལ་པར་བྱེད་པའང་ཡིན།། ༢༢༥ ག།ང

སེམས་དཔའ་ས་དྲུག་པ་དེའི་གོང་རོལ་བདུན་པ་ལ་སོགས་པར་བདེར་གཤེགས་གསུང་སྐྱེས་ཉན་ཐོས་དང་། སངས་རྒྱས་འབྲིང་བཅས་ནི་རང་རྒྱལ་ཏེ་མ་ལུས་པ་རྣམས་བློ་ཤེས་རབ་ཀྱི་སྟོབས་ཀྱིས་ཟིལ་པར་བྱེད་པའང་ཡིན་ནོ།།

2) The manner in which compassion does not forsake sentient beings

Though, indeed, his mind is always resting in cessation,
He still generates compassion towards beings who lack a protector. (225ab)

Is the benefit of others forsaken when cessation is actualized? Not in the slightest!

A bodhisattva has the ability to remain continually in the absorption called "cessation." Therefore, he indeed has a state of mind which has gone beyond suffering (lit. "is included within nirvana") during actual meditation. Nevertheless, during the preliminary and postmeditational practices, he still generates compassion for sentient beings who lack a protector, because his state of mind related to samsara is one of affectionate love.

3) The manner in which higher level bodhisattvas outshine other noble beings

By the power of their minds, the [bodhisattvas on the bhumis] above this [sixth] will also surpass
All those born from the tathagata's speech, including the "middling buddhas." (225cd)

By the power of their prajna *minds, the bodhisattvas on the bhumis above this sixth*—the seventh bhumi and onwards—*will also surpass all those born from the tathagata's speech,* namely, the shravakas *and the middling buddhas,* the pratyekas.

བཞི་པ་ནི།

ཀུན་རྫོབ་དེ་ཉིད་གཤོག་ཡངས་དཀར་པོ་རྒྱས་གྱུར་པ།།
ངང་པའི་རྒྱལ་པོ་དེ་ནི་སྐྱེ་བོའི་ངང་པ་ཡིས།།
མདུན་དུ་བདར་ནས་དགེ་བའི་རླུང་གི་ཤུགས་སྟོབས་ཀྱིས།།
རྒྱལ་བའི་ཡོན་ཏན་རྒྱ་མཚོའི་ཕ་རོལ་མཆོག་ཏུ་འགྲོ།། ༢༢༨

སེམས་དཔའ་དེ་ཀུན་རྫོབ་ཀྱི་སྦྱིན་སོགས་སྔར་ལས་ཆེས་ལྷག་པར་འཕར་བ་དང་། དེ་ཁོ་ན་ཉིད་དོན་དམ་བདེན་པ་རྟོགས་པའི་གཤོག་ཡངས་རང་དོན་གྱི་དྲི་མ་མེད་པས་དཀར་པོ་རྒྱས་པར་གྱུར་པའི་ངང་པའི་རྒྱལ་པོ་སེམས་དཔའ་ས་དྲུག་པ་བ་དེ་ནི་རང་གི་གདུལ་བྱ་སྐྱེ་བོའི་ངང་པ་ཡོན་ཏན་ཅན་དུ་མ་ཡིས་མདུན་དུ་བདར་ནས་ཚོགས་གཉིས་ཀྱི་དགེ་བའི་རླུང་གི་ཤུགས་སྟོབས་ཀྱིས་རྒྱལ་བའི་ཡོན་ཏན་ཟད་མི་ཤེས་ཤིང་གཏིང་མི་དཔོགས་པའི་རྒྱ་མཚོའི་ཕ་རོལ་མཆོག་ཏུ་འགྲོ་བར་བྱེད་དོ།།

4) The manner in which the two types of benefit are fulfilled by realizing the two truths

Spreading his broad white wings of the apparent and the precise,
The king of swans soars ahead to lead the flock.
By the powerful force of virtue's wind
They arrive at the far side of the supreme ocean of victorious qualities. (226)

The bodhisattva on the sixth bhumi is like *the king of swans.* His two *broad wings* symbolize his realization *of the precise* nature, genuine reality; *and* his qualities related to *apparent reality,* namely his generosity and so on, which blaze with even greater resplendence than before. That they are *white* illustrates that he is not stained by self-concern. By spreading these wings of myriad qualities he *soars ahead to lead the flock* of beings who are his students. *By the powerful force of virtue's wind,* which comprises the two accumulations, *they arrive at the far side of the supreme ocean of victorious qualities* which know no end and cannot be fathomed.

Based on the explanations and guidance of Khenpo Tsültrim Gyamtso Rinpoche, translated by Birgit Scott with invaluable help from Ari Goldfield and Jim Scott.

Notes

Notes to the Translators' Preface

1 Tibetan: *dbu ma rtsa ba shes rab*; Sanskrit: *Mula-madhyamaka-karika.*

2 Chandrakirti, whose name means "Famous Moon," was an Indian master of approximately the seventh century A.D. and was a famous exponent of the Middle Way Consequence School (Sanskrit: *Prasangika Madhyamaka*).

3 Long sections of Mikyö Dorje's commentary are highly subtle descriptions of the philosophical schools' views that Chandrakirti refutes, and others are refutations of different Tibetan scholars' interpretations of Chandrakirti's text itself. These sections are not essential to developing a comprehensive understanding of Chandrakirti's verses themselves, and in addition, it is possible to lose the key points of meaning in these auxiliary sections' complexity. Rinpoche therefore directed that these sections not be translated in this book.

4 The Tibetan text appearing in this book is reprinted with permission from a digital version provided by and copyright © Nitartha *international*; all rights reserved. Nitartha *international* has also published Karmapa Mikyö Dorje's commentary, unabridged, in Mikyö Dorje (Eighth Karmapa), *dbu ma la 'jug pa'i rnam bshad dpal ldan dus gsum mkhyen pa'i zhal lung dwags brgyud grub pa'i shing rta zhes bya ba bzhugs so* (*The Chariot of the Siddhas of the Dakpo Kagyü: an Extended Commentary on the Madhyamakavatara*) (Seattle: Nitartha *international*, 1996).
Please see www.nitartha.org for more information on the Nitartha *international* Tibetan text preservation and digitization program.

5 For more information on Rinpoche's life, teachings, and activities, please see www.ktgrinpoche.org.

6 Khenpo Tsültrim Gyamtso, *Progressive Stages of Meditation on Emptiness* (Oxford: Longchen Foundation, 1986). Available in the USA from Snow Lion Publications (www.snowlionpub.com) and in Europe from Wisdom Books: www.wisdom-books.com.

7 Khenpo Tsültrim Gyamtso, *The Sun of Wisdom* (Boston: Shambhala Publications, 2003).

8 *Introduction to the Middle Way*, translated by the Padmakara Translation Group. Boston: Shambhala Publications, 2002.

9 Learn more about the programs offered by Nitartha Institute at: www.nitarthainstitute.org.

Notes to Part I

1 Page and line numbers in brackets refer to the 1996 Nitartha *international* Tibetan edition (see Translators' Preface, n. 4).

2 In the overall outline of the text, this entire chapter comes under section 2.2.2.1.1.6.

3 The first of the ten noble bodhisattva grounds.

4 Clean, dirty, pleasant, unpleasant, good, and bad are examples of *attributes.*

5 *Defining characteristics* refer to the phenomenon that is a basis to which a name is given, as opposed to the name itself. For example, "hot and burning" are the defining characteristics to which the name "fire" is given.

6 This means that all phenomena are naturally peace—open, spacious, and relaxed.

7 Meaning that phenomena's true nature cannot be conceived of as existent, nonexistent, permanent, extinct, something, nothing, or any other label that thoughts can fabricate.

8 The reflection of the moon appearing in a pool of water.

9 The sixth bodhisattva ground has two names: the Manifest and, as appears above in verse 1, the Approach.

10 Since this ancillary explanation is not a commentary on any specific root verse, it is not translated here.

11 The Samkhyas, or *Enumerators,* are an Indian non-Buddhist philosophical school.

12 *Pervasion* is a technical term of Buddhist logic. If there is pervasion in a logical reasoning, it means that a certain consequence necessarily follows from the reason given. For example, in the statement "Where there is smoke, there is fire" pervasion exists, but in the statement "Where there is smoke, there is a sandalwood fire" there is no pervasion. Here specifically, the Middle Way points out that since a sprout that arose from itself would be arising from a sprout that already existed in the seed, at the same time, the seed should also arise again from itself. That the Samkhyas might accept the reason but not the pervasion, the necessity of this consequence, means that they might accept that the sprout arises again from the sprout that existed in the seed, but not the consequence of that belief, which would be that the seed would also arise again.

13 Meaning that the Samkhya School does not accept that if things arose from themselves, it necessarily follows that causes would arise again and again until the end of existence.

14 The Tibetan literally translated reads, "Therefore that cause destroys the seed and the sprout comes into being." However, Dzogchen Ponlop Rinpoche explains that the Tibetan *rgyu,* translated as "cause," should be read as *rgyu mtshan,* meaning "reason," and the reason refers to the sprout itself.

15 The Vaisheshikas, or *Differentialists,* are an Indian non-Buddhist philosophical school.

16 Not translated here.

17 The four conditions that appear to come together and produce a result in conventional reality are: the causal condition, the empowering condition, the focal condition, and the immediately preceding condition. In the case of an instant of eye-sense-conscious-

ness, its causal condition is a preceding moment of consciousness, its immediately preceding condition is the cessation of that preceding moment of consciousness, its focal condition is the object perceived by the eye-sense-consciousness, and its empowering condition is the eye-sense-faculty.

18 The Particularist School (Sanskrit: *Vaibhashika*) is a Buddhist philosophical tenet system.

19 This treatise is Nagarjuna's *Fundamental Wisdom of the Middle Way.*

20 A tirthika is someone who desires liberation and uses reasoning to analyze the nature of phenomena in search of it, but who does not use proper analysis or come to an accurate understanding. See *shes bya kun khyab mdzod, The Treasury Which is an Encyclopedia of Knowledge*, Padma Karpo Translation Committee electronic edition (Nepal, 2000), vol. 2, pp. 168-169.

21 According to Dzogchen Ponlop Rinpoche, the two types of ignorance are "afflicted ignorance," corresponding to the afflictive obscurations (*nyon mongs pa'i sgrib pa*), and "unafflicted ignorance," corresponding to the cognitive obscurations (*shes bya'i sgrib pa*).

22 This is the logical reasoning that Nagarjuna uses to prove that the eyes and the other sense faculties do not truly perceive outer objects in *The Fundamental Wisdom of the Middle Way*, Chapter 3, verse 2: "The seer does not see itself. How could that which does not see itself ever see something else?"

If the seeing eye were truly existent, it would have to exist independent of causes and conditions. It would therefore exist independent of there being a focal condition of any outer object to see. If that were the case, the eye would have to see itself. Since it does not see itself, however, its seeing exists only in dependence upon causes and conditions, and therefore it does not truly see anything else.

23 The next three verses (34-36) are Chandrakirti's refutation of "validly established conventional reality" (*tha snyad tshad grub*). Those who believe in validly established conventional reality assert that relative phenomena have objective existence; that they validly exist from their own side, by virtue of their own specific characteristics. Chandrakirti shows how this is not the case; he demonstrates that phenomena in relative reality have no valid, objective existence, but are merely conceptual projections, just like phenomena in dreams.

For Khenpo Rinpoche's extensive explanation of these three verses, please see "Like a Dream," *Bodhi Magazine*, Volume 6, Issue 3 (December 2003), pp. 14-25 and pp. 40-43.

24 Khenpo Rinpoche explains that this reason could alternatively be read to mean, "because he described it in the way that he did in order to get his disciples to enter into the true nature of all things."

Notes to Part II

1 In preparing this translation, I have relied primarily upon the edition of Karmpa Mikyö Dorje's commentary that was published by the Sixteenth Gyalwang Karmapa, Rangjung Rigpe Dorje. I have also consulted the edition published by Nitartha *international.* Bibliographical information for both editions is given in the List of Works

Cited that follows this translation. The numbers given with the headings indicate the corresponding page in the edition published by the Sixteenth Karmapa.

Khenpo Rinpoche asked that we translate only those portions of Mikyö Dorje's commentary that bear directly upon Chandrakīrti's verses. For that reason, I have omitted the Karmapa's discussion of other topics, however interesting they may be. A note at the end of each section identifies the point at which the translation begins and also the point at which it ends. As a whole, this portion of Mikyö Dorje's commentary corresponds to section 2.3.1.1.2.1.1.2.2.2.2 in the outline for Part I of this book.

2 409:6-410:2

3 *The Oxford English Dictionary*, 2nd ed. (CD-ROM version 3.0) gives several meanings for "energy." Among them we find: "Power not necessarily manifested in action; ability or capacity to produce an effect." This expresses nicely the meaning that *nus pa* has here.

4 410:2-5

5 Mikyö Dorje appears to have compressed Chandrakīrti's explanation of this point severely. Chandrakīrti puts it this way:

> A rope can be mistaken for a snake; without the contingent reason, this would be unsuitable. Earth and so forth can be mistaken for a vase; without the contingent reason—earth and so forth—such would not arise with respect to the element of space.

This comment appears in Chandrakīrti's *Explanation of the "Entrance to the Middle Way"* at 88:7-89:1 of the edition published by the Sixteenth Karmapa. In Mikyö Dorje's commentary, I now move from 411:3 to 412:2, omitting the intervening lines.

6 412:2-3

7 413:2-4

8 413:5-6

9 415:3-5

10 415:5-416:4

11 419:4-6

12 420:1-3

13 422:5-423:1

14 423:2-4

15 This refers to the reason that concludes the previous section: "This is because, in the absence of an object, a cognition possessing an object is not established."

16 This refers to the consequence that Chandrakīrti has just drawn from the assertion of cognition in the absence of objects, which can be stated in this way: It follows that those whose eyes are not affected by disease would also see strands of hair.

17 423:4-6

18 424:1-4

19 424:4-5

20 424:5-425:2

21 425:4-5

22 425:5-426:2

23 426:2-5

24 426:5-427:1

25 Both Chandrakīrti's verse and Mikyö Dorje's commentary emphasize that the two consciousnesses are mutually other, and they do so by qualifying each consciousness as "other" in relation to the "other" consciousness. In English, this sounds odd. Reluctant to modify the texts that I am translating, I have stayed with the letter of the original, despite the awkward and potentially confusing result. The meaning of the passage may be expressed in a simpler form: If a consciousness arises from the energy of another consciousness, then it arises from what is other than itself. For Chandrakīrti and other advocates of the Middle Way, that presents problems.

26 Here, Mikyö Dorje cites the second line from the fourteenth verse of the sixth chapter of Chandrakīrti's *Entrance to the Middle Way.*

27 Just as the tongue of a flame and thick darkness are mutually other, to no less a degree the consciousness that placed energy in the base of all and the consciousness that comes out of the ripening of that energy are mutually other.

28 427:6-428:4

29 428:6-429:2

30 429:2-5

31 429:5-430:2

32 430:3-6

33 431:4-5

34 431:6-432:2

35 432:2-5

36 432:5-6

37 432:6-433:1

38 433:2-6

39 434:1-3

40 434:6-435:2

41 435:2-5

42 435:5-6

43 447:2-3

44 448:1-3

45 453:1-3

46 454:3-6

47 456:3-6

48 460:3-5

49 461:2-4

50 461:4-462:1

51 This echoes and refers to the second line of verse 47. Note the shift from *btags*, which I have translated as *designate*, to *brtags*, which I have translated as *ideational*.

52 463:3-4

53 463:4-464:1

54 464:2-6

55 Chapter 24, verse 10

56 464:6-465:5

57 467:1-4

58 468:5-469:2

59 469:6-470:3

60 475:6-476:3

61 477:2-5

62 477:5-478:1

63 479:4-480:1

64 480:1-4

65 482:6-483:3; 484:1-2

66 484:2-3

67 484:3-5

68 485:1-3

69 485:3-4

70 Here, mothers (*yum*) means the *Sūtras on Transcendent and Incisive Knowledge (shes rab kyi pha rol tu phyin pa'i mdo, prajñāpāramitāsūtra).*

71 Such phrases recur frequently in the literature on incisive and transcendent knowledge. It is not clear to me that Mikyö Dorje has any particular passage in mind. An inquisitive student of this literature would do well to consult Donald S. Lopez, Jr., *The Heart Sūtra Explained: Indian and Tibetan Commentaries* (Albany: State University of New York Press, 1988).

72 485:4-6

73 485:6-486:1

74 486:1-2

75 486:2-487:1

76 487:3-6

77 490:4-6

78 Mikyö Dorje has marked this phrase with a particle that indicates a citation. For that reason, I have placed these words within quotation marks. The syntax and meter of the phrase, *gang gis brjod bya drang nges don* (491:1), suggests that he is thinking of a verse that he knows from elsewhere. However, I have not found his source and unfortunately cannot identify it here.

79 491:1-3; 492:1-2

Notes to Part III

1 Not translated here.

2 Verse 8c.

3 Verse 14ab.

4 "Existence beyond this world" refers to an individual's future lifetimes.

5 A non-Buddhist Indian philosophical school. Its proponents assert that the physical elements are the causes of consciousness and everything else constituting sentient beings. The Charvakas therefore do not assert past and future lives or karmic causes and results, because they claim that when sentient beings are born, they simply arise naturally from a combination of the elements, and when they die, this combination of the elements falls apart, and they dissolve back into nothingness.

From the Middle Way's perspective, this assertion that the mind arises anew from the elements is an assertion of causeless arising, because it is an assertion that the first moment of mind in the present life is not preceded by its cause—the last moment of mind in the past life.

6 In other words, the Charvakas believe that future lifetimes do not exist because when the truly existent physical body that they posit ceases to exist, that cessation is final and absolute, and so at the same time that this occurs, the consciousness that they claim arises from the body also experiences a complete and final cessation. As the Middle Way points out, however, the physical body does not truly exist, nor does it truly arise or cease. Rather, it is a dependently arisen mere appearance, and, therefore, the causes for the appearance of a physical body are freely able to come together in all future lifetimes to come.

Thus it is not the Middle Way proponents of emptiness who are nihilists, but rather the Charvakas who are, because they assert that this physical world truly exists now, and after it ceases, there is nothing. Since the Middle Way, in contrast, describes appearances as dependently arisen and empty of inherent nature, appearance-emptiness undifferentiable, the Middle Way transcends both extremes of permanence and extinction (see verse 33).

7 In other words, this conclusion that things would be nonexistent conventionally does not necessarily follow from the fact that they do not truly exist.

8 *Ratna-megha-sutra, dkon mchog sprin gyi mdo*

9 Both the Particularist and Sutra schools are Buddhist philosophical tenet systems; specifically, they belong to the Shravaka Vehicle.

10 *A Treasury of Abhidharma* (Tibetan: *chos mngon pa mdzod*) by Vasubandhu (Tibetan: *dbyig gnyen*)

Notes to Part IV

1 This bracketed number refers to the page number of the Tibetan text used (see Translators' Preface, n. 4), as do all of the following that occur throughout this section of the text at regular intervals as left-hand line headings, from [499] to [572]. The bracketed numbers appended to verses of root text are the numbers of those verses. All verses of root text have been translated in meter, though the number of metrical feet vary. The majority are in iambic pentameter.

2 This corresponds to section 2.3.1.1.2 in the outline given near the beginning of Part I of this book.

3 "Personal self," *gang zag gi bdag,* is also rendered "self of the person." In this phrase, it is *gang zag* (Sanskrit *pudgala*) which is translated "person" or "personal."

4 *rnal 'byor pa* means "yogis" but is understood throughout this text to apply to females as well as males. Here it has been translated mentioning both for clarity's sake. Elsewhere it has been left as in Tibetan for brevity's sake.

5 *grangs can pa,* the Enumerators.

6 *skyes bu* (Sanskrit *purusha*) has, throughout this section dealing with the absence of self, been translated "individual" wherever the term is used synonymously with "person."

7 According to the Samkhya view, the *prakriti* (Tibetan *rang bzhin*), primordial matter, is the cause of all things, not the self. The self is the one who experiences what *prakriti* creates.

8 For example, that the self is described by the Samkhyas as being inactive does not correspond to the instinctive notion of self.

9 These two lines of verse in Tibetan expand to four lines of verse in English.

10 "Some of our own systems" means some Buddhist schools, in this case the Sammitiya, *mang pos bkur ba,* one of the eighteen Vaibhashika schools of the Hinayana. These eighteen can be categorized in terms of four main schools, one of which is the Sammitiya.

11 "Primary mind," *gtso sems,* means the sixfold collection of consciousness, the five sensory and the rational. The school referred to here is still the Sammitiya, some of whom say that all five skandhas are the basis for the view of self, others that only the skandha of consciousness, or primary mind, is such a base.

12 Even though these three subdivisions are not listed in this edition of the Eighth Karmapa's commentary, later numbering in the outline of this work and the inclusion of these three in Rendawa's commentary strongly indicate their presence in an earlier edition. They have, therefore, been included here. The page numbers of the earlier edition referred to were not included in the Tibetan footnote from which this note is taken.

13 Lit. "existing in the three times."

14 In Chandrakirti's *Autocommentary* and Rendawa's commentary, the phrase in the quotation is *lnga po 'di* ("these five"). In Mikyö Dorje's commentary it is *phung po 'di* ("these skandhas"). The translation here follows the former version.

15 In other words, the self would be just as perceptible to an eye consciousness as the color blue.

16 This refers to the Vatsiputriyas; see n. 19.

17 I.e., during the first turning of the wheel of Dharma.

18 The "others" here refers to non-Buddhists who claim the self to be an internal agent that is different from the skandhas.

19 The Vatsiputriya, *gnas ma bu*, is one of the eighteen schools of the Vaibhashika and a subschool of the Sammitiya (see n. 10). Some of the essentials of their position emerge in the following pages.

20 I.e., the relationship imagined between self and skandhas.

21 A kindred cause, *nye bar len pa'i rgyu*, is one whose result is the "same continuum of the same substance," *rdzas gchig rgyun gchig*; e.g., a sprout belongs to the continuum of the seed and is of the same substance. In other words, the sprout and seed are of the same nature or makeup, in that the seed is the material out of which the sprout is made. The point here is that skandhas and self could not be of the same essential makeup, because they do not involve this type of cause-effect relationship.

22 *Chags pa*, translated "manifesting as"; it seems the term could not here have its other main sense of "desiring," because, for a self to desire a form, it would have to be different from the form, but that was what was refuted by the earlier sutras. The point here is the refutation of self as identical with the skandhas.

23 A collection does not exist substantially but only as a generalization expressed under one name.

24 The term *ming bzhi,* here translated as "the... four [operations providing the names of things] referred to as 'the naming-skandhas,'" is equivalent to *ming gzhi'i phung po,* which occurs in the commentary to verse 144, there translated as "the skandhas which are bases for naming." See n. 35.

25 This point traces back to the outline preceding verse 127. It means, as indicated in the commentary to verses 138 and 139, that self is an imputation relative to the dhatus, ayatanas, and eighteen activities of mind which the Buddha is here cited as equating with the person. This point is taken up again in the outline preceding verse 150d, where it is elaborated on in much greater detail.

26 Since the root text translation has been rendered in meter, it sometimes exhibits the terseness typical of metrical expression. Brevity has been taken to such lengths in the original Sanskrit works and their Tibetan translations that they are virtually, and sometimes entirely, unintelligible without the commentaries. A similar degree of brevity has not been adopted in the English translation of the root text here, but some clarification of syntax may occasionally be required.

The first two lines of verse 139 state the reason for the statement made in 138, which explains why 138 ends with a comma. To paraphrase these six lines, the Buddha taught that the "self" is just a name applied to the six capacities and six supports for contact, since he clearly taught that it, i.e., the idea of self, comes from apprehending the phenomena of mind and mental events.

27 *Sutra of the Meeting of Father and Son (Pitiputrasamigama-sutra; yab dang rsas mjal ba'i mdo).*

28 Sanskrit, *dhatu*; Tibetan, *khams*; "elements" or, more specifically, "potentials," or, as in this verse of root text, "capacities."

29 "Not identical with," lit. "not something that is not different from."

30 This point, with its two subdivisions, concludes the section refuting the position that the skandhas literally comprise a self. "The Buddhist views just refuted" refers to the various ways the skandhas are held to be a self, as described and refuted in this section.

31 In other words, realizing that there is no self as self is defined in non-Buddhist schools of philosophy cannot eliminate the instinctive idea of self, since the latter is not produced by the former.

32 "Body," *gzugs*, lit. "form."

33 I.e., it would not make sense here to speak of "having," since the two would be one and the same thing.

34 In this context, one could take the body of someone as exemplifying "the object observed"; and thinking it is a self, that there is a self that possesses it, etc. are the ideas one has about it.

35 This term, *ming gzhi'i phung po*, "the skandhas which are bases for naming," is synonymous with the four mental skandhas: feeling, discrimination, karmic formation, and consciousness.

36 "Agent," *byed po*, also translates as "creator," depending on context.

37 In brief, as Dzogchen Ponlop Rinpoche summarized it, "The Vatsiputriyas say that, although the self cannot be expressed, it is substantially existent because all of its substantial functions can be seen."

38 "This person is not actually perceptible itself," *gang zag de rang gi ngo bos shes bya min*, translates more literally as "this person is not knowable by way of its own essence." The inexpressible person described in this verse is essential to personal self as defined by the Vatsiputriyas.

39 The Tibetan for "knowable" or "object of knowledge" is *shes bya*, which more literally means "an object of consciousness." The same term is also translated here as "perceptible."

40 "Per se," *rang gi ngo bo nyid kyis*, translated literally as "by virtue of its very own essence."

41 This traces back to the extensive section of outline preceding verse 121.

42 Of the three main points comprising this entire subject, the absence of personal self, this is the third. See outline preceding verse 120.

43 "Function," *bya*, can alternatively be translated as "the action performed."

44 "A whole," *yan lag can*, lit. "part possessor."

45 This means that the two preceding points, the refutation of the parts and the refutation of the proposition that there could be a whole without parts, are both included under the two points that follow, namely, the refutation of the mere collection and the general refutation of the shape. A separate explanation of the second point, the refutation of a whole without parts, is nevertheless given below.

46 This is another way of saying "the refutation of the whole," as is borne out by verse 152cd.

47 Here, "whole" is *tshogs pa can*, lit. "the possessor or bearer of the collection."

48 This is a reference to the Vaibhashika system, which claims the true existence of the outer, physical world by positing the existence of *rdul rdzas brgyad*, here translated as "eight-particle substances." Although each of the eight particles is claimed by proponents of this school to be partless, they further state that wherever one of the eight is present, all eight are automatically present, forming a *gong bu*, a globule or atomic unit said to be the *gzhi* or basis of all matter experienced in the desire realm. Though each

of the eight is said to be partless, these eight are nevertheless said to comprise the parts of the globule. The internal contradictions in this position are exposed and the basic position refuted in various ways by higher schools, but here the Madhyamikas, represented by Chandrakirti, refute any supposed true existence of such a basic atomic unit by referring to the seven-point analysis. That is to say, the same argument that applies to a carriage and its parts would apply equally to a globule and its parts, thus excluding any substantial existence of either, leaving both with mere imputed existence.

49 To restate the argument here briefly, since parts and a whole and so forth only exist relative to each other, it would be illogical to claim that the parts exist but the whole does not. For the same reason, to demonstrate the lack of substantial existence of the whole is to demonstrate the lack of substantial existence of the parts. Other reasons for the nonexistence of both have also been presented above. Nevertheless, to indiscriminately proclaim this lack of existence, which is in contradiction to common consensus, is ill-advised, due to the risk of generating nihilistic views.

50 I.e., the parts, when analyzed with prajna, would be detectable as existing with a substantial makeup of their own, but that is not the case.

51 That is to say, without the whole there would be no parts.

52 This traces back to the section of outline preceding verse 151.

53 An alternate translation of "supported and unsupported" as used here would be "stable and unstable."

54 Alternatively, "And because of this, it is not something stable that arose in the bygone past."

55 This refers to Nagarjuna's major text (*Mulamadhyamakakarika, rtsa ba'i shes rab*), of which our present work is a commentary. It is referred to above as *The Treatise on the Middle Way* and elsewhere as *The Fundamental Wisdom of the Middle Way*. Any citation in this work that quotes "the treatise" refers to this text.

56 Alternatively, "To say that it arose in the past...."

57 Alternatively, "The self is not something unstable either."

58 The "frame of reference," *'jug yul,* for a farmer is a field with its soil, seeds, moisture, fertilizer, warmth, etc. Given that as the frame of reference, or environment, the farmer can produce a crop. When the skandhas, with their consciousnesses, faculties, objects of consciousness, etc., are thought of as "mine," they are the *'jug yul,* or frame of reference with respect to which the "I" creates "mine."

In other contexts, such as that of inferential valid cognition, *'jug yul* translates as "object of engagement" or "engaged object." When smoke is seen, one infers fire. Here, fire is the object engaged or referred to, i.e., experienced, through the medium of inference.

Considering both of these cases together, *'jug yul* applies both to the object engaged and the medium or environment through which it is engaged.

59 The Tibetan here is *phrad,* which literally means "to meet" or "make contact." The term, however, is used throughout the following verses with a variety of meanings, not all of which translate idiomatically with either of these terms. Here, for example, the argument is that cause and result, to be tenable, must either merge (lit. "meet") in the sense of having some common meeting ground, some shared identical factor, or not. They are demonstrated to do neither and this is how the process of cause and effect is here invalidated as having any substantial existence.

60 "Identical factor," *nus pa gcig pa*, more literally translates as "same potential."

61 The criterion for a necessary meeting or lack of it would only apply where true existence is being asserted for the refutation and what is being refuted, or any other pair of factors. Since the Madhyamikas do not assert this, the consequence mentioned does not apply to them.

62 I.e., by the sun's literally coming down into the water.

63 An example of their being out of touch due to some other substance would be a body of water covered by clouds or a container of water covered by a lid. If the reflection could occur without sun and water meeting, it could occur in such cases.

64 This means that, although reasoning belongs strictly to conventional truth that accords with common consensus at the unexamined level, it is able to refute and eliminate wrong views and afford correct understanding of the subject under investigation.

65 "Others" here refers to the Madhyamikas, whose views are "other" than those of the Proponents of Truly Existent Things, or Realists.

66 In certain cases, a proof is established on the basis of *rtags*, "evidence," also translated as "sign." "And so on" refers to the other types of reasons that can constitute a proof.

Notes to Part V

1 This corresponds to section 2.3.1.2 in the outline given near the beginning of Part I of this book.

2 This corresponds to section 2.3.2 in the outline.

3 Here Mikyö Dorje is criticizing the Jonangpas for clinging to the concept of the buddha nature as the emptiness that is the true nature of reality, and the Gedenpas for clinging to the concept of a nonaffirming negation as the emptiness that is the true nature of reality. By asserting the existence of emptiness, Mikyö Dorje claims, these two schools miss the point of this fourth of sixteen emptinesses, which is that emptiness itself is also empty of any essence; that emptiness itself is empty of being able to be described by any concept of what it might be.

4 Rinpoche explains that "the direct access to everything possible" means "the direct knowledge of everything possible."

5 The definition of form, Tibetan *gzugs*, is here translated very literally, but could also be translated "anything taking physical appearance." In general, "form" refers either to the skandha of form, the physical world, or to the outer ayatana of form, any object for an eye consciousness. In the first case, "form" covers the five senses and their objects: the eyes, ears, nose, tongue, body, forms, sounds, smells, tastes and bodily sensations. However, since the Sautrantika School defines a variety of phenomena, vows for example, as being physical entities which enter and make up the body, the more literal translation has been chosen.

6 In Chandrakirti's autocommentary, " the entity that is otherwise" is "other" in that it is 1) always existing; 2) that which is realized by wisdom; and 3) transcending samsara. Relative phenomena are none of these things.

7 This corresponds to major point 3 in the outline at the very beginning of Part I of this book.